由于笔者水平所限，思虑不周，时间仓促，再加上出口退（免）税政策还处在不断的调整与完善之中，书中内容难免有遗漏和差错，恳请读者批评指正，联系邮箱：mygszhouchaoyong@ sina. com。

二〇一二年五月

生产企业出口退（免）税常见错误解析115例

周朝勇◎著

中国海关出版社

图书在版编目（CIP）数据

生产企业出口退（免）税常见错误解析115例／周朝勇著．—北京：中国海关出版社，2012.9
（“乐贸”系列丛书）
ISBN 978-7-80165-901-9

Ⅰ.①生… Ⅱ.①周… Ⅲ.①企业—出口退税—案例—中国 ②企业—出口税—税收减免—案例—中国 Ⅳ.①F812.424

中国版本图书馆CIP数据核字（2012）第216581号

生产企业出口退（免）税常见错误解析115例
SHENGCHAN QIYE CHUKOU TUIMIANSHUI CHANGJIAN CUOWUJIEXI 115 LI

作　　者：周朝勇
策划编辑：马　超
责任编辑：刘　倩　钟　刘
责任监制：王岫岩
出版发行：中国海关出版社
社　　址：北京市朝阳区东四环南路甲1号　　邮政编码：100023
网　　址：www. hgcbs. com. cn；www. hgbookvip. com
编 辑 部：01065194242-7554（电话）　　01065194234（传真）
发 行 部：01065194221/4238/4246（电话）　　01065194233（传真）
社办书店：01065195616/5127（电话/传真）　　01065194262/63（邮购电话）
北京市建国门内大街6号海关总署东配楼一层
印　　刷：北京京都六环印刷厂　　经　　销：新华书店
开　　本：710mm×1000mm　1/16
印　　张：25.75　　字　　数：505千字
版　　次：2013年1月第1版
印　　次：2013年1月第1次印刷
书　　号：ISBN 978-7-80165-901-9
定　　价：49.80元

前　言

我国著名外科学家、医学教育家、中国科学院院士裘法祖曾为《临床误诊误治》杂志创刊十周年题词：“在误诊中求真理，从误治中得教训。”人非圣贤，孰能无过。同样，出口退税管理工作中也存在许多“误诊误治”。出口企业的外贸业务人员由于不熟悉出口退税政策往往未按规定进行业务操作，从而不能申报办理出口退税致使企业遭受经济损失；新办出口企业办税员由于不知道出口退税基本知识，往往出现一些常识性的错误致使企业遭受经济损失；长期办理出口退税的办税人员由于受习惯思维的影响往往没有认真钻研出口退税政策规定，从而犯一些原本不应该犯的错误致使企业遭受经济损失；即使对同一个出口业务问题，不同地方的税务机关或者同一地方不同级次的税务机关也会由于各自的不同理解，往往采取不同的甚至相反的处理办法，从而致使企业遭受经济损失。要有效防范出口退税管理工作中出现的错误，行之有效的方法就是对出口退税常见问题进行系统全面的整理和分析，供出口企业学习和借鉴。

为此，笔者收集整理生产企业退（免）税常见错误案例115个，每个案例3 000字左右，每个案例由五部分组成：1. 常见案例，对背景进行简要介绍；2. 政策规定，引用案例适用的相关政策规定；3. 分析诊断，根据政策规定详细分析问题产生的原因；4. 触类旁通，对常见错误举一反三，对类似业务作延伸介绍，方便读者拓展视野，增长出口退税的业务知识；5. 注意要点，用一句话总结企业应吸取的经验教训。

本书案例内容系统全面，包括出口退（免）税基础、生产企业免抵退税、特殊退（免）税。由于生产企业和外贸企业的会计处理、日常管理具有较强的差异性，因而，作者在即将出版的外贸企业出口退（免）税常见案例解析中予以其他相关问题。

本书主要解析生产企业过失造成的错误。案例不局限于笔者所在省、市，来源于全国各地的咨询案例和出口退（免）税问题处理案例。

本书案例引用的是财政部国家税务总局2012年4月底前发布的有效税收规定。本书适用于全国所有出口企业的财务人员、办税人员、外贸业务员，也适合税务人员、注册税务师、注册会计师、商务、海关、外汇管理、进出口检验、财政、审计等部门人员阅读。

目　录 *CONTENTS*

第一章　出口退（免）税基础 / 1

第一节　出口货物退（免）税范围 / 1

1. 出口≠报关出口 / 1
2. 报关出口的贸易方式≠应退税的出口贸易方式 / 2
3. 报关销售出口≠财务上已做出口销售处理 / 8
4. 报关销售出口货物≠出口退（免）税货物 / 10
5. 报关销售货物未收汇核销≠出口应退（免）税 / 11
6. 已收外汇货款≠出口应退（免）税 / 14

第二节　出口退（免）税方法 / 16

7. 生产企业≠适用免抵退税方法 / 16
8. 同一出口企业既有生产货物出口又有外购货物出口≠同时适用免抵退税和免退税方法 / 19
9. 增值税一般纳税人资格取得前出口货物≠适用免抵退税办法 / 22
10. 公司加农户企业出口农产品≠适用免抵退税方法 / 24
11. 生产企业出口货物≠不能筹划增加利润 / 26

第三节　出口销售 / 28

12. 出口 CIF 价≠出口销售确认价 / 28
13. 固定不变汇率≠出口销售额折算汇率 / 30

第四节　出口退税率 / 32

14. 出口企业使用的商品编号≠正确的商品编号 / 32
15. 正确的商品编号≠正确的出口商品代码 / 37
16. 出口货物退税率为零≠出口货物不免税 / 40
17. 来料加工出口不予退（免）税货物≠不能免税 / 45
18. 禁止出口商品或不退税商品≠退（免）税 / 49

19. 申报退税率≠退税率文库中的退税率 / 52
20. 出口退税率调整执行时间≠报关单注明的出口日期 / 55
21. 出口退税率法定≠不能筹划适用退税率 / 58
第五节 出口退（免）税认定 / 61
22. 出口退（免）税认定的主体≠有实际出口业务的企业 / 61
23. 单纯从事进口业务的对外贸易经营者≠应当办理出口退（免）税认定 / 67
24. 申请出口退（免）税认定≠无法定期限 / 69
25. 办理出口退（免）税事项≠使用出口退税办税员证 / 72
26. 生产经营事项发生变更≠不办理出口退（免）税变更认定 / 76
27. 出口企业生产经营类型≠可以随意调整 / 80
28. 核定的出口企业管理类别≠不能依照规定调整 / 82
29. 出口企业异地迁移≠在迁入地办理以前未办理的出口退（免）税 / 87
30. 终止出口货物退（免）税事项≠不办理出口退（免）税注销认定手续 / 89
第六节 出口退（免）税凭证 / 91
31. 出口货物报关单≠出口货物报关单（出口退税专用）/ 91
32. 出口报关单上注明的货物数量≠实际出口货物的数量 / 95
33. 退（免）税申报期限内未收汇核销≠不能申报办理出口退（免）税 / 98
34. 免予提供纸质收汇核销单≠不收汇核销 / 104
35. 试点企业跨境贸易人民币结算出口货物退（免）税≠提供审核出口收汇核销单 / 108
36. 货物贸易外汇管理制度改革试点地区≠试点以前出口收汇核销货物退（免）税申报不提供收汇核销单 / 113
37. 委托代理出口货物无代理出口货物证明≠能申报办理出口退（免）税 / 117
第七节 出口退（免）税申报 / 120
38. 出口货物免征增值税≠不办理免税申报 / 120
39. 出口货物免征消费税≠不办理出口货物免消费税申报 / 123
40. 未使用出口退税申报系统≠出口退（免）税申报不符合规定 / 126
41. 出口退（免）税申报≠无法定期限 / 129
42. 出口货物退（免）税申报期限≠货物报关出口之日（以出口货物报关单〈出口退税专用〉上注明的出口日期为准）起90天之内 / 131
43. 提供出口收汇核销单期限≠出口货物退（免）税申报期限 / 135

44. 每月申报出口退（免）税期限≠增值税纳税申报期限 / 138
第八节 出口退（免）税审核办理 / 140
45. 出口企业逾期申报退（免）税≠税务机关逾期受理退（免）税申报 / 140
46. 申报退（免）税的出口货物无相关电子信息≠税务机关不受理出口退（免）税申报 / 144
47. 税务机关依法受理出口退（免）税申报≠税务机关依法审核出口退（免）税 / 147
48. 出口货物单证信息齐全≠税务机关应当审核通过出口退（免）税 / 151
49. 出口退税审核中产生疑点≠不能人工挑过 / 157
50. 审核通过出口退（免）税≠应当办理出口退（免）税 / 161
51. 审核通过应办理出口退（免）税≠正确办理出口退（免）税 / 164
52. 出口应退税款未办理≠加算利息 / 166
53. 已办理出口退（免）税≠不能追缴 / 169
54. 收回出口退税入库≠一般增值税入库 / 175
55. 收回已办理的出口退（免）税≠不能再次申报办理出口退（免）税 / 178

第二章 生产企业免抵退税 / 184
第一节 免抵退税计算申报 / 184
56. 即征即退企业出口货物免抵退税≠一般生产企业出口货物免抵退税 / 184
57. 出口货物 FOB 价≠免抵退税额计算依据 / 187
58. 账面核算出口销售额≠免抵退税申报的出口销售额 / 189
59. 免抵退税申报出口额≠增值税纳税申报出口额 / 192
60. 免抵退税申报的不得免征和抵扣税额≠增值税纳税申报的不得免征和抵扣税额 / 196
61. 增值税纳税申报表中的留抵税额≠免抵退税汇总表中的留抵税额 / 200
62. 出口报关金额≠出口收汇金额 / 206
63. 企业生产货物全部出口≠企业没有应纳增值税额 / 208
64. 免抵退税不得免征和抵扣税额≠重复计算 / 211
65. 单证不齐申报≠单证齐全申报 / 214
66. 单证齐全申报≠单证信息齐全申报 / 218
67. 出口退（免）税申报系统操作错误≠退（免）税申报不受影响 / 223
68. 新办生产企业出口退（免）税≠按月计算办理免抵退税 / 226

69. 生产企业免抵退税计算≠不能进行税收筹划 / 229
70. 外商投资生产企业免抵税额≠不计算缴纳城建税及教育费附加 / 233
第二节　视同自产产品出口退（免）税 / 236
71. 具有产品生产能力≠具有出口产品生产能力 / 236
72. 外购货物经本企业包装出口≠自产货物出口 / 239
73. 生产企业出口非本地自产产品≠出口自产产品 / 242
74. 外购货物出口≠视同自产产品出口 / 244
75. 外购配套产品出口≠视同自产产品出口 / 247
76. 母公司收购所属子公司货物出口≠集团公司收购所属成员企业货物出口 / 250
77. 委托加工收回产品出口≠视同自产产品出口 / 253
78. 符合视同自产产品出口退（免）税条件≠申报办理免抵退税 / 258
79. 生产企业外购货物出口用于对外承包工程≠视同自产产品出口退（免）税 / 260
80. 列名生产企业外购所有货物出口≠能申报办理免抵退税 / 263
81. 高新技术企业非自产货物出口≠一般生产企业非自产货物出口 / 266
82. 生产企业出口已纳消费税的非自产货物≠生产企业出口自产的应税消费品 / 270
第三节　加工贸易出口退（免）税 / 273
83. 加工贸易手册电子化≠不按规定办理进料加工登记申报 / 273
84. 进料深加工结转≠进料加工复出口 / 276
85. 发生进口料件≠按规定申报进口料件 / 279
86. 生产企业进口料件计算方法≠购进法 / 282
87. 少申报进口料件≠对企业有利 / 286
88. 进料料件复出≠申报办理免抵退税 / 293
89. 申报的进口料件未全部用于出口退税货物≠申报的进口料件不作调整 / 295
90. 进料加工手册在海关核销≠进料加工手册在税务机关核销 / 300
91. 进料加工手册核销≠已申报进口料件不调整 / 302
92. 来料加工进项税额转出≠进料加工进项税额转出 / 305
93. 高新技术企业出料加工收回复出口货物≠一般生产企业委托加工收回复出口货物 / 310
94. 出料加工≠加工贸易 / 313
95. 来料加工出口免税管理≠进料加工出口退（免）税管理 / 316
96. 进料加工税收成本≠来料加工税收成本 / 320

第三章 特殊退（免）税 / 324
第一节 小规模纳税人出口免税 / 324
97. 出口不予退（免）税货物≠出口免税 / 324
98. 生产型小规模纳税企业外购货物直接出口≠生产型一般纳税人外购货物直接出口 / 326
第二节 特殊区域出口货物退（免）税 / 330
99. 出口加工区内企业耗用水电气≠不能申报退增值税 / 330
100. 非保税区运往保税区的货物≠能申报退（免）税 / 333
101. 经保税区仓储企业出口货物退（免）税≠一般出口货物退（免）税 / 336
102. 货物出口到出口加工区以人民币结算收汇核销≠不能申报退（免）税 / 339
103. 取消出口退税的特定商品出口到海关特殊监管区≠不能申报退（免）税 / 343
104. 筹划通过海关特殊监管区出口货物≠符合出口退（免）税政策 / 348
第三节 特殊贸易方式出口货物退（免）税 / 351
105. 生产企业境外带料加工出口货物≠适用免抵退税办法 / 351
106. 来料加工未开具免税证明≠能免征增值税 / 354
第四节 特殊货物出口退（免）税 / 357
107. 出口广告样品不收汇≠能申报退（免）税 / 357
108. 农业生产者出口自产农产品≠不能进行税收筹划 / 359
109. 出口销售自用旧设备≠不能申报退税 / 362
110. 生产企业对外修理修配飞机≠不能申报办理出口退（免）税 / 365
111. 企业在扩大增值税抵扣范围政策以前购进设备投资出境≠企业在扩大增值税抵扣范围政策以后购进设备投资出境 / 371
第五节 视同出口货物特准退（免）税 / 374
112. 外商投资企业采购国产设备退税政策取消≠外商投资企业采购已退税设备不监管 / 374
113. 研发机构采购国产设备已退增值税≠税务机关不能依法追缴 / 377
114. 利用外国政府和国际金融组织贷款采用国际招标方式销售的国内企业中标机电产品≠能申报办理出口退（免）税 / 381
115. 营业税改征增值税试点地区适用增值税零税率应税服务免抵退税管理≠生产企业出口货物免抵退税管理 / 386

参考书目 / 396

第一章　出口退（免）税基础

第一节　出口货物退（免）税范围

1. 出口≠报关出口

常见案例

某公司是具有增值税一般纳税人资格的生产企业。2010 年 4 月该公司出口自产产品，没有通过海关报关出境，而是通过快递方式邮寄到国外，国外客户把货款全部汇到公司账户。该公司向税务机关申报办理免抵退税，税务机关经过审核通知其不予办理免抵退税。

政策规定

有出口经营权的企业（以下简称“出口企业”）出口和代理出口的货物，除另有规定者外，可在货物报关出口并在财务上做销售后，凭有关凭证按月报送税务机关批准退还或免征增值税和消费税。

执行日期：1994 年 1 月 1 日

政策依据：《国家税务总局关于印发〈出口货物退（免）税管理办法〉的通知》（国税发［1994］31 号）

出口商自营或委托出口的货物，除另有规定者外，可在货物报关出口并在财务上做销售核算后，凭有关凭证报送所在地国家税务局（以下简称税务机关）批准退还或免征其增值税、消费税。

执行日期：2005 年 5 月 1 日

政策依据：《国家税务总局关于印发〈出口货物退（免）税管理办法（试行）〉的通知》（国税发［2005］51 号）

分析诊断

出口货物要享受退（免）税优惠必须具备四个条件：必须是属于增值税、消费税征税范围的货物，必须是报关离境的货物，必须是在财务上做销售处理的货物，必须是出口收汇并已核销的货物。上述案例中，该公司虽然货物已经出境并且已经收到外商的货款，但是，货物并没有通过海关报关出口，这样仍然不符合出口退（免）税的必备条件，不得申报办理出口退（免）税。

触类旁通

与上述案例相似的是某软件企业没有通过海关报关出口货物，而是通过网络传输方式出口软件产品。例如，某软件园内的外资企业，自行开发了软件并已经获得软件产品认定和著作权，通过查阅外经贸技发［2001］60 号文件得知出口销售软件有海关通关和网上传输两种方式，经过软件出口备案后，该企业以方便快捷为由采用网络传输方式出口一些用于消费类电子产品的小软件，同时全部收齐外商货款。但经税务机关审核，该企业出口软件产品没有通过海关报关出口，不符合出口退（免）税条件，不予办理出口退（免）税。

注意要点

如果没有通过海关报关出口，即使货物出口到国外，也不符合出口退（免）税的必备条件，不能享受出口退（免）税。

2. 报关出口的贸易方式≠应退税的出口贸易方式

常见案例

某公司是具有增值税一般纳税人资格的生产企业。2010 年 5 月 5 日该公司以来料加工贸易方式出口一批货物，收取加工费用。2010 年 6 月公司凭出口报关单和出口收汇核销单向主管税务机关申报办理免抵退税。主管税务机关审核后通知该公司，来料加工出口货物只能申报办理免征增值税，不能申报办理免抵退税。

政策规定

三、下列出口货物免征增值税、消费税：

（一）来料加工复出口的货物；

（二）避孕药品和用具、古旧图书；

（三）卷烟；

（四）军品以及军队系统企业出口军需工厂生产或军需部门调拨的货物。

国家规定免税的货物不办理退税。

执行日期：1994 年 1 月 1 日

政策依据：《国家税务总局关于印发〈出口货物退（免）税管理办法〉的通知》（国税发［1994］31 号）

二十、出口企业以“来料加工”贸易方式免税进口原材料、零部件后，凭海关核签的来料加工进口货物报关单和来料加工登记手册向主管其出口退税的税务机关办理“来料加工免税证明”（格式见附件三），持此证明向主管其征税的税务机关申报办理免征其加工或委托加工货物及其工缴费的增值税、消费税。货物出口后，出口企业应凭来料加工出口货物报关单和海关已核销的来料加工登记手册、收汇凭证向主管出口退税的税务机关办理核销手续。逾期未核销的，主管出口退税的税务机关将会同海关和主管征税的税务机关及时予以补税和处罚。

执行日期：1994 年 1 月 1 日

政策依据：《国家税务总局关于印发〈出口货物退（免）税管理办法〉的通知》（国税发［1994］31 号）

分析诊断

出口企业以“来料加工”贸易方式免税进口原材料、零部件后，凭海关核签的来料加工进口货物报关单和来料加工登记手册向主管其出口退税的税务机关办理“来料加工免税证明”，持此证明向主管其征税的税务机关申报办理免征其加工或委托加工货物及其工缴费的增值税、消费税。货物出口后，出口企业应凭来料加工出口货物报关单和海关已核销的来料加工登记手册、收汇凭证向主管出口退税的税务机关办理核销手续。逾期未核销的，主管出口退税的税务机关将会同海关和主管征税的税务机关及时予以补税和处罚。上述案例中的公司从事来料加工业务，只能依照规定享受免税，不能申报办理免抵退税，故其做法是错误的，主管税务机关的做法是正确的。

触类旁通

针对出口贸易方式进行分析，存在退税、不退税、同时存在退税和不退税三种可能。退税标志1，表示退税；退税标志0，表示不退税；退税标志2，表示同时存在退税和不退税的情况。需要特别说明的是，退税标志为0，表示不退税，但并不表示一定不免税，如来料加工（0214）。详见下表：

表1-1 出口贸易方式与出口退（免）税对应关系表

监管方式代码	监管方式代码简称	监管方式代码全称	退税标志
0110	一般贸易	一般贸易	1
0130	易货贸易	易货贸易	1
0139	旅游购物商品	用于旅游者五万美元以下的出口小批量订货	0
0200	料件放弃	主动放弃交由海关处理的来料或进料加工料件	0
0214	来料加工	来料加工装配贸易进口料件及加工出口货物	0
0245	来料料件内销	来料加工料件转内销	0
0255	来料深加工	来料深加工结转货物	0
0258	来料余料结转	来料加工余料结转	0
0265	来料料件复出	来料加工复运出境的原进口料件	0
0300	来料料件退换	来料加工料件退换	0
0314	加工专用油	国营贸易企业代理来料加工企业进口柴油	0
0320	不作价设备	加工贸易外商提供的不作价进口设备	0
0345	来料成品减免	来料加工成品凭征免税证明转减免税	0
0400	成品放弃	主动放弃交由海关处理的来料及进料加工成品	0
0420	加工贸易设备	加工贸易项下外商提供的进口设备	0
0444	保区进料成品	按成品征税的保税区进料加工成品转内销货物	0

续表

监管方式代码	监管方式代码简称	监管方式代码全称	退税标志
0445	保区来料成品	按成品征税的保税区来料加工成品转内销货物	0
0446	加工设备内销	加工贸易免税进口设备转内销	0
0456	加工设备结转	加工贸易免税进口设备结转	0
0466	加工设备退运	加工贸易免税进口设备退运出境	0
0500	减免设备结转	用于监管年限内减免税设备的结转	0
0513	补偿贸易	补偿贸易	1
0544	保区进料料件	按料件征税的保税区进料加工成品转内销货物	0
0545	保区来料料件	按料件征税的保税区来料加工成品转内销货物	0
0615	进料对口	进料加工（对口合同）	1
0642	进料以产顶进	进料加工成品以产顶进	0
0644	进料料件内销	进料加工料件转内销	0
0654	进料深加工	进料深加工结转货物	0
0657	进料余料结转	进料加工余料结转	0
0664	进料料件复出	进料加工复运出境的原进口料件	0
0700	进料料件退换	进料加工料件退换	0
0715	进料非对口	进料加工（非对口合同）	1
0744	进料成品减免	进料加工成品凭征免税证明转减免税	0
0815	低值辅料	低值辅料	0
0844	进料边角料内销	进料加工项下边角料转内销	0
0845	来料边角料内销	来料加工项下边角料内销	0
0864	进料边角料复出	进料加工项下边角料复出口	0
0865	来料边角料复出	来料加工项下边角料复出口	0
1139	国轮油物料	中国籍运输工具境内添加的保税油料、物料	0
1200	保税间货物	海关保税场所及保税区域之间往来的货物	2

续表

监管方式代码	监管方式代码简称	监管方式代码全称	退税标志
1215	保税工厂	保税工厂	0
1233	保税仓库货物	保税仓库进出境货物	0
1234	保税区仓储转口	保税区进出境仓储转口货物	2
1300	修理物品	进出境修理物品	2
1427	出料加工	出料加工	1
1500	租赁不满一年	租期不满一年的租赁贸易货物	0
1523	租赁贸易	租期在一年及以上的租赁贸易货物	0
1616	寄售代销	寄售、代销贸易	2
1741	免税品	免税品	0
1831	外汇商品	免税外汇商品	0
2025	合资合作设备	合资合作企业作为投资进口设备物品	0
2225	外资设备物品	外资企业作为投资进口的设备物品	0
2400	外航公务货	外国航空公司进口公务货	0
2439	常驻机构公用	外国常驻机构进口办公用品	0
2600	暂时进出货物	暂时进出口货物	0
2700	展览品	进出境展览品	2
2939	陈列样品	驻华商业机构不复运出口的进口陈列样品	0
3010	货样广告品 A	有经营权单位进出口的货样广告品	2
3039	货样广告品 B	无经营权单位进出口的货样广告品	0
3100	无代价抵偿	无代价抵偿进出口货物	0
3339	其他进出口免费	其他进出口免费提供货物	0
3410	承包工程进口	对外承包工程进口物资	0
3422	对外承包出口	对外承包工程出口物资	1
3511	援助物资	国家和国际组织无偿援助物资	0
3611	无偿军援	无偿军援	0
3612	捐赠物资	进出口捐赠物资	0
3910	军事装备	军事装备	0

续表

监管方式代码	监管方式代码简称	监管方式代码全称	退税标志
4019	边境小额	边境小额贸易（边民互市贸易除外）	1
4039	对台小额	对台小额贸易	0
4139	对台小额商品交易	进入对台小额商品交易专用市场的货物	0
4200	驻外机构运回	我驻外机构运回旧公用物品	0
4239	驻外机构购进	我驻外机构境外购买运回国的公务用品	0
4400	来料成品退换	来料加工成品退换	0
4500	直接退运	直接退运	0
4539	进口溢误卸	进口溢卸、误卸货物	0
4561	退运货物	因质量不符、延误交货等原因退运进出境货物	0
4600	进料成品退运	进料成品退运	2
5000	料件进出区	用于区内外非实际进出境货物	2
5010	出口加工区研发货	出口加工区与境外之间进出的研发货物	0
5015	区内加工货物	加工区内企业从境外进口料件及加工出口成品	0
5033	区内仓储货物	加工区内仓储企业从境外进口的货物	0
5100	成品进出区	用于区内外非实际进出境货物	0
5200	区内边角调出	用于区内外非实际进出境货物	0
5300	设备进出区	用于区内外非实际进出境货物	0
5335	境外设备进区	加工区内企业从境外进口的设备物资	0
5361	区内设备退运	加工区内设备退运境外	0
6033	物流中心进出境货	保税物流中心与境外之间进出仓储货物	0
9600	内贸货物跨境运输	内贸货物跨境运输	0
9639	海关处理货物	海关变卖处理的超期未报货物，走私违规货物	0
9700	后续补税	无原始报关单的后续补税	0
9739	其他贸易	其他贸易	0

续表

监管方式代码	监管方式代码简称	监管方式代码全称	退税标志
9800	租赁征税	租赁期一年及以上的租赁贸易货物的租金	0
9839	留赠转卖物品	外交机构转售境内或国际活动留赠放弃特批货	0
9900	其他	其他	2

注：本表来源于《国家税务总局关于做好出口货物报关单扩大数据项应用工作的通知》（国税函［2009］316 号）。

注意要点

不是所有通过海关报关出口的货物都能享受出口退（免）税优惠，只有特定贸易方式报关出口的货物才能享受退（免）税优惠。

3. 报关销售出口≠财务上已做出口销售处理

常见案例

某公司是一家生产型外商投资企业，出口退（免）税管理类别为 B 类，出口退（免）税计算方法为免抵退税。2010 年 1 月，该公司与一家印度客户采用寄售销售模式合作，在印度客户的场所内建立并管理一个寄售货物仓库，寄售货物的所有权归公司所有。印度客户将寄售货物移送出寄售仓库投入生产时，会发送消费清单，该公司收到此清单时确认出口销售收入的实现。该公司出口报关后，在没有收到消费清单且没有确认出口销售实现的情况下，就依据出口货物报关单（退税联）立即向税务机关申报出口退（免）税，税务机关经过审核通知其不符合出口退（免）税条件，不予办理出口退（免）税手续。

政策规定

有出口经营权的企业（以下简称“出口企业”）出口和代理出口的货物，除另有规定者外，可在货物报关出口并在财务上做销售后，凭有关凭证按月报送税务机关批准退还或免征增值税和消费税。

执行日期：1994 年 1 月 1 日

政策依据：《国家税务总局关于印发〈出口货物退（免）税管理办法〉的通知》（国税发［1994］31 号）

出口商自营或委托出口的货物，除另有规定者外，可在货物报关出口并在财务上做销售核算后，凭有关凭证报送所在地国家税务局（以下简称“税务机关”）批准退还或免征其增值税、消费税。

执行日期：2005 年 5 月 1 日

政策依据：《国家税务总局关于印发〈出口货物退（免）税管理办法（试行）〉的通知》（国税发［2005］51 号）

分析诊断

上述案例中，该公司虽然已经通过海关报关出口货物，按照有关规定没有收讫货款也可以先申报退（免）税，但是出口企业在申报出口退（免）税时却没有在财务上做销售处理，这样仍然不符合出口退（免）税的必备条件，不能享受出口退（免）税优惠。

触类旁通

一、类似案例

与上述案例类似的是出口企业无偿赠送货物出口在财务上未做销售处理。例如，某公司 2008 年 7 月外购一张油画，价值 50 000 元人民币，通过海关报关出口，采取无偿赠送方式赠送给国外客户，但在财务上未做销售处理，故不符合出口退（免）税的必备条件，不能享受出口退（税）优惠。

二、筹划建议

上述“寄售”案例做法错误的主要原因是出口企业未在财务上做销售处理，而没有在财务上做销售处理的原因是采用了寄售的销售模式，即指委托人（货主）先将货物运往寄售地，委托国外一个代销人（受托人），按照寄售协议规定的条件，由代销人代替货主进行销售。在货物出售后，由代销人向货主结算货款的一种贸易方式。即使公司依照规定在财务上做销售后再申报出口退（免）税，但是往往容易超过规定的出口退（免）税申报期限而使企业遭受经济损失。因此，在其他条件不变的情况下，要彻底解决类似问题，企业可以采取在印度设立全资子公司的办法，货物出口到印度子公司财务上做销售处理，同时印度客户与印度子公司之间建立购销关系，这样既不影响国外市场运作，又符合出口退

（免）税条件。

注意要点

出口货物未在财务上做销售处理，不符合出口退（免）税条件，不能享受出口退（免）税优惠。

4. 报关销售出口货物≠出口退（免）税货物

常见案例

某公司是具有增值税一般纳税人资格的开采出口大理石制砖的生产企业，已经办理对外贸易备案手续，并按规定在海关和外汇管理局办理相关手续，以及出口退（免）税认定手续。2009年5月15日该公司出口一批大理石制砖，海关商品码是6802101000，依照规定取得海关报关单出口货物报关单（出口退税专用）和收汇核销单出口退税证明联，在规定时间内到主管税务机关要求申报办理免抵退税。主管税务机关经审核通知该公司不符合出口退（免）税条件。

政策规定

一、调整部分出口商品的出口退税率

（一）取消下列商品的出口退税

1.《进出口税则》第25章：除盐、水泥以外的所有非金属类矿产品；煤炭、天然气、石蜡、沥青、硅、砷、石料材、有色金属及废料等。

2. 金属陶瓷，25种农药及中间体，部分成品革，铅酸蓄电池，氧化汞电池等。

3. 细山羊毛、木炭、枕木、软木制品、部分木材初级制品等。

执行日期：2006年9月15日

政策依据：《财政部 发展改革委 商务部 海关总署 国家税务总局关于调整部分商品出口退税率和增补加工贸易禁止类商品目录的通知》（财税［2006］139号）

分析诊断

报关出口销售并在财务上做销售处理的货物，并不都能享受出口退（免）

税。只有符合出口退（免）税政策规定的货物才能享受退（免）税优惠。也就是说，出口货物属于国家取消退（免）税的，不得享受出口退（免）税优惠。上述案例中的企业出口的大理石制砖，海关商品码是6802101000，属于出口退税率为0的不得免税的货物，也就是属于国家取消退（免）税的货物，即使企业取得了规定的退（免）税凭证资料，也不得享受退（免）税优惠，因而税务机关的处理是正确的。

触类旁通

一、类似问题

1. 货物在出口以前环节依照规定免征增值税的，不得再享受出口退税优惠，但按规定可以享受出口免税的其他规定。

2. 农业生产者出口自产的农业产品，依照增值税暂行条例的规定只能享受出口免税的优惠，不得享受出口退税的优惠。

二、出口取消退（免）税货物申报退（免）税的例外情形

1. 出口企业以来料加工复出口方式出口不予退（免）税的，继续予以免税。

2. 对海关特殊监管区内生产企业在国内采购用于生产出口产品的并已经取消出口退税的成品革、钢材、铝材和有色金属材料（不含钢坯、钢锭、电解铝、电解铜等金属初级加工产品）等原材料，进区时按增值税法定征税率予以退税。这里的海关特殊监管区是指具有保税加工功能的出口加工区、保税港区、综合保税区、珠澳跨境工业区（珠海园区）和中哈霍尔果斯国际边境合作中心（中方配套区域）。

注意要点

只有出口国家规定予以退（免）税的货物，才能享受出口退（免）税优惠。

5. 报关销售货物未收汇核销≠出口应退（免）税

常见案例

某公司是具有增值税一般纳税人资格的生产企业，属于出口退（免）税申报时必须提供收汇核销单的出口企业。2006年9月，该公司通过海关报关出口一批货物，取得出口货物报关单（出口退税联），但外国客户却迟迟未支付货款，该公司迟迟未能在外汇管理局办理收汇核销，后凭出口货物报关单（出口退税专

用）向主管税务机关申报办理免抵退税，主管税务机关审核后通知其不得申报办理免抵退税。

政策规定

严格实行结汇与退税挂钩。出口企业申请退税必须附送已办完核销手续的出口收汇核销单。请国家外汇管理局会同外经贸部、税务总局等有关部门制定具体核销管理办法，做到既严格管理，又手续简便。

执行日期：1995 年 7 月 1 日

政策依据：《国务院关于调低出口退税率加强出口退税管理的通知》（国发明电［1995］3 号）

出口企业在申报出口货物退（免）税时，应提供出口收汇核销单，但对尚未到期结汇的，也可不提供出口收汇核销单，退税部门按照现行出口货物退（免）税管理的有关规定审核办理退（免）税手续。

出口企业须在货物报关出口之日（以出口货物报关单〈出口退税专用〉上注明的出口日期为准）起 180 天内，向所在地主管退税部门提供出口收汇核销单（远期收汇除外）。经退税部门审核，对审核有误和出口企业到期仍未提供出口收汇核销单的，出口货物已退（免）税款一律追回；未办理退（免）税的，不再办理退（免）税。

但对有下列情形之一的，自发生之日起两年内，出口企业申报出口货物退（免）税时，必须提供出口收汇核销单：

（一）纳税信用等级评定为 C 级或 D 级；

（二）未在规定期限内办理出口退（免）税登记的；

（三）财务会计制度不健全，日常申报出口货物退（免）税时多次出现错误或不准确情况的；

（四）办理出口退（免）税登记不满一年的；

（五）有偷税、逃避追缴欠税、骗取出口退税、抗税、虚开增值税专用发票等涉税违法行为记录的；

（六）有违反税收法律、法规及出口退（免）税管理规定其他行为的。

执行日期：2004 年 6 月 1 日

政策依据：《国家税务总局关于出口货物退（免）税管理有关问题的通知》（国税发［2004］64 号）

一、《国家税务总局关于出口货物退（免）税管理有关问题的通知》（国税发

［2004］64 号）第二条第二款中关于出口企业在申报出口货物退（免）税时，向主管退税部门提供出口收汇核销单（远期收汇除外）的期限由 180 天内调整为自货物报关出口之日（以出口货物报关单〈出口退税专用〉上注明的出口日期为准，下同）起 210 天内。

二、对于各地试行申报出口退税免予提供纸质出口收汇核销单的出口企业，由《国家税务总局 国家外汇管理局关于山东等五地试行申报出口退税免予提供纸质出口收汇核销单的通知》（国税发［2006］188 号）第四条中规定“核销日期”超过出口货物报关单（出口退税专用）上注明的“出口日期”180 天（远期结汇除外）调整为 210 天。

三、《国家税务总局关于印发〈增值税小规模纳税人出口货物免税管理办法（暂行）〉的通知》（国税发［2007］123 号）第六条中规定，增值税小规模纳税人在货物报关出口之日起 180 天内提供出口收汇核销单（出口退税专用）调整为 210 天内。

四、《国家税务总局关于出口货物退（免）税若干问题的通知》（国税发［2006］102 号）第四条中规定，代理出口企业须在货物报关之日起 180 天内向签发代理出口证明的税务机关提供出口收汇核销单（远期收汇除外）调整为 210 天内。

执行时间：2008 年 6 月 1 日

政策依据：《国家税务总局关于出口企业提供出口收汇核销单期限有关问题的通知》（国税发［2008］47 号）

分析诊断

根据出口退（免）税管理的具体特点，具体管理中把收汇核销分为出口退（免）税申报事前核销和事后核销，出口退（免）税申报后未依照规定收汇核销的，将要收回已办的出口退（免）税。上述案例中的公司虽然已经通过海关报关出口，但并没有收到外汇货款，也就不可能在外汇管理局办理收汇核销手续，故不符合出口退（免）税的必备条件，不能申报办理出口退（免）税。

触类旁通

与上述案例类似的下列做法，也不符合出口退（免）税的必备条件，不能享受出口退（免）税。

1. 部分收汇不能办理收汇核销手续；

2. 已收汇但未依照规定办理收汇核销，包括未向外汇管理局申请办理收汇核销、逾期向外汇管理局办理收汇核销。

值得注意的是，自 2012 年 8 月 1 日起报关出口的货物，出口企业申报出口退税时，不再提供出口收汇核销单；2012 年 8 月 1 日前报关出口的货物截至 7 月 31 日未到出口收汇核销期限且未核销的，出口企业申报出口退税时，也不再提供出口收汇核销单。

注意要点

出口货物未依照规定收汇核销，不符合出口退（免）税条件，不能享受退（免）税优惠。

6. 已收外汇货款≠出口应退（免）税

常见案例

2009 年 7 月，受到金融危机的影响，某生产企业尚未完工的出口模具订单被外商通知终止，并且未完工产品不发给外商，但根据双方合同外商已支付了部分款项，外商因违约该部分预付款项就不再要求收回。该企业将这部分已收外商汇款作为出口收入计算免抵退税，并向税务机关申报退（免）税。经税务机关审核，该笔业务不符合出口退（免）税条件，不予办理出口退（免）税。

政策规定

有出口经营权的企业（以下简称“出口企业”）出口和代理出口的货物，除另有规定者外，可在货物报关出口并在财务上做销售后，凭有关凭证按月报送税务机关批准退还或免征增值税和消费税。

执行日期：1994 年 1 月 1 日

政策依据：《国家税务总局关于印发〈出口货物退（免）税管理办法〉的通知》（国税发［1994］31 号）

出口商自营或委托出口的货物，除另有规定者外，可在货物报关出口并在财务上做销售核算后，凭有关凭证报送所在地国家税务局（以下简称税务机关）批准退还或免征其增值税、消费税。

执行日期：2005 年 5 月 1 日

政策依据：《国家税务总局关于印发〈出口货物退（免）税管理办法（试

行)〉的通知》(国税发［2005］51号)

分析诊断

一、出口企业能够享受退（免）税的出口货物一般应具备以下四个条件：

（一）必须是属于增值税、消费税征税范围的货物

增值税、消费税的具体征收范围及其划分，《中华人民共和国增值税暂行条例》和《中华人民共和国消费税暂行条例》对其税目、税率（单位税额）均已明确。强调要具备这一条件，主要是考虑我国退税以征税为前提这一基本原则，因此，我们讲退税，只能是对已征税的出口货物退还其已征的增值税、消费税税额，不征税的出口货物则不能退还上述“两税”；否则，所退税款就没有来源。免税也只能是对应税的货物免税，不属于应税的货物，则不存在免税问题。

（二）必须是报关离境的货物

所谓报关离境，即出口，就是货物输出海关，这是区别货物是否应退（免）税的主要标准之一。凡是未报关未离境的货物，不论出口企业以外汇结算还是以人民币结算，也不论企业在财务上和其他管理上作何处理，均不能视为出口货物予以退（免）税。当然这里的离境，是指货物离开海关管辖境内，不仅仅指货物离开国境，如果货物报关出口到海关特殊监管区如出口加工区等也属于报关离境。

（三）必须是在财务上做销售处理的货物

出口货物只有在财务上做销售后，才能办理退税，这是因为我国目前对出口货物退（免）税的规定一般适用于贸易性质的出口货物。非贸易性质的出口货物有向国外捐赠、不对外销售而在国外展出的样品货物等。

（四）必须是出口收汇并已核销的货物

将出口退税与出口收汇核销挂钩，可以有效地防止出口企业高报出口价格骗取退税，有助于提高出口收汇率，有助于强化出口收汇核销制度。但是，自2012年8月1日起报关出口的货物，出口企业申报出口退税时，不再提供出口收汇核销单；2012年8月1日前报关出口的货物截至7月31日未到出口收汇核销期限且未核销的，出口企业申报出口退税时，也不再提供出口收汇核销单。

出口货物只有在同时具备上述四个条件的情况下，才能向税务部门申报办理退（免）税；否则，不予办理退（免）税。

案例中的企业与外商签订出口商品购销协议，即使已收到外商支付的货款，但是实际上商品并未报关出口，所以就不符合出口退（免）税的必备条件，不能享受出口退（免）税政策，因而税务机关审核不予办理出口退（免）税。

触类旁通

与上述案例类似的下列案例，也不符合出口退（免）税的必备条件，也不得享受出口退（免）税。

1. 收到外商支付的模具款。例如，A 公司是以注塑产品生产为主的企业，国外客户下订单要求生产一批塑料产品。A 公司委托国内专业生产模具的供应商研发生产模具，生产完成后运回 A 公司加工生产产品，模具款由国外客户汇入 A 公司美金账户，再由 A 公司付给生产模具的供应商，模具不出口。

2. 收到国外进口商支付的出口商品配套商品货款。例如，某船厂为德国 A 公司造船，B 公司为船提供配套的通风设备并现场安装（所提供货物不需运到德国，直接运到船厂），货款结算由德国 A 公司用外币汇至 B 公司账户。

3. 境外公司委托境内公司加工货物。例如，境外公司委托境内公司加工货物，加工后货物不运送出境，由境内公司直接运送至境外公司在境内的客户，境外公司以外币向境内公司支付加工费。

4. 代国外客户发货给国内客户。例如，国外客户下订单给国内 A 公司生产货物，A 公司按照国外客户的要求将货物发给国内 B 公司。收付款流程为国外客户付外汇给国内 A 公司，国内 B 公司将货款付给国外客户。

注意要点

即使出口企业收到外商货款，但货物实际并未出口，则其不符合出口退（免）税的必备条件，不能享受出口退（免）税。

第二节　出口退（免）税方法

7. 生产企业≠适用免抵退税方法

常见案例

某汽车公司工商营业执照上登记的经营范围是生产出口销售汽车，税务登记范围与工商登记一致。2006 年 1 月依照规定办理增值税一般纳税人资格和出口退（免）税认定，主管税务机关确认的出口退（免）税计算方法是免抵退税。该公司办理出口退（免）税认定以来出口销售额 15 万美元左右，并依照规定申报审核审批免抵额和退税额。2006 年 10 月，市国税局到该公司调查生产经营情况发现，该公司没有生产汽车的资质，只是购进原材料销售给与其关联的公司，然后再从关联的公司购进汽车，不作任何加工处理，直接出口销售，该公司本身也没有任何生产设备，也不生产任何产品。市国税局认定该公司可以适用免退税办法，而不应当适用免抵退税办法，责令主管税务机关收回已审核审批的免抵额和退税额。

政策规定

凡有进出口经营权的各类生产企业自营出口或委托外贸企业代理出口的货物，除另有规定者外，一律实行“免、抵、退”税的办法。

对 1993 年 12 月 31 日前批准设立的外商投资企业出口货物实行免税办法继续执行到 1998 年 12 月 31 日。期满后也实行“免、抵、退”税的办法。

执行日期：1997 年 1 月 1 日

政策依据：《国务院关于对生产企业自营出口或委托代理出口货物实行“免、抵、退”税办法的通知》（国发［1997］8 号）

生产企业自营或委托外贸企业代理出口（以下简称生产企业出口）自产货物，除另有规定外，增值税一律实行免、抵、退税管理办法。对生产企业出口非自产货物的管理办法另行规定。

本通知所述生产企业，是指独立核算，经主管国税机关认定为增值税一般纳税人，并且具有实际生产能力的企业和企业集团。

增值税小规模纳税人出口自产货物继续实行免征增值税办法。

生产企业出口自产的属于应征消费税的产品，实行免征消费税办法。

执行日期：2002 年 1 月 1 日

政策依据：《财政部 国家税务总局关于进一步推进出口货物实行免抵退税办法的通知》（财税［2002］7 号）

凡具有生产出口产品能力的对外贸易经营者，其出口的货物按照现行生产企业出口货物实行“免抵退”税办法的规定办理出口退（免）税。

对没有生产能力的对外贸易经营者，其出口的货物按现行外贸企业出口退税的规定办理出口退（免）税。

对认定为增值税小规模纳税人的对外贸易经营者出口的货物，按现行小规模纳税人出口货物的规定，免征增值税、消费税。

执行日期：2004 年 7 月 1 日

政策依据：《国家税务总局关于贯彻〈中华人民共和国对外贸易法〉、调整出口退（免）税办法的通知》（国税函［2004］955 号）

生产企业从流通企业购进并直接出口的货物，对退税试点的企业可按出口自产货物的规定，实行“免抵退”税办法（试点企业名单及具体办法另行下达）；对非退税试点的企业，其退税范围继续按《国家税务总局关于出口产品视同自产产品退税有关问题的通知》（国税函［2002］1170 号）的规定执行。

执行日期：2004 年 6 月 1 日

政策依据：《国家税务总局关于贯彻〈中华人民共和国对外贸易法〉、调整出口退（免）税办法的通知》（国税函［2004］955 号）

分析诊断

目前出口货物增值税退（免）税的方法主要有三种：1. 免抵退税方法，是生产企业出口货物的主要方法，实行免、抵、退税方法的“免”税，是指对生产企业出口的自产货物，免征本企业生产销售环节增值税；“抵”税，是指生产企业出口自产货物所耗用的原材料、零部件、燃料、动力等所含应予退还的进项税额，抵顶内销货物的应纳税额；“退”税，是指生产企业出口的自产货物在当月内应抵顶的进项税额大于应纳税额时，对未抵顶完的部分予以退税。2. 免退税方法，主要适用外贸企业，外贸企业出口的货物，在出口环节免征增值税，对购进环节出口货物增值税专用发票所列的进项金额按照退税率进行退税。3. 免税方法，企业出口货物出口环节免征增值税，对出口货物所发生的进项税额需要转入成本，不得在内销销项税额中抵扣，主要应用于两种类型：一种是应用于小规模纳税人出口的货物，另一种主要适用于以来料加工贸易方式出口的货物、有出口卷烟经营权的企业出口国家计划内的卷烟、计算机软件出口等国家统一规定免税的货物。

目前出口货物消费税退（免）税的方法主要有两种：1. 免税，生产企业出口自产的属于应征消费税的产品，实行免征消费税的办法；2. 退税，外贸企业收购后出口的应税消费品实行退税。

一般来说，生产企业生产出口产品，应当适用免抵退税办法计算办理出口退（免）税。但是，如果生产企业工商登记、税务登记与实际经营情况不符，税务机关就不能完全凭登记内容确定企业是否适用免抵退税办法，而应当实际调查了解出口企业的生产经营过程，调查具体生产经营设备场地，经过核实只有具备生产能力的生产企业，其出口的自产产品才能适用免抵退税办法。因此，上述案例中的公司虽然工商和税务登记其为生产企业，但是不具备生产能力，因而不得适用免抵退税办法，税务机关应当依法收回已审核审批的退（免）税额。

触类旁通

一、类似问题

1. 工商和税务登记为生产企业，其本身不具备生产能力，而是把外购半成品全部委托另一企业加工收回后再出口，不得适用免抵退税办法。例如，某企业从事渔网出口销售，具有一般纳税人资格，有进出口经营权，但没有生产设备生产，只是外购半成品渔网（出口产品的主体）再委托当地农户手工加工网浮和网脚（与农户有委托加工合同），从农户收回成品网后直接出口销售。

2. 出口企业经营方式变化未相应变更出口退（免）税计算方法。例如，某企业原为生产型企业，产品出口适用免抵退办法，由于企业经营情况变化，不再经营生产产品的出口，改为在国内采购商品进行出口，但企业类型未变更为外贸企业，相应的出口退（免）税计算方法未变更为免退税办法。

3. 生产型企业集团公司收购成员企业生产的产品出口，依照《国家税务总局关于出口产品视同自产产品退税有关问题的通知》（国税函［2002］1170 号）的规定适用免抵退税办法。

注意要点

只有具有实际生产能力同时具有增值税一般纳税人资格的生产企业，出口自产产品才能适用免抵退税办法。

8. 同一出口企业既有生产货物出口又有外购货物出口≠同时适用免抵退税和免退税方法

常见案例

某公司是一家具有进出口经营权的出口企业，该公司有自己的生产车间，具备出口产品的生产能力，具有增值税一般纳税人资格。为进一步扩大出口销售规模，2009 年 5 月，该公司向外经贸部门申请了外贸性质（商贸公司性质）的进出口经营权。为了保持公司性质的一致性，该公司向工商部门和税务部门提出变更公司经营范围的申请，将经营范围由原来的“销售本单位自产的产品”变更为“自营和代理各类商品的进出口业务”。该公司认为，自产产品出口按照生产企业免抵退税办法计算申报办理出口退（免）税，外购产品出口按照外贸公司免退税办法计算申报办理出口退（免）税。但是，主管退税税务机关审核认为，该公司出口退（免）税适用方法错误。

政策规定

出口企业将出口货物单独设立库存账和销售账记载的，应依据购进出口货物增值税专用发票所列明的进项金额和税额计算。

对库存和销售均采用加权平均进价核算的企业，也可按适用不同税率的货物分别依下列公式计算：

应退税额 = 出口货物数量 × 加权平均进价 × 税率

外贸企业出口和代理出口货物的应退消费税税款，凡属从价定率计征消费税的货物应依外贸企业从工厂购进货物时征收消费税的价格计算。凡属从量定额计征消费税的货物应依货物购进和报关出口的数量计算。其计算退税的公式为：

应退消费税税款 = 出口货物的工厂销售额（出口数量） × 税率（单位税额）

执行日期：1994 年 1 月 1 日

政策依据：《国家税务总局关于印发〈出口货物退（免）税管理办法〉的通知》（国税发［1994］31 号）

凡有进出口经营权的各类生产企业自营出口或委托外贸企业代理出口的货物，除另有规定者外，一律实行“免、抵、退”税的办法。

对 1993 年 12 月 31 日前批准设立的外商投资企业出口货物实行免税办法继续执行到 1998 年 12 月 31 日。期满后也实行“免、抵、退”税的办法。

执行日期：1997 年 1 月 1 日

政策依据：《国务院关于对生产企业自营出口或委托代理出口货物实行“免、抵、退”税办法的通知》（国发［1997］8 号）

生产企业自营或委托外贸企业代理出口（以下简称“生产企业出口”）自产货物，除另有规定外，增值税一律实行免、抵、退税管理办法。对生产企业出口非自产货物的管理办法另行规定。

本通知所述生产企业，是指独立核算，经主管国税机关认定为增值税一般纳税人，并且具有实际生产能力的企业和企业集团。

增值税小规模纳税人出口自产货物继续实行免征增值税办法。

生产企业出口自产的属于应征消费税的产品，实行免征消费税办法。

执行日期：2002 年 1 月 1 日

政策依据：《财政部 国家税务总局关于进一步推进出口货物实行免抵退税办法的通知》（财税［2002］7 号）

凡具有生产出口产品能力的对外贸易经营者，其出口的货物按照现行生产企业出口货物实行“免抵退”税办法的规定办理出口退（免）税。

对没有生产能力的对外贸易经营者，其出口的货物按现行外贸企业出口退税的规定办理出口退（免）税。

对认定为增值税小规模纳税人的对外贸易经营者出口的货物，按现行小规模纳税人出口货物的规定，免征增值税、消费税。

执行日期：2004 年 7 月 1 日

政策依据：《国家税务总局关于贯彻〈中华人民共和国对外贸易法〉、调整出口退（免）税办法的通知》（国税函［2004］955 号）

分析诊断

同一具有增值税一般纳税人资格的出口企业在退（免）增值税问题上，只能适用一种方法，要么适用免抵退税办法，要么适用免退税办法，还要看适用方法是否正确，否则依然不能享受出口退（免）税。

如何确定一个具有增值税一般纳税人资格的出口企业适用何种方法呢？这首先要根据企业是否具有实际的生产能力来确定其企业类型，如果企业有生产设备，要对购进货物进行加工，那么该企业就属于生产型出口企业，该企业出口货物就应当适用免抵退税办法；如果企业没有生产设备，对购进货物直接用于出口销售或者委托其他企业加工后收回出口，那么该企业就属于外贸型出口企业，该企业出口货物就应当适用免退税办法。其次要看生产企业出口货物的来源渠道，如果企业出口货物是自产产品，则应当适用免抵退税办法；如果企业出口货物是非自产产品，如外购产品、收购成员企业产品、委托加工产品等，只要符合《国家税务总局关于出口产品视同自产产品退税有关问题的通知》（国税函［2002］1170 号）的规定，就可以视同自产产品出口适用免抵退税办法；如果企业出口货物是非自产产品，也不符合国税函［2002］1170 号的规定，那么就不适用免抵退税办法，也不适用免退税办法。

上述案例中的公司将自产产品出口按照生产企业免抵退税办法计算申报办理出口退（免）税，将外购产品出口按照外贸公司免退税办法计算申报办理出口退（免）税的做法是错误的，主管税务机关的做法是正确的。

触类旁通

1. 同一出口企业不能同时适用免抵退税和免退税办法，但同一出口企业可能同时适用免抵退税和免税办法，如生产型出口企业既出口免税产品，又出口退税产品。

2. 同一出口企业出口货物退（免）税方法国家有特别规定的，则从其规定办理。例如，生产企业出口自产货物的同时有境外带料加工业务，对其出口自产货物适用免抵退税办法，对其境外带料加工业务则适用免退税办法。

3. 列名生产企业外购应税消费品出口、集团公司收购成员企业应税消费品出口和生产企业委托加工收回应税消费品出口，可以适用退税办法退还已缴纳的消费税。

4. 如果生产企业完全没有自产产品出口业务，只有非自产产品出口，在这种情况下，生产企业不能按免退税办法计算出口退（免）税，只能依照国税函[2002] 1170 号的规定按免抵退税办法计算出口退（免）税，如果不符合国税函[2002] 1170 号的规定，则不能计算申报出口退（免）税。

注意要点

出口企业适用的退（免）税方法必须准确无误。

9. 增值税一般纳税人资格取得前出口货物≠适用免抵退税办法

常见案例

某生产出口货物的公司于 2008 年 5 月 28 日成立并取得营业执照和商务局的进出口经营权登记。该公司于 2008 年 6 月 10 日办理税务登记，同时向国税局申请一般纳税人资格，国税局于 6 月 25 日审批，一般纳税人资格的生效时间是 2008 年 7 月 1 日（因为税务征管软件只能确认从次月 1 日才可以录入），而该公司在 2008 年 6 月 25 日和 7 月 5 日（报关单出口日期）两次报关出口自己生产的产品。该公司依照规定取得出口货物报关单（出口退税联）和收汇核销单，9 月份将两笔出口货物向税务机关办理出口退税申报。税务机关审核通知其 2008 年 6 月 25 日的出口货物不予办理免抵退税，理由是 2008 年 6 月该公司是小规模企业，增值税小规模纳税人出口货物只能实行免税办法，而不能实行免退税办法。

政策规定

小规模纳税人自营和委托出口的货物，一律免征增值税、消费税，其进项税额不予抵扣或退税。

执行日期：1995 年 7 月 1 日

政策依据：《财政部 国家税务总局〈关于印发出口货物退（免）税若干问题规定〉的通知》（财税字［1995］092 号）

凡具有生产出口产品能力的对外贸易经营者，其出口的货物按照现行生产企业出口货物实行“免抵退”税办法的规定办理出口退（免）税。

对没有生产能力的对外贸易经营者，其出口的货物按现行外贸企业出口退税的规定办理出口退（免）税。

对认定为增值税小规模纳税人的对外贸易经营者出口的货物，按现行小规模纳税人出口货物的规定，免征增值税、消费税。

执行日期：2004 年 7 月 1 日

政策依据：《国家税务总局关于贯彻〈中华人民共和国对外贸易法〉、调整出口退（免）税办法的通知》（国税函［2004］955 号）

分析诊断

出口退（免）税办法有免抵退税、免退税、免税、退税。出口货物具体适用哪种方法，除了要看出口企业是生产型企业还是外贸型企业以外，还要看出口企业是否具备增值税一般纳税人资格。如果出口企业是小规模纳税人，其出口的货物就全部免征增值税；如果出口企业是生产型增值税一般纳税人，其出口的货物就按免抵退税办法计算办理出口退（免）税；如果出口企业是商贸型增值税一般纳税人，其出口的货物就按免退税办法计算办理出口退（免）税。如果出口应征消费税的货物，生产型增值税一般纳税人和增值税小规模纳税人就免征消费税，商贸型的增值税一般纳税人按退税办法计算办理退还消费税。结合上述案例，该公司在增值税小规模纳税人资格期间（即 2008 年 6 月 30 日以前）出口的货物应按免税办法免征增值税。在增值税一般纳税人期间（即 2008 年 7 月 1 日以后）出口的货物应按免抵退税办法计算办理出口退（免）税。可见，主管税务机关的做法是正确的。

触类旁通

1. 商贸型增值税一般纳税人资格取得前出口的货物只能免征增值税，商贸型增值税一般纳税人资格期间出口的货物实行免退税办法。

2. 商贸型增值税一般纳税人资格取得前出口的应征消费税货物，不能申报办理退消费税。

3. 商贸型增值税一般纳税人资格取得前购进货物取得的增值税专用发票，不得申报抵扣进项税额，也不得用于申报退税。

4. 生产型增值税一般纳税人资格取得前出口的货物免征增值税，取得增值税一般纳税人资格后出口货物依照免抵退税办法计算办理出口退（免）增值税。

5. 生产型增值税纳税人出口应征消费税的货物一般免征消费税，只有生产型增值税一般纳税人出口视同自产产品中已缴消费税、列名生产企业出口外购或委托加工应征消费税的货物，才能按退税办法计算办理退还消费税。

注意要点

增值税一般纳税人资格取得前出口货物只能实行免税办法。

10. 公司加农户企业出口农产品≠适用免抵退税方法

常见案例

某食品集团有限公司是全省最大的农业龙头企业，是“公司 + 农户”模式的代表，其合作模式的主要内容是：公司委托农户饲养，由农户提供场地，负责饲养，公司提供猪（鸡）苗、饲料、药物和技术指导，肉猪（鸡）由公司收回后进行宰杀冷冻包装后以公司名义对外销售，公司与农户的结算按肉猪（鸡）的当地市场价扣除提供的种苗、饲料、药物和技术指导费后的余额支付给农户作为饲养费用，公司支付给农户的饲养费用依照规定开具农业收购凭证申报抵扣进项税额。2011 年 6 月该公司出口一批猪肉，依照规定取得出口货物报关单（出口退税专用）和出口收汇核销单，在规定期限内向主管税务机关申报免抵退税。

政策规定

第十五条　下列项目免征增值税：

（一）农业生产者销售的自产农产品；

（二）避孕药品和用具；

（三）古旧图书；

（四）直接用于科学研究、科学试验和教学的进口仪器、设备；

（五）外国政府、国际组织无偿援助的进口物资和设备；

（六）由残疾人的组织直接进口供残疾人专用的物品；

（七）销售的自己使用过的物品。

除前款规定外，增值税的免税、减税项目由国务院规定。任何地区、部门均不得规定免税、减税项目。

执行日期：2009 年 1 月 1 日

政策依据：《中华人民共和国增值税暂行条例》（1993 年 12 月 13 日中华人民共和国国务院令第 134 号发布，2008 年 11 月 5 日国务院第 34 次常务会议修订通过）

第三十五条　条例第十五条规定的部分免税项目的范围，限定如下：

（一）第一款第（一）项所称农业，是指种植业、养殖业、林业、牧业、水产业。

农业生产者，包括从事农业生产的单位和个人。

农产品，是指初级农产品，具体范围由财政部、国家税务总局确定。

（二）第一款第（三）项所称古旧图书，是指向社会收购的古书和旧书。

（三）第一款第（七）项所称自己使用过的物品，是指其他个人自己使用过的物品。

执行日期：2009 年 1 月 1 日

政策依据：《中华人民共和国增值税暂行条例实施细则》（1993 年财法字［1993］第 38 号发布，2008 年中华人民共和国财政部国家税务总局令第 50 号修订发布）

制种企业在下列生产经营模式下生产销售种子，属于农业生产者销售自产农业产品，应根据《中华人民共和国增值税暂行条例》有关规定免征增值税。

一、制种企业利用自有土地或承租土地，雇佣农户或雇工进行种子繁育，再经烘干、脱粒、风筛等深加工后销售种子。

二、制种企业提供亲本种子委托农户繁育并从农户手中收回，再经烘干、脱粒、风筛等深加工后销售种子。

执行日期：2010 年 12 月 1 日

政策依据：《国家税务总局关于制种行业增值税有关问题的公告》（国家税务总局公告 2010 年第 17 号）

分析诊断

公司加农户模式如果采取农户自行组织生产，公司向农户收购农产品，直接或加工后再对外销售的形式，那么依照现行增值税政策规定，公司向农户收购农产品应当依照规定开具农业收购凭证，并申报抵扣进项税额，公司对外销售应当依照规定征收增值税，如果出口销售则应当适用免抵退税。

公司加农户模式如果采取公司提供主要生产资料委托农户饲养再从农户手中收回，并支付一定饲养费用的形式，那么公司与农户的关系就是委托饲养的关系。从增值税法的角度看，公司就成为了农业生产者，公司销售的农产品如果属于简单加工的初级农产品，那么这就是农业生产者销售的自产农产品。因而，公司作为农业生产者对外销售自产的农产品则应当免征增值税，公司作为农业生产者出口销售自产的农业产品也应当免征增值税，而不应当适用免抵退税。

触类旁通

与上述案例类似的情形是农民专业合作社出口销售货物。根据《财政部、国家税务总局关于农民专业合作社有关税收政策的通知》（财税［2008］81号）的规定，对农民专业合作社销售本社成员生产的农业产品，视同农业生产者销售自产农业产品免征增值税，因而农民专业合作社出口销售本社成员生产的农业产品，也应当免征增值税。当然，农民专业合作社出口销售非本社成员生产的农业产品或其他外购货物，则应当依照规定申报办理免抵退税或免退税。

注意要点

农业生产者出口销售自产农业产品，应当免征增值税。

11. 生产企业出口货物≠不能筹划增加利润

常见案例

某制衣公司是一家生产型的出口企业，具有增值税一般纳税人资格，产品主要销往美国。近年受美元持续贬值的影响，该公司的订单和利润一降再降。2008年该公司出口离岸价格折合人民币3 000万元，耗用原材料2 100万元，全部取得进项税额发票，进项税额共计357万元，退税率11%，当年不予免抵退税额转出

180 万元［3 000×（17%－11%）］，其他成本和期间费用 700 万元，当年获得退税款 177 万元，利润 20 万元。就该公司而言，对于低附加值产品制造商来说，通过内部挖潜进一步降低经营成本已经十分困难。该公司财务负责人要求办税员从税收政策角度提出建议，办税员以出口退税政策不能变通为由答复财务负责人。

政策规定

凡具有生产出口产品能力的对外贸易经营者，其出口的货物按照现行生产企业出口货物实行“免抵退”税办法的规定办理出口退（免）税。

对没有生产能力的对外贸易经营者，其出口的货物按现行外贸企业出口退税的规定办理出口退（免）税。

对认定为增值税小规模纳税人的对外贸易经营者出口的货物，按现行小规模纳税人出口货物的规定，免征增值税、消费税。

执行日期：2004 年 7 月 1 日

政策依据：《国家税务总局关于贯彻〈中华人民共和国对外贸易法〉、调整出口退（免）税办法的通知》（国税函［2004］955 号）

分析诊断

一般来说，生产企业出口货物可以采用两种形式：自己出口自行办理出口退税的形式和把货物销售给外贸企业出口由外贸企业办理出口退税的形式。这两种形式因为在退税方面采用不同的退税方式，生产企业自己出口由生产企业办理出口货物免抵退税，而外贸企业自营出口由外贸企业办理免退税。同样一笔出口贸易，采用不同方法处理，税收成本并不一致。如果该企业成立一家外贸企业，将产品销售给外贸企业出口，按不含税价 2 500 万元开具增值税专用发票（该价格高于成本价），销项税额为 425 万元，内销应纳税额 68 万元（425－357），外贸企业实现销售收入 3 000 万元，应退税额为 275 万元（2 500×11%），不予退税成本 150 万元（2 500×6%）。假设合计的其他成本和期间费用仍为 700 万元，那么集团合并报表产生利润 50 万元。可见，通过成立一家外贸企业进行出口，不仅多获得退税 98 万元，而且合并实现利润 50 万元，多实现利润 30 万元。

上述案例中的两种退（免）税方法存在两个差异：一是利润增加了 30 万元。这是因为生产企业按出口货物的离岸价为基数，来计算不予免抵退税的进项税额转出数，即 3 000×6%＝180（万元），而外贸企业是按购进商品的不含税价为基数，即 2 500×6%＝150（万元），两者相差的 30 万元企业可以视同多实现的利润。二是退税增加 98 万元，应纳税额增加 68 万元，合计增加现金流为 30 万元。

这是因为出口退税与购入环节的进项税额相关。案例中的公司将自产产品卖给外贸公司，实际上是增加了产品的进项税额，虽然在内销环节增加了应纳税额，但在退税环节增加了更多的退税额，从而使得整体现金流得到改善。

由此可见，上述案例中的公司办税员的答复是错误的。

触类旁通

一、货物收购方式的选择

作为出口企业，在选择出口经营方式时，往往涉及货物收购方式的选择，选择哪种方式更适合自己的企业，这就需要进行精心的策划，权衡利弊。

一般来说，对退税率小于征税率的货物，出口企业从小规模纳税人进货比从一般纳税人进货所实现的出口盈利高。这是因为从小规模纳税人进货，征税率为3%，退税率为3%，不会因为征退税率不同而产生征退税差额，增大出口成本。而从一般纳税人进货，货物退税率低于征税率，其产生的增值税差额要计入出口成本中，两者相比，前者进货方式下出口成本较低、盈利高。

二、货物出口方式的选择

现行出口货物退（免）税政策规定，没有出口经营权的生产企业只能委托出口自产的货物，有出口经营权的生产企业、外贸企业，既可自营出口货物也可委托出口货物，而且这两种方式都可由自己办理出口货物的增值税退税；同时，出口企业也可采取货物买断方式，或将货物再调拨销售给其他外贸企业出口的方式出口，货物出口后不影响退税。具体选择哪种出口方式，可根据出口企业的情况而定。

注意要点

同样一笔出口贸易，采用不同方法处理，税收成本不同。

第三节 出口销售

12. 出口 CIF 价≠出口销售确认价

常见案例

在某省国税局 2009 年组织的全省出口退税工作检查中发现，某热交换器有限公司在 2008 年 2 月 2 日和 5 月 7 日分别以 CIF 价报关出口散热器系统 10 537.5 美元、6 562.2 美元，并以此价格申报退税。由于税务机关退税部门审核人员疏忽予以审核通过，多办理免抵退税额 1 667.55 元。

政策规定

生产企业出口货物“免、抵、退税额”应根据出口货物离岸价、出口货物退税率计算。出口货物离岸价（FOB）以出口发票上的离岸价为准（委托代理出口的，出口发票可以是委托方开具的或受托方开具的），若以其他价格条件成交的，应扣除按会计制度规定允许冲减出口销售收入的运费、保险费、佣金等。若申报数与实际支付数有差额的，在下次申报退税时调整（或年终清算时一并调整）。若出口发票不能如实反映离岸价，企业应按实际离岸价申报“免、抵、退”税，税务机关有权按照《中华人民共和国税收征收管理法》、《中华人民共和国增值税暂行条例》等有关规定予以核定。

执行日期：2002 年 2 月 6 日

政策依据：《国家税务总局关于印发〈生产企业出口货物“免、抵、退”税管理操作规程〉（试行）的通知》（国税发［2002］11 号）

分析诊断

根据《国际贸易术语解释通则 2000》规定，FOB 船上交货（……指定装运港）是当货物在指定的装运港越过船舷，卖方即完成交货，这意味着买方必须从该点起承担货物灭失或损坏的一切风险。在该术语条件下，卖方必须承担货物灭失或损坏的一切风险，直至货物在指定的装运港越过船舷为止。自货物在指定的装运港越过船舷时起买方必须承担货物灭失或损坏的一切风险。卖方必须支付货物有关的一切费用，直至货物在指定的装运港越过船舷时为止，并支付货物出口需要办理的海关手续费用及出口时应交纳的一切关税、税款和其他费用；买方必须支付货物在指定的装运港越过船舷之时起与货物有关的一切费用及需要办理海关手续时货物进口应交纳的一切关税、税款和其他费用。

根据《国际贸易术语解释通则 2000》规定，CIF 成本、保险费加运费（……指定目的港）是指在装运港当货物越过船舷时卖方即完成交货，卖方必须支付将货物运至指定的目的港所需的运费和费用，但交货后货物灭失或损坏的风险及由于各种事件造成的任何额外费用即由卖方转移到买方。在 CIF 条件下，卖方还必须办理买方货物在运输途中灭失或损坏风险的海运保险。因此，由卖方订立保险合同并支付保险费。

CIF 价与 FOB 价相比较，CIF 价增加了装运港到指定目的港之间的运费，还增加了从装运港到指定目的港之间的海运保险费用。依照税收政策规定，生产企业出口货物免抵退税额应根据出口货物离岸价 FOB 价作为计算依据，如果以 CIF 价计算申报免抵退税额，就必将虚增免抵退税额，从而多计算申报免抵税额或退税额。由此可见，案例中的公司以 CIF 价计算申报出口货物免抵退税额是错误的，主管税务机关退税部门不应当审核通过。

触类旁通

1. 生产企业若以其他价格条件成交的，都应按照 FOB 价的规定，扣除按会计制度规定允许冲减出口销售收入的运费、保险费、佣金等。

2. 生产企业到岸价出口，以离岸价申报出口退税时，海运费发票中的港杂费不属于海运费，不能冲减销售收入。

3. 虽然外贸企业实行免退税办法，其出口销售额与退税额没有直接的影响关系，同时也没有明确的文件规定外贸企业出口销售额的确认问题。但是，外贸企业出口退税申报系统明确：录入出口明细申报数据时必须录入美元离岸价一栏，如果成交方式为 CIF 或其他的，应折算成 FOB，因为这是换汇成本监测的重要参考数据。

注意要点

出口货物离岸价是生产企业计算出口货物免抵退税额的唯一依据。

13. 固定不变汇率≠出口销售额折算汇率

常见案例

某市国税局 2006 年对出口企业退（免）税管理检查发现，某钢铧厂 2005 年在美元汇率下调后，免抵退税申报一直按 1∶8.26 的美元对人民币汇率折算出口销售收入，从而造成进项税额多转 1 464.06 元，多申报免抵退税额 4 758.18 元；某航空仪表公司一直按 100∶827 计算外销销售收入和进口料件金额，造成多计算免抵退税额 14 668.70 元。因而检查组责成公司对错误使用折算汇率虚增的出口销售收入予以冲减，并相应冲减免抵退税申报。

政策规定

销售额以人民币计算。纳税人以人民币以外的货币结算销售额的，应当折合成人民币计算。

执行日期：2009年1月1日

政策依据：《中华人民共和国增值税暂行条例》（1993年12月13日中华人民共和国国务院令第134号发布，2008年11月5日国务院第34次常务会议修订通过，中华人民共和国国务院令第538号）

纳税人按人民币以外的货币结算销售额的，其销售额的人民币折合率可以选择销售额发生的当天或者当月1日的人民币汇率中间价。纳税人应在事先确定采用何种折合率，确定后1年内不得变更。

执行日期：2009年1月1日

政策依据：《中华人民共和国增值税暂行条例实施细则》（中华人民共和国财政部国家税务总局令第50号）

纳税人销售的应税消费品，以人民币计算销售额。纳税人以人民币以外的货币结算销售额的，应当折合成人民币计算。

执行日期：2009年1月1日

政策依据：《中华人民共和国消费税暂行条例》（1993年12月13日中华人民共和国国务院令第135号发布，2008年11月5日国务院第34次常务会议修订通过中华人民共和国国务院令第539号）

纳税人销售的应税消费品，以人民币以外的货币结算销售额的，其销售额的人民币折合率可以选择销售额发生的当天或者当月1日的人民币汇率中间价。纳税人应在事先确定采用何种折合率，确定后1年内不得变更。

执行日期：2009年1月1日

政策依据：《中华人民共和国消费税暂行条例实施细则》（财政部国家税务总局第51号令）

分析诊断

出口企业可以选择销售额发生当天或当月1日的人民币汇率中间价作为外币销售额的折算汇率。也就是说，出口企业如果选择销售额发生当月1日的人民币汇率中间价作为折算汇率，当月的折算汇率就保持不变，但这个固定的汇率也仅能在当月内不变，如果超过当月就不能再使用当月的折算汇率。折算汇率使用错误将直接导致出口企业销售收入核算错误，也会致使出口企业退（免）税申报时出口销售额错误，从而致使免抵退税额、不予免征和抵扣税额计算申报错误。上述案例中的公司长期使用一个固定不变的汇率折算出口销售收入并进行免抵退税申报，违反了增值税条例和消费税条例的规定。可见，其做法是错误的，某市国税局检查组的做法是正确的。

触类旁通

一、类似问题

1. 按出口报关单日期确定折算汇率。出口报关单日期并不一定是出口销售的日期。因此，在出口报关与出口销售实现一致的情况下，出口企业可以采用出口报关单的日期确定折算汇率；在出口报关与出口销售实现不一致的情况下，出口企业就不能采用出口报关单的日期确定折算汇率。

2. 按出口收汇日期确定折算汇率。出口收汇日期往往滞后于出口销售实现日期，因此，出口企业不能按出口收汇日期确定折算汇率。

3. 按出口退（免）税单证收齐日期确定折算汇率。出口退（免）税单证收齐日期往往滞后于出口销售的实现日期，因此，出口企业不能按出口退（免）税单证收齐日期确定折算汇率。

4. 按出口退（免）税申报日期确定折算汇率。出口退（免）税申报日期已经滞后于出口销售的实现日期，因此，出口企业不能按出口退（免）税申报日期确定折算汇率。

5. 折算汇率确定方法不得随意变动。外币销售额的人民币折合率可以选择销售额发生的当天或者当月 1 日的人民币汇率中间价。出口企业应在事先确定采用何种折合率，确定后 1 年内不得变更。

注意要点

出口企业可以选择销售额发生当天或当月 1 日的人民币汇率中间价作为外币销售额的折算汇率。

第四节 出口退税率

14. 出口企业使用的商品编号≠正确的商品编号

常见案例

某市国税局对 × ×燃料元件有限公司（以下简称燃料公司）出口的“桉叶

素”和“柠檬醛”，按规定审核办理了出口退税。2008 年 4 月黄埔海关缉私局到该市国税局调查该企业涉嫌高报退税率。由于燃料公司是生产型老出口企业，因此在黄埔海关缉私局核实前，市国税局已按有关退税政策对该公司申报的出口货物审核办理了出口退税。由于 2008 年 4 月黄埔海关缉私局调查以后，市国税局发函黄埔海关，10 月 27 日黄埔海关电话答复，已得到海关总署批复，证实该企业出口“桉叶素”和“柠檬醛”为高退税率商品代号。为谨慎起见，市国税局按照应当适用的退税率将燃料公司“桉叶素”和“柠檬醛”多申报免抵退税部分予以暂时追缴，2009 年 3 月 23 日已追缴入库退税款共计 1 263 898. 54 元。

政策规定

为解决因商品归类错误引起的关税及其他进口环节税的退、补税问题，现公告如下：

一、凡在《中华人民共和国海关进出口税则》（以下简称《税则》）中有具体列名的商品，在《税则》的类注释、章注释、子目注释、税目结构和《海关进出口税则——统计目录商品及品目注释》中已明确归类的商品，及海关总署或海关商品归类分中心已制发文件（包括归类决定）并对外公开或向进出口货物的收发货人或其代理人明确归类的商品，如因进出口货物的收发货人或其代理人违反规定造成海关归类错误而少征或漏征税款的，海关应自缴纳税款或者货物放行之日起 3 年内予以追征。

二、除第一条以外的其他归类错误造成少征或漏征税款的，海关应当自缴纳税款或者货物放行之日起 1 年内予以追征。

三、海关多征的税款，海关发现后应立即退还；纳税义务人自缴纳税款之日起 1 年内，可以要求海关退还。

四、海关总署改变已作出的归类决定造成执行税率不同的，所涉及商品的原征税款不予调整。如有特殊情况需要调整税款的，应报海关总署核批。

本公告自 2003 年 6 月 20 日起执行，中华人民共和国海关总署 2002 年第 11 号公告同时废止。

政策依据：海关总署公告 2003 年第 40 号（关于解决因商品归类错误引起的关税及其他进口环节税的退、补税问题）

在对申报的出口货物退（免）税凭证、资料进行人工审核后，税务机关应当使用出口货物退（免）税电子化管理系统进行计算机审核，将出口商申报出口货物退（免）税提供的电子数据、凭证、资料与国家税务总局及有关部门传递的出口货物报关单、出口收汇核销单、代理出口证明、增值税专用发票、消费税税收（出口货物专用）缴款书等电子信息进行核对。审核、核对重点是：

（一）出口报关单电子信息。出口报关单的海关编号、出口日期、商品代码、出口数量及离岸价等项目是否与电子信息核对相符。

（二）代理出口证明电子信息。代理出口证明的编号、商品代码、出口日期、出口离岸价等项目是否与电子信息核对相符。

（三）出口收汇核销单电子信息。出口收汇核销单号码等项目是否与电子信息核对相符。

（四）出口退税率文库。出口商申报出口退（免）税的货物是否属于可退税货物，申报的退税率与出口退税率文库中的退税率是否一致。

（五）增值税专用发票电子信息。增值税专用发票的开票日期、金额、税额、购货方及销售方的纳税人识别号、发票代码、发票号码是否与增值税专用发票电子信息核对相符。

在核对增值税专用发票时应使用增值税专用发票稽核、协查信息。暂未收到增值税专用发票稽核、协查信息的，税务机关可先使用增值税专用发票认证信息，但必须及时用相关稽核、协查信息进行复核；对复核有误的，要及时追回已退（免）税款。

（六）消费税税收（出口货物专用）缴款书电子信息。消费税税收（出口货物专用）缴款书的号码、购货企业海关代码、计税金额、实缴税额、税率（额）等项目是否与电子信息核对相符。

执行日期：2005 年 5 月 1 日

政策依据：《国家税务总局关于印发〈出口货物退（免）税管理办法（试行）〉的通知》（国税发［2005］51 号）

分析诊断

目前，很多出口企业和税务机关都错误地认为，出口商品编号是海关赋予的，都是正确无误的，因而出口货物退（免）税申报审核时完全没有必要审查出口商品编号是否正确。其实，出口商品代码是国家税务总局业务司在海关赋予的商品编号的基础上，根据出口退税管理扩充而来的。企业在申报出口退税业务时，对应的报关单上的商品编号是 10 位，而在出口退税申报系统中采集的是 12 位，前 10 位代码与商品编号一致，后两位代码为对应的扩展码，最终确定出口商品适用退税率，出口退税系统根据确定的退税率完成最终的计算。由此可知，正确的出口商品编号是准确适用出口商品退税代码的前提和基础。虽然，出口商品适用的编号是否正确，需要专业人员才能审查，不是税务机关出口退税管理人员和出口企业办税人员能轻易确认的。但是，税务机关和出口企业还是应当了解出口商品归类的相关知识，应当认真判定出口商品归类是否正确。上述案例中的公司错误使用高退税率商品编码，多申报办理出口退税，故市国税局依照规定对其追缴多申报办理的免抵退税。

触类旁通

一、将高退税率商品误报低退税率商品

例如，2009 年泉州的南安市和惠安县石材出口呈现价量齐跌的不利局面，部分石材企业陷入困境，泉州国税局多次深入企业实地调研发现，泉州企业多将出口的石材归入其他大理石花岗岩制品类别，而该类别仅可享受 9% 的出口退税。经过国税工作人员认真核对和现场比较，泉州石材企业有大量可归入石刻品类别的产品没有归入，该类别可享受 13% 出口退税。发现问题后，泉州国税局立刻协同当地海关部门，帮助企业修正归类差错，指导其使用正确的商品编码。据估计，此举可为全市石材企业每年多争取 1 亿元左右的出口退税。

二、将应退税货物误报取消退（免）税货物

例如，某工贸有限公司 2009 年 9 月出口了一笔货物，本为应退税货物，因报关行的失误错报成取消退（免）税货物，因此该公司向市局提出延期申报并获准延期。该公司在此期间与海关联系希望修改报关单，但未获成功，因此于 2010 年 4 月按视同内销进行处理。

三、将免税商品报成应退税商品出口

例如，河南在对一户外贸企业金表壳出口业务核查发现，企业出口商品代码“9111100000”对应的标准商品名为“贵金属或包贵金属制的表壳”，目前退税率为 11%。该商品码虽不属于国税发［2005］125 号中所列明的含金成分产品的海关商品代码，但该企业出口的黄金表壳是含金量 99.95% 的纯金表壳。出口退税与稽查两个部门共同对外贸公司出口黄金表壳和其供货单位购进黄金加工黄金表壳的情况进行了核查，暂没有发现存在虚开增值税专用发票及骗取出口退税等问题。目前出口退税款已经追回。

四、将取消退税商品报成应退税商品

例如，滑石和绿泥石同属国家资源类产品，两者属于伴生矿，在外观、颜色以及手感上，没有显著差别，只有通过化验，用理化指标才能来区别这两种产品。我国在滑石产品和绿泥石产品的出口政策上存在较大差异，滑石出口需要国家下发配额，2005 年 5 月起国家取消了滑石及其产品的出口退税政策，而绿泥石目前尚没有任何管理限制。2005 年 5 月国家取消滑石产品的出口退税后，绿泥石及其产品仍执行11%和13%的退税率，至2006年12月15日再出口绿泥石产品也不再享受出口退税政策。某市以滑石储量为主，绿泥石储量十分有限，2005年至2006年该市的绿泥石出口量却非常大，远远超出了滑石出口量。该市国税局专门组成纳税评估小组经调查得知，该市有19户绿泥石出口企业，其中2户外（工）贸型出口企业，17户生产型出口企业，全部为一般纳税人。2004年至2006年10月共出口绿泥石产品78万吨，出口滑石产品24万吨。2005年5月国家取消滑石产品出口退税后，出口企业共出口绿泥石产品销售额2 379万美元，按平均每美元退税0.9元推算，应退（免）税额为2 100万元。绿泥石和滑石两种产品的最主要区别还是三氧化二铝含量的多少。绿泥石的三氧化二铝含量平均为17%左右，而滑石的三氧化二铝的含量却很少，最多不超过0.4%。在海关的报关检测中，如果三氧化二铝的含量在12%以上，则认定为绿泥石。经过约谈和实地调查，该市出口数量较大的8户出口绿泥石企业均承认在绿泥石的生产加工过程中存在绿泥石投入量不够，未达到海关检测标准却以绿泥石名义报关出口并申报出口退税的事实，后依照规定补缴已退（免）税款。

五、将低退税率商品报成高退税率商品

例如，大连旅顺一家公司，实际出口商品为“化学塑料发光棒”，有5%的出口退税，但该公司却笼统地将商品申报为“娱乐用品”，退税率为13%，企图从中获得8%的不法利益。

六、商品原料工艺相同但形式不同可能出口退税率不同

例如，河北省张家口市某企业生产的玻璃管和玻璃棒都是填补国内空白的产品，且两者属于同一类产品，但是，玻璃棒却在国家2010年7月15日之后取消出口退税的商品清单之中，将不再享受之前5%的退税，而玻璃管却不在此列，仍享受13%的出口退税。两种产品呈现的形式虽不尽相同，但所需的原料、工序都基本一致。经了解，该企业生产的玻璃管很大一部分将用在太阳能设备上，而玻璃棒一般却只用于灯具及工艺品的装配。由此，税务人员给企业作出了如下解释：国家此次下调部分钢材、有色金属加工材、医药、化工产品等406个税则号商品的出口退税率，主要是限制“两高一资”产品出口，支持“十一五”节能减排任务的完成，显示出促进结构调整的坚定决心。而玻璃管能够作为太阳能系统的组件之一，属于鼓励发展的新能源类产品，而玻璃棒却不具备这个优势，因此两者在出口退税方面享受了不同待遇。

七、半成品和产成品适用的出口退税率各不相同

例如，一个船舶要经过铁矿石、钢材、钢结构、分段船舶、船壳和船舶等关键环节，根据现行政策，上述商品的出口退税率依次为0、5%、5%、0、0和17%。

八、同一商品前后适用的海关商品编号不同

例如，2009 年 5 月，某出口企业反映，公司同一笔啤酒桌椅分了两次出口，前一次的海关商品编号是 9403200000，后一次是 9401790000，到税务机关申报退税，可是退税率却不一样，分别是 9% 和 13%。

九、同一产品在不同地方海关赋予的商品编号不同

例如，某市某企业是一家从事海藻深加工的企业，产品主要为海藻酸钠、碘、甘露醇。2008 年 1 月起国家重新调整退税率，新增品名为褐藻胶 HS1302391200 退税为 13%。褐藻胶其实也叫海藻酸钠或褐藻酸钠，过去出口一直以 HS39131000 编码退税率 5%。自 2008 年政策调整以来，这一行业一般都以褐藻胶出口，但该市检验检疫处不认同海藻酸钠等于褐藻胶，该企业不得以褐藻胶名字和编码出口。而山东地区的厂家和税务海关商检等部门均认可这两种品名为同一产品，故均以褐藻胶办理出口退税。

注意要点

正确的出口商品编号是准确适用出口商品代码的前提和基础。

15. 正确的商品编号≠正确的出口商品代码

常见案例

某市国税局 2008 年在出口退税复审时发现，某公司错用商品自加码，将退税率 5% 的产品套用为退税率 13% 的产品，该笔出口退税已审核审批办理。因此该局采用手工在汇总表上注明原由，在审核系统中采用录入负数冲销的办法进行了处理，这样就比企业申报免抵退税少了 172 万元。

政策规定

在对申报的出口货物退（免）税凭证、资料进行人工审核后，税务机关应当使用出口货物退（免）税电子化管理系统进行计算机审核，将出口商申报出口货物退（免）税提供的电子数据、凭证、资料与国家税务总局及有关部门传递的出口货物报关单、出口收汇核销单、代理出口证明、增值税专用发票、消费税税收（出口货物专用）缴款书等电子信息进行核对。审核、核对重点是：

（一）出口报关单电子信息。出口报关单的海关编号、出口日期、商品代码、出口数量及离岸价等项目是否与电子信息核对相符。

（二）代理出口证明电子信息。代理出口证明的编号、商品代码、出口日期、出口离岸价等项目是否与电子信息核对相符。

（三）出口收汇核销单电子信息。出口收汇核销单号码等项目是否与电子信息核对相符。

（四）出口退税率文库。出口商申报出口退（免）税的货物是否属于可退税货物，申报的退税率与出口退税率文库中的退税率是否一致。

（五）增值税专用发票电子信息。增值税专用发票的开票日期、金额、税额、购货方及销售方的纳税人识别号、发票代码、发票号码是否与增值税专用发票电子信息核对相符。

在核对增值税专用发票时应使用增值税专用发票稽核、协查信息。暂未收到增值税专用发票稽核、协查信息的，税务机关可先使用增值税专用发票认证信息，但必须及时用相关稽核、协查信息进行复核；对复核有误的，要及时追回已退（免）税款。

（六）消费税税收（出口货物专用）缴款书电子信息。消费税税收（出口货物专用）缴款书的号码、购货企业海关代码、计税金额、实缴税额、税率（额）等项目是否与电子信息核对相符。

执行日期：2005 年 5 月 1 日

政策依据：《国家税务总局关于印发〈出口货物退（免）税管理办法（试行）〉的通知》（国税发［2005］51 号）

分析诊断

出口商品代码与出口商品编号并不完全一致。海关提供的出口商品编号为 10 位（2007 年以前为 8 位或 10 位，2007 年改为 10 位），对于 10 位编号所对应的征税税率和出口退税率有两个或两个以上时，国家税务总局将根据政策要求在此基础上进行细化，出口退税率文库中代码细化及征退税率的对应原则如下：

当海关标准商品代码所对应的征税率为两个或两个以上时，细分为两个商品码或两个以上商品码和税率的组合。第一组为在原商品码后加 1 对应的征税率为最低的，退税率也为最低的；第二组为在原商品码后加 2，对应的征税率为第二个，退税率也为第二个，第 n 组为在原有的商品码后加 n，对应的征税率为第 n 个，退税率也为第 n 个。将 n 组码按 1、2…n 顺序加在商品码之后，原商品码退税率 n1n2…nn，备注栏为 n2…nn。原商品代码取得标准商品标志 * 号，改为类别商品代码标志“空”，扩展的 n 个商品代码为标准商品代码。具体事例如下：

当普通商品的原商品码征税税率为 17、13，退税率为 13、5 时细分为两个商品码和税率的组合。第一个为原商品代码后加 1，对应的征税率为 13，退税率为

5；第二组为在原商品代码后加2，对应的征税率为17，退税率为13。将两组代码按1、2顺序加在原商品代码之后，原商品代码退税率为5（从低原则），备注为退13，原商品代码标准商品标志为空，（即为类别码）扩展两个商品代码为标准商品代码，标准商品标志为*号。

由上述可见，即使在出口报关单上的商品编号完全正确的情况下，也不可能与出口退税率文库中的出口退税率一一对应。在这种情况下，如果在出口商品编号基础上所加的扩展码错误，将直接导致出口退（免）税计算申报错误。

触类旁通

《国家税务总局进出口税收管理司关于加强商品代码相近而退税率不同出口退税审核工作的通知》（进便函［2007］89号）分别列出扩展为一种、两种、三种以及出口商品代码前8位相同而退税率不同的商品，因篇幅所限，现仅列出扩展为三种商品的明细表，供参考。

表1-2

商品代码	有效期限起	有效期限止	商品名称
22089090911	2007-07-01	2100-12-31	其他蒸馏酒
22089090912	2007-07-01	2100-12-31	白酒
22089090913	2007-07-01	2100-12-31	酒精饮料
22089090991	2007-01-01	2100-12-31	其他蒸馏酒
22089090992	2007-01-01	2100-12-31	粮食白酒
22089090993	2007-01-01	2100-12-31	酒精饮料
23069000001	2006-01-01	2100-12-31	规定为免税的其他油渣
23069000002	2006-01-01	2100-12-31	按13%征税的其他油渣
23069000003	2006-01-01	2100-12-31	按17%征税的其他油渣
23080000001	2007-01-01	2100-12-31	其他饲料用植物产品
23080000002	2006-01-01	2100-12-31	按17%征税的菠萝渣
23080000003	2006-01-01	2100-12-31	按13%征税的菠萝渣
28439000901	2006-01-01	2100-12-31	含金产品
28439000902	2007-07-01	2100-12-31	贵金属汞齐
28439000903	2007-07-01	2100-12-31	二氯二氨钯晶体，二氯
85232910001	2007-01-01	2100-12-31	音像制品和电子出版物
85232910003	2007-01-01	2100-12-31	编号8471所列机器用磁
85232910002	2007-01-01	2100-12-31	其他用途的磁盘

注意要点

在非基本商品码的情况下，正确扩展出口商品代码就是正确适用出口退税率的关键。

16. 出口货物退税率为零≠出口货物不免税

常见案例

某公司属于生产型增值税一般纳税人。2008 年 4 月，该公司办税员根据海关商品编码在出口退税率文库中查找到，该公司出口产品适用的出口退税率为 0，特殊商品标志栏为 2，然后咨询主管税务机关出口退税管理人员。税务人员明确答复：如果出口产品的退税率为零，不但不能退税，而且还应该视同内销征税。

政策规定

下列出口货物免征增值税、消费税：

（一）来料加工复出口的货物；

（二）避孕药品和用具、古旧图书；

（三）卷烟；

（四）军品以及军队系统企业出口军需工厂生产或军需部门调拨的货物。

国家规定免税的货物不办理退税。

执行日期：1994 年 1 月 1 日

政策依据：《国家税务总局关于印发〈出口货物退（免）税管理办法〉的通知》（国税发［1994］31 号）

生产企业出口实行简易办法征税的货物，免征增值税，出口的其他货物实行免、抵、退税办法。

执行日期：2003 年 1 月 1 日

政策依据：《国家税务总局关于出口货物退（免）税若干问题的通知》（国税发［2003］139 号）

计算机软件出口（海关出口商品码 9803）实行免税，其进项税额不予抵扣或退税。

执行日期：2004 年 1 月 1 日

政策依据：《财政部 国家税务总局关于调整出口货物退税率的补充通知》（财税［2003］238 号）

一、出口企业出口含金（包括黄金和铂金）成分的产品实行免征增值税政策，相应的进项税额不再退税或抵扣，须转入成本处理。实行出口免税政策的含金成分产品的海关商品代码为：28431000、2843300010、2843300090、28439000、3824909030、3824909090、71110000、71123090、71129110、71129120、71129210、71129220、71129920、71129990、71131911、7113191910、7113191990、71131991、7113199910、7113199990、7114190010、7114190090、7114200010、7114200090、71151000、7115901020、7115901090、71159090 等。

二、出口企业出口上述含金产品后，须持出口退（免）税所规定的凭证按月向主管税务机关退税部门填报出口含金产品免税证明申报表。

三、税务机关退税部门对出口企业报送的出口含金产品免税证明申报表及规定凭证进行审核，同时通过审核系统审核相关电子信息。退税部门审核无误后开具出口含金产品免税证明，并将第二联交由征税部门审核办理免税。

四、出口企业持退税部门开具的出口含金产品免税证明（第三联）向征税部门申报免税，征税部门将出口企业的免税申报同退税部门开具的出口含金产品免税证明（第二联）碰对审核无误后，办理免税手续。出口企业须将免税出口货物相应的进项税额转入企业成本科目。

执行日期：2005 年 5 月 1 日

政策依据：《国家税务总局关于出口含金成分产品有关税收政策的通知》（国税发［2005］125 号）

从 2008 年 12 月 1 日起，出口企业出口海关商品代码为 91111000 的“黄金、铂金或包黄金、铂金制的表壳”及商品代码为 91119000 的“黄金、铂金表壳的零件”，实行增值税免税政策，相应的进项税额不再退税或抵扣，转入成本处理。

执行日期：2008 年 12 月 1 日

政策依据：《国家税务总局关于金表壳及零件出口有关退税问题的通知》（国税函［2008］1040 号）

同意将中国印钞造币总公司以商品代码为 71189000 报关出口的猪年生肖彩色金币和猪年生肖金币，纳入含金产品免税范围，实行出口免税办法。

执行日期：2009 年 4 月 30 日

政策依据：《国家税务总局关于出口纪念金币税收问题的批复》（国税函

[2009] 229 号）

分析诊断

按照现行出口退（免）税政策规定，出口货物一般可能涉及四种政策：一是免抵退税，“免”税是指对生产企业出口的自产货物，免征本企业生产销售环节的增值税；“抵”税，是指生产企业出口的自产货物所耗用原材料、零部件等应予退还的进项税额，抵顶内销货物的应纳税款；“退”税，是指生产企业出口的自产货物在当期内因应抵顶的进项税额大于应纳税额而未抵顶完的税额，经主管退税机关批准后，予以退税。二是免退税，即对本销售环节增值税免税，对购进出口货物的进项税额予以退税。三是免税，即对出口货物免征增值税，对进项税额不予退税。四是不予退（免）税，即对有进出口经营权的出口企业出口的一些特定货物，虽然已经征收了增值税、消费税，但根据规定，不予退还或免征增值税、消费税。

出口货物究竟是否退税，退税率是多少？这是出口企业普遍关心的问题。因此，出口企业要查找出口商品退税率，一般都通过在出口退税率文库中查找。因为出口退税率文库由国家税务总局根据有关出口退税政策规定进行整理，并以正式文件发布。未经允许，严禁擅自改变出口货物退税率。

但是，很多人只看出口退税率文库中出口退税率一栏，如果出口退税率一栏为零的话，则错误地认为该商品不予退（免）税，因而错误地认为应当视同内销征税。实际上，出口退税率一栏为零的话，出口货物可能是属于国家禁止出口或不予退（免）税的货物，也有可能是属于免税的货物。因而，在查看到出口退税率为零的情况下，还应查看出口退税率文库中特殊商品标志一栏，如果该栏的标志为1，则表明该货物属于禁止出口或出口不退税；如果该栏的标志为2，则表明该货物属于免税。上述案例中，虽然出口货物退税率为零，但特殊商品标志为2，所以属于免税货物，因而出口货物销售环节免征增值税，但相应进项税额不予抵扣。由此可见，案例中主管税务机关的答复是错误的。

触类旁通

一、出口退税率文库基本知识

出口退税率文库是国家税务总局以海关总署颁布的进出口商品代码目录为基准，按照准确归位、合理界定、“从严不从宽”的原则，以现行出口退税政策为依据，对商品代码及征退税率进行核定与调整，建立的专门用于出口退税管理的标准数据库。出口企业可据此进行进出口报关、企业内部业务处理及财务核算、办理出口退税业务；各地的税务机关也可据此审定企业的退税申报、办理退税审核审批业务。

出口退税率文库记录着各种商品与出口退税有关的基本属性，主要包含商品代码、商品名称、计量单位、增值税征退税税率、消费税征退税率、是否禁止出口或出口不退税、是否免税等重要信息。其具体项目如下：

（一）海关商品码

海关商品码是在进出口贸易中使用的对商品进行分类管理、表示进出口商品名称的数字化代码，对规范商品管理、简化实际操作、方便统计分析起着重要的作用，广泛地应用于进出口报关、出口退税、出口企业的业务处理及财务核算等领域。

海关商品码是商品分类的具体表现，是海关税则及出口退税率的基础，海关根据《商品名称及编码协调制度（HS）》目录的分类原则和内容于1992年1月1日起正式实施海关进出口税则和统计商品目录。随着多年的实际应用演变，商品分类日趋成熟，其代码的规则主要遵循：前两位数字代表章节，第三四位数字为税码，后四位为子商品码，其中第七、八位为我国税则在协调制度编码的基础上增加的两级子商品码，第九、十位为细化商品而增加的两位商品码（从2001年起）。

海关根据国际通行的《商品名称及编码协调制度（HS）》确定标准商品分类，应用于海关的进出口报关；国家税务总局根据税务政策法规的需要，对海关提供的标准商品进行税率鉴定，在鉴定的过程当中，若原代码不能满足税务实际业务的需要，可对原代码进行扩充，以便对每个代码准确地鉴定唯一法定退税税率。

（二）转换商品码

转换商品码暂时不用，保留用作对外经贸部商品码的转换。

（三）商品码单位

商品码单位具体的单位名称，左对齐输入，参照海关计量单位码中的计量单位定义。

（四）基本商品标志

空：非基本商品；*：基本商品。仅基本商品可用于出口退税的申报。

（五）标准商品标志

T：国家税务总局统一确认的标准商品码；F：否则为企业自加商品码。

（六）标准单位标志

T：标准计量单位（企业必须按此计量单位申报）；F：否。

（七）税种

V：仅计征增值税；C：同时计征消费税；空：无税。

（八）征税税率

征税税率集合四种形式：1717，1313，空，不征税。

（九）征税率改年月

年度内发生税率变化所记录的征税税率修改时间。

（十）改后征税税率

从征税税率更改时间起执行的新征税税率。

（十一）从量定额征税消费税

从量定额，计量单位不允许修改，申报时请注意计量单位换算。

（十二）从价定率征税消费税从价定率

税率按小数点方式输入（非%方式）。

（十三）退税率

该商品的退税税率，百分比方式。

（十四）退税率改年月

年度内发生税率变化所记录的退税税率修改时间。

（十五）改后退税率

从退税率更改时间起执行的新退税税率，百分比方式。

（十六）商品类别

退税统计报表中使用的商品分类，可用于税率调整、退税审核、统计分析等，具体编码参照代码表。

（十七）特殊商品标识

1：禁止出口或出口不退税；2：免税。

（十八）备注

目前仅用于该商品的第二种可能的退税率，一般地，该码的后面有扩展明细代码作为基本商品代码，而该代码本身不是基本商品代码，如退13；6（分号之前为改前第二退税税率，之后为改后第二退税税率），该税率常用于基于海关信息的统计分析。

二、日常使用出口退税率文库

出口企业在内部管理中，应加强储运、业务、财务各环节的协调一致，在使用商品代码时必须做到企业内部同一商品使用统一的商品代码，购进货物的商品计量单位以报关出口时商品编号的计量单位为标准计量单位，做到进货和出口计量单位一致。

出口企业在申报时使用的商品代码，应以报关单上注明的商品代码为准，若税务总局在原商品代码上进行了扩展，则应使用此商品代码的扩展代码，该码为基本商品代码——在商品代码库中，该商品的基本商品代码标志为“*”。出口企业在报关出口采用商品代码时，务必注意其对应的退税税率的高低，以免不应出现的退税风险。

出口企业可在使用的出口退税申报系统中，设置“自用商品”，即将本企业所涉及的商品代码用系统内的“设置自用商品”功能设置成“自用商品”，企业在输入申报明细数据时，可直接检索到本企业所涉及的商品，大大简化商品查找、确定的过程。

对于出口消费税产品的，出口企业必须在取得消费税专用税票后，方可办理消费税的退税，且报关出口时使用的商品代码必须是可退消费税的商品码。

在进行年度间相关业务的处理（如进货结转、备案表、来料加工、进料加工等）时，若商品代码或税率发生变化，需根据新年度的新商品税率库进行重新认定，按新商品代码进行数据结转。

注意要点

如果出口货物退税率为零，还要查看出口退税率文库中特殊商品标志一栏的情况，才能确定出口货物不予退（免）税或者免税。

17. 来料加工出口不予退（免）税货物≠不能免税

常见案例

2009 年月 12 月，某具有增值税一般纳税人资格的生产企业开展来料加工业务，按照来料加工的政策规定该业务应当享受出口免税政策。因此该企业向主管税务机关咨询，主管税务机关经查询出口退税率文库，发现该企业来料加工复出口货物退税率为零，进一步查看特殊商品标志为 1，即出口不予退（免）税，据此，税务人员答复企业，来料加工复出口不予退（免）税货物不得退税，也不得免税。

政策规定

下列出口货物免征增值税、消费税：

（一）来料加工复出口的货物；

（二）避孕药品和用具、古旧图书；

（三）卷烟；

（四）军品以及军队系统企业出口军需工厂生产或军需部门调拨的货物。

国家规定免税的货物不办理退税。

执行日期：1994 年 1 月 1 日

政策依据：《国家税务总局关于印发〈出口货物退（免）税管理办法〉的通知》（国税发［1994］31 号）

出口企业以“来料加工”贸易方式免税进口原材料、零部件后，凭海关核签的来料加工进口货物报关单和来料加工登记手册向主管其出口退税的税务机关办理“来料加工免税证明”，持此证明向主管其征税的税务机关申报办理免征其加工或委托加工货物及其工缴费的增值税、消费税。货物出口后，出口企业应凭来料加工出口货物报关单和海关已核销的来料加工登记手册、收汇凭证向主管出口退税的税务机关办理核销手续。逾期未核销的，主管出口退税的税务机关将会同海关和主管征税的税务机关及时予以补税和处罚。

执行日期：1994 年 1 月 1 日

政策依据：《国家税务总局关于印发〈出口货物退（免）税管理办法〉的通知》（国税发［1994］31 号）

小规模纳税人委托其他加工企业从事来料加工业务的，可按照现行有关规定向税务机关申请开具“来料加工免税证明”，加工企业可凭“来料加工免税证明”办理加工费的免税手续。

执行日期：2003 年 1 月 1 日

政策依据：《国家税务总局关于出口货物退（免）税若干问题的通知》（国税发［2003］139 号）

出口企业以来料加工复出口方式出口不予退（免）税货物的，继续予以免税。

执行日期：2004 年 1 月 1 日

政策依据：《财政部、国家税务总局关于出口货物退（免）税若干具体问题的通知》（财税［2004］116 号）

分析诊断

根据现行出口退（免）税政策规定，一般来说，影响出口货物适用退（免）税方法的因素，主要有以下四个：一是增值税纳税人的身份，增值税一般纳税人和增值税小规模纳税人出口货物适用的退（免）税方法各不相同；二是出口企业的类型，生产型和商贸型出口企业出口货物适用的退（免）税方法各不相同；三是出口货物是否退（免）税，出口货物退税、免税、不退（免）税各自方法也不同；四是出口贸易方式，有的贸易方式可以退税，有的贸易方式可以免税，有的贸易方式不得退（免）税。

从来料加工复出口货物来看，无论出口企业是何种类型，无论出口企业是何种增值税纳税人身份，其复出口货物都是免税；同时，与其他贸易方式特别之处在于，无论复出口货物是否退（免）税，来料加工贸易方式都予以免税。这与其他贸易方式不同，如按财税［2004］116号的规定，出口企业以进料加工贸易方式出口的不予退（免）税的货物，应当视同内销征税；对外修理修配退税率按被修理修配货物的出口退税率执行。

上述案例中的公司来料加工复出口货物不予退（免）税，税务人员答复企业不得免税，可见，税务机关的答复是错误的。

触类旁通

一、来料加工目前仍然免征增值税

来料加工是指进口料件由境外企业提供，出口企业不需要付汇进口，按照境外企业的要求进行加工或者装配，只收取加工费，制成品由境外企业销售的一种贸易方式。来料加工业务的确定，一般以海关核签的来料加工货物报关单和登记手册为准。虽然《增值税暂行条例》（国务院令第538号）第十五条取消了原《增值税暂行条例》中来料加工免征增值税的规定，但是，目前来料加工仍然执行免征增值税的政策。

二、来料加工复出口货物取消退（免）税

按照《总局关于财政部、国家税务总局关于出口货物退（免）税若干具体问题的通知》（财税［2004］116号）的规定，出口企业以来料加工复出口方式出口不予退（免）税货物的，继续予以免税。

三、来料加工使用的辅助材料不能退税

按照规定，作为增值税一般纳税人的生产企业，从事来料加工业务的加工费收入免征增值税，其耗用包括辅助材料在内的相应进项税额不得申报抵扣，也不得退税。

四、进口料件未加工不付汇问题

按照《中华人民共和国海关对加工贸易货物监管办法》（2004年2月26日海关总署令第113号发布，根据2008年1月14日海关总署令第168号公布的《海关总署关于修改〈中华人民共和国海关对加工贸易货物监管办法〉的决定》修正）的规定，来料加工，是指进口料件由境外企业提供，经营企业不需要付汇进口，按照境外企业的要求进行加工或者装配，只收取加工费，制成品由境外企业销售的经营活动。

如果出口企业的进口料件由境外企业提供，经营企业不需要付汇，同时也不对进口料件进行加工或者装配的，那么这种方式就不属于来料加工贸易的范围，当然也不属于进料加工贸易的范围。

例如，某出口企业产品出口到国外，产品本身不含发动机，按照国外客户的要求，2010 年 4 月，国外用户向该企业免费提供发动机供试验产品时使用。产品试验合格后，产品连同客户提供的发动机一同报关出口，报关出口产品价格不含发动机价格（发动机价格占产品价格的 10% 以内）。这种业务既不属于来料加工贸易，也不属于进料加工贸易。

五、保税区内企业从事来料加工

例如，A 公司是保税区内生产企业，2010 年 4 月从国外采购原料（从境外进保税区），原料在保税状态下发给区外企业做来料加工，区外企业交成品（保税的）给 A 公司，并向 A 公司收取加工费，同时还缴了 17% 的增值税。这种情况下，A 公司把成品出口给国外客户后，能对此加工费办出口退税吗？某省国税局正确答复公司：仍然按来料加工免税办理。

六、来料加工业务委托其他企业加工

（一）来料加工业务全部委托其他企业加工

例如，A 公司是一般纳税人具有进出口权的内资企业，2008 年 10 月接到外国一笔来料加工业务，加工费约 130 万元，A 公司将此笔业务再委托给另一家一般纳税人但不具有进出口权的内资企业代为加工，约定的加工费为 110 万元。加工所需辅料全部由另一家企业采购并加工，最后该企业开具 110 万元的加工费发票给 A 公司。A 公司按照规定办理来料加工贸易免税证明，并将此证明转交给另一家企业申报办理免税。此证明上只注明加工出口货物名称和数量，不注明加工费金额，因此 A 公司收到的加工费差额 20 万元也可以申报免税。

（二）来料加工业务部分委托其他企业加工

例如，A 公司 2008 年 10 月以来料加工方式进口原料 200 立方米，产出成品 80 立方米。其中 40 立方米是 A 公司自己加工的，另外 40 立方米委托 B 公司加工。在这种情况下，公司可开具两份来料加工贸易免税证明，一份自己加工的货物用于自己申报免税，一份委托 B 公司加工的货物转交给 B 公司申报免税。

（三）来料加工委托小规模纳税人加工

来料加工业务委托小规模纳税人加工的，也应当按规定开具来料加工贸易免税证明，并将此证明转交给小规模纳税人申报免税。

例如，某公司来料加工业务委托本地其他企业进行加工，而本地受托企业却是核定征收增值税企业，不能完整反映财务状况，主管税务机关却错误地认为受托企业不能享受免税，从而不按规定开具来料加工贸易免税证明。

七、来料加工部分料件内销

例如，某公司做一个来料加工的项目，其中产生了副产品，经海关批准已经同意内销，并且征收了关税。那么，公司内销给客户是否还要缴纳相应的增值税？某省国税局给以正确答复：公司在内销给客户时应按规定计算缴纳增值税，可以开具增值税发票。

注意要点

无论复出口货物是否退（免）税，来料加工贸易方式都予以免税。

18. 禁止出口商品或不退税商品≠退（免）税

常见案例

2010 年 5 月，国家税务总局《关于各地出口退税审核系统应用情况的通报》（国税函［2010］226 号）指出：出口退税审核系统对出口企业申报的商品退税率与商品代码库中的规定退税率不符情况，不退税商品的情况在审核中予以提示，各地应对提示内容进行认真核对，按有关规定处理，原则上不能人工挑过。但是在 2010 年有部分地区存在多条上述疑点的申报记录人工挑过办理退税的情况，并列出某市国税局审核审批的 1 笔出口退税业务，即某有限责任公司 2010 年 2 月申报的一笔出口退（免）税业务，出口退税审核系统提示疑点为“禁止出口商品或不退税商品”，而税务机关仍然人工挑过，审核办理了出口退税。接到国家税务总局通报后，经主管税务机关核查，这属于税务机关操作错误，挑过了不应挑过的审核疑点。因此，主管税务机关已经按照规定整改。

政策规定

第十一条　税务机关应当使用国家税务总局认可的出口货物退（免）税电子化管理系统以及总局下发的出口退税率文库，按照有关规定进行出口货物退（免）税审核、审批，不得随意更改出口货物退（免）税电子化管理系统的审核配置、出口退税率文库以及接收的有关电子信息。

第十三条　在对申报的出口货物退（免）税凭证、资料进行人工审核后，税务机关应当使用出口货物退（免）税电子化管理系统进行计算机审核，将出口商申报出口货物退（免）税提供的电子数据、凭证、资料与国家税务总局及有关部门传递的出口货物报关单、出口收汇核销单、代理出口证明、增值税专用发票、消费税税收（出口货物专用）缴款书等电子信息进行核对。审核、核对重点是：

（一）出口报关单电子信息。出口报关单的海关编号、出口日期、商品代码、出口数量及离岸价等项目是否与电子信息核对相符。

（二）代理出口证明电子信息。代理出口证明的编号、商品代码、出口日期、出口离岸价等项目是否与电子信息核对相符。

（三）出口收汇核销单电子信息。出口收汇核销单号码等项目是否与电子信息核对相符。

（四）出口退税率文库。出口商申报出口退（免）税的货物是否属于可退税货物，申报的退税率与出口退税率文库中的退税率是否一致。

（五）增值税专用发票电子信息。增值税专用发票的开票日期、金额、税额、购货方及销售方的纳税人识别号、发票代码、发票号码是否与增值税专用发票电子信息核对相符。

在核对增值税专用发票时应使用增值税专用发票稽核、协查信息。暂未收到增值税专用发票稽核、协查信息的，税务机关可先使用增值税专用发票认证信息，但必须及时用相关稽核、协查信息进行复核；对复核有误的，要及时追回已退（免）税款。

（六）消费税税收（出口货物专用）缴款书电子信息。消费税税收（出口货物专用）缴款书的号码、购货企业海关代码、计税金额、实缴税额、税率（额）等项目是否与电子信息核对相符。

第十四条　税务机关在审核中，发现的不符合规定的申报凭证、资料，税务机关应通知出口商进行调整或重新申报；对在计算机审核中发现的疑点，应当严格按照有关规定处理；对出口商申报的出口货物退（免）税凭证、资料有疑问的，应分别作出处理：

（一）凡对出口商申报的出口货物退（免）税凭证、资料无电子信息或核对不符的，应及时按照规定进行核查。

（二）凡对出口货物报关单（出口退税专用）、出口收汇核销单等纸质凭证有疑问的，应向相关部门发函核实。

（三）凡对防伪税控系统开具的增值税专用发票（抵扣联）有疑问的，应向同级税务稽查部门提出申请，通过税务系统增值税专用发票协查系统进行核查。

（四）对出口商申报出口货物的货源、纳税、供货企业经营状况等情况有疑问的，税务机关应按国家税务总局有关规定进行发函调查，或向同级税务稽查部门提出申请，由税务稽查部门按有关规定进行调查，并依据回函或调查情况进行处理。

执行日期：2005年5月1日

政策依据：《国家税务总局关于印发〈出口货物退（免）税管理办法（试

行）〉的通知》（国税发［2005］51号）

分析诊断

出口货物在退（免）税方面存在三种方法：第一种是免抵退税；第二种是免退税；第三种是免税。对于不予退（免）税的货物，除来料加工贸易方式和出口到海关特殊监管区域的特殊商品以外，出口企业都不能申报退（免）税，税务机关在审核企业申报的出口退（免）税有相应疑点的，也不应挑过疑点，从而不应当审核办理出口退（免）税。当然，对于不予退税的货物，出口企业和税务机关要认真核查出口退税率文库，确认是免税还是禁止出口。如果是禁止出口的货物，还要视同内销征税。结合上述案例，该公司将不予退（免）税货物申报办理出口退（免）税，主管税务机关却审批通过办理出口退（免）税，可见该公司和主管税务机关的做法都是错误的。

触类旁通

出口退（免）税的计算机审核是指对企业申报的电子数据进行自身逻辑关系审核，同时与海关、外汇管理、征税等部门提供的电子信息进行交叉对审，其主要作用是通过审核发现疑点并进行处理，以保证审核结果的准确性。

由于企业在申报数据的录入环节中可能出现失误或者错误，税务机关从海关、外汇管理、征税等部门获取的外部电子信息也可能出现异常。这些因素都会导致计算机审核过程中出现疑点信息，致使审核过程中断。这时就需要审核人员对疑点原因进行分析处理。审核疑点分为三类：

提示类疑点：错误级别代码为“　”，不设置错误标志，这类疑点不影响审核结果。

警告类疑点：错误级别代码为“W”，这类疑点影响审核结果，应检查无误后予以人工挑过或修改企业申报数据。

错误类疑点：错误级别代码为“E”，这类疑点影响审核结果，应深入检查，必要时应进行评估调查，慎作人工挑过及相应处理。

计算机审核过程中产生疑点时，税务机关审核人员须对疑点产生的原因进行核实，并按照疑点处理的有关规定，不能通过的疑点则不能作人工挑过处理，核实后可以通过的疑点作人工挑过处理，并将疑点核实的结论写入疑点处理意见，然后可以采用修改数据、人工挑过、函调等相应方法进行处理。对于少量需修改数据的操作，在不影响出口退（免）税汇总表数据的情况下，审核人员在得到申报企业的同意后可以直接调整企业申报数据。若企业申报数据中含有因企业自身原因造成的错误，或对错误数据的调整会导致退（免）税汇总申报数据的变化时，则需要将申报资料退回企业，由企业重新申报。

注意要点

税务机关对计算机审核中发现的疑点，应当严格按照有关规定处理。

19. 申报退税率≠退税率文库中的退税率

常见案例

2010年5月，国家税务总局《关于各地出口退税审核系统应用情况的通报》（国税函［2010］226号）指出：出口退税审核系统对出口企业申报的商品退税率与商品代码库中的规定退税率不符情况，不退税商品的情况在审核中予以提示，各地应对提示内容进行认真核对，按有关规定处理，原则上不能人工挑过。但是在2010年有部分地区存在多条上述疑点的申报记录人工挑过办理退税的情况，并列出××市国税局审核审批的1笔出口退税业务涉及退税率与商品码库中的退税率不等的疑点。接到国家税务总局通报后，税务机关调查核实，××精量电子有限公司2010年1月的出口退（免）税申报中存在“退税率（17.00）与商品码库中的（14.00）不等”的疑点，属于税务机关操作错误，通知企业后在2010年5月冲减该笔申报，重新录入正确再申报。

政策规定

第十一条　税务机关应当使用国家税务总局认可的出口货物退（免）税电子化管理系统以及总局下发的出口退税率文库，按照有关规定进行出口货物退（免）税审核、审批，不得随意更改出口货物退（免）税电子化管理系统的审核配置、出口退税率文库以及接收的有关电子信息。

第十三条　在对申报的出口货物退（免）税凭证、资料进行人工审核后，税务机关应当使用出口货物退（免）税电子化管理系统进行计算机审核，将出口商申报出口货物退（免）税提供的电子数据、凭证、资料与国家税务总局及有关部门传递的出口货物报关单、出口收汇核销单、代理出口证明、增值税专用发票、消费税税收（出口货物专用）缴款书等电子信息进行核对。审核、核对重点是：

（一）出口报关单电子信息。出口报关单的海关编号、出口日期、商品代码、出口数量及离岸价等项目是否与电子信息核对相符。

（二）代理出口证明电子信息。代理出口证明的编号、商品代码、出口日期、出口离岸价等项目是否与电子信息核对相符。

（三）出口收汇核销单电子信息。出口收汇核销单号码等项目是否与电子信息核对相符。

（四）出口退税率文库。出口商申报出口退（免）税的货物是否属于可退税货物，申报的退税率与出口退税率文库中的退税率是否一致。

（五）增值税专用发票电子信息。增值税专用发票的开票日期、金额、税额、购货方及销售方的纳税人识别号、发票代码、发票号码是否与增值税专用发票电子信息核对相符。

在核对增值税专用发票时应使用增值税专用发票稽核、协查信息。暂未收到增值税专用发票稽核、协查信息的，税务机关可先使用增值税专用发票认证信息，但必须及时用相关稽核、协查信息进行复核；对复核有误的，要及时追回已退（免）税款。

（六）消费税税收（出口货物专用）缴款书电子信息。消费税税收（出口货物专用）缴款书的号码、购货企业海关代码、计税金额、实缴税额、税率（额）等项目是否与电子信息核对相符。

第十四条　税务机关在审核中，发现的不符合规定的申报凭证、资料，税务机关应通知出口商进行调整或重新申报；对在计算机审核中发现的疑点，应当严格按照有关规定处理；对出口商申报的出口货物退（免）税凭证、资料有疑问的，应分别作出处理：

（一）凡对出口商申报的出口货物退（免）税凭证、资料无电子信息或核对不符的，应及时按照规定进行核查。

（二）凡对出口货物报关单（出口退税专用）、出口收汇核销单等纸质凭证有疑问的，应向相关部门发函核实。

（三）凡对防伪税控系统开具的增值税专用发票（抵扣联）有疑问的，应向同级税务稽查部门提出申请，通过税务系统增值税专用发票协查系统进行核查。

（四）对出口商申报出口货物的货源、纳税、供货企业经营状况等情况有疑问的，税务机关应按国家税务总局有关规定进行发函调查，或向同级税务稽查部门提出申请，由税务稽查部门按有关规定进行调查，并依据回函或调查情况进行处理。

执行日期：2005 年 5 月 1 日

政策依据：《国家税务总局关于印发〈出口货物退（免）税管理办法（试行）〉的通知》（国税发［2005］51 号）

分析诊断

按照规定，出口退（免）税申报时录入出口退（免）税申报系统中的出口货物退税率应当与出口退税率文库中的退税率相等。如果不相等，第一种可能是出口企业没有及时升级出口退税率文库；第二种可能是税务机关审核系统中没有及时升级出口退税率文库；第三种可能是前期单证不齐时与冲减单证不齐时出口退税率发生了变化；第四种可能是出口企业录入出口货物的出口日期错误、录入出口退税率错误等。对于申报退税率与商品代码库中退税率不相等的审核疑点，税务机关应调查核实，依照规定处理。上述案例中的出口退（免）税申报存在“退税率（17.00）与商品码库中的（14.00）不等”的疑点，则属于税务机关操作错误。

触类旁通

一、类似问题

与上述相似的问题是申报商品码与海关数据不等。如××网络科技有限责任公司2009年8月有17笔申报出现该疑点，原因是其涉及的出口商品是须核查商品，申报代码比海关代码多2位后缀，所以提示该疑点，经核查后按内销作了处理。××电子有限公司2009年9月有2笔申报出现该疑点，原因是涉及的商品（4819100000、42029100）是外购产品，按以前的申报记录进行出口冲减，经核查后按内销作了处理。××电子科技股份有限公司2009年6月到2009年11月有14笔申报出现该疑点，原因是代码录错，冲减以前记录。

二、申报退税率不等于出口退税率文库中退税率的正常情形

按照出口退（免）税政策规定，有的出口货物的退税率不等于退税率文库中的退税率，属于合法正常情况，主要有以下四类：

1. 外贸企业购进按简易征税办法的货物出口，其不能按出口退税率文库中的出口退税率申报办理出口退税。

2. 外贸企业从增值税小规模纳税人购进货物，按照增值税专用发票注明的征收率计算退税。

3. 特准按增值税专用发票注明的税率全额退税，如研发机构采购国产设备退税、境外官方参展者在中国境内采购用于上海世博会建馆和开展展览活动所耗用货物退税、外国驻华使领馆及其人员在华购买物品和劳务退税。

4. 国内采购已经取消出口退税的材料进入海关特殊监管区的，按增值税法定征税率办理出口退税。

注意要点

对申报退税率与商品代码库中退税率不相等的审核疑点，税务机关应调查核实，依照规定处理。

20. 出口退税率调整执行时间≠报关单注明的出口日期

常见案例

某生产型出口企业原定于2007年6月30日出口一批服装，结果船7月1日才开船离港，按照《财政部国家税务总局关于调低部分商品出口退税率的通知》（财税［2007］90号）文件规定，服装的出口退税率从2007年7月1日调低到11%，该企业以货物在6月30日装船为由，在7月份申报所属期6月份退（免）税时，将出口日期录入为2007年6月30日。主管税务机关在审核企业申报资料后要求其按规定调整出口日期和适用的退税率。

政策规定

以上商品出口退税率调整自2007年7月1日起执行。具体执行时间，以海关“出口货物报关单（出口退税专用）”上注明的出口日期为准。

出口企业在2007年7月1日之前已经签订的涉及取消出口退税的船舶出口合同，在2007年7月20日之前持出口合同（正本和副本）到主管出口退税的税务机关登记备案的，准予仍按原出口退税率执行完毕。对在2007年7月20日之前未办理备案手续的，一律按取消出口退税执行。

有对外承包工程资质的出口企业在2007年7月1日之前已经中标的长期对外承包工程或已经签订价格不能更改的长期对外承包工程合同所涉及的出口设备和建材，凡在2007年7月20日之前持有效中标证明（正本和副本）或已经签订的长期对外承包工程合同（正本和副本）及工程概算清单，到主管出口退税的税务机关登记备案的，准予仍按原出口退税率执行完毕。对在2007年7月20日之前未办理备案手续的，一律按调整后的出口退税率执行。

政策依据：《财政部、国家税务总局关于调低部分商品出口退税率的通知》（财税［2007］90号）

三、执行时间

1. 以上商品出口退税率调整自 2008 年 8 月 1 日起执行。具体执行时间，以“出口货物报关单（出口退税专用）”海关注明的出口日期为准。

2. 对涉及取消出口退税的商品，凡企业在 2008 年 8 月 1 日之前已经签订出口合同且价格不能更改的，出口企业可在 2008 年 8 月 15 日之前持合同文本到当地主管出口退税的税务机关登记备案。经备案的出口合同，凡在 2009 年 1 月 1 日之前报关出口的，准予按调整前的退税率执行。逾期未能备案的以及 2008 年 12 月 31 日以后报关出口的，一律按调整后的出口退税率执行。

上述出口合同是指，合同签订日期、商品名称、单价、数量、金额等内容明确，经出口企业和外商双方代表签字确认或盖章，符合《合同法》等相关法律法规规定，真实有效的书面出口合同，对不符合规定的合同一律不予备案。出口合同一经备案一律不得修改。

政策依据：《财政部国家税务总局关于调整纺织品服装等部分商品出口退税率的通知》（财税［2008］111 号）

分析诊断

《中华人民共和国海关进出口货物报关单填制规范》（海关总署公告 2008 年第 52 号）明确指出，出口日期是指运载所申报货物的运输工具办结出境手续的日期。无实际进出境的报关单填报办理申报手续的日期，以海关接受申报的日期为准。办结出口手续的日期一般是指货物实际离境日期，即装载出口货物的船舶、飞机、火车等运输工具实际离境的日期，而非货物的申报日期和装船日期。根据出口退税的政策规定，出口退税率调整执行的起始日期一般都是以出口货物报关单（出口退税专用）注明的出口日期为准，一般与货物出口的申报日期、装船日期、出口退（免）税的申报日期等其他日期无关。结合上述案例，该企业以货物装船日期作为调整出口退税率的执行日期，企图高套出口商品退税率，其做法是错误的，故主管税务机关要求其按规定调整出口日期和适用的退税率。

触类旁通

一、出口报关单注明的出口日期与货物离港出境的日期不一致

由于出口报关单上注明的出口日期是指运载所申报货物的运输工具办结出境手续的日期，因而出口日期与货物离港出境的日期不能完全画等号。如果货物离港出境后办理出境手续日期延长，那么报关单上注明的出口日期就可能晚于货物离港出境的日期。例如，2006 年 9 月 15 日国家开始下调退税率，以 9 月 15 日为

界。某公司有批货的船在9月14日出发，报关单的出口日期应该是9月14日，但10月19日公司拿到核销单和报关单的时候才发现报关单注明的出口日期是9月16日，企业原认为出口日期应该是9月14日，正好在下调退税率日期之前，所以企业没有到税务机关备案，当企业拿到报关单时也超过延期申报申请的期限。这样，仅仅因为报关单上注明的出口日期晚了离港出境日期两天，而日期刚好在国家下调退税率之后，致使公司白白遭受了损失。

二、不按出口日期调整出口退税率的情形

（一）按规定备案出口的货物

对有些特殊出口货物，在调低或取消出口退税时，国家明确规定，出口企业可以在一定期限内向税务机关备案，备案的货物在退税率调整日期以后出口的，仍可以执行调整前的出口退税率。当然，国家未明确规定可以备案的或明确规定可以备案而未按规定备案的，不能按备案货物执行。如《财政部、国家税务总局关于调低部分商品出口退税率的通知》（财税［2007］90号）规定，出口企业在2007年7月1日之前已经签订的涉及取消出口退税的船舶出口合同，在2007年7月20日之前持出口合同（正本和副本）到主管出口退税的税务机关登记备案的，准予仍按原出口退税率执行完毕。对在2007年7月20日之前未办理备案手续的，一律按取消出口退税执行。

（二）未报关出口而特准退（免）税的货物

按《财政部国家税务总局关于调整出口货物退税率的补充通知》（财税［2003］238号）的规定，除按增值税专用发票注明增值税额退税以外，其他国内销售、采购，视同出口准予退（免）税的下列货物，统一按财税［2003］222号文件规定的退税率计算并办理“免抵退”税或“免抵”税款，退税率调整的执行日期以销货方普通发票开具的时间为准。

1. 利用国际金融组织或外国政府贷款采取国际招标方式由国内企业中标销售的机电产品；

2. 外轮供应公司、远洋运输供应公司销售给外界远洋国轮的货物；

3. 国内生产企业向国内海上石油天然气开采企业销售海洋工程结构物产品；

4. 国内航空供应公司向国外航空公司销售航空食品。

三、准确掌握出口退税率免受经济损失

2006年12月，某纺织有限公司的业务员小李在深圳的一次交易会上与某外商企业洽谈，接到了价值2 000万元纱锭的出口业务。他很爽快地和对方初步议定了交货时间、交货地点、运输方式等相关环节，就等着签订合同了。合同传真回公司，会计小金突然想起纺织品的出口退税率好像调整了，可仓促之间又找不到政策依据，合同是签还是不签呢？小金向税务机关咨询得到的答复为：“按照财政部、国家发改委、商务部、海关总署、国家税务总局五部委联合发出的《关于调整部分商品出口退税率和增补加工贸易禁止类商品目录的通知》（财税［2006］139 号），自 2006 年 9 月 15 日起将纺织品的出口退税率由 13% 降为 11%……”小金赶紧向公司领导汇报。这笔生意的出口成本将因为这次调整而增加两个百分点，如果按照这份微利的合同，企业将不可避免地面临亏损的危险。领导听完小金的汇报，在电话中很委婉地拒绝了这份合同。

注意要点

出口退税率调整的执行起始日期一般以出口货物报关单（出口退税专用）上注明的出口日期为准。

21. 出口退税率法定≠不能筹划适用退税率

常见案例

某公司专业生产各种规格的通用排液泵。该公司 2006 年 10 月份产品出口销售收入 3 000 万元，同时实现内销收入 2 000 万元，上月进项税额留抵 100 万元，当月进项税额合计 800 万元。根据《中华人民共和国海关税则》的规定，该产品有两种不同的征退税率：一种是征税率 17%，退税率 13%（海关商品编码 8413502090）；另一种是征税率 13%，退税率 11%（海关商品编码 8413502010）。该企业财务经理认为：该商品既可以按“征税率 17%，退税率 13%”进行操作，也可以按“征税率 13%，退税率 11%”操作，退税率高企业退税较多，显然对企业更有利。于是，财务经理就要求业务人员和财务人员按“征税率 17%，退税率 13%”进行申报。

政策规定

（一）当期应纳税额的计算

当期应纳税额 = 当期内销货物的销项税额 -（当期进项税额 - 当期免抵退税不得免征和抵扣税额）

（二）免抵退税额的计算

免抵退税额 = 出口货物离岸价 × 外汇人民币牌价 × 出口货物退税率 - 免抵退税额抵减额

其中：

1. 出口货物离岸价（FOB）以出口发票计算的离岸价为准。出口发票不能如实反映实际离岸价的，企业必须按照实际离岸价向主管国税机关进行申报，同时主管税务机关有权依照《中华人民共和国税收征收管理法》、《中华人民共和国增值税暂行条例》等有关规定予以核定。

2. 免抵退税额抵减额 = 免税购进原材料价格 × 出口货物退税率

免税购进原材料包括从国内购进免税原材料和进料加工免税进口料件，其中进料加工免税进口料件的价格为组成计税价格。

进料加工免税进口料件的组成计税价格 = 货物到岸价 + 海关实征关税和消费税

（三）当期应退税额和免抵税额的计算

1. 如当期期末留抵税额≤当期免抵退税额，则

当期应退税额 = 当期期末留抵税额

当期免抵税额 = 当期免抵退税额 - 当期应退税额

2. 如当期期末留抵税额 > 当期免抵退税额，则

当期应退税额 = 当期免抵退税额

当期免抵税额 = 0

当期期末留抵税额根据当期增值税纳税申报表中“期末留抵税额”确定

（四）免抵退税不得免征和抵扣税额的计算

免抵退税不得免征和抵扣税额 = 出口货物离岸价 × 外汇人民币牌价 ×（出口货物征税率 - 出口货物退税率）- 免抵退税不得免征和抵扣税额抵减额

免抵退税不得免征和抵扣税额抵减额 = 免税购进原材料价格 ×（出口货物征税率 - 出口货物退税率）

执行日期：2002 年 1 月 1 日

政策依据：《国家税务总局关于印发〈生产企业出口货物“免、抵、退”税管理操作规程〉（试行）的通知》（国税发［2002］11 号）

分析诊断

《中华人民共和国海关进出口税则》对出口产品的征退税率既有按某个具体产品来确定的，也有按产品的结构、性能和用途来确定的。因此，就生产具体产品的企业而言，在按照产品的结构、性能和用途确定征退税率时，有些产品根据其结构、性能和用途，既可以归入这一类，同时也可以归入另外一类，而这两个类别产品的征退税率并不一致，如果企业在其中作出选择，其结果也不一样。在具体操作过程中，如果要筹划，就需要对不同的方案或者几种可能性分别进行分析，从而得出不同的结果，然后再选择。

方案一：按照征税率 17%，退税率 13% 计算分析：

1. 由于企业出口的商品征税率为 17%，而退税率为 13%，中间存在一个征

退税率差，征税税率差为4%，所以企业在进行纳税申报时，需要将其差额作进项税额转出。计算当月进项税额转出数为120万元（3 000×4%）。

2. 计算当月销项税额为340万元（2 000×17%）。

3. 计算期末留抵税额为460万元（100+800-120-340）。

4. 计算当月免抵退税额390万元（3 000×13%）。

5. 该企业当月实际应退税额为：390万元。

方案二：按照征税率13%，退税率11%这一政策规定进行计算分析：

1. 由于企业出口的商品征税率为13%，而退税率为11%，中间存在一个征退税率差，征税税率差为2%，所以企业在进行纳税申报时，需要将其差额作进项税额转出。计算当月进项税额转出数为60万元（3 000×2%）。

2. 计算当月销项税额为260万元（2 000×13%）。

3. 计算期末留抵税额为460万元（100+800-60-260）。

4. 计算当月免抵退税额330万元（3 000×11%）。

5. 该企业当月实际应退税额为330万元。

结论：通过上述计算可以发现，按照“征税率17%，退税率13%”这一政策规定，该公司当月可申请退税390万元；而按照“征税率13%，退税率11%”这一政策规定，该公司当月则可申请退税330万元。两种不同的征退税率，使得企业的当月应退税额相差60万元。

以上仅就出口退税方面作了比较，其实，不同的政策背景对企业利润也有很大影响，我们在这里仍按照以上案例数据进行计算比较。

首先，按照方案一“征税率17%，退税率13%”这一政策规定进行计算分析：根据现行政策规定，进项税额转出是作为产品销售成本进入费用的。也就是说，这里有120万元应当作为销售成本入账，成为利润的减项，这样该公司就少了120万元利润；同时销项税额冲减销售收入，相应减少利润340万元，合计减少利润460万元。

其次，按照方案二“征税率13%，退税率11%”这一政策规定进行计算分析；同样道理，这里有60万元应当作为销售成本入账，成为利润的减项，这样，该公司仅少了60万元利润。同时销项税额冲减销售收入，相应减少利润260万元，合计减少利润320万元。

通过比较可以发现，在其他条件不变的情况下，采用第一种政策规定，企业将减少利润460万元；而采用第二种政策规定，企业只减少利润320万元，相比之下，第二种操作方案可以为企业增加利润140万元。

由上述分析可知，方案一虽然比方案二可以多退税款60万元，但由于征税率高致使企业利润比方案二减少80万元，征退税率差较大致使企业利润比方案二减少60万元，方案一合计比方案二减少企业利润140万元。由此可见，案例中的公司财务经理的认识是错误的。

触类旁通

货物的出口退税率是由出口货物的商品编号所决定的。不同的出口货物，例如零部件、半成品与成品以及初级产品、中间产品和工业制成品，其商品编号不同，相应的出口退税率也可能存在差异。还有，同样的货物，由于其用途不同，适用商品编号也可能不同，从而适用的出口退税率也可能不同。因此，集团企业可考虑对其供应链的生产环节重新安排，更改生产和出口成品为生产和出口半成品，从而改变出口商品编号，以适用较高的出口退税率。

对相同货物适用出口退税率进行筹划时，要特别注意三点：其一，企业所生产的出口产品确实存在可以按照不同类别划分，且可以采用不同征退税率进行免抵退税申报的前提条件，但是企业未必对有关规定把握到位，使得自由裁量权往往被海关或者主管税务人员所掌握；其二，在产品申请报关出口时，商品编码首先需要得到海关的认可，所以，如果有关企业想进行选择性筹划操作，就需要在通关前进行选择性筹划，从而掌握运作的主动权；其三，税务机关对该事项的认可程度有时也比较难以把握，所以在具体操作过程中容易引起涉税争议。

注意要点

出口退税率虽然是法定的，但企业在合法的前提下可通过不同方式使产品适用较高的退税率。

第五节　出口退（免）税认定

22. 出口退（免）税认定的主体≠有实际出口业务的企业

常见案例

某市国税局2009年对全市未办理出口货物退（免）税认定手续的出口企业进行了全面清理，发现有些企业已经在商务部门办理了对外贸易者经营备案登记，在备案登记时注明有进出口业务。税务机关清理后通知企业办理出口货物退（免）税认定手续，出口企业财务负责人却认为，企业备案登记以后只有进口业务，没有出口业务，不涉及出口退（免）税事宜，因此办理出口退（免）税认定没有任何意义。主管税务机关了解情况后也认为，这些企业没有出口业务，不涉及出口退（免）税，是否办理出口退（免）税认定对出口退税管理没有任何影响，因此就要求企业作出书面声明，不会发生出口业务，不申报办理出口退（免）税事宜。

政策规定

一、从事对外贸易经营活动的法人、其他组织和个人（以下简称“对外贸易经营者”），按《外贸法》和《对外贸易经营者备案登记办法》的规定办理备案登记后，应在30日内持已办理备案登记并加盖备案登记专用章的对外贸易经营者备案登记表、工商营业执照、税务登记证、银行基本账户号码和海关进出口企业代码等文件，填写出口货物退（免）税认定表，到所在地主管出口退税的税务机关办理出口货物退（免）税认定手续。办理出口货物退（免）税认定手续后出口的货物可按规定办理退（免）税。

本办法实施前已办理出口退税登记证，且在原核准经营范围内从事进出口经营活动的对外贸易经营者，不再办理退税认定手续；对外贸易经营者如超出原核准经营范围从事进出口经营活动的，仍需按本办法办理退税认定手续。

对外贸易经营者如发生撤并、变更情况，应于备案登记撤并、变更之日起30日内向所在地主管出口退税业务的税务机关办理注销或变更退税认定手续。

《国家税务总局关于印发〈出口货物退（免）税管理办法〉的通知》（国税发［1994］031号）中有关出口退税登记的规定停止执行。

二、对外贸易经营者应按照备案登记的身份名称开展出口业务和申请出口退（免）税。个人（包括外国个人，下同）须注册登记为个体工商户、个人独资企业或合伙企业，方可申请出口退（免）税。

三、凡具有生产出口产品能力的对外贸易经营者，其出口的货物按照现行生产企业出口货物实行“免抵退”税办法的规定办理出口退（免）税。

对没有生产能力的对外贸易经营者，其出口的货物按现行外贸企业出口退税的规定办理出口退（免）税。

对认定为增值税小规模纳税人的对外贸易经营者出口的货物，按现行小规模纳税人出口货物的规定，免征增值税、消费税。

四、外贸企业从流通企业购进直接出口的货物，准予按现行规定的手续和程序办理退（免）税。

生产企业从流通企业购进并直接出口的货物，对退税试点的企业可按出口自产货物的规定，实行“免抵退”税办法（试点企业名单及具体办法另行下达）；对非退税试点的企业，其退税范围继续按《国家税务总局关于出口产品视同自产产品退税有关问题的通知》（国税函［2002］1170号）的规定执行。

五、本通知除第四条从2004年6月1日起执行外，其他规定从2004年7月1日起执行。执行日期以出口货物报关单上注明的出口日期为准。

政策依据：《国家税务总局关于贯彻〈中华人民共和国对外贸易法〉、调整出口退（免）税办法的通知》（国税函［2004］955号）

第五条　对外贸易经营者按《中华人民共和国对外贸易法》和商务部《对外贸易经营者备案登记办法》的规定办理备案登记后，没有出口经营资格的生产企业委托出口自产货物（含视同自产产品，下同），应分别在备案登记、代理出口协议签订之日起30日内持有关资料，填写出口货物退（免）税认定表，到所在地税务机关办理出口货物退（免）税认定手续。

特定退（免）税的企业和人员办理出口货物退（免）税认定手续按国家有关规定执行。

第二十三条　出口商有下列行为之一的，税务机关应按照《中华人民共和国税收征收管理法》第六十条规定予以处罚：

（一）未按规定办理出口货物退（免）税认定、变更或注销认定手续的；

（二）未按规定设置、使用和保管有关出口货物退（免）税账簿、凭证、资料的。

执行日期：2005年5月1日

政策依据：《国家税务总局关于印发〈出口货物退（免）税管理办法（试行）〉的通知》（国税发［2005］51号）

分析诊断

企业是否办理出口退（免）税认定，首先应当弄清出口退（免）税认定的范围。出口货物退（免）税认定的范围包括对外贸易经营者、没有出口经营资格但委托出口自产货物的生产企业以及特定退（免）税的企业和人员三类。对外贸易经营者既有单纯出口经营者，也有进出口业务兼营的经营者；对外贸易经营者既有办理对外贸易经营备案登记从事进出口经营的企业，也有办理对外贸易经营备案登记未从事进出口经营的企业；对外经营贸易者既有企业，也有个人；出口贸易经营者既有出口退（免）税商品的企业，也有出口不予退（免）税商品的企业。因此，企业以只有进口业务没有出口业务为由认为其不属于出口退（免）税认定范围是错误的。

企业虽然只有进口业务，没有出口业务，但是仍然属于出口退（免）税的认定范围。对于企业未依照规定办理出口退（免）税认定的，税务机关应当责令限期改正，应按照《中华人民共和国税收征收管理法》第六十条规定予以处罚，上述案例中的税务机关要求企业作书面声明的做法是错误的。

需要特别指出的是，这里的出口商不仅限于出口企业，根据国家税务总局《出口货物退（免）税管理办法（试行）》（国税发［2005］51号）第二条的规定，出口商包括对外贸易经营者、没有出口经营资格委托出口的生产企业、特定退（免）税的企业和人员，这与出口货物退（免）税认定的范围是一致的。因此，对单纯从事进口业务的企业未依照规定办理出口退（免）税认定手续的，税务机关也应当依法处罚。

触类旁通

一、类似问题

1. 办理对外贸易备案登记后逾期办理出口退（免）税认定。

2. 出口货物不予退（免）税误认为不办退（免）税认定，逾期办理或逾期未办出口退（免）税认定。

3. 办理对外贸易经营备案登记未从事对外贸易经营未办理出口退（免）税认定。

4. 个人从事进出口经营逾期未办理出口退（免）税认定。

5. 个人（包括外国个人）作为自然人，而未注册登记为个体工商户、个人独资企业或合伙企业，申请出口退（免）税认定。

6. 委托代理出口的生产企业逾期办理或逾期未办出口退（免）税认定。

7. 特定退（免）税的企业和个人未按照规定办理出口退（免）税认定。

二、出口货物退（免）税认定表填表说明

1. 编号：不需填写；

2. 经营者中文名称：按照对外贸易经营者备案登记表上的纳税人名称填写；

3. 经营者英文名称：按照对外贸易经营者备案登记表上的经营者英文名称填写，没有对外贸易经营者备案登记表的据实填写；

4. 海关代码：按照中华人民共和国海关进出口货物收发人报关注册登记证书上的海关注册登记编码填写；对委托出口的货物没有出口经营资格的对外贸易经营者，不需填写，由税务机关编号；

5. 拼音助记符：按照企业名称简称的拼音的第一个字母填写；

6. 电话：填写企业固定电话号码；

7. 传真：填写企业传真电话号码；

8. 邮编：按照企业经营场所所在地的邮政编码填写；

9. 住所：按照对外贸易经营者备案登记表上的住所填写，没有对外贸易经营者备案登记表的不用填写；

10. 电子邮箱：登记企业能收到邮件的 E－mail 地址，如企业还没有的，建议先申请电子邮箱，然后据实填写；

11. 经营者场所（中文）：按照国税税务登记证上的地址填写；

12. 经营者场所（英文）：按照对外贸易经营者备案登记表上的经营场所（英文）填写，没有对外贸易经营者备案登记表的据实填写；

13. 纳税人识别号：按照国税税务登记证上的纳税人识别号填写；

14. 纳税人类型：按照国税纳税人类型选择，有一般纳税人资格证或一般纳税人认定通知书的企业，选择一般纳税人，否则选择小规模纳税人；

15. 纳税人等级：按主管税务机关认定填写；

16. 主管征税机关名称：填写企业所属征税机关名称；

17. 注册类型：按照国税税务登记证上的登记注册类型填写，具体代码参考下表：

表 1－3

注册类型文字	注册类型代码	注册类型文字	注册类型代码
内资企业	100	私营独资	171
国有企业	110	私营合伙	172
集体企业	120	私营有限责任	173
股份合作	130	私营股份	174
联营合作	140	其他企业	190
国有联营	141	港澳台商投资企业	200
集体联营	142	合资经营（港澳台）	210
国有与集体联营	143	合作经营（港澳台）	220
其他联营	149	港澳台独资经营公司	230
有限责任公司	150	外商投资企业	300
国有独资	151	中外合资	310
其他有限责任公司	159	中外合作经营企业	320
股份有限公司	160	外资企业	330
私营	170	港澳台投资股份有限公司	240

18. 预算级次：填代码（10 中央，20 省级，30 市级，40 县级，90 其他）；

19. 行业归属：参考下表填列

行业归属文字	行业归属代码	行业归属文字	行业归属代码
粮油食品	01	机电产品	07
土畜产品	02	石油化工	08
纺织服装	03	建筑材料	09
医药保健	04	体育文化	10
轻工工艺	05	其他	11
冶金矿产	06		

20. 隶属关系：中央、省、市、县属；

21. 对外贸易经营者备案登记表编号：内资企业按照对外贸易经营者备案登记表上的备案登记表编号填写，外商投资企业按照批准证书上的批准号填写；

22. 经营者类型：按照企业所属行业区分，工业企业填写“生产企业”，商业企业填写“外贸企业”；

23. 工商登记：按照营业执照填写，注册日期和有效期按营业期限起止日期填写，如果没有截止日期，有效期不用填写；

24. 企业法人代表（个体工商负责人）姓名：按照营业执照上的法定代表人填写；

25. 注册资金（企业财产/个人财产）：按照营业执照上的注册资本填写；

26. 开户银行及账号：按照企业出口退税专户的银行开户许可证或开户证明上登记的开户银行及账号填写；

27. 经营者授权办税人员：按照出口企业退税办税员登记表填写相关人员及电话资料；

28. 主管外汇管理局：统一填写“南海区外汇管理局”；

29. 附送件：不需填写；

30. 出口退税办法的认定：由税务机关填写，包括经营者类型及退税计算方法、纸质凭证申报方式、电子数据申报方式、是否分部核算；

31. 分支机构：在国税登记分支机构的需填写，否则不需填写；

32. 变更登记：“日期”及“经办人”由税务机关填写，“变更项目”简单表述变更的事项，新登记企业在本栏目填写“初次认定”；

33. 此表一式两份，A4纸双面打印，背面需在签字（签章）处加盖企业公章和法人私章（或法人亲笔签名），写上填表当天的日期。

注意要点

出口退（免）税认定的主体，包括对外贸易经营者、没有出口经营资格但委托出口自产货物的生产企业以及特定退（免）税的企业和人员。

23. 单纯从事进口业务的对外贸易经营者≠应当办理出口退（免）税认定

常见案例

A公司属于新办生产企业，在商务局办理对外贸易经营备案登记时，因为A公司不想做出口业务，因而只申请了进口业务。A公司在海关注册了进出口业务，2009年12月22日，A公司在办理电子口岸时，税务局却要求其办理出口退（免）税认定。A公司咨询上级税务机关，得到的答复是：根据《国家税务总局关于印发〈出口货物退（免）税管理办法（试行）〉的通知》（国税发［2005］51号）的规定，对外贸易经营者按《中华人民共和国对外贸易法》和商务部《对外贸易经营者备案登记办法》的规定办理备案登记后，应在备案登记30日内持有关资料，填写出口货物退（免）税认定表，到所在地税务机关办理出口货物退（免）税认定手续。

政策规定

一、从事对外贸易经营活动的法人、其他组织和个人（以下简称“对外贸易经营者”），按《外贸法》和《对外贸易经营者备案登记办法》的规定办理备案登记后，应在30日内持已办理备案登记并加盖备案登记专用章的对外贸易经营者备案登记表、工商营业执照、税务登记证、银行基本账户号码和海关进出口企业代码等文件，填写出口货物退（免）税认定表，到所在地主管出口退税的税务机关办理出口货物退（免）税认定手续。办理出口货物退（免）税认定手续后出口的货物可按规定办理退（免）税。

本办法实施前已办理出口退税登记证，且在原核准经营范围内从事进出口经营活动的对外贸易经营者，不再办理退税认定手续；对外贸易经营者如超出原核准经营范围从事进出口经营活动的，仍需按本办法办理退税认定手续。

对外贸易经营者如发生撤并、变更情况，应于备案登记撤并、变更之日起30日内向所在地主管出口退税业务的税务机关办理注销或变更退税认定手续。

《国家税务总局关于印发〈出口货物退（免）税管理办法〉的通知》（国税发［1994］031号）中有关出口退税登记的规定停止执行。

执行日期：2004年7月1日

政策依据：《国家税务总局关于贯彻〈中华人民共和国对外贸易法〉、调整出

口退（免）税办法的通知》（国税函［2004］955 号）

第二条　出口商自营或委托出口的货物，除另有规定者外，可在货物报关出口并在财务上做销售核算后，凭有关凭证报送所在地国家税务局（以下简称税务机关）批准退还或免征其增值税、消费税。

本办法所述出口商包括对外贸易经营者、没有出口经营资格委托出口的生产企业、特定退（免）税的企业和人员。

上述对外贸易经营者是指依法办理工商登记或者其他执业手续，经商务部及其授权单位赋予出口经营资格的从事对外贸易经营活动的法人、其他组织或者个人。其中，个人（包括外国人）是指注册登记为个体工商户、个人独资企业或合伙企业。

上述特定退（免）税的企业和人员是指按国家有关规定可以申请出口货物退（免）税的企业和人员。

第五条　对外贸易经营者按《中华人民共和国对外贸易法》和商务部《对外贸易经营者备案登记办法》的规定办理备案登记后，没有出口经营资格的生产企业委托出口自产货物（含视同自产产品，下同），应分别在备案登记、代理出口协议签订之日起30 日内持有关资料，填写出口货物退（免）税认定表，到所在地税务机关办理出口货物退（免）税认定手续。

特定退（免）税的企业和人员办理出口货物退（免）税认定手续按国家有关规定执行。

第二十三条　出口商有下列行为之一的，税务机关应按照《中华人民共和国税收征收管理法》第六十条规定予以处罚：

（一）未按规定办理出口货物退（免）税认定、变更或注销认定手续的；

（二）未按规定设置、使用和保管有关出口货物退（免）税账簿、凭证、资料的。

执行日期：2005 年 5 月 1 日

政策依据：《国家税务总局关于印发〈出口货物退（免）税管理办法（试行）〉的通知》（国税发［2005］51 号）

分析诊断

根据《国家税务总局关于贯彻〈中华人民共和国对外贸易法〉、调整出口退（免）税办法的通知》（国税函［2004］955 号）的规定，从事对外贸易经营活动的法人、其他组织和个人，按《外贸法》和《对外贸易经营者备案登记办法》的规定办理备案登记后都应当办理出口退（免）税认定，而对外贸易经营者就包括单纯从事进口业务的对外贸易者。按照国税函［2004］955 号的规定，单纯从事进口业务的对外贸易经营者也应当依照规定办理出口退（免）税认定。

根据《国家税务总局关于印发〈出口货物退（免）税管理办法（试行）〉的通知》（国税发［2005］51号）的规定，对外贸易经营者、没有出口经营资格的生产企业委托出口自产货物、特定退（免）税的企业和人员应当依照规定办理出口退（免）税认定。但是，根据国税发［2005］51号第二条的规定，对外贸易经营者是指依法办理工商登记或者其他执业手续，经商务部及其授权单位赋予出口经营资格的从事对外贸易经营活动的法人、其他组织或者个人。也就是说，根据国税发［2005］51号文件的规定，单纯从事进口业务的对外贸易经营者不属于办理出口退（免）税认定的范围。根据新法优于旧法的原则，单纯从事进口业务的对外贸易经营者不属于出口退（免）税认定的范围。

从法律责任的角度看，《出口货物退（免）税管理办法（试行）》（国税发［2005］51号）第二十三条只规定了出口商违反有关规定应承担的法律责任，而根据该办法第二条关于出口商的规定，单纯从事进口业务的对外贸易者不属于出口商的范围。因而根据国税发［2005］51号文件的规定，单纯从事进口业务的对外贸易者不办理出口退（免）税认定，也不承担任何法律责任。

结合上述案例，该公司只办理进口业务的对外贸易经营备案登记，不属于出口退（免）税认定的范围，故主管税务机关不应该要求其办理出口货物退（免）税认定手续。

触类旁通

与上述案例类似的还有货代企业也不需办理出口退（免）税认定。例如，新成立的某货运代理公司，是做进出口报关业务的，非一般纳税人，无进出口权，无法做贸易进出口，无法进出口收付汇，但2011年5月在电子口岸办理新企业入网法人卡电子审批时，国税局却要求其办理出口退税认定。

注意要点

单纯从事进口业务的对外贸易经营者不属于出口退（免）税认定的范围。

24. 申请出口退（免）税认定≠无法定期限

常见案例

某公司是一家外资企业，2007年5月份办理对外贸易备案登记，由于一直没有出口，也没办理出口退（免）税认定。2008 年 7 月准备要出口货物时，该公司才申请办理出口退（免）税认定。主管税务机关的税务管理员告知该公司办税员，出口企业未在对外贸易备案登记之日起 30 天之内办理出口退（免）税认定，应当依据《中华人民共和国税收征收管理法》第六十条及国税发［2005］51 号文件处罚 2 000 元以下。

政策规定

一、从事对外贸易经营活动的法人、其他组织和个人（以下简称“对外贸易经营者”），按《外贸法》和《对外贸易经营者备案登记办法》的规定办理备案登记后，应在 30 日内持已办理备案登记并加盖备案登记专用章的对外贸易经营者备案登记表、工商营业执照、税务登记证、银行基本账户号码和海关进出口企业代码等文件，填写出口货物退（免）税认定表，到所在地主管出口退税的税务机关办理出口货物退（免）税认定手续。办理出口货物退（免）税认定手续后出口的货物可按规定办理退（免）税。

本办法实施前已办理出口退税登记证，且在原核准经营范围内从事进出口经营活动的对外贸易经营者，不再办理退税认定手续；对外贸易经营者如超出原核准经营范围从事进出口经营活动的，仍需按本办法办理退税认定手续。

对外贸易经营者如发生撤并、变更情况，应于备案登记撤并、变更之日起 30 日内向所在地主管出口退税业务的税务机关办理注销或变更退税认定手续。

《国家税务总局关于印发〈出口货物退（免）税管理办法〉的通知》（国税发［1994］031 号）中有关出口退税登记的规定停止执行。

二、对外贸易经营者应按照备案登记的身份名称开展出口业务和申请出口退（免）税。个人（包括外国个人，下同）须注册登记为个体工商户、个人独资企业或合伙企业，方可申请出口退（免）税。

执行日期：2004 年 7 月 1 日

政策依据：《国家税务总局关于贯彻〈中华人民共和国对外贸易法〉、调整出口退（免）税办法的通知》（国税函［2004］955 号）

第五条　对外贸易经营者按《中华人民共和国对外贸易法》和商务部《对外贸易经营者备案登记办法》的规定办理备案登记后，没有出口经营资格的生产企业委托出口自产货物（含视同自产产品，下同），应分别在备案登记、代理出口协议签定之日起 30 日内持有关资料，填写出口货物退（免）税认定表，到所在地税务机关办理出口货物退（免）税认定手续。

特定退（免）税的企业和人员办理出口货物退（免）税认定手续按国家有关

规定执行。

第二十三条　出口商有下列行为之一的，税务机关应按照《中华人民共和国税收征收管理法》第六十条规定予以处罚：

（一）未按规定办理出口货物退（免）税认定、变更或注销认定手续的；

（二）未按规定设置、使用和保管有关出口货物退（免）税账簿、凭证、资料的。

执行日期：2005 年 5 月 1 日

政策依据：《国家税务总局关于印发〈出口货物退（免）税管理办法（试行）〉的通知》（国税发［2005］51 号）

分析诊断

出口货物退（免）税认定是税务机关对出口企业退（免）税进行管理的首要环节，也是出口退（免）税管理的基础工作。很多出口企业都有种误解：企业办理对外贸易备案登记就取得了出口经营权，而退（免）税认定早办迟办都没有关系，如果未发生出口业务办了退（免）税认定也没有用。殊不知，国家税务总局明确规定了出口货物退（免）税认定的期限，即对外贸易经营者和没有出口经营资格的生产企业委托出口自产货物的，应分别在备案登记、代理出口协议签订之日起 30 日内持有关资料，填写出口货物退（免）税认定表，到所在地税务机关办理出口货物退（免）税认定手续。特定退（免）税的企业和人员办理出口货物退（免）税认定手续按国家有关规定执行。出口商未按规定办理出口货物退（免）税认定的，税务机关应按照《中华人民共和国税收征收管理法》第六十条规定予以处罚，即由税务机关责令限期改正，处二千元以下的罚款；情节严重的，处二千元以上一万元以下的罚款。结合上述案例来看，案例中的公司 2007 年 5 月办理对外贸易备案登记，2008 年 7 月才申请办理出口退（免）税认定，明显属于逾期办理出口退（免）税认定手续。由此可见，案例中公司违反了相关规定，主管税务机关的做法是正确的。

触类旁通

出口货物退（免）税认定操作指南

（一）业务概述

对外贸易经营者按《中华人民共和国对外贸易法》和商务部《对外贸易经营者备案登记办法》的规定办理备案登记后，没有出口经营资格的生产企业委托出口自产货物（含视同自产产品），应分别在备案登记后，代理出口协议签订之日起 30 日内，到主管税务机关退税部门办理出口货物退（免）税认定手续。

特定退（免）税的企业和人员办理出口货物退（免）税认定手续按国家有关规定执行。

（二）纳税人应提供主表、份数

出口货物退（免）税认定表，2 份

（三）纳税人应提供资料

1. 需出示的资料。

税务登记证（副本）

2. 需报送的资料。

（1）已办理备案登记并加盖备案登记专用章的对外贸易经营者备案登记表原件及复印件，没有出口经营资格的生产企业委托出口货物的提供代理出口协议原件及复印件；

（2）海关自理报关单位注册登记证明书原件及复印件（无进出口经营资格的生产企业委托出口货物的不需提供）；

（3）外商投资企业提供中华人民共和国外商投资企业批准证书原件和复印件；

（4）特准退（免）税的单位和人员还须提供现行有关出口货物退（免）税规定要求的其他相关凭证。

（四）纳税人办理业务的时限要求

对外贸易经营者（包括从事对外贸易经营活动的法人、其他组织和个人）应在办理对外贸易经营者备案登记后 30 日内，持有关证件，到主管税务机关退税部门申请办理出口货物退（免）税认定手续。

没有出口经营资格的生产企业委托出口自产货物（含视同自产产品）的，应在代理出口协议签订之日起 30 日内，持有关证件，到主管税务机关退税部门申请办理出口货物退（免）税认定手续。

注意要点

出口商未按规定办理出口货物退（免）税认定的，税务机关应按照《中华人民共和国税收征收管理法》第六十条规定予以处罚。

25. 办理出口退（免）税事项≠使用出口退税办税员证

常见案例

2007 年 6 月，某市国税局以正式文件制定下发的《出口企业办税员管理暂行办法》规定：出口企业应设专职或兼职的办税员，经培训考试合格后发给“出口退税办税员证”（以下简称“办税员证”）；新办企业聘用的或老企业更换的尚未通过培训取得办税员证的办税员，需与所在企业签订委托书，得到企业的办税业务许可，并将委托书报国税机关主管退税部门（以下简称主管退税部门）备案；办税员参加资格考试必须有会计上岗证书，并且具有一定计算机基础知识和操作技能；主管退税部门根据工作需要，定期组织经省局授权的办税员资格考试，对首次参加资格考试的办税员，考试不及格的给予补考机会，补考仍不及格的不予颁发“办税员证”，经过培训考试但未取得“办税员证”的人员不得从事所在企业的出口退税业务；办税员应持“办税员证”到主管退税部门办理相关的出口退税事宜；自 2007 年 1 月 1 日起执行。

政策规定

十二、出口企业应设专职或兼职办理出口退税人员（以下简称“办税员”），经税务机关培训考试合格后发给“办税员证”。没有“办税员证”的人员不得办理出口退税业务。企业更换办税员，应及时通知主管其退税业务的税务机关注销原“办税员证”。凡未及时通知的，原办税员在被更换后与税务机关发生的一切退税活动和责任仍由企业负责。

执行日期：自 1994 年 1 月 1 日起执行，2006 年 4 月 30 日废止

政策依据：《国家税务总局关于印发〈出口货物退（免）税管理办法〉的通知》（国税发［1994］31 号）

二、部分条款已失效或废止涉及的税收部门规章和规范性文件 94 件

74.《国家税务总局关于印发〈出口货物退（免）税管理办法〉的通知》（国税发［1994］031 号）第四条、第五条、第六条、第十一条、第十二条、第十三条、第二十四条、第二十五条、第二十六条、第三十条、第三十一条、第三十三条。

执行日期：2006 年 4 月 30 日

政策依据：《国家税务总局关于发布已失效或废止的税收规范性文件目录的通知》（国税发［2006］62 号）

第四条　制定税收规范性文件，应当符合宪法、法律、法规、规章及上级税收规范性文件的规定，并遵循本办法规定的制定规则和制定程序。

违反本规定制定税收规范性文件，严重损害税务行政管理相对人的合法权益，致使国家税款大量流失，或者造成其他严重后果的，由上级税务机关依法追

究制定机关主要负责人和直接责任人的行政责任。

第五条 税收规范性文件规定的事项应当属于执行法律、法规、规章及上级税收规范性文件的规定，且需要制定税收规范性文件的事项。

税收规范性文件不得设定行政许可和审批，行政处罚，行政强制，行政事业性收费，税收的开征、停征、减税、免税、退税、补税以及其他不得由税收规范性文件设定的事项。

没有法律、法规、规章的规定，税收规范性文件不得作出损害税务行政管理相对人权利或者增加其义务的规定。

第三十一条 经审查，税收规范性文件超越权限，违反法律、法规、规章及上级税收规范性文件的规定，或者其规定明显不适当的，由上一级税务机关责令制定机关限期纠正；逾期仍不纠正的，由上一级税务机关予以纠正，并通知制定机关。

制定机关应当自接到上一级税务机关限期纠正意见之日起 30 日内，将处理情况报告上一级税务机关。

执行日期：自 2006 年 3 月 1 日起施行，2010 年 7 月 1 日失效

政策依据：《国家税务总局关于印发〈税收规范性文件制定管理办法（试行）〉的通知》（国税发［2005］201 号）

第四条 制定税收规范性文件，应当符合法律、法规、规章及上级税收规范性文件的规定，坚持公开、统一、效能的原则，并遵循本办法规定的制定规则和制定程序。

第五条 税收规范性文件不得设定税收开征、停征、减税、免税、退税、补税事项，行政许可，行政审批，行政处罚，行政强制，行政事业性收费以及其他不得由税收规范性文件设定的事项。经国务院批准的设定减税、免税等事项除外。

第六条 县税务机关制定税收规范性文件，必须依据法律、法规、规章或省以上（含本级）税务机关税收规范性文件的明确授权；没有授权又确需制定税收规范性文件的，应当提请上一级税务机关制定。

县以下税务机关及各级税务机关的内设机构、派出机构、直属机构和临时性机构，不得以自己的名义制定税收规范性文件。

第三十三条 经审查，税收规范性文件超越权限，违反法律、法规、规章及上级税收规范性文件的规定，或者其规定明显不适当的，由上一级税务机关责令制定机关限期纠正。

制定机关应当按期纠正，并于责令纠正期限届满之日起 30 日内，将处理情况报告上一级税务机关。

执行日期：2010 年 7 月 1 日

政策依据：《国家税务总局税收规范性文件制定管理办法》（国家税务总局令第20号）

分析诊断

按照国家税务总局国税发［2005］201号和国家税务总局令第20号关于《税收规范性文件制定管理办法》的规定，各级税务机关制定税收规范性文件，应当符合法律、法规、规章及上级税收规范性文件的规定，并不得设定行政许可，行政审批以及其他不得由税收规范性文件设定的事项，税收规范性文件超越权限，违反法律、法规、规章及上级税收规范性文件的规定，或者其规定明显不适当的，由上一级税务机关责令制定机关限期纠正。结合上述案例，按照2003年8月27日颁布的《行政许可法》的规定和自2001年以来行政审批制度改革的要求，国税发［2006］62号文件废止了国税发［1994］31号关于办税员资格证制度的条款。而该市国税局却制定《出口企业办税员管理暂行办法》，设定国家税务总局已经废止的办税员资格证制度，属于越权设定行政审批行为，因而该市国税局制定的《出口企业办税员管理暂行办法》是违反国家税务总局规定的，也是无效的税收规范性文件。

触类旁通

与上述案例类似的是国家税务总局已经取消出口退税登记证制度，按照《国家税务总局关于贯彻〈中华人民共和国对外贸易法〉、调整出口退（免）税办法的通知》（国税函［2004］955号）的规定，《国家税务总局关于印发〈出口货物退（免）税管理办法〉的通知》（国税发［1994］031号）中有关出口退税登记的规定停止执行，取而代之的是出口退（免）税认定管理，出口企业只要依照规定办理出口退（免）税认定手续，就能依照规定申报办理出口退（免）税。需要注意的是，以前已办理出口退税登记证且在原核准经营范围内从事进出口经营活动的对外贸易经营者，不再办理退税认定手续；对外贸易经营者如超出原核准经营范围从事进出口经营活动的，仍需按现行规定办理退税认定手续；原出口退税登记证丢失不再补办。

注意要点

出口企业办税员未持有“办税员证”照样能依法办理出口退（免）税事项。

26. 生产经营事项发生变更≠不办理出口退（免）税变更认定

常见案例

某生产型中外合资企业，具有增值税一般纳税人资格，依照规定办理出口货物退（免）税认定和出口货物退（免）税申报手续。2007 年 12 月份该企业申请变更为独资企业，同时公司名称也作了变更，2008 年 3 月海关代码也相应作了变更，该企业办税人员认为海关代码变更前出口货物的单证尚未收集齐全，且未申报出口退（免）税，因而未申请办理出口退（免）税变更认定手续。等到原旧代码出口报关相应单证收齐申报退（免）税后，办税人员才到主管税务机关办理出口退（免）税变更认定手续并使用新代码进行退（免）税申报，主管税务机关通知企业未依照规定办理出口退（免）税变更认定手续应当受到2 000元以下罚款的处罚，同时使用新代码出口的部分货物超过规定申报期限不予受理。

政策规定

一、从事对外贸易经营活动的法人、其他组织和个人（以下简称“对外贸易经营者”），按《外贸法》和《对外贸易经营者备案登记办法》的规定办理备案登记后，应在 30 日内持已办理备案登记并加盖备案登记专用章的对外贸易经营者备案登记表、工商营业执照、税务登记证、银行基本账户号码和海关进出口企业代码等文件，填写出口货物退（免）税认定表，到所在地主管出口退税的税务机关办理出口货物退（免）税认定手续。办理出口货物退（免）税认定手续后出口的货物可按规定办理退（免）税。

本办法实施前已办理出口退税登记证，且在原核准经营范围内从事进出口经营活动的对外贸易经营者，不再办理退税认定手续；对外贸易经营者如超出原核准经营范围从事进出口经营活动的，仍需按本办法办理退税认定手续。

对外贸易经营者如发生撤并、变更情况，应于备案登记撤并、变更之日起 30 日内向所在地主管出口退税业务的税务机关办理注销或变更退税认定手续。

《国家税务总局关于印发〈出口货物退（免）税管理办法〉的通知》（国税发［1994］031 号）中有关出口退税登记的规定停止执行。

二、对外贸易经营者应按照备案登记的身份名称开展出口业务和申请出口退（免）税。个人（包括外国个人，下同）须注册登记为个体工商户、个人独资企业或合伙企业，方可申请出口退（免）税。

执行日期：2004 年 7 月 1 日

政策依据：《国家税务总局关于贯彻〈中华人民共和国对外贸易法〉、调整出口退（免）税办法的通知》（国税函［2004］955 号）

第六条 已办理出口货物退（免）税认定的出口商，其认定内容发生变化的，须自有关管理机关批准变更之日起 30 日内，持相关证件向税务机关申请办理出口货物退（免）税认定变更手续。

第二十三条 出口商有下列行为之一的，税务机关应按照《中华人民共和国税收征收管理法》第六十条规定予以处罚：

（一）未按规定办理出口货物退（免）税认定、变更或注销认定手续的；

（二）未按规定设置、使用和保管有关出口货物退（免）税账簿、凭证、资料的。

执行日期：2005 年 5 月 1 日

政策依据：《国家税务总局关于印发〈出口货物退（免）税管理办法（试行）〉的通知》（国税发［2005］51 号）

分析诊断

已办理出口货物退（免）税认定的出口商，其认定内容发生变化的，须自有关管理机关批准变更之日起 30 日内，持相关证件向税务机关申请办理出口货物退（免）税认定变更手续。结合上述案例，出口企业经济性质发生变更、企业名称发生变更、企业海关代码发生变更，应当依照规定办理出口退（免）税变更认定手续。特别是在以海关代码为出口企业退（免）税识别码的情况下，出口企业海关代码发生变更而未及时办理出口退（免）税变更认定手续的，将直接影响出口退（免）税申报办理事宜，从而有损出口企业的合法权益。由此可见，该企业的做法是不当的，主管税务机关的做法是正确的。

触类旁通

一、出口退（免）税变更认定要点

1. 需变更认定的情形。依照规定，原来认定的内容即出口货物退（免）税认定表列示的所有项目只要其中某项或某几项发生变化的，都应当办理变更认定手续。

2. 办理变更认定的期限。依照规定，已办理出口货物退（免）税认定的出口商，其认定内容发生变化的，须自有关管理机关批准变更之日起30日内，持相关证件向税务机关申请办理出口货物退（免）税认定变更手续。

3. 违法的法律责任。出口企业未按规定办理出口货物退（免）税变更认定手续的，税务机关应当按照《中华人民共和国税收征收管理法》第六十条规定予以处罚。

二、办理变更认定的程序

（一）直接办理变更认定手续

如果出口企业变更的项目不涉及出口退（免）税的计算申报办理，主管税务机关直接办理变更认定手续即可。如变更企业名称、纳税人识别号、企业法定代表人、注册资金、开户银行、办税人员、主管外汇管理局等。

（二）先清算后办理变更认定手续

如果出口企业变更的项目直接涉及出口退（免）税的计算申报办理，主管税务机关则不得直接办理变更认定手续，而要按照先清算后变更的程序办理变更认定手续，即先清算变更前的出口退（免）税事宜后，再办理变更认定手续。如变更企业海关代码、纳税人类型（一般纳税人或小规模纳税人）、跨县级以上的迁移、经营者类型及退税计算方法等。

三、变更认定的注意事项

对于企业变更退（免）税方法和跨区迁移应当注意的问题，将在其他案例解析中说明。这里着重说明变更海关代码和变更纳税人类型的注意事项。

（一）变更海关代码的注意事项

目前出口退税申报审核系统均以海关代码为出口企业唯一的身份识别码，变更认定不可直接在出口退税申报审核系统中把出口企业的海关代码作变更，必须把以前的出口退税事宜进行清算后才能以新的海关代码重新录入出口退税申报审核系统。由于清算使用旧代码出口的货物需要一段时间，而为了继续出口经营活动又不得不使用新代码出口货物，这样就容易使企业出现一些不必要的经济损失。

为此，出口企业在变更海关代码时，一是要尽快收集齐全使用旧代码出口货物的单证和信息，尽快申报出口退（免）税；二是要及时办理出口退（免）税认定手续，只要在规定期限内提交了变更认定的申请，就可以避免企业违规办理出口退（免）税变更认定手续承担的法律责任；三是防止使用新代码出口货物超过规定退（免）税申报期限，出口企业可以根据规定向税务机关申请办理延期申报审批手续，只要税务机关审核批准延期办理退（免）税申报，就可以有效避免不必要的经济损失。

（二）变更纳税人类型的注意事项

按规定，一般纳税人期间购进货物和应税劳务可以抵扣进项税额，出口货物享受退税政策；小规模纳税人期间购进货物和应税劳务不得抵扣进项税额，出口货物享受免税政策。出口企业一般不可能即时购进即时全部销售，一般来说都会有存货，所以出口企业变更纳税人类型可能涉及存货的进项税额抵扣问题，也可能涉及出口货物无相应进项税额问题。

为此，出口企业变更纳税人类型要尽量控制变更期初的存货水平，避免不必要的经济损失。增值税小规模纳税人变更为增值税一般人，变更期初存货的进项税额不得抵扣，出口变更以前的货物没有相应的进项税额抵扣，作为生产企业可以按规定申报退（免）税，作为外贸企业由于无法提供增值税专用发票则不得申报退（免）税。因此，增值税小规模纳税人变更为增值税一般纳税人时，要采取措施尽量控制变更期初的存货，避免不必要的经济损失。辅导期的增值税一般纳税人变更为小规模纳税人，变更后出口以前的货物不得退税，变更以前的留抵税额不得结转。因此，辅导期的增值税一般纳税人变更为小规模纳税人，要尽量控制变更期初的存货。

四、出口货物退（免）税认定变更操作指南

（一）业务概述

已办理出口货物退（免）税认定的出口商，其认定内容发生变化的，须向主管税务机关退税部门申请办理出口货物退（免）税认定变更手续。

（二）纳税人应提供主表、份数

出口货物退（免）税认定表，2 份

（三）纳税人应提供资料

1. 需出示的资料。

税务登记证副本。

2. 需报送的资料。

（1）有关管理机关批准的文件、证明材料（原件及复印件）；

（2）已变更的对外贸易经营者备案登记表原件及复印件（无进出口经营权的生产企业委托出口自产货物的不需提供）；

（3）已变更的海关自理报关单位注册登记证明书原件及复印件（无进出口经营权的生产企业委托出口自产货物的不需提供）。

（四）纳税人办理业务的时限要求

出口商应自有关管理机关批准变更之日起 30 日内向主管税务机关退税部门申请办理出口货物退（免）税认定变更手续。

注意要点

已办理出口货物退（免）税认定的出口商，其认定内容发生变化的，须自有关管理机关批准变更之日起30日内，持相关证件向税务机关申请办理出口货物退（免）税认定变更手续。

27. 出口企业生产经营类型≠可以随意调整

常见案例

某公司是生产企业，具有增值税一般纳税人资格，已按生产企业办理出口退（免）税认定，自2007年12月开始出口自产产品，到2008年2月已经有近8万元退税额没退下来，经学习相关出口退税政策后得知，新办生产企业一年内不得办理出口退税，只有一年期满才能一次性办理退税手续，而新办外贸企业出口退税却不受一年期的限制。因此，该公司想将生产企业变更为外贸企业，向主管税务机关申请办理出口退（免）税变更认定手续。主管税务机关按照企业申请将经营者类型变更为外贸企业，同时将免抵退税方法变更为免退税办法。

政策规定

凡有进出口经营权的各类生产企业自营出口或委托外贸企业代理出口的货物，除另有规定者外，一律实行“免、抵、退”税的办法。

对1993年12月31日前批准设立的外商投资企业出口货物实行免税办法继续执行到1998年12月31日。期满后也实行“免、抵、退”税的办法。

执行日期：1997年1月1日

政策依据：《国务院关于对生产企业自营出口或委托代理出口货物实行“免、抵、退”税办法的通知》（国发［1997］8号）

生产企业自营或委托外贸企业代理出口（以下简称生产企业出口）自产货物，除另有规定外，增值税一律实行免、抵、退税管理办法。对生产企业出口非自产货物的管理办法另行规定。

本通知所述生产企业，是指独立核算，经主管国税机关认定为增值税一般纳税人，并且具有实际生产能力的企业和企业集团。

增值税小规模纳税人出口自产货物继续实行免征增值税办法。

生产企业出口自产的属于应征消费税的产品，实行免征消费税办法。

执行日期：2002年1月1日

政策依据：《财政部 国家税务总局关于进一步推进出口货物实行免抵退税办

法的通知》（财税［2002］7号）

凡具有生产出口产品能力的对外贸易经营者，其出口的货物按照现行生产企业出口货物实行“免抵退”税办法的规定办理出口退（免）税。

对没有生产能力的对外贸易经营者，其出口的货物按现行外贸企业出口退税的规定办理出口退（免）税。

对认定为增值税小规模纳税人的对外贸易经营者出口的货物，按现行小规模纳税人出口货物的规定，免征增值税、消费税。

执行日期：2004年7月1日

政策依据：《国家税务总局关于贯彻〈中华人民共和国对外贸易法〉、调整出口退（免）税办法的通知》（国税函［2004］955号）

生产企业从流通企业购进并直接出口的货物，对退税试点的企业可按出口自产货物的规定，实行“免抵退”税办法（试点企业名单及具体办法另行下达）；对非退税试点的企业，其退税范围继续按《国家税务总局关于出口产品视同自产产品退税有关问题的通知》（国税函［2002］1170号）的规定执行。

执行日期：2004年6月1日

政策依据：《国家税务总局关于贯彻〈中华人民共和国对外贸易法〉、调整出口退（免）税办法的通知》（国税函［2004］955号）

分析诊断

出口企业适用哪种退（免）税方法，不是企业能够自主选择的，也不是税务机关可随意确定的，必须结合增值税纳税人类型、企业生产经营类型、出口贸易方式和出口货物等方面的情况依法确定。在增值税纳税人类型、出口贸易方式和出口货物三方面都符合出口退税的情况下，出口企业是适用免抵退税办法还是适用免退税办法，就要根据企业的生产经营类型来确定。而企业的生产经营类型既不根据企业营业执照确定，也不根据企业税务登记确定，而是根据企业是否具有生产产品的实际能力来确定。凡具有生产产品能力的企业，均应确定为生产型出口企业，适用免抵退税办法；凡不具有生产产品能力的企业，均应确定为外贸型出口企业，适用免退税办法。结合上述案例，该公司具有生产出口产品的实际能力，因而只能确定为生产型出口企业，只适用免抵退税办法，不能变更为外贸型出口企业，也不适用免退税办法。由此可见，该公司和主管税务机关的做法都是不正确的。

触类旁通

一、不能仅按营业执照确定出口企业类型

例如，某公司本来只是从事贸易的公司，2011 年 6 月办理工商年检的时候，因为新租用的办公场所是在工业园区内的厂房，工商机关让该公司在经营范围前加上“生产、加工”字样，这样在统计上该公司就变成了生产企业。即使企业营业执照上注明是生产企业，也不能认定其适用免抵退税办法。

二、工贸一体化企业确定出口企业类型错误

例如，A 公司原来为内资生产型企业，为了扩大经营范围，2004 年 4 月 9 日取得了自营进出口经营权，企业类型为外贸公司，A 公司相应变更营业执照，办理了出口退税登记，成立了贸易部，并且开始收购产品出口（原有生产的产品全部内销）。11 月份 A 公司向国税机关申报了出口退税，国税机关以 A 公司为生产企业为由退回了申报资料，然后 A 公司又变更了退税登记类型，国税机关又以出口的产品不属于“自产产品”为由退回申报资料，并要求缴纳增值税。

三、生产企业外购产品出口退（免）税问题

生产企业外购产品出口，符合视同自产产品出口条件或者属于列名生产企业的，可以按照免抵退税办法计算申报出口退（免）税；否则既不能按生产企业免抵退税办法计算申报出口退（免）税，也不能按外贸企业免退税办法计算申报出口退（免）税。

四、企业生产经营方式变更

如果生产型出口企业经营方式转型，不再具有生产出口产品的能力，生产经营方式全部改为直接购进直接销售。在这种情况下，出口企业应当变更为外贸型企业，出口退（免）税方法应当变更为免退税办法。

注意要点

企业的生产经营类型根据企业是否具有生产产品的实际能力来确定。

28. 核定的出口企业管理类别≠不能依照规定调整

常见案例

某公司是属于增值税一般纳税人资格的生产企业，已按规定办理出口退（免）税认定手续。2008 年 1 月 5 日该公司出口货物，2 月 15 日申报办理出口退

（免）税，税务机关核定该公司出口企业管理类别为 C，即属于《国家税务总局关于出口货物退（免）税管理有关问题的通知》（国税发〔2004〕64 号）规定出口退（免）税申报时必须提供收汇核销单的企业。2010 年 7 月 19 日，该公司办税人员听说 C 类企业满二年就可以转为 B 类企业，办税人员向主管税务机关咨询得到的答复为：该公司规模太小，不能转为 B 类企业。

政策规定

二、出口企业在申报出口货物退（免）税时，应提供出口收汇核销单，但对尚未到期结汇的，也可不提供出口收汇核销单，退税部门按照现行出口货物退（免）税管理的有关规定审核办理退（免）税手续。

出口企业须在货物报关出口之日（以出口货物报关单〈出口退税专用〉上注明的出口日期为准）起 180 天内，向所在地主管退税部门提供出口收汇核销单（远期收汇除外）。经退税部门审核，对审核有误和出口企业到期仍未提供出口收汇核销单的，出口货物已退（免）税款一律追回；未办理退（免）税的，不再办理退（免）税。

但对有下列情形之一的，自发生之日起两年内，出口企业申报出口货物退（免）税时，必须提供出口收汇核销单：

（一）纳税信用等级评定为 C 级或 D 级；

（二）未在规定期限内办理出口退（免）税登记的；

（三）财务会计制度不健全，日常申报出口货物退（免）税时多次出现错误或不准确情况的；

（四）办理出口退（免）税登记不满一年的；

（五）有偷税、逃避追缴欠税、骗取出口退税、抗税、虚开增值税专用发票等涉税违法行为记录的；

（六）有违反税收法律、法规及出口退（免）税管理规定其他行为的。

六、退税部门受理申报后，在审核时应使用增值税专用发票稽核、协查信息审核出口退（免）税。未收到增值税专用发票稽核、协查信息的，退税部门可先使用专用发票认证信息审核办理出口企业的出口货物退（免）税，但必须及时用相关稽核、协查信息进行复核；对复核有误的，要及时追回已退（免）税款。

有本通知第二条所述情形之一的出口企业，自发生之日起两年内，退税部门必须使用增值税专用发票稽核、协查信息审核该企业的出口货物退（免）税。

执行日期：2004 年 6 月 1 日

政策依据：《国家税务总局关于出口货物退（免）税管理有关问题的通知》（国税发［2004］64 号）

三、国税发［2004］64 号文件第二条第四款是指：2004 年 6 月 1 日以后办理出口退（免）税登记的出口企业，自首次申报办理出口退（免）税之日起两年内在申报出口货物退（免）税时，必须提供出口收汇核销单。因改制、改组以及合并、分立等原因新设立并重新办理出口退（免）税登记的出口企业，如原出口企业不存在国税发［2004］64 号文件第二条所列情形，经省级税务机关批准，在申报退（免）税时可不提供出口收汇核销单，按国税发［2004］64 号文件有关规定采取事后审核。

四、对于尚未进行纳税信用等级评定的出口企业，可由省级国家税务局退税部门制定出口企业纳税信用等级暂行办法，并据此进行纳税信用等级评定，或由退税部门按照国税发［2004］64 号文件第二条第三款所列的其他情形，确定出口企业申报时是否提供出口收汇核销单。

执行日期：2004 年 7 月 30 日

政策依据：《国家税务总局关于出口货物退（免）税管理有关问题的补充通知》（国税发［2004］113 号）

湖北省国家税务局：

你局《关于湖北银丰国际贸易有限责任公司使用增值税专用发票电子信息审核退税问题的请示》（鄂国税发［2006］30 号）收悉。经研究，批复如下：

鉴于湖北银丰国际贸易有限责任公司是由湖北银丰实业有限责任公司改制成立的，其实质并非新发生出口业务的出口企业。为支持湖北银丰国际贸易有限责任公司等改制企业的发展，总局决定，对因改制、改组以及合并、分立等原因新设立并重新办理出口退税认定的出口企业，如原出口企业不存在《国家税务总局关于出口货物退（免）税管理有关问题的通知》（国税发［2004］64 号）文件第二条所列情形，主管税务机关在核对增值税专用发票时暂未收到增值税专用发票稽核、协查信息的，经你局批准，可按国税发［2004］64 号文件第六条有关规定先行使用专用发票认证信息审核办理出口退税，再及时用相关稽核、协查信息进行复核，复核发现问题的，要及时追回已退税款。

执行日期：2006 年 4 月 10 日

政策依据：《国家税务总局关于湖北银丰国际贸易有限责任公司出口退税有关问题的批复》（国税函［2006］366 号）

三、关于退税时是否提供出口收汇核销单的审批权限问题

《国家税务总局关于出口货物退（免）税管理有关问题的补充通知》（国税发［2004］113 号）第三条中规定，“因改组、改制以及合并、分立等原因新设立并重新办理出口退（免）税登记的出口企业，如原出口企业不存在国税发［2004］

64 号文件第二条所列情形，经省级税务机关批准，在申报退（免）税时可不提供出口收汇核销单，按国税发［2004］64 号文件有关规定采取事后审核”。这一规定有利于加强出口退税管理，因此，总局不同意将不提供出口收汇核销单的审批权限由省局下发到地市局。

执行日期：2006 年 2 月 13 日

政策依据：《国家税务总局关于出口退（免）税相关核准和审批权限问题的批复》（国税函［2006］148 号）

分析诊断

根据国税发［2004］64 号文件的规定，出口企业管理类别就是为区分出口企业申报退（免）税时是否提供收汇核销单，审核外贸企业退税时是否使用增值税专用交叉稽核信息、协查信息审核退（免）税而确定的管理类别。由于审核系统要进行系统设置，同时为了管理方便，税务机关一般把上述结果中同时选“是”的归为 C 类出口企业，上述结果同时选“否”的则属于 B 类出口企业。而只要有国税发［2004］64 号文件第二条规定情形之一，税务机关就应当核定其为 C 类出口企业，自核定之日起两年内没有这些情形的，税务机关就应当调整其为 B 类出口企业。结合上述案例，公司自申报办理出口退（免）税之日起两年内，只要没有国税发［2004］64 号文件第二条规定情形之一的，税务机关就应当调整出口企业的管理类型为 B，而不能因为出口企业的规模太小而不予以调整。由此可见，主管税务机关的答复是错误的。

触类旁通

一、出口企业管理类别不同于分类管理

出口企业管理类别是税务机关为了管理方便根据国税发［2004］64 号文件的规定确定的 B 类和 C 类出口企业，而不是指《国家税务总局关于出口货物退（免）税实行按企业分类管理的通知》（国税发［1998］95 号）规定“各主管出口退税的税务机关应对本地区所辖出口企业（包括外商投资企业）进行分类管理，依据其近年来出口退（免）税的实际情况，将出口企业划分为 A，B，C，D 四类”中的企业，国税发［1998］95 号文件已经国家税务总局废止执行。

二、不同类别出口企业不同退（免）税管理办法

（一）B 类企业

B 类出口企业在申报出口货物退（免）税时，应提供出口收汇核销单，但对尚未到期结汇的，也可不提供出口收汇核销单，退税部门按照现行出口货物退

（免）税管理的有关规定审核办理退（免）税手续。B类出口企业须在货物报关出口之日（以出口货物报关单〈出口退税专用〉上注明的出口日期为准）起210天内，向所在地主管退税部门提供出口收汇核销单（远期收汇除外）。经退税部门审核，对审核有误和出口企业到期仍未提供出口收汇核销单的，出口货物已退（免）税款一律追回。未办理退（免）税的，不再办理退（免）税。

对B类外贸企业，退税部门受理出口退（免）税申报后，在审核时应使用增值税专用发票稽核、协查信息审核出口退（免）税。未收到增值税专用发票稽核、协查信息的，退税部门可先使用专用发票认证信息审核办理出口企业的出口货物退（免）税，但必须及时用相关稽核、协查信息进行复核。对复核有误的，要及时追回已退（免）税款。

（二）C类企业

有下列情形之一的，属于C类出口企业，自发生之日起两年内，出口企业申报出口货物退（免）税时，必须提供出口收汇核销单。

1. 纳税信用等级评定为C级或D级；

2. 未在规定期限内办理出口退（免）税登记的；

3. 财务会计制度不健全，日常申报出口货物退（免）税时多次出现错误或不准确情况的；

4. 办理出口退（免）税登记不满一年的；

5. 有偷税、逃避追缴欠税、骗取出口退税、抗税、虚开增值税专用发票等涉税违法行为记录的；

6. 有违反税收法律、法规及出口退（免）税管理规定其他行为的。

对C类外贸企业，自发生上述六种情形之日起两年内，退税部门必须使用增值税专用发票稽核、协查信息审核该企业的出口货物退（免）税。

值得注意的是，自2012年8月1日起报关出口的货物，出口企业申报出口退税时，不再提供出口收汇核销单；2012年8月1日前报关出口的货物截至7月31日未到出口收汇核销期限且未核销的，出口企业申报出口退税时，也不再提供出口收汇核销单。

三、改制企业经批准可直接核定为B类企业

根据国税发［2004］113号和国税函［2006］366号文件规定，因改制、改组以及合并、分立等原因新设立并重新办理出口退（免）税登记的出口企业，如原出口企业不存在国税发［2004］64号文件第二条所列情形，经省级税务机关批准，在申报退（免）税时可不提供出口收汇核销单，按国税发［2004］64号文件有关规定采取事后审核。对外贸企业可按国税发［2004］64号文件第六条有关规定先行使用专用发票认证信息审核办理出口退税，再及时用相关稽核、协查信息进行复核。

四、税务机关可以按规定将出口企业管理类别由 B 调整为 C

根据国税发［2004］64 号文件的规定，C 类出口企业并不仅是新办理出口退（免）税认定的出口企业，也不仅是新申报办理退（免）税的出口企业，还包括办理出口退（免）税两年以上的出口企业，只要出现国税发［2004］64 号文件第二条所列情形如纳税信用等级评定为 C 级或 D 级，财务会计制度不健全，日常申报出口货物退（免）税时多次出现错误或不准确情况的，有违反税收法律、法规及出口退（免）税管理规定其他行为的，税务机关则必须依照规定将其出口企业管理类别调整为 C。

注意要点

主管税务机关可以按规定核定和调整出口企业的管理类别。

29. 出口企业异地迁移≠在迁入地办理以前未办理的出口退（免）税

常见案例

A 公司是具有增值税一般纳税人资格的生产企业，依照规定办理了出口退（免）税认定和申报手续。2008 年 10 月，A 公司出于经营发展的需要，迁移到同一市境内的另一县。相应地，A 公司的纳税关系也办理了迁移手续，在迁出地国税局注销了原税务登记证件，在迁入地国税局办理了税务登记证件。A 公司在迁移前尚有部分出口货物由于未逾期收汇核销未申报办理出口退（免）税，也有已审批通过但未退的出口退税。由于 A 公司名称未变、生产经营范围未变、海关代码未变、企业会计核算又连续进行，因此 A 公司迁移后按照以前的惯常做法，将迁移前出口未申报退（免）税的货物以及已审批未退的税款向迁入地国税局申报办理退（免）税。

政策规定

第六条　已办理出口货物退（免）税认定的出口商，其认定内容发生变化的，须自有关管理机关批准变更之日起 30 日内，持相关证件向税务机关申请办理出口货物退（免）税认定变更手续。

第二十三条　出口商有下列行为之一的，税务机关应按照《中华人民共和国税收征收管理法》第六十条规定予以处罚：

（一）未按规定办理出口货物退（免）税认定、变更或注销认定手续的；

（二）未按规定设置、使用和保管有关出口货物退（免）税账簿、凭证、资料的。

执行日期：2005 年 5 月 1 日

政策依据：《国家税务总局关于印发〈出口货物退（免）税管理办法（试行）〉的通知》（国税发［2005］51 号）

分析诊断

对于迁移的出口企业办理出口退（免）税变更认定，应当首先由迁出地主管税务机关对出口退（免）税进行清算，在迁出地主管税务机关办理完全部出口退税事宜以后才能由迁入地主管税务机关办理出口退（免）税事宜。结合上述案例，A 公司从一个县区迁移到另一个县区，虽然 A 公司名称、生产经营范围、海关代码和出口退（免）税方式都未发生变更，但是生产经营场所却发生了变更，主管税务机关也发生了变更，而 A 公司却未依照规定在迁出地税务机关办理出口退（免）税结算事宜就直接到迁入地主管税务机关办理申报出口退（免）税申报事项，这明显违反了出口退（免）税变更认定的规定。由此可见，A 公司以及迁入地和迁出地主管税务机关的做法都是错误的。

触类旁通

一、出口企业迁出的退（免）税管理

出口企业迁出的，迁出地主管税务应当对全部出口货物的退（免）税进行全部清算。

出口企业迁出同时企业海关代码发生变更的，迁出地主管税务机关应当在清算办理出口退（免）税事项后在审核系统中对出口企业作注销处理。

出口企业迁出同时企业海关代码未发生变更的，如果迁出地和迁入地主管税务机关使用的出口退税审核系统数据库相同，迁出地主管税务机关则不能在审核系统中作注销处理，否则将影响迁入地主管税务机关正常审核审批该企业的出口退（免）税。

二、出口企业迁入的退（免）税管理

出口企业名称、生产经营范围、海关代码未发生变更的，主管税务机关要提醒出口企业依照规定办理变更税务登记，同时提醒企业注意税务登记证件号码和增值税防伪税控系统的变更，避免出口退（免）税申报出现不必要的错误。

由于出口企业在迁出地办理出口退（免）税尚需一定的时间，而出口经营业务又要持续进行，因此，出口企业要防止在迁入地出口的货物超过规定退（免）税申报期，最好按规定办理延期申报审批手续。

迁入地主管税务机关应当认真核查出口企业申报的出口退（免）税是否属于迁入后发生的业务，否则应当告知企业到迁出地主管税务机关办理。

如果迁入和迁出地税务机关使用的出口退税审核系统是同一个数据库，则应当由审核系统数据库所在的税务机关进行数据迁移。如果迁入和迁出地税务机关使用的出口退税审核系统不属于同一个数据库，则不需在审核系统中作数据迁移处理。

出口企业迁移只是生产经营场所发生了变化，而企业经营活动、会计核算仍然处于持续状态，因此迁入地主管税务机关应当依照迁出地主管税务机关的管理方式，对出口企业退（免）税进行管理，不能因为迁移就对迁入企业按新办出口企业进行退（免）税管理。

三、增值税一般纳税人迁移的增值税管理

根据《国家税务总局关于一般纳税人迁移有关增值税问题的公告》（国家税务总局公告2011年第71号）的规定，自2012年1月1日起，增值税一般纳税人因住所、经营地点变动，按照相关规定，在工商行政管理部门作变更登记处理，但因涉及改变税务登记机关，需要办理注销税务登记并重新办理税务登记的，在迁达地重新办理税务登记后，其增值税一般纳税人资格予以保留，办理注销税务登记前尚未抵扣的进项税额允许继续抵扣；迁出地主管税务机关应认真核实纳税人在办理注销税务登记前尚未抵扣的进项税额，填写“增值税一般纳税人迁移进项税额转移单”；迁达地主管税务机关应将迁出地主管税务机关传递来的“增值税一般纳税人迁移进项税额转移单”与纳税人报送资料进行认真核对，对其迁移前尚未抵扣的进项税额，在确认无误后，允许纳税人继续申报抵扣。

注意要点

出口企业迁移只有在迁出地主管税务机关清算办理全部出口退（免）税事宜后，才能向迁入地主管税务机关申报办理出口退（免）税。

30. 终止出口货物退（免）税事项≠不办理出口退（免）税注销认定手续

常见案例

A公司是具有增值税一般纳税人资格的生产企业，因国际市场疲软，长期没有发生出口业务，A公司的发展战略不打算再做出口业务。为了减少出口相关证照年审的相关费用，2009年8月A公司在商务、海关、外汇管理等部门注销了其出口管理的相关资格。由于没有发生出口业务，A公司没有进行出口退（免）税申报，因而也没有办理出口退（免）税注销认定。2010年7月，当地税务机关从商务、海关、外汇管理部门得到相关信息，责令A公司限期办理出口退（免）税注销认定手续，并依照规定处以罚款。

政策规定

第七条　出口商发生解散、破产、撤销以及其他依法应终止出口货物退（免）税事项的，应持相关证件、资料向税务机关办理出口货物退（免）税注销认定。

对申请注销认定的出口商，税务机关应先结清其出口货物退（免）税款，再按规定办理注销手续。

第十九条　税务机关遇到下述情况，应及时结清出口商出口货物的退（免）税款：

（一）出口商发生解散、破产、撤销以及其他依法应终止出口退（免）税事项的，或者注销出口货物退（免）税认定的；

（二）出口商违反国家有关政策法规，被停止一定期限出口退税权的。

第二十三条　出口商有下列行为之一的，税务机关应按照《中华人民共和国税收征收管理法》第六十条规定予以处罚：

（一）未按规定办理出口货物退（免）税认定、变更或注销认定手续的；

（二）未按规定设置、使用和保管有关出口货物退（免）税账簿、凭证、资料的。

执行日期：2005年5月1日

政策依据：《国家税务总局关于印发〈出口货物退（免）税管理办法（试行）〉的通知》（国税发［2005］51号）

分析诊断

办理出口退（免）税注销认定，与办理出口退（免）税认定和变更认定一样，也是出口退（免）税管理的重要基础工作。一般出口企业都知道，出口企业发生解散、破产、撤销的，都应当办理出口退（免）税注销认定手续。但是，许多出口企业可能并不知道，出口企业发生其他依法应终止出口退（免）税事项的，也应当办理出口退（免）税注销认定。结合上述案例，A公司终止出口业务，却未依照规定办理出口退（免）税注销认定，其做法是错误的，而主管税务机关的做法是正确的。

触类旁通

出口货物退（免）税注销认定操作指南

（一）业务概述

出口商发生解散、破产、撤销以及其他依法应终止出口货物退（免）税事项的，须向主管税务机关退税部门申请办理出口货物退（免）税注销认定手续。

（二）纳税人应提供主表、份数

出口货物退（免）税认定注销表，2份

（三）纳税人应提供资料

1. 需出示的资料

税务登记证副本

2. 需报送的资料

（1）办理出口货物退（免）税认定注销申请报告；

（2）原出口货物退（免）税认定表。

（四）纳税人办理业务的时限要求

出口商自发生解散、破产、撤销以及其他依法应终止出口货物退免税事项之日起30日内向所在地主管税务机关退税部门申请办理出口货物退（免）税注销认定手续。

注意要点

出口企业发生解散、破产、撤销以及其他依法应终止出口货物退（免）税事项的，应持相关证件、资料向税务机关办理出口货物退（免）税注销认定。

第六节 出口退（免）税凭证

31. 出口货物报关单≠出口货物报关单（出口退税专用）

常见案例

某公司是从事进料加工的生产型外商独资企业，具有增值税一般纳税人资格，已按规定办理出口退（免）税认定手续。2009 年 5 月，该公司出口成品到上海外高桥保税区，海关出具的报关单上注明进料对口贸易方式，但根据《海关出口货物退税联管理办法》，海关不出具出口货物报关单（出口退税专用）。公司在规定期限内凭出口报关单企业留存联向税务机关申报办理出口退（免）税。主管税务机关退税部门经过审核通知公司，这笔出口货物未取得出口货物报关单（出口退税专用）不得申报办理出口退（免）税，同时还要按规定视同内销征税。

政策规定

六、对非保税区运往保税区的货物不予退（免）税，保税区内企业从区外购进货物时必须向税务机关申报备案增值税专用发票的有关内容，将这部分货物出口或加工后再出口的，可按本法规办理出口退（免）税。

执行日期：1995 年 7 月 1 日

政策依据：《印发〈出口货物退（免）税若干问题规定〉的通知》（财税字［1995］92 号）

出口企业向税务机关主管出口退税的部门（以下简称退税部门）申报出口货物退（免）税时，在提供有关出口货物退（免）税申报表及相关资料时，应同时附送下列纸质凭证：

（一）实行“免、抵、退”税管理办法的生产企业提供出口货物的出口发票，外贸企业提供购进出口货物的增值税专用发票或普通发票；

凡外贸企业购进的出口货物，外贸企业应在购进货物后按规定及时要求供货企业开具增值税专用发票或普通发票；其购进货物开具的增值税专用发票属增值税防伪税控系统开具的，退税部门应要求外贸企业自开票之日起 30 日内办理认证手续。

（二）出口货物报关单（出口退税专用）；

（三）出口收汇核销单。

对外贸企业自一般纳税人购进出口的货物，外贸企业向退税部门申报出口货物退（免）税时，不再提供“税收（出口货物专用）缴款书”或“出口货物完税分割单”（具体规定另行通知）；但对外贸企业购进出口的消费税应税货物和自小规模纳税人购进出口的货物等其他尚未纳入增值税防伪税控系统管理的货物，还须提供“税收（出口货物专用）缴款书”或“出口货物完税分割单”。

对出口企业以委托出口、援外出口、对外承包工程、境外带料加工装配业务等特殊方式出口的货物，出口企业向退税部门申报上述出口货物的退（免）税时，还须提供现行有关出口货物退（免）税规定要求的其他相关凭证。

执行日期：2004 年 6 月 1 日

政策依据：《国家税务总局关于出口货物退（免）税管理有关问题的通知》（国税发［2004］64 号）

分析诊断

出口货物报关单一式六联，分别是海关作业联、海关留存联、企业留存联、海关核销联、证明联（出口收汇用）、证明联（出口退税用）。根据现行出口退（免）税政策规定，货物报关出口销售后并不等于就能申报出口退（免）税，而必须凭出口货物报关单（出口退税专用）才能申报出口退（免）税，即使有出口报关单其他联次，如果没有出口货物报关单（出口退税专用），出口企业出口货物也不能申报出口退（免）税。上述案例中的公司将货物出口到上海外高桥保税区，根据出口退（免）税政策规定这批出口货物不予退（免）税，海关也不能签发出口货物报关单（出口退税专用），因而也不得申报办理出口退（免）税。

触类旁通

海关签发出口货物报关单出口退税证明联流程

（一）背景

出口退税证明联签发是指海关根据《出口退税报关单管理办法》及其他有关规定，在出口货物放行离境后，签发出口货物报关单证明联，企业凭以向国家税务管理部门申请办理出口货物退（免）税手续。

（二）适用范围

1. 属于《中华人民共和国增值税暂行条例》、《中华人民共和国消费税暂行条例》规定应税范围的出口货物，除国家明确规定不予退（免）税的货物和税法另有规定的以外，均属于出口退（免）税的货物范围。一般情况下，申报出口退（免）税的出口货物同时具备以下三个条件的，可申报出口退税，海关签发报关单退税联：

（1）属于增值税、消费税征税范围，并取得增值税专用发票和专用缴款书。

（2）在财务上已做销售处理。

（3）报关离境、取得出口货物报关单并已收汇核销。

2. 不具备上述第 1 条所列条件，但是国家规定特准退（免）税的出口货物，海关签发报关单退税联。

3. 以下出口货物不予签发退税报关单证明联：

（1）国家禁止出口的货物。包括天然牛黄、麝香、铜及铜合金、白金等。

（2）海关特殊监管区域、保税监管场所进口仓储、转口贸易货物复运出境。

（3）来料加工出口货物。

（4）没有实际离境的出口货物，如一般贸易出口货物在境内销售给加工贸易企业加工产品复出口，加工贸易结转保税货物等。

（5）国家规定已取消出口退税政策的出口货物。

（三）有关规定

1. 海关统一采用印制“出口退税专用”字样的出口退税专用报关单，右下角加盖在税务部门备案的“验讫章”。

2. 从境内运入保税物流园区、保税物流中心（A 型）、保税物流中心（B 型）、出加工区、上海钻石交易所以及深圳、厦门入仓退税试点的出口监管仓库货物，签发出口退税报关单。

从境内运入保税区、出口监管仓库的货物（深圳、厦门入仓退税试点除外），货物实际离境后签发出口退税报关单。

3. 出口退税报关单数据试行联网核查制度，出口退税报关单证明联与报关单电子信息应当一致。

4. 出口货物退运进境，报关单位应向海关出具主管其出口退税的地（市）国家税务局签发的出口商品退运已补税证明，证明其货物未办理出口退税或所退税款已退回税务机关，海关方予办理该批货物的退运手续。

（四）海关签发出口退税报关单证明联流程

1. 申报货物出口。

2. 出口货物实际离境。

3. 海关办好出口结关作业出口货物实际离境后，海关收到清洁舱单后 5 个工作日内完成出口货物结关作业。

4. 海关签发出口退税报关单证明联。出口货物实际离境后，海关收到清洁舱单后 5 个工作日内完成出货物结关作业，签发出口退税报关单证明联。转关运输出口货物，启运地海关收到出境地海关回执后 5 个工作日内，签发出口退税报关单。

5. 出口退税报关单证明联的修改出口退税报关单证明联一经签发，不得人工修改，对确因录入、网络传输及系统故障等原因需要修改数据的，收回原出退税专用报关单，重新打印并上传新电子数据，不得采取人工填写或修改后加盖印章的做法。

6. 出口退税报关单证明联的遗失补签出口退税报关单证明联因遗失、损毁申请补签，出口货物的发货人、受委托的报关企业应当自原出口退税报关单签发之日起 1 年内向海关书面申请，随附主管其出口退税的地（市）国家税务局签发的“关于申请出具（补办报关单）证明的报告”及有关证明材料，经海关审核同意后，可予以补签。出口退税专用报关单上注明“补签”字样，并按规定收取工本费。

注意要点

即使货物报关出口，如果没有取得出口货物报关单（出口退税专用），出口企业也不得申报出口退（免）税。

32. 出口报关单上注明的货物数量≠实际出口货物的数量

常见案例

A公司是具有增值税一般纳税人资格的生产企业，2006年1月报关出口一批货物，A公司出口申报并且取得出口报关单，注明出口500件上衣，合计4 000美元。因而A公司依照出口报关单注明的货物数量和金额申报办理出口退（免）税。主管税务机关2006年9月检查A公司出口退（免）税时发现其按出口报关单上注明的500件上衣共4 000美元计入出口收入，而实际却按498件收取进口商货款，2件上衣的货款列入坏账损失。经仔细核查得知，出口申报时A公司确定出口500件，但由于2件上衣存在质量问题，因而实际出口498件，进口商按498件付款。在查明事实的基础上，主管税务机关对A公司虚报出口数量实际未出口货物部分的退（免）税款予以追回，并依照规定处以罚款。

政策规定

第八条　出口商应在规定期限内，收齐出口货物退（免）税所需的有关单证，使用国家税务总局认可的出口货物退（免）税电子申报系统生成电子申报数据，如实填写出口货物退（免）税申报表，向税务机关申报办理出口货物退（免）税手续。逾期申报的，除另有规定者外，税务机关不再受理该笔出口货物的退（免）税申报，该补税的应按有关规定补征税款。

第十二条　税务机关受理出口商出口货物退（免）税申报后，应在规定的时间内，对申报凭证、资料的合法性、准确性进行审查，并核实申报数据之间的逻辑对应关系。根据出口商申报的出口货物退（免）税凭证、资料的不同情况，税务机关应当重点审核以下内容：

（一）申报出口货物退（免）税的报表种类、内容及印章是否齐全、准确。

（二）申报出口货物退（免）税提供的电子数据和出口货物退（免）税申报表是否一致。

（三）申报出口货物退（免）税的凭证是否有效，与出口货物退（免）税申报表明细内容是否一致等。重点审核的凭证有：

1. 出口货物报关单（出口退税专用）。出口货物报关单必须是盖有海关验讫章，注明“出口退税专用”字样的原件（另有规定者除外），出口报关单的海关编号、出口商海关代码、出口日期、商品编号、出口数量及离岸价等主要内容应与申报退（免）税的报表一致。

2. 代理出口证明。代理出口货物证明上的受托方企业名称、出口商品代码、出口数量、离岸价等应与出口货物报关单（出口退税专用）上内容相匹配并与申报退（免）税的报表一致。

3. 增值税专用发票（抵扣联）。增值税专用发票（抵扣联）必须印章齐全，没有涂改。增值税专用发票（抵扣联）的开票日期、数量、金额、税率等主要内容应与申报退（免）税的报表匹配。

4. 出口收汇核销单（或出口收汇核销清单，下同）。出口收汇核销单的编号、核销金额、出口商名称应当与对应的出口货物报关单上注明的批准文号、离岸价、出口商名称匹配。

5. 消费税税收（出口货物专用）缴款书。消费税税收（出口货物专用）缴款书各栏目的填写内容应与对应的发票一致，征税机关、国库（银行）印章必须齐全并符合要求。

第十三条　在对申报的出口货物退（免）税凭证、资料进行人工审核后，税务机关应当使用出口货物退（免）税电子化管理系统进行计算机审核，将出口商申报出口货物退（免）税提供的电子数据、凭证、资料与国家税务总局及有关部门传递的出口货物报关单、出口收汇核销单、代理出口证明、增值税专用发票、消费税税收（出口货物专用）缴款书等电子信息进行核对。审核、核对重点是：

（一）出口报关单电子信息。出口报关单的海关编号、出口日期、商品代码、出口数量及离岸价等项目是否与电子信息核对相符。

（二）代理出口证明电子信息。代理出口证明的编号、商品代码、出口日期、出口离岸价等项目是否与电子信息核对相符。

（三）出口收汇核销单电子信息。出口收汇核销单号码等项目是否与电子信息核对相符。

（四）出口退税率文库。出口商申报出口退（免）税的货物是否属于可退税货物，申报的退税率与出口退税率文库中的退税率是否一致。

（五）增值税专用发票电子信息。增值税专用发票的开票日期、金额、税额、购货方及销售方的纳税人识别号、发票代码、发票号码是否与增值税专用发票电子信息核对相符。

在核对增值税专用发票时应使用增值税专用发票稽核、协查信息。暂未收到增值税专用发票稽核、协查信息的，税务机关可先使用增值税专用发票认证信息，但必须及时用相关稽核、协查信息进行复核；对复核有误的，要及时追回已退（免）税款。

（六）消费税税收（出口货物专用）缴款书电子信息。消费税税收（出口货物专用）缴款书的号码、购货企业海关代码、计税金额、实缴税额、税率（额）等项目是否与电子信息核对相符。

执行日期：2005 年 5 月 1 日

政策依据：《国家税务总局关于印发〈出口货物退（免）税管理办法（试行）〉的通知》（国税发［2005］51 号）

分析诊断

一般来说，出口货物报关单上注明的出口货物数量就是出口企业实际报关出口货物的数量。但是，由于海关一般采取抽查的方式放行出口货物，因而，有的出口货物报关单上注明的出口货物数量并不完全等同于出口企业实际报关出口货物的数量。在这种情况下，出口企业就不能依照出口货物报关单上注明的出口货物数量申报办理出口退（免）税，而应当如实按照实际出口货物数量申报办理出口退（免）税。结合上述案例，A 公司出口申报并且取得出口报关单注明出口 500 件上衣，合计 4 000 美元，实际出口货物只有 498 件上衣，而 A 公司却按出口报关单上注明的出口货物数量申报办理出口退（免）税。因此，主管税务机关对其虚报出口数量实际未出口货物部分的退（免）税款予以追回，并依照规定处以罚款。

触类旁通

依照《出口货物退（免）税管理办法（试行）》（国税发［2005］51 号）的规定，出口商以假报出口或其他欺骗手段骗取国家出口退税款的，税务机关应当按照《中华人民共和国税收征收管理法》第六十六条规定处理，即由税务机关追缴其骗取的退税款，并处骗取税款一倍以上五倍以下的罚款；构成犯罪的，依法追究刑事责任。对骗取国家出口退税款的，税务机关可以在规定期间内停止为其办理出口退税。

依照《出口货物退（免）税管理办法（试行）》（国税发［2005］51 号）的规定，对骗取国家出口退税款的出口商，经省级以上（含本级）国家税务局批准，可以停止其六个月以上的出口退税权。在出口退税权停止期间自营、委托和代理出口的货物，一律不予办理退（免）税。

《中华人民共和国刑法》第二百零四条规定，以假报出口或者其他欺骗手段，骗取国家出口退税款，数额较大的，处五年以下有期徒刑或者拘役，并处骗取税款一倍以上五倍以下罚金；数额巨大或者有其他严重情节的，处五年以上十年以下有期徒刑，并处骗取税款一倍以上五倍以下罚金；数额特别巨大或者有其他特别严重情节的，处十年以上有期徒刑或者无期徒刑，并处骗取税款一倍以上五倍以下罚金或者没收财产。

注意要点

出口货物报关单上注明的出口货物数量并不完全等同于出口企业实际报关出口货物的数量。

33. 退（免）税申报期限内未收汇核销≠不能申报办理出口退（免）税

常见案例

某公司是具有增值税一般纳税人资格的生产企业，属于退（免）税申报时必须提供收汇核销单的出口企业，2011 年 1 月该公司报关出口 3 笔货物，与外商协议货款支付时间较长，于是该公司办理远期收汇备案证明，详见下表：

表 1－4

出口报关单号	核销单号	出口金额（美元）	出口日期	预计收汇日期
223120110810116983	766265303	266800.00	2011－1－17	2011－10－14
223120100810123243	766265297	400200.00	2011－1－8	2011－10－5
422720110270022087	766265302	387072.00	2011－1－15	2011－9－15

2011 年 2 月份该公司持出口货物报关单（出口退税专用）和远期收汇备案证明和出口退（免）税申报表向主管税务机关申报办理出口退（免）税，主管税务机关退税部门审核后通知该公司未提供出口收汇核销单，税务机关不予受理出口退（免）税申报。

政策规定

出口企业在申报出口货物退（免）税时，应提供出口收汇核销单，但对尚未到期结汇的，也可不提供出口收汇核销单，退税部门按照现行出口货物退（免）税管理的有关规定审核办理退（免）税手续。

出口企业须在货物报关出口之日（以出口货物报关单〈出口退税专用〉上注明的出口日期为准）起 180 天内，向所在地主管退税部门提供出口收汇核销单（远期收汇除外）。经退税部门审核，对审核有误和出口企业到期仍未提供出口收汇核销单的，出口货物已退（免）税款一律追回；未办理退（免）税的，不再办理退（免）税。

但对有下列情形之一的，自发生之日起两年内，出口企业申报出口货物退（免）税时，必须提供出口收汇核销单：

（一）纳税信用等级评定为 C 级或 D 级；

（二）未在规定期限内办理出口退（免）税登记的；

（三）财务会计制度不健全，日常申报出口货物退（免）税时多次出现错误或不准确情况的；

（四）办理出口退（免）税登记不满一年的；

（五）有偷税、逃避追缴欠税、骗取出口退税、抗税、虚开增值税专用发票等涉税违法行为记录的；

（六）有违反税收法律、法规及出口退（免）税管理规定其他行为的。

执行日期：2004 年 6 月 1 日

政策依据：《国家税务总局关于出口货物退（免）税管理有关问题的通知》（国税发［2004］64 号）

一、出口企业报关出口货物属于远期收汇而未超过在外汇管理部门（以下简称外汇局）远期收汇备案的预计收汇日期的（以下简称远期收汇且未逾期），出口企业向税务机关申报出口货物退（免）税时，可提供其所在地外汇局出具的远期收汇备案证明（格式见附件，以下简称远期证明），无须提供出口收汇核销单出口退税专用联（以下简称核销单退税专用联）。税务机关受理后，按现行出口退税规定审核、审批出口货物退（免）税。

远期收汇是指按现行外汇管理规定预计收汇日期超过报关日期 180 天以上（含 180 天）的出口收汇。

二、对属于本通知第一条所述远期收汇且未逾期的出口货物，出口企业应按照《出口收汇核销管理办法》（汇发［2003］91 号）第十九条及《出口收汇核销管理办法实施细则》（汇发［2003］107 号）第三十七条的规定到所在地外汇局办理远期收汇备案手续。

外汇局可依据出口企业的申请，为其出具加盖了“出口收汇核销监管业务章”远期证明。

三、出口企业货物出口并在外汇局办理远期收汇备案手续后，应按照《出口收汇核销管理办法》及其他相关规定在预计收汇日期内收（结）汇，并在预计收汇日期起 30 天内办理出口收汇核销手续。

四、税务机关应建立出口企业提供远期证明的台账管理制度。对于出口企业超过预计收汇日期 30 天仍未向税务机关提供核销单退税专用联的（对于试行出口企业申报出口退税免于提供核销单退税专用联的，以税务机关收到外汇局传输的收汇核销电子数据的“核销日期”为准），税务机关不再办理相关出口货物的退（免）税，已办理退（免）税的由税务机关按有关规定追回已退（免）税款，并视同内销补税。

五、外汇局应按照出口收汇核销数据传输的有关规定，定期向当地税务机关传输出口逾期未核销电子数据。

六、本通知自 2006 年 12 月 1 日起执行（以出口货物报关单〈出口退税专用〉上注明的出口日期为准）。《国家税务总局关于印发〈出口货物退（免）管理办法〉的通知》（国税发［1994］031 号）第十四条第四款第三项的有关规定同时废止。

政策依据：《国家税务总局国家外汇管理局关于远期收汇出口货物出口退税有关问题的通知》（国税发［2006］168 号）

一、《国家税务总局关于出口货物退（免）税管理有关问题的通知》（国税发［2004］64 号）第二条第二款中关于出口企业在申报出口货物退（免）税时，向主管退税部门提供出口收汇核销单（远期收汇除外）的期限由 180 天内调整为自货物报关出口之日（以出口货物报关单〈出口退税专用〉上注明的出口日期为准，下同）起 210 天内。

二、对于各地试行申报出口退税免予提供纸质出口收汇核销单的出口企业，由《国家税务总局 国家外汇管理局关于山东等五地试行申报出口退税免予提供纸质出口收汇核销单的通知》（国税发［2006］188 号）第四条中规定“核销日期”超过出口货物报关单（出口退税专用）上注明的“出口日期”180 天（远期结汇除外）调整为 210 天。

三、《国家税务总局关于印发〈增值税小规模纳税人出口货物免税管理办法（暂行）〉的通知》（国税发［2007］123 号）第六条中规定，增值税小规模纳税人在货物报关出口之日起 180 天内提供出口收汇核销单（出口退税专用）调整为 210 天内。

四、《国家税务总局关于出口货物退（免）税若干问题的通知》（国税发［2006］102 号）第四条中规定，代理出口企业须在货物报关之日起 180 天内向签发代理出口证明的税务机关提供出口收汇核销单（远期收汇除外）调整为 210

天内。

五、现行出口退税审核系统可通过修改系统设置参数的方式调整出口收汇核销单信息对审时限，请各地按本通知要求自行调整。

执行日期：2008年6月1日

政策依据：《国家税务总局关于出口企业提供出口收汇核销单期限有关问题的通知》（国税发［2008］47号）

分析诊断

出口收汇核销单是出口退（免）税申报的基本凭证。按照现行出口退（免）税的政策规定，属于国税发［2004］64号第二条规定的六类出口企业（以下简称C类企业）申报退（免）税时必须提供收汇核销单；其他出口企业（以下简称B类企业）申报退（免）税时可以暂不提供收汇核销单，但必须在210天内提供收汇核销单；无论出口退（免）税申报时是否必须提供收汇核销单，只要报关出口货物属于远期收汇而未超过在外汇管理部门远期收汇备案的预计收汇日期的，出口企业向税务机关申报出口货物退（免）税时，可提供其所在地外汇局出具的远期收汇备案证明，无须提供出口收汇核销单出口退税专用联，税务机关受理后，按现行出口退税规定审核、审批出口货物退（免）税。结合上述案例来看，公司依照规定办理远期收汇备案证明，并按照规定向主管税务机关申报办理出口退（免）税，税务机关应当依照规定审核审批，而不应当不予以受理退（免）税申报。

触类旁通

一、依照规定出口退（免）税申报时可不提供收汇核销单的情形

除未报关出口货物特准退（免）税的以外，依照规定出口退（免）税申报时可不提供收汇核销单的有以下十六种情形：

1. 根据国税发［2004］64号文件的规定，出口企业没有国税发［2004］64号第二条规定的六种情形的，在申报出口货物退（免）税时，对尚未到期结汇的可不提供出口收汇核销单，退税部门按照现行出口货物退（免）税管理的有关规定审核办理退（免）税手续。

2. 根据国税函［2005］1051号文件的规定，免予提供纸质收汇核销单地区的出口企业办理出口退（免）税申报时，可不提供纸质收汇核销单，但主管税务机关应当依照规定审核出口收汇核销单电子信息。

3. 根据国税函［2010］303号文件的规定，跨境贸易人民币结算试点企业申

报办理跨境贸易人民币结算方式出口货物退（免）税时，不必提供出口收汇核销单，税务机关不再审核出口收汇核销单及进行相关信息。

4. 根据国税函［2011］643号文件的规定，改革货物贸易外汇管理方式试点地区试点期间的出口企业报关出口的货物，申报出口退（免）税时无须向税务部门提供纸质出口收汇核销单，税务部门不再审核企业的纸质出口收汇核销单及相应的电子核销信息。

5. 根据国税发［1994］31号和国税发［2006］168号文件的规定，办理远期收汇而未逾期的出口货物可不提供收汇核销单。

6. 根据国税发［1994］31号文件的规定，对外承包工程出口的货物可不提供收汇核销单。

7. 根据国税发［1994］31号文件的规定，企业在国内采购并运往境外作为在国外投资的货物可不提供收汇核销单。

8. 根据财税字［1997］14号文件的规定，保税区内企业从区外有进出口经营权的企业购进货物，保税区内企业将这部分货物出口或加工再出口后，凭该批货物从保税区报关离境的出口货物报关单（出口退税专用）、结汇水单（可不提供出口收汇核销单退税专用联）及其他有关凭证申报办理退税。

9. 根据《海关总署、国家税务总局关于对中国免税品（集团）总公司经营的国产商品监管和退税有关事宜的通知》（署监发［2004］403号）的规定，中国免税品集团公司销售给出口境口岸免税店的国产商品退（免）税申报不提供收汇核销单。

10. 根据国税发［1999］101号文件的规定，外轮供应公司、远洋运输供应公司将货物销售给外轮、远洋国轮后申报办理退税时，不再附送出口收汇核销单，但须提供外汇收入凭证。

11. 根据国税发［1999］76号文件的规定，境外带料加工装配出口退税申报时不提供收汇核销单。

12. 根据国税发［2007］123号文件的规定，增值税小规模纳税人办理免税核销申报时出口货物尚未收汇的，可在货物报关出口之日起210日内提供出口收汇核销单（出口退税专用）。

13. 根据国税发［2008］5号文件的规定，卷烟出口企业办理免税核销申报时出口货物尚未收汇的，可在货物报关出口之日起180日内提供出口收汇核销单（出口退税专用）。

14. 根据国税发［1999］20号文件的规定，利用中国政府的援外优惠贷款和援外合资合作项目基金援外方式下出口的货物，出口企业办理出口退（免）税申报时不需提供出口收汇核销单。

15. 根据国税发［2008］16号文件的规定，增值税一般纳税人和非增值税纳税人出口自用旧设备申报出口退税未要求提供出口收汇核销单。

16. 根据国税发［2004］79号文件的规定，实行先退税后核销的出口企业，在其退税凭证尚未收集齐全的情况下，可凭出口合同、销售明细账等资料，向主管出口退税的税务机关（以下简称退税部门）办理免抵退税申报。

二、退（免）税申报后提供收汇核销单问题

按照国税发［2004］64号和国税发［2008］47号文件的规定，对于可以退（免）税申报后提供收汇核销单的出口企业，必须自货物报关出口之日（以出口货物报关单〈出口退税专用〉上注明的出口日期为准，下同）起210天内向主管退税部门提供出口收汇核销单（远期收汇除外）；否则，已经办理的出口退（免）税必须追缴，并要按照规定视同内销征税。

三、远期收汇问题

出口企业报关出口货物属于远期收汇的，并非只要退（免）税申报时提供远期收汇备案证明即可。按照国税发［2006］168号文件的规定，对于出口企业超过预计收汇日期30天仍未向税务机关提供核销单退税专用联的（对于试行出口企业申报出口退税免于提供核销单退税专用联的，以税务机关收到外汇局传输的收汇核销电子数据的“核销日期”为准），税务机关不再办理相关出口货物的退（免）税，已办理退（免）税的由税务机关按有关规定追回已退（免）税款，并视同内销补税。

四、差额收汇核销问题

根据财税［2004］116号文件的规定，国外客户推迟支付货款或不能支付货款的出口货物以及出口企业以差额结汇方式进行结汇的进料加工出口货物，凡外汇管理部门出具出口收汇核销单（出口退税专用）的，出口企业可按现行有关规定申报办理退（免）税手续。这里需要注意两点：

1. 国外客户推迟支付货款或不能支付货款的出口货物，必须由外汇管理局出具收汇核销单（出口退税专用）才能申报办理退（免）税。

2. 出口企业提供的收汇核销单（出口退税专用）必须符合出口退（免）税管理期限的有关规定，如果C类企业超期提供收汇核销单则不能申报办理出口退（免）税，如果B类企业超期未提供收汇核销单则需追缴已办的出口退（免）税。

值得注意的是，自2012年8月1日起报关出口的货物，出口企业申报出口退税时，不再提供出口收汇核销单；2012年8月1日前报关出口的货物截至7月31日未到出口收汇核销期限且未核销的，出口企业申报出口退税时，也不再提供出口收汇核销单。

注意要点

除未报关出口货物特准退（免）税的以外，出口企业依照规定出口退（免）税申报时可不提供收汇核销单的有十六种情形。

34. 免予提供纸质收汇核销单≠不收汇核销

常见案例

某公司是具有增值税一般纳税人资格的生产企业，属于可以退（免）税申报时必须提供收汇核销单的出口企业。该公司办税人员从国家税务总局网站上看到《国家税务总局国家外汇管理局关于试行申报出口退税免予提供纸质出口收汇核销单的通知》（国税函［2005］1051号），文件规定该公司所在省自2005年9月1日以后报关出口货物（以出口货物报关单〈出口退税专用〉上注明的出口日期为准），试点企业向主管税务机关申报出口货物退（免）税时无需提供出口收汇核销单。办税人员认为从此出口退（免）税申报就与出口收汇核销没有关系了，从此就不再到外管局办理出口收汇核销手续，也未在口岸执法系统提交出口收汇数据，只凭出口报关单和出口退（免）税申报表向主管税务机关申报出口退税。主管税务机关也受理了该公司的退（免）税申报，但是税务机关一直都未审核审批该公司的出口退（免）税，后来主管税务机关通知该公司出口货物逾期无出口收汇核销单电子信息，不能办理退（免）税，应视同内销征税。

政策规定

《国家税务总局 国家外汇管理局关于广东、辽宁、北京部分出口企业试行申报出口退税免予提供纸质出口收汇核销单的办法》

为推行“出口收汇核销网上报审系统”，优化出口退税管理，国家税务总局和国家外汇管理局决定选择广东省30户、辽宁省20户、北京市西城区及经济技术开发区的出口企业（以下简称试点企业，辽宁、广东省试点企业名单见附件4）试行申报出口货物退（免）税时免予提供纸质出口收汇核销单出口退税专用联（以下简称出口收汇核销单）。现将有关事项通知如下：

一、试点企业2005年9月1日以后报关出口货物（以出口货物报关单〈出口退税专用〉上注明的出口日期为准），在向主管外汇管理机关办理出口收汇核销手续后，主管外汇管理机关无需在出口收汇核销单上加盖“出口收汇已核销”

章。试点企业向主管税务机关申报出口货物退（免）税时无需提供出口收汇核销单。

二、试点地区省级国家税务局、外汇管理分局（部）应按已报国家税务总局和国家外汇管理局备案的本地区“出口收汇核销电子数据传输方案”（以下简称“传输方案”）组织实施相关电子数据传输工作。

“传输方案”应注重电子数据传输的安全、保密、准确、及时，传输数据应符合“出口退税审核系统”的数据接口标准，应制定双方电子数据对账制度。

试点地区省级国家税务局还应制定本地区税务系统内部的出口收汇核销电子数据传递机制和管理办法，确保电子数据的安全。

三、试点地区省级外汇管理分局（部）依据“传输方案”，按日向省级国家税务局传输试点企业的出口收汇核销电子数据（包括：已核销电子数据、逾期未核销电子数据等）。并根据双方确定的传递时限和传递途径，定期提供纸质“出口收汇已核销电子数据清单（出口退税专用）”（见附件1），作为办理出口货物退（免）税或佐证电子数据的凭据。

鉴于北京市国家税务局和国家外汇管理局北京市外汇管理部在“传输方案”中对出口收汇核销电子数据采用了电子签章的加密方式，国家外汇管理局北京市外汇管理部可不提供纸质“出口收汇已核销电子数据清单（出口退税专用）”。

四、根据《国家税务总局关于出口货物退（免）税管理有关问题的通知》（国税发［2004］64号）第二条规定，试点企业申报出口货物退（免）税时，对尚未到期结汇的，税务机关审核退（免）税时，可暂时免予审核出口收汇核销电子数据，但试点企业在货物报关出口之日（出口货物报关单〈出口退税专用〉上注明的出口日期为准）起180天内仍没有出口收汇核销电子数据的，按本通知第五条处理；属于国税发［2004］64号文件第二条所列举六种情形之一的，税务机关必须将试点企业申报退税数据与出口收汇已核销电子数据比对相符后，方能办理退（免）税。

税务机关审核退税时应注意核对申报数据“收汇核销单编号”项目与出口货物报关单“批准文号”项目的一致性。

五、试点企业申报出口货物退（免）税后，无收汇核销电子数据的处理。

（一）对于试点企业超过国税发［2004］64号文件有关提供纸质出口收汇核销单期限5个工作日仍未收到外汇管理机关传输的电子数据，主管税务机关向试点企业出具“无出口收汇已核销电子数据查询通知书”（简称“查询通知书”）。通知试点企业在“查询通知书”送达之日起15个工作日内，提供其主管外汇管理机关签章的“出口货物已收汇核销证明”（简称“核销证明”）。

（二）试点企业可凭“查询通知书”向主管外汇管理机关查询收汇核销情况。外汇管理机关对确已收汇核销的出口业务，应在查询之日起5个工作日内，为试点企业出具“核销证明”，并在出具“核销证明”的次日（遇节假日顺延）补传相关出口收汇已核销电子数据。

（三）试点企业的主管税务机关应对企业在规定期限内提供的“核销证明”与其电子数据进行审核，审核无误后按规定办理退（免）税。

（四）试点企业未在规定期限内提供“核销证明”或“核销证明”内容不符的，主管税务机关不予办理相关出口货物的退（免）税，已办理的予以追回，同时按有关视同内销货物征税的规定处理。

六、未试点出口企业的出口货物退（免）税管理办法不变。

执行日期：2005 年 11 月 1 日

政策依据：《国家税务总局国家外汇管理局关于试行申报出口退税免予提供纸质出口收汇核销单的通知》（国税函［2005］1051 号）

四、关于国税函［2005］1051 号附件第五条第一款所述“超过国税发［2004］64 号有关提供纸质出口收汇核销单期限”的界定标准，可按出口收汇核销电子数据的“核销日期”确定。凡“核销日期”超过出口货物报关单〈出口退税专用〉上注明的“出口日期”180 天的（远期收汇除外），主管税务机关不予以办理相关出口货物的退（免）税，已办理的予以追回，并按有关视同内销货物征税的规定处理。

执行日期：2007 年 1 月 1 日

政策依据：《国家税务总局国家外汇管理局关于山东省等五地试行申报出口退税免予提供纸质出口收汇核销单的通知》（国税发［2006］188 号）

二、对于各地试行申报出口退税免予提供纸质出口收汇核销单的出口企业，由《国家税务总局 国家外汇管理局关于山东等五地试行申报出口退税免予提供纸质出口收汇核销单的通知》（国税发［2006］188 号）第四条中规定“核销日期”超过出口货物报关单（出口退税专用）上注明的“出口日期”180 天（远期结汇除外）调整为 210 天。

执行日期：2008 年 6 月 1 日

政策依据：《国家税务总局关于出口企业提供出口收汇核销单期限有关问题的通知》（国税发［2008］47 号）

分析诊断

出口退（免）税申报时免予提供纸质收汇核销单，并不等同于出口退（免）税与收汇核销脱钩，而是为了适应国家外汇管理局推行“出口收汇核销网上报审系统”的出口退税管理措施。试点企业报关出口货物在向主管外汇管理机关办理出口收汇核销手续后，主管外汇管理机关无需在出口收汇核销单上加盖“出口收汇已核销”章，试点企业向主管税务机关申报出口货物退（免）税时无需提供出口收汇核销单。根据国税发［2004］64号规定，属于国税发［2004］64号文件第二条所列举六种情形之一的，税务机关必须将试点企业申报退税数据与出口收汇已核销电子数据比对相符后，方能办理退（免）税；试点企业属于申报出口货物退（免）税可不提供核销单的，对尚未到期结汇的，税务机关审核退（免）税时，可暂时免予审核出口收汇核销电子数据，但试点企业在货物报关出口之日（出口货物报关单〈出口退税专用〉上注明的出口日期为准）起210天内仍没有出口收汇核销电子数据的，经查询试点企业未在规定期限内提供“核销证明”或“核销证明”内容不符的，主管税务机关不予办理相关出口货物的退（免）税，已办理的予以追回，同时按有关视同内销货物征税的规定处理。

结合上述案例，公司办税员简单地把免予提供纸质收汇核销单等同于不收汇核销，不注重收汇核销管理，也未在口岸执法系统提交出口收汇数据，致使税务机关在规定期限内审核出口退（免）税没有出口收汇核销电子数据，从而税务机关不能审核审批出口退税。但主管税务机关未要求企业查询出口收汇核销单电子数据，也未要求企业提供“核销证明”，就把企业视同内销征税。可见，该公司和主管税务机关的做法都是不妥当的。

触类旁通

取消纸制外汇核销单申报出口退税的注意事项

目前全国已有半数以上地区出口企业申报出口退税时，免予提供纸质出口收汇核销单（出口退税专用联），税务机关使用出口收汇核销单电子数据审核出口退税，极大地方便了出口企业，同时也减轻了税务机关审核出口退税的工作量。但是，对于一些按照事后审核外汇核销信息的出口企业往往会发生不必要的逾期核销。因为这些出口企业在申报出口退税时，税务机关在对出口企业申报的出口退税审核时，不审核外汇核销信息，而是在事后审核外汇核销信息。部分出口企业对此不是很清楚，认为申报退税时免于提供外汇核销单，就放松了外汇的核销工作，往往将外汇核销集中办理，半年或一个季度到外汇管理部门办理一次，在网上办理的半年或一个季度在网上核销一次。但是，外汇管理部门是严格按照规定程序操作的，对一般出口超过210天，远期出口超过规定期限，就会在外汇管理部门所使用的外汇核销程序中自动生成了逾期未核销信息。税务部门在收到外汇管理部门传来的出口企业逾期核销信息，就会对逾期核销的出口货物已退税款追缴入库，并且还要对这部分货物视同内销征税。

出口企业为了避免以上问题的发生，必须加强企业内部管理，对出口外汇核销必须按时办理，对由于某种原因不能及时收汇按期核销的应及时到外汇管理部门办理外汇核销延期手续，才能避免由于税务部门取消外汇核销单使得出口企业没有及时办理外汇核销手续影响退税。

值得注意的是，根据国税函［2010］303号和国税函［2011］643号的规定，跨境贸易人民币结算试点企业申报办理跨境贸易人民币结算方式出口货物退（免）税，以及改革货物贸易外汇管理方式试点地区试点期间的出口企业报关出口货物申报出口退（免）税时，不必提供出口收汇核销单，税务机关不再审核出口收汇核销单及进行相关信息比对。

同时，自2012年8月1日起报关出口的货物，出口企业申报出口退税时，不再提供出口收汇核销单；2012年8月1日前报关出口的货物截至7月31日未到出口收汇核销期限且未核销的，出口企业申报出口退税时，也不再提供出口收汇核销单。

注意要点

出口退（免）税申报时免予提供纸质收汇核销单不等同于出口不收汇核销，逾期无出口收汇核销电子数据或与申报退税数据比对不符的，税务机关要追缴已退（免）税款。

35. 试点企业跨境贸易人民币结算出口货物退（免）税≠提供审核出口收汇核销单

常见案例

某公司是具有增值税一般纳税人资格的跨境贸易人民币结算试点的生产企业，属于出口退（免）税时必须提供收汇核销单的企业。2011年9月发生一笔出口业务，公司与进口外商协商以人民币结算。因而报关单未注明核销单号，办税人员于2011年9月按照以前规定作单证不齐申报，2011年11月取得出口报关单作单证收齐申报时，出现无核销单疑点，并且无法手工挑过。当时正处于升级后的出口退（免）税审核系统使用不久，而且使用升级以前的审核系统出现这样的疑点可以人工挑过，同时税务机关也找不出原因，以为属于系统设计问题致使跨境贸易人民币结算业务无法申报出口退（免）税。后经反复查找原因，才知道原来录入申报系统时在备注栏未录入“KJ”，原来作单证不齐申报的标志时按平常录入“BH”而不是录入“B”。因而，企业办税人员先把原申报记录冲减，重新正确录入一笔新记录，主管税务机关就能正确审核审批出口退（免）税了。

政策规定

第十七条　使用人民币结算的出口贸易，按照有关规定享受出口货物退（免）税政策。具体出口货物退（免）税管理办法由国务院税务主管部门制定。

第十八条　试点企业的跨境贸易人民币结算不纳入外汇核销管理，办理报关和出口货物退（免）税时不需要提供外汇核销单。境内结算银行和境内代理银行应当按照税务部门的要求，依法向税务部门提供试点企业有关跨境贸易人民币结算的数据、资料。

执行日期：2009 年 7 月 1 日

政策依据：中国人民银行 财政部 商务部 海关总署 国家税务总局 中国银行业监督管理委员会公告［2009］第 10 号

一、试点企业评审工作要求

（一）试点地区税务机关应按照《跨境贸易人民币结算试点管理办法》（中国人民银行 财政部 商务部 海关总署 国家税务总局 中国银行业监督管理委员会公告［2009］第 10 号，以下简称《管理办法》）有关规定，对试点企业进行评审。试点企业应具备以下条件：

1. 财务会计制度健全，且未发生欠税的；

2. 办理出口货物退（免）税认定二年以上，且日常申报出口货物退（免）税正常、规范，能按税务机关要求保管出口退税档案资料；

3. 近二年未发现企业从事“四自三不见”等不规范业务；

4. 近二年未发生偷税、逃避追缴欠税、抗税、骗取出口退税等涉税违法行为；

5. 近二年未发现虚开发票（含农产品收购发票）和使用虚开的增值税专用发票申报出口退税等问题；

6. 评审期间未涉及有关税务违法案件检查。

（二）试点地区地（市）税务机关应严格遵照上述标准，逐项对试点出口企业加以评审，填写“跨境贸易人民币结算试点企业评审表”。据此，由省国家税务局将本地区拟同意试点的出口企业名单及“跨境贸易人民币结算试点企业评审汇总表”上报国家税务总局（货物劳务税司）。

（三）试点期间，试点地区税务机关应加强对试点企业的日常管理，对于试点企业出现下列情况之一者，要及时将有关情况上报国家税务总局（货物劳务税司）：

1. 发生骗取出口退税等涉税违法行为或涉及税务违法案件检查的；

2. 使用虚开的增值税专用发票申报出口退税的；

3. 多次未按规定提供税务部门所需单证、资料且经劝告无效的。

二、试点企业申报办理跨境贸易人民币结算出口货物退（免）税有关规定

（一）试点企业申报办理跨境贸易人民币结算方式出口货物退（免）税时，不必提供出口收汇核销单，但应单独向主管税务机关申报，如与其他出口货物一并申报，应在申报表中对跨境贸易人民币结算出口货物报关单进行标注。

（二）试点地区税务机关受理跨境贸易人民币结算方式出口货物退（免）税后，不再审核出口收汇核销单及进行相关信息的对比，出口退税审核系统中产生的有关出口收汇核销单疑点可以人工挑过。

（三）对属于《管理办法》第二十三条规定情形的试点企业，税务机关可要求试点企业提供相关数据、资料，建立台账制度，加强后续跟踪监管，如有必要可要求试点企业提供有关情况的书面说明，并可根据《管理办法》第十八条有关规定，提请银行部门提供试点企业有关跨境贸易结算的数据、资料，以供对比分析使用。

（四）各试点地区税务机关要积极支持跨境贸易人民币结算试点工作，一方面在严格审核的基础上，及时准确办理出口货物退（免）税；另一方面要加强试点企业有关业务的日常管理和预警评估工作，严防骗税发生。凡审核中发现异常出口业务，应暂缓办理该笔出口货物退（免）税，待核实有关问题后，依法按规定处理。

三、出口退税系统应用有关要求

（一）针对跨境贸易人民币结算出口货物退（免）税业务，国家税务总局已对出口退税审核系统部分模块进行了升级，增加了若干审核疑点配置。请你局使用升级后的出口退税审核系统对试点企业跨境贸易人民币结算出口货物退（免）税进行审核。

（二）请你局通过国家税务总局电子传输系统出口退税子系统查询试点企业跨境贸易人民币结算的相关数据，在跨境贸易人民币结算业务办理出口退（免）税进行数据分析，做好出口退税预警评估工作。

执行日期：2010年6月29日

政策依据：《国家税务总局关于跨境贸易人民币结算试点企业评审以及出口货物退（免）税有关事项的通知》（国税函［2010］303号）

分析诊断

试点企业申报办理跨境贸易人民币结算方式出口货物退（免）税时，不必提

供出口收汇核销单，但应单独向主管税务机关申报，如与其他出口货物一并申报，应在申报表中对跨境贸易人民币结算出口货物报关单进行标注。试点地区税务机关受理跨境贸易人民币结算方式出口货物退（免）税后，不再审核出口收汇核销单及进行相关信息的对比，出口退税审核系统中产生的有关出口收汇核销单疑点可以人工挑过。结合上述案例，出口企业既有跨境贸易人民币结算的出口业务，也有外币结算的出口业务，在出口退（免）税申报时，由于企业未对跨境贸易人民币结算的出口货物报关单进行标志，单证不齐申报作标记时又错误地使用“BH”，致使跨境贸易人民币结算的出口业务无法审核审批。由此可见，该公司的做法是错误的。

触类旁通

一、从事跨境贸易人民币结算业务需要特定审批

按照省级人民政府协调当地有关部门推荐跨境贸易人民币结算的试点企业，在中国人民银行会同财政部、商务部、海关总署、税务总局、银监会等有关部门进行审核后，才能最终取得跨境贸易人民币结算试点企业的资格。经审定后的试点企业使用人民币结算的出口货物贸易按照有关规定办理出口报关手续，享受出口货物退（免）税政策。

二、试点企业跨境贸易外币结算业务退（免）税问题

出口企业虽然经过规定审批程序取得跨境贸易人民币结算试点企业资格，但是，实际出口业务能否采取人民币结算，不是仅由出口企业决定的，往往外商处于强势地位，不愿意采取人民币结算。因而，试点企业跨境贸易可能全部采用人民币结算，也可能全部采用外币结算，还可能既有外币结算也有人民币结算，对于试点企业用人民币结算的出口业务按照国税函［2010］303号文件的规定不提供和审核出口收汇核销单，但对相应报关单应单独标注；对于试点企业用外币结算的出口业务仍然按照以前出口退（免）税的规定办理。

三、边境省非试点企业从事跨境贸易人民币结算业务退（免）税问题

按照银发［2010］186号文件的规定，内蒙古、辽宁、吉林、黑龙江、广西、云南、西藏、新疆共8个边境省（自治区）的非试点企业在指定口岸与毗邻国家的一般贸易和边境小额贸易使用人民币结算的，出口报关及退（免）税手续按照《财政部国家税务总局关于边境地区一般贸易和边境小额贸易出口货物以人民币结算准予退（免）税试点的通知》（财税［2010］26号）办理。

四、出口退税管理系统升级使用说明

针对跨境贸易人民币结算出口货物退（免）税业务，现行出口退税管理系统升级调整如下：

（一）出口货物退（免）税认定功能调整

对总局现行出口退税系统中“出口货物退（免）税认定”功能进行调整，增加“是否跨境贸易试点企业”的选项。

（二）预审、审核功能调整

1. 在读入企业申报数据时，对企业是否为“跨境贸易试点企业”进行验证。

2. 企业申报出口退（免）税明细数据对应增加相应的标志，如在备注栏填写“KJ”（“跨境”首字母缩写为“KJ”），标明该笔业务为跨境贸易人民币结算业务。

3. 系统在审核时，判断企业申报数据备注是否包含“KJ”，如果包含则不审外汇核销单对应的全部疑点。

（三）系统增加审核疑点

1. 企业非跨境贸易人民币结算试点企业，申报数据含“KJ”标志：疑点级别E级，不可以人工挑过。退回企业重新申报。

产生条件：

在系统出口货物退免税认定表中，企业为非跨境贸易人民币结算试点企业，但企业申报出口明细数据对应备注栏设置“KJ”标志。

2. 报关单（×××）为人民币报关业务，请确认后进行处理：疑点级别W级，可以人工挑过。确认无误后可以人工挑过。

产生条件：

企业申报出口明细数据对应报关单成交币别为“142”，并且核销单号不为空。

3. 报关单（×××）成交币值为空，请确认后进行处理：疑点级别W级，可以人工挑过。确认无误后，根据规定进行处理。

产生条件：

企业申报出口明细数据对应报关单成交币别为“ ”。

4. 出口企业（×××）为非试点企业，报关单为人民币报关业务：疑点级别E级，不可以人工挑过。

确认企业为试点企业，要求企业办理出口货物退免税认定信息变更；如果不是，退回企业重新申报。

产生条件：

在系统内出口货物退免税认定表中，非试点企业，报关单成交币别为“142”，并且核销单号为空。

5. 申报出口数据报关单（×××）未设置“KJ”标志。

疑点级别E级，不可以人工挑过。

确认企业为试点企业，要求企业办理出口货物退免税认定信息变更；如果不是，退回企业重新申报。

产生条件：

在系统内出口货物退免税认定表中，企业为试点企业，报关单成交币别为“142”，并且核销单号为空，企业申报出口明细数据备注栏未设置“KJ”标志。

6. 报关单（×××）非跨境贸易人民币结算业务：疑点级别E级，不可以人工挑过。退回企业，重新申报。

产生条件：

在系统内出口货物退免税认定表中，企业为试点企业，报关单成交币值不是“142”，企业申报出口明细数据备注栏设置“KJ”标志。

注意要点

试点企业申报办理跨境贸易人民币结算方式出口货物退（免）税时，不必提供出口收汇核销单，但应单独向主管税务机关申报，如与其他出口货物一并申报，应在申报表中对跨境贸易人民币结算出口货物报关单进行标注。

36. 货物贸易外汇管理制度改革试点地区≠试点以前出口收汇核销货物退（免）税申报不提供收汇核销单

常见案例

某公司是江苏省具有增值税一般纳税人资格的生产企业，该公司办税员从网站上看到《关于货物贸易外汇管理制度改革试点的公告》，从2011年12月1日起该省出口企业不再办理出口收汇核销手续，该省出口企业申报出口退税时不再提供出口收汇核销单。为此，办税员在2011年12月份办理所属期2011年11月份的出口退（免）税申报时就不再提供出口收汇核销单，税务机关审核后通知该公司，货物贸易外汇管理制度改革试点以前出口货物已经收汇核销的，仍要按照以前的规定提供出口收汇核销单；否则，税务机关不予受理企业的出口退（免）税申报。

政策规定

三、简化出口退税凭证

试点期间，试点地区出口企业申报出口退税时，不再提供纸质出口收汇核销单。税务局参考外汇局提供的企业出口收汇信息和分类情况，依据相关规定，审核企业出口退税。

执行日期：2011 年 12 月 1 日

政策依据：《国家外汇管理局 国家税务总局 海关总署关于货物贸易外汇管理制度改革试点的公告》（国家外汇管理局公告 2011 年第 2 号）

一、出口退税申报、审核规定

试点地区试点期间企业报关出口的货物，申报出口退（免）税业务时无须向税务部门提供纸质出口收汇核销单。

试点地区税务部门对企业在试点期间报关出口的货物办理出口退（免）税，不再审核企业的纸质出口收汇核销单及相应的电子核销信息；对试点地区已经试行申报出口退（免）税免予提供纸质核销单的出口企业，税务部门也不再审核其出口收汇核销电子数据。

二、试点前后政策衔接规定

《国家外汇管理局关于货物贸易外汇管理制度改革试点有关问题的通知》（汇发［2011］39 号）规定，出口企业在 2011 年 12 月 1 日前报关出口且截至该日尚未核销的出口业务，不再办理出口收汇核销手续；在 2011 年 12 月 1 日前已核销的出口业务，试点地区国家外汇管理局分、支局应于 2011 年 12 月 31 日前将出口收汇已核销信息传送税务部门。

试点地区税务部门审核企业 2011 年 12 月 1 日（“出口货物报关单〈出口退税专用〉”海关注明的出口日期）前报关出口货物的出口退（免）税时，对 2011 年 12 月 1 日前已办理正常核销和逾期核销及逾期未核销的出口业务，按试点前的出口退税相关规定办理（出口收汇已核销信息以试点地区国家外汇管理局分支局于 2011 年 12 月 31 日前传送给税务部门的为准）；对 2011 年 12 月 1 日前其他未办理出口收汇核销手续的出口业务，比照本通知第一条规定办理。

三、试点后外汇部门与税务部门交换的数据和信息及实现交换的方式

（一）外汇部门向税务部门提供的数据和信息

外汇部门对企业的分类管理信息，出口企业货物贸易收汇逐笔数据和 B、C 类企业的总量核查数据。

（二）税务部门向外汇部门提供的信息

税务部门对出口企业的分类管理信息，以及检查发现的收汇异常信息；出口退税骗税企业信息。出口退税审核关注商品目录。

（三）业务数据和监管信息交换实现方式及利用

国家外汇局与国家税务总局搭建专线，实现两部门之间业务数据和监管信息的直接传输，国家税务总局将数据清分到出口退税审核系统，用于出口退税审核

的参考和预警分析。

四、加强出口退税管理规定

对外汇部门确定的C类出口企业，在分类监管期内申报的出口退（免）税业务，税务部门应按出口退税有关规定进行管理。

各地要利用外汇部门相关业务数据和监管信息，结合实际情况，加强出口退税预警分析监控工作。

五、试点地区税务部门应加强与外汇部门的协作，共同做好试点工作。如遇问题请及时与国家税务总局货物和劳务税司联系。

六、试点期间，试点地区暂停执行与本通知相抵触的有关出口退税规定。

七、试点地区有关出口退税审核系统升级事宜，将另行通知。

执行日期：2011年12月1日

政策依据：《国家税务总局关于货物贸易外汇管理制度改革试点后有关出口退税问题的通知》（国税函［2011］643号）

分析诊断

为进一步促进贸易便利化，加强货物贸易外汇管理，国家外汇管理局、国家税务总局、海关总署决定改革货物贸易外汇管理制度，优化升级出口收汇与出口退税信息共享机制，自2011年12月1日起，在江苏、山东、湖北、浙江（不含宁波）、福建（不含厦门）、大连、青岛地区试点。试点期间，试点地区出口企业不再办理出口收汇核销手续，出口企业申报出口退税时，不再提供纸质出口收汇核销单。税务局参考外汇局提供的企业出口收汇信息和分类情况，依据相关规定，审核企业出口退税。根据国税函［2011］643号文件规定，试点地区税务部门审核企业2011年12月1日（“出口货物报关单〈出口退税专用〉”海关注明的出口日期）前报关出口货物的出口退（免）税时，对2011年12月1日前已办理正常核销和逾期核销及逾期未核销的出口业务，按试点前的出口退税相关规定办理（出口收汇已核销信息以试点地区国家外汇管理局分支局于2011年12月31日前传送给税务部门的为准）。结合上述案例，江苏省虽然属于货物贸易外汇管理改革试点地区，但企业把试点期以前已收汇核销的出口货物按试点期间的出口货物执行政策，认为试点期以前已经收汇核销的出口货物在试点期间进行退（免）税申报时就不提供收汇核销单，这明显是错误的行为。

触类旁通

一、试点地区的出口退（免）税管理面临新问题试点地区试点期间出口企业退（免）税将面临一系列新问题，如按照政策规定，广告样品出口已经收汇核销的可以申报办理退（免）税，未收汇核销的不得退（免）税，按照国税函［2011］643 号文件的规定，试点地区企业出口广告样品，无论是否收汇都能申报退（免）税。按照政策规定，出口报关金额与收汇金额以及开具出口发票金额不一致时，需要按照实际出口销售额进行调整，由于主管税务机关不逐笔审核出口收汇核销数据，所以难以确定出口货物销售额，从而难以准确核实免抵退税额。

二、试点地区的出口企业退（免）税申报要分清两种时限

根据国税函［2011］643 号文件的规定，试点地区的出口企业退（免）税申报要分清两种时限：一是不用收汇核销的时限。试点地区企业在 2011 年 12 月 1 日前报关出口且在规定核销期限内截至该日尚未核销的出口业务，不再办理出口收汇核销手续，不再按《国家税务总局关于出口货物退（免）税管理有关问题的通知》（国税发［2004］64 号）第二条“出口企业到期仍未提供出口收汇核销单的，出口货物已退（免）税款一律追回；未办理退（免）税的，不再办理退（免）税”的规定进行处理，在不办理出口收汇核销手续的前提下，视为正常业务申报退（免）税。二是需要核销的时限。在 2011 年 12 月 1 日前已核销的出口业务，还应按其原申报出口退（免）税的办法，提供相应的出口收汇核销单以及相关信息，按照国税发［2004］64 号文件的规定办理出口退（免）税相关事宜；否则，出口货物应视同内销征税，但已申请延期核销的除外。

三、税务部门审核试点期前的退（免）税要区分五类情况

根据国税函［2011］643 号文件的规定，试点地区税务部门对企业在试点期间报关出口的货物办理出口退（免）税，不再审核企业的纸质出口收汇核销单及相应的电子核销信息；对试点地区已经试行申报出口退（免）税免予提供纸质核销单的出口企业，税务部门也不再审核其出口收汇核销电子数据。因此，税务部门如何处理好新旧政策的衔接十分关键，以出口货物报关单（出口退税专用）海关注明的出口日期为准，应当区分五类问题：

一是 2011 年 12 月 1 日前出口并已在规定期限内核销的，应当对其纸质单证或出口收汇核销单信息进行人工审核和信息挂审，按原政策规定比对相关数据是否相符，再办理出口退（免）税（出口收汇已核销信息以试点地区国家外汇管理局分支局于 2011 年 12 月 31 日前传送给税务部门的为准）。

二是 2011 年 12 月 1 日前报关出口货物且截至该日尚未逾期未收汇核销的，企业不用提供出口收汇核销单，税务机关不再审核出口收汇核销单或电子核销信息。

三是 2011 年 12 月 1 日前已办理出口收汇核销手续但未收到外汇管理部门传递的核销单信息，应在取得相关出口收汇核销单信息后，再办理出口退（免）税

事宜。

四是2011年12月1日前已到出口收汇核销期限并已经逾期核销的，应根据《国家税务总局关于出口企业延期提供出口收汇核销单有关问题的通知》（国税函［2010］89号）有关规定，分析是否属于网上核销系统、信息传输等原因造成的逾期核销；否则，对相关出口货物应视同内销征税。

五是2011年12月1日前已报关出口且截至该日已经逾期仍未收汇核销的，应按国税发［2004］64号文件规定追缴已退（免）税款，并视同内销征税。

四、企业申报出口退税（免）税注意事项

目前出口退（免）税审核配套操作系统还未升级完善到位，现用出口退税审核系统中参数配置还要求比对出口货物收汇销核单信息。因此，在国家税务总局新审核系统未下发之前，建议试点地区企业注意两方面事项：一是对12月1日前已到出口收汇核销期限的单证，应及时到外汇管理部门或在网上核销系统中进行核销，并在所属期内作单证收齐申报退税；二是对在12月1日之后到期核销以及出口的货物，应在所属期内暂按单证不齐处理，等待税务部门新审核系统下发后，再在出口退税申报系统中撤销单证不齐标志，作收齐单证申报退（免）税，但注意按单证不齐的处理必须在退（免）税申报期之内；同时，试点企业应关注当地税务部门发布的此方面的通知，防止操作不当或理解有误而带来税收风险。

值得注意的是，自2012年8月1日起，全国全面实施货物贸易外汇管理制度改革。自2012年8月1日起报关出口的货物，出口企业申报出口退税时，不再提供出口收汇核销单；2012年8月1日前报关出口的货物截至7月31日未到出口收汇核销期限且未核销的，出口企业申报出口退税时，也不再提供出口收汇核销单。

注意要点

自2012年8月1日起报关出口货物，全国所有出口企业申报出口退税时，不再提供纸质出口收汇核销单，税务局审核企业出口退税时不再审核出口收汇核销单电子数据。

37. 委托代理出口货物无代理出口货物证明≠能申报办理出口退（免）税

常见案例

按照《国家税务总局关于开展出口应征税货物核查工作的通知》（国税函

[2009] 235 号）的要求，税务机关在全国范围内开展代理出口货物证明的清理检查工作。某市国税局接到国家税务总局反馈的已开具代理证明但未申报退（免）税的信息，要求核查委托代理业务是否真实。主管税务机关 2009 年 6 月 30 日核查得知，某纸业有限公司是具有增值税一般纳税人资格的生产企业，签订委托代理出口协议，确实委托代理出口货物。受托方已向当地主管税务机关开具出口货物代理证明，但未及时转交给委托方，委托方企业逾期未申报出口退（免）税。主管税务机关对委托代理出口货物视同内销征税，企业已申报缴纳增值税 15 669.66元。

政策规定

四、出口企业代理其他企业出口后，除另有规定者外，须在自货物报关出口之日起 60 天内凭出口货物报关单（出口退税专用）、代理出口协议，向主管税务机关申请开具代理出口货物证明，并及时转给委托出口企业。如因资料不齐等特殊原因，代理出口企业无法在 60 天内申请开具代理出口证明的，代理出口企业应在 60 天内提出书面合理理由，经地市及以上税务机关核准后，可延期 30 天申请开具代理出口证明。

因代理出口证明推迟开具，导致委托出口企业不能在规定的申报期限内正常申报出口退税而提出延期申报的，委托出口企业和主管税务机关退税部门应按照《国家税务总局关于出口企业未在规定期限内申报出口货物退（免）税有关问题的通知》（国税发 [2005] 68 号）第四条规定办理。

代理出口企业须在货物报关之日（以出口货物报关单〈出口退税专用〉上注明的出口日期为准）起 180 天内，向签发代理出口证明的税务机关提供出口收汇核销单（远期收汇除外）。签发代理出口证明的税务机关，对代理出口企业未按期提供出口收汇核销单的及出口收汇核销单审核有误的，一经发现应及时函告委托企业所在地税务机关。委托企业所在地税务机关对该批货物按内销征税。

执行日期：2006 年 7 月 1 日

政策依据：《国家税务总局关于出口货物退（免）税若干问题的通知》（国税发 [2006] 102 号）

分析诊断

按照现行出口退（免）税政策规定，出口货物报关单（出口退税专用）是出口企业申报办理出口退（免）税的基本凭证之一。生产企业委托外贸企业代理出口，出口报关单上的经营单位必然是受托代理出口企业的名称和海关代码，而不是委托方生产企业的名称和海关代码。按照委托代理出口货物一律在委托方申报出口退（免）税的规定，委托方拿到不属于自己名称和海关代码的出口报关单，则无法申报办理出口退（免）税。为了解决这一问题，国家税务总局专门规定，受托企业按照规定到当地主管税务机关开具代理出口货物证明并及时转交给委托方，由委托方凭代理出口货物证明、出口报关单和其他规定的凭证向主管税务机关申报办理出口退（免）税。由此可见，代理出口货物证明是委托代理出口货物申报退（免）税的重要凭证之一。结合上述案例，某纸业有限公司与受托方虽然签订委托代理出口协议，受托方已向当地主管税务机关开具代理出口货物证明，但受托方未及时转交给委托方，导致委托方缺乏代理出口货物证明无法按规定期限申报出口退（免）税，并对委托代理出口货物视同内销申报缴纳增值税。可见，受托方未及时履行义务是问题所在。

触类旁通

一、申请开具代理出口货物证明的货物范围

受托方申请开具代理出口货物证明必须要提交出口货物报关单（出口退税专用），而海关仅对应退（免）税的货物出口才签发出口货物报关单（出口退税专用），因而受托方申请开具代理出口货物证明的货物范围就仅限于应退（免）税的货物。

如果受托方代理出口货物属于取消退（免）税范围的，按照海关出口货物报关单（出口退税专用）签发的规定，海关不予签发出口货物报关单（出口退税专用），因而受托方无出口货物报关单（出口退税专用）而无法向当地税务机关申请开具代理出口货物证明。当然，根据《国家税务总局关于代理出口货物相关税收问题的公告》（2011 年第 12 号）第一条的规定，出口企业未在规定期限内申报开具代理出口货物证明的货物，凡委托方已按现行税收政策规定计提增值税销项税额或申报缴纳增值税的，不属于国税发［2006］102 号文件第一条第四项规定视同内销征税的情形。

二、申请开具代理出口货物证明贸易方式的范围

由于海关仅对应退（免）税的出口贸易方式才签发出口货物报关单（出口退税专用），因而受托方申请开具代理出口货物证明贸易方式的范围就仅限于应退（免）税的出口贸易方式。如果受托方代理出口货物属于不能退（免）税的贸易方式，按照海关出口货物报关单（出口退税专用）签发的规定，海关不予签发出口货物报关单（出口退税专用），因而受托方无出口货物报关单（出口退税专用）而无法向当地税务机关申请开具代理出口货物证明。

例如，四川省某贸易有限公司2010年5月和香港某国际贸易有限公司签订委托代理出口（代理报关）协议，由四川省某贸易有限公司为香港某国际贸易有限公司在浙江义乌市代办货物出口业务，四川省某贸易有限公司只收取报关代理费，其余概不负责。四川省某贸易有限公司于2010年5月5日开始在浙江义乌和金华海关出口，贸易方式为0139（旅游购物贸易出口），四川省某贸易有限公司向主管税务机关申请开具代理出口货物证明，同时提供代理协议和报关单复印件1 747张，出口金额为4 309.83万美元，但无出口货物报关单（出口退税专用）。主管税务机关经审核无出口货物报关单（出口退税专用）不予开具代理出口货物证明。

注意要点

委托代理出口货物无代理出口货物证明，委托方不得申报出口退（免）税。

第七节 出口退（免）税申报

38. 出口货物免征增值税≠不办理免税申报

常见案例

某公司是具有增值税一般纳税人资格的生产企业，属于可以事后提供收汇核销单的出口企业。2009年1月该公司出口一批表壳的零件，商品代码9111900000，在出口退税率文库中查询，该货物出口免税。该公司办税员认为只有出口应退税货物才需要办理免抵退税申报，而免税不需要办理出口货物免税申报。于是，办税员在2009年2月增值税纳税申报期限内的增值税纳税申报表的“出口货物免税销售额栏”填写出口货物免税额进行免征增值税申报。2010年10月当地主管税务机关从当地海关取得出口数据与退（免）税申报数据进行比对发现，该公司出口货物免税逾期未办理免税申报，于是通知其对这笔出口免税货物视同内销征税。

政策规定

第二条 出口商自营或委托出口的货物，除另有规定者外，可在货物报关出口并在财务上做销售核算后，凭有关凭证报送所在地国家税务局（以下简称税务机关）批准退还或免征其增值税、消费税。

本办法所述出口商包括对外贸易经营者、没有出口经营资格委托出口的生产企业、特定退（免）税的企业和人员。

上述对外贸易经营者是指依法办理工商登记或者其他执业手续，经商务部及其授权单位赋予出口经营资格的从事对外贸易经营活动的法人、其他组织或者个人。其中，个人（包括外国人）是指注册登记为个体工商户、个人独资企业或合伙企业。

上述特定退（免）税的企业和人员是指按国家有关规定可以申请出口货物退（免）税的企业和人员。

第八条 出口商应在规定期限内，收齐出口货物退（免）税所需的有关单证，使用国家税务总局认可的出口货物退（免）税电子申报系统生成电子申报数据，如实填写出口货物退（免）税申报表，向税务机关申报办理出口货物退（免）税手续。逾期申报的，除另有规定者外，税务机关不再受理该笔出口货物的退（免）税申报，该补税的应按有关规定补征税款。

执行日期：2005 年 5 月 1 日

政策依据：《国家税务总局关于印发〈出口货物退（免）税管理办法（试行）〉的通知》（国税发［2005］51 号）

分析诊断

出口货物退（免）税都应当依照规定办理出口货物退（免）税申报。而出口货物退（免）增值税目前主要有免抵退税、免退税和免税三种方法，由此可见，出口货物免增值税理所当然属于出口货物退（免）税申报的范围之内。虽然出口货物免税不同于免抵退税申报，也不同于免退税申报，但是，出口货物免税毫无疑问应当按照出口退（免）税申报的有关要求和规定办理出口货物的免税申报。结合上述案例，该公司办税员错误地认为只有免抵退税和免退税才办理出口退（免）税申报，而出口货物免税不需要办理，所以就没有办理出口货物退（免）税申报，是不符合出口退（免）税申报规定的，因而税务机关对逾期未申报的出口免税货物视同内销征税的决定是正确的。

触类旁通

一、出口退（免）税申报应当注意的事项

（一）收齐出口退（免）税申报所需的凭证资料

出口退（免）税的凭证资料千差万别，主要取决于出口企业属于生产企业还是外贸企业，是否属于增值税一般纳税人，是否属于特殊地区，出口贸易是何种方式，出口货物是退税还是免税，出口企业能否事后提供收汇核销单，是否属于特准退税等。虽然出口退（免）税申报的资料千差万别，但是，一般来说，生产企业一般需要提供出口货物报关单（出口退税专用）、收汇核销单出口退税联和出口销售发票。外贸企业一般需要提供出口货物报关单（出口退税专用）、收汇核销单出口退税联和增值税专用发票。

（二）采用规定的出口退（免）税申报的形式

根据国税发［2005］51 号文件的规定，出口企业应当使用国家税务总局认可的出口货物退（免）税电子申报系统生成电子申报数据，如实填写出口货物退（免）税申报表，向税务机关申报办理出口货物退（免）税手续。税务机关要及时接受并进行初审，经初步审核，出口企业报送的申报资料、电子申报数据及纸质凭证齐全的，税务机关受理该笔出口货物退（免）税申报。由此可见，出口退（免）税申报的载体包括两种：一是使用专门出口退（免）税申报系统生成的电子数据；二是纸质凭证资料和纸质的出口退（免）税申报表。

（三）出口退（免）税申报资料齐全

根据国税发［2005］51 号文件的规定，出口企业报送的退（免）税申报资料或纸质凭证不齐全的，除另有规定者外，税务机关不予受理该笔出口货物的退（免）税申报，并要当即要求改正、补充资料、凭证。

（四）在规定的期限内办理出口退（免）税申报

根据国税发［2005］51 号文件的规定，出口企业逾期申报退（免）税的，除另有规定者外，税务机关不再受理该笔出口货物的退（免）税申报，该补税的应按有关规定补征税款。

二、生产企业出口货物免征增值税申报的注意事项

生产企业出口货物免税可以使用免抵退税申报系统进行申报。当然，这里的生产企业是指具有增值税一般纳税人资格的生产企业，小规模纳税人出口货物免税使用专门的免税申报审核系统。除一般免抵退税申报系统的操作以外，企业办税员还应当注意以下两点：

（一）出口货物免税明细表录入

生产企业出口货物免税主要有四类：来料加工出口货物、间接出口货物、卷烟出口和出口免税的货物。

生产企业出口货物免税明细申报录入时，为主从表式，分为发票部分和报关单部分，即每份发票需录入对应报关单信息（有代理出口证明的，可不录入报关单号），否则不能生成免税申报信息。发票的对应出口报关单信息，财务人员可从企业报关人员或代理报关行处获取。

来料加工贸易方式的申报操作分为：来料手册登记申报、出口免税核销申报。

间接出口贸易方式的申报分为：进料手册登记申报、进口料件明细申报、间接出口免税核销申报（如一本进料手册都为间接出口，前两项可不办理）。

（二）出口退（免）税申报资料

生产企业出口免税申报时，须附报生产企业出口货物免税申报明细表，根据免税情况打印报送出口货物免税申报明细表（免税货物）、出口货物免税申报明细表（间接出口）、出口货物免税申报明细表（来料加工）、出口货物免税申报明细表（卷烟出口）。

注意要点

出口货物免征增值税，未依照规定办理出口货物免税申报的，要视同内销征税。

39. 出口货物免征消费税≠不办理出口货物免消费税申报

常见案例

某酒业有限责任公司，生产销售白酒，具有增值税一般纳税人资格，属于出口退（免）税时提供收汇核销单的出口企业。2009 年 4 月该公司出口销售一批自己生产的白酒，按规定取得出口货物报关单（出口退税专用）和收汇核销单出口退税联，在规定期限内申报办理了出口货物免抵退增值税的申报。由于该公司出口应税消费品免征消费税，但是免征消费税究竟如何操作没有具体文件规定，同时出口退税申报系统也无法进行处理。因此该公司办税人员也就没有办理出口销售白酒免征消费税的申报手续，主管税务机关退税部门也没有纠正该公司不办理免征消费税申报的做法，直接受理审核审批公司免抵退增值税。

政策规定

第二条　出口商自营或委托出口的货物，除另有规定者外，可在货物报关出口并在财务上做销售核算后，凭有关凭证报送所在地国家税务局（以下简称税务机关）批准退还或免征其增值税、消费税。

本办法所述出口商包括对外贸易经营者、没有出口经营资格委托出口的生产企业、特定退（免）税的企业和人员。

上述对外贸易经营者是指依法办理工商登记或者其他执业手续，经商务部及其授权单位赋予出口经营资格的从事对外贸易经营活动的法人、其他组织或者个人。其中，个人（包括外国人）是指注册登记为个体工商户、个人独资企业或合伙企业。

上述特定退（免）税的企业和人员是指按国家有关规定可以申请出口货物退（免）税的企业和人员。

第八条　出口商应在规定期限内，收齐出口货物退（免）税所需的有关单证，使用国家税务总局认可的出口货物退（免）税电子申报系统生成电子申报数据，如实填写出口货物退（免）税申报表，向税务机关申报办理出口货物退（免）税手续。逾期申报的，除另有规定者外，税务机关不再受理该笔出口货物的退（免）税申报，该补税的应按有关规定补征税款。

执行日期：2005 年 5 月 1 日

政策依据：《国家税务总局关于印发〈出口货物退（免）税管理办法（试行）〉的通知》（国税发［2005］51 号）

分析诊断

生产企业出口应税消费品免征消费税是不是属于出口退（免）税范围，是否应当依照规定办理出口货物免征消费税申报？对此，不同地区的税务机关有不同的看法。有人认为，目前国家税务总局仅针对出口卷烟制定下发《国家税务总局关于进一步加强出口卷烟税收管理的通知》（国税发［1998］123 号）、《关于调整出口卷烟税收管理办法的通知》（国税发［2008］5 号）等文件规定，对生产企业出口其他应税消费品免征消费税的申报管理问题，国家税务总局却没有作出明确规定；而且出口货物免征消费税还必须同时办理免抵退增值税的申报，免征消费税和免抵退增值税申报不必重复，同时生产企业免抵退税申报系统也不能对免征消费税进行处理，因而企业可以免抵退增值税申报代替免征消费税的申报，不必专门办理出口货物免征消费税的申报。与此不同，笔者认为，出口货物免征消费税应当依照规定办理出口免税申报，其理由如下：

1. 生产企业出口货物免征消费税属于出口货物退（免）消费税的一种方法。按照国家税务总局规定，出口货物退（免）消费税有两种方法：一种是外贸企业出口应税消费品和生产企业出口视同自产产品的应税消费品退消费税；另一种是生产企业出口自产应税消费品免征消费税。根据国税发［2005］51 号文件的规定，出口商自营或委托出口的货物，除另有规定者外，可在货物报关出口并在财务上做销售核算后，凭有关凭证报送所在地国家税务局批准退还或免征其增值税、消费税。国税发［2004］64 号文件对出口货物退（免）税申报管理作了明确规定，因而，这些文件的相关规定也适用于生产企业出口货物免征消费税的申报管理。

2. 生产企业出口应税消费品视同内销征收增值税，同时应视同内销征收消费税。依照国税发［2006］102号文件的规定，生产企业应视同内销征收增值税的出口货物若为应税消费品，除另有规定者外，须按现行有关税收政策规定计算缴纳消费税。由此可知，生产企业出口应税消费品视同内销征收增值税和征收消费税的条件完全相同，因而生产企业出口货物免征消费税的申报管理与生产企业出口货物免抵退税的申报管理应当基本相同。

结合上述案例，该酒业有限责任公司出口销售白酒应当依照规定免征消费税，但企业未办理出口免征消费税的申报，因而公司的做法是错误的；同时税务机关也未纠正公司未办理出口货物免征消费税申报的行为，而以企业免抵退增值税申报代替出口货物免征消费税申报，主管税务机关的做法也是错误的。

触类旁通

一、生产企业出口货物免征消费税纳税申报表的填列

根据《国家税务总局关于使用消费税纳税申报表有关问题的通知》（国税函［2008］236号）和《国家税务总局关于烟类应税消费品消费税征收管理有关问题的通知》（国税函［2009］272号）的规定，消费税纳税申报表分为烟类应税消费品消费税纳税申报表、酒及酒精消费税纳税申报表、成品油消费税纳税申报表、小汽车消费税纳税申报表、其他应税消费品消费税纳税申报表。由于目前成品油出口不予免税，因此生产企业出口货物免征消费税申报只涉及四类应税消费品。

（一）生产企业出口烟类应税消费品填列消费税纳税申报表

1. 烟类应税消费品消费税纳税申报表中“销售数量”、“销售额”栏均不含出口免税卷烟的数量和销售额，“本期减（免）税额”栏不含出口退（免）税额。

2. 出口免税卷烟的数量和销售额填入卷烟销售明细表中的“销量”、“销售额”栏，并在备注栏注明“出口”字样。

3. 出口免税卷烟的数量和销售额填入各牌号规格卷烟消费税计税价格中的“销量”、“销售额”栏，并在备注栏注明“出口”字样。

4. 卷烟出口企业依照规定出口销售卷烟，不应依照《财政部国家税务总局关于调整烟产品消费税政策的通知》（财税［2009］84号）缴纳消费税，因此出口销售卷烟的数量和金额不填入卷烟消费税纳税申报表（批发）。

（二）生产企业出口酒及酒精填列消费税纳税申报表

1. 酒及酒精消费税纳税申报表中“销售数量”、“销售额”栏均不含出口免

税卷烟的数量和销售额，“本期减（免）税额”栏不含出口退（免）税额。

2. 享受出口免税政策的酒及酒精销售数量和销售额填入生产经营情况表中“出口免税销售数量”和“出口免税销售额”栏。

（三）生产企业出口小汽车填列消费税纳税申报表

1. 小汽车消费税纳税申报表中“销售数量”、“销售额”栏均不含出口免税卷烟的数量和销售额，“本期减（免）税额”栏不含出口退（免）税额。

2. 享受出口免税政策的小汽车销售数量和销售额填入生产经营情况表中“出口免税销售数量”和“出口免税销售额”栏。

（四）生产企业出口其他应税消费品填列消费税纳税申报表

1. 其他应税消费品消费税纳税申报表中“销售数量”、“销售额”栏均不含出口免税卷烟的数量和销售额，“本期减（免）税额”栏不含出口退（免）税额。

2. 享受出口免税政策的其他应税消费品销售数量和销售额填入生产经营情况表中“出口免税销售数量”和“出口免税销售额”栏。

注意要点

生产企业出口应税消费品应当按照规定办理出口货物免征消费税申报。

40. 未使用出口退税申报系统≠出口退（免）税申报不符合规定

常见案例

某酒业有限责任公司，生产销售粮食白酒，具有增值税一般纳税人资格，属于出口退（免）税申报时必须提供收汇核销单的出口企业。2009年4月该公司出口销售粮食白酒20吨，其中属于自己生产的15吨，外购5吨，出口商品使用的商品码都完全相同。该公司按规定取得出口货物报关单（出口退税专用）和收汇核销单出口退税联，同时也按规定取得外购粮食白酒的增值税专用发票和出口货物消费税专用缴款书，外购粮食白酒出口销售符合视同自产产品免抵退税条件，在规定期限内全部办理了出口货物免抵退增值税的申报。按照生产企业出口视同自产产品的应税消费品可以退还已缴纳的消费税的规定，企业向主管税务机关申报退还外购粮食白酒的消费税。该公司退还消费税需要使用外贸企业出口退税申报系统。而同一生产企业不能同时使用生产企业免抵退税申报系统和外贸企业出口退税申报系统，因而该公司按照外贸企业申报退税的规定填报纸质申报资料并附送相关凭证报主管税务机关，主管税务机关初步审核认为，该公司没有提供出口退税申报电子数据，不符合出口退（免）税申报的规定，因此不予受理退消费税的申报。

政策规定

第八条　出口商应在规定期限内，收齐出口货物退（免）税所需的有关单证，使用国家税务总局认可的出口货物退（免）税电子申报系统生成电子申报数据，如实填写出口货物退（免）税申报表，向税务机关申报办理出口货物退（免）税手续。逾期申报的，除另有规定者外，税务机关不再受理该笔出口货物的退（免）税申报，该补税的应按有关规定补征税款。

执行日期：2005 年 5 月 1 日

政策依据：《国家税务总局关于印发〈出口货物退（免）税管理办法（试行）〉的通知》（国税发［2005］51 号）

安徽省国家税务局：

你局《关于生产企业出口外购视同自产应税消费品消费税退税问题的请示》（皖国税发［2010］11 号）收悉。经研究，批复如下：

同意安徽江淮汽车股份有限公司收购成员企业汽车出口缴纳的消费税，比照《财政部国家税务总局关于列名生产企业出口外购产品试行免、抵、退税办法的通知》（财税［2004］125 号）的有关规定，办理消费税退税手续。

执行日期：《国家税务总局关于生产企业出口外购视同自产应税消费品消费税退税问题的批复》（国税函［2010］91 号）

分析诊断

一般来说，按照国税发［2005］51 号文件的规定，出口商申报出口退（免）税都应当使用国家税务总局认可的出口货物退（免）税电子申报系统生成电子申报数据，出口退（免）税申报电子数据就成了出口退（免）税申报的重要载体。而目前出口退（免）税申报系统分别是为生产企业和外贸企业设计，以企业的海关代码作为唯一身份识别码，以海关报关单为基本数据。同一出口企业不得同时使用生产企业免抵退税申报系统和外贸企业出口退税申报系统，没有企业海关代码和出口报关单的特准出口退（免）税也不能使用出口退税申报系统。按照政策规定，应当退（免）税而不能使用出口退税申报系统的，企业可以填报纸质出口退（免）税申报资料，税务机关应当依照规定受理，经初步审核无误后通过出口退税审核系统中的补录模块录入进行审核审批。结合上述案例，该酒业有限责任公司出口外购粮食白酒应当退还消费税，虽然不能使用外贸企业出口退税申报系统生成电子数据，但已按照规定填报出口粮食白酒退消费税的纸质申报资料，主管税务机关应当依照规定受理审核审批。

触类旁通

不能使用出口退（免）税申报系统生成退（免）税申报电子数据的情形

虽然绝大多数出口退（免）税申报都能使用出口退税申报系统进行申报，但是下列出口退（免）税申报无法也不能通过申报系统办理。

1. 不报关出口特准退（免）税的，如研发机构采购国产设备退税，利用外国政府贷款和国际金融组织贷款采用国际招标方式中标机电产品退（免）税，国内生产企业向国内海上石油天然气开采企业销售海洋工程结构物产品退（免）税，国内航空公司向国外航空公司销售的航空食品等。

2. 海关特殊监管区内企业出口货物免税。由于没有出口货物报关单无法使用出口退（免）税申报系统。如出口加工区内企业加工生产的货物，凡属于货物直接出口和销售给区内企业的，免征增值税、消费税。

3. 生产企业出口应征消费税的消费品免征消费税，目前的出口退（免）税申报系统无法申报。

4. 生产企业外购或委托加工应税消费品应当退还消费税的，由于同一企业不能同时使用生产企业免抵退税申报系统和外贸企业出口退税申报系统，因而无法使用出口退税申报系统进行申报。

5. 外贸企业出口免征增值税的货物，目前的出口退（免）税申报系统无法申报。

6. 生产企业境外带料加工装配出口货物，由于实行单项退税办法，因而无法使用出口退（免）税申报系统进行申报。

7. 增值税一般纳税人和非增值税纳税人出口自用旧设备，不需使用出口退（免）税申报系统进行申报。

8. 出口加工区耗用水电气和蒸汽申报退税，无法使用出口退税申报系统进行申报。

注意要点

虽然出口企业无法使用出口退（免）税申报系统办理申报，但是仍然应当向主管税务机关办理出口退（免）税的纸质申报。

41. 出口退（免）税申报≠无法定期限

常见案例

某公司是具有增值税一般纳税人资格的生产企业。该公司在2007年4月11日（报关单上注明的出口日期）出口一笔货物，手续齐全，单据符合规定。在2007年8月14日进行免退税申报时，该公司被主管税务机关退税部门告知超过90天，不予受理审核审批，并要求视同内销征税。

政策规定

三、出口企业应在货物报关出口之日（以出口货物报关单〈出口退税专用〉上注明的出口日期为准，下同）起90日内，向退税部门申报办理出口货物退（免）税手续。逾期不申报的，除另有规定者和确有特殊原因经地市级以上税务机关批准者外，不再受理该笔出口货物的退（免）税申报。

对中标机电产品和外商投资企业购买国产设备等其他视同出口的货物，应自购买产品开具增值税专用发票的开票之日起90日内，向退税部门申报办理出口货物退（免）税手续。

2004年5月31日前报关出口货物的申报日期，截止到2004年9月30日。

四、退税部门应在本通知第三条规定的申报时限内，受理出口企业的出口货物退（免）税申报，并按时办理完毕有关退（免）税手续。

八、对出口企业出口货物纸质退税凭证丢失或内容填写有误，按有关规定可以补办或更改的，出口企业可在本通知第三条规定的申报期限内，向退税部门提出延期办理出口货物退（免）税申报的申请，经批准后，可延期3个月申报。

执行日期：2004年6月1日

政策依据：《国家税务总局关于出口货物退（免）税管理有关问题的通知》（国税发［2004］64号）

分析诊断

符合出口退（免）税条件不等于就可以自动享受出口退（免）税优惠。出口企业享受出口退（免）税优惠还必须履行退（免）税申报程序，出口货物退（免）税申报除了有形式的要求以外，还有法定期限的限制。出口货物退（免）税申报超过规定期限的，税务机关不予受理．并要求视同内销征税。结合上述案例，该公司在 2007 年 4 月 11 日报关出口货物，其出口货物退（免）税申报的截止日期是 2007 年 7 月 10 日，但是在 2007 年 8 月 14 日才向税务机关办理退（免）税申报，明显超过出口货物退（免）税申报期限，因而税务机关可依据相关政策规定不予受理企业的出口退（免）税，并要求视同内销征税。

触类旁通

一、出口退（免）税申报期限计算起始日期问题

出口退（免）税申报期限计算起始日期一般都是以出口货物报关单（出口退税专用）上注明的出口日期为准，而不是以出口发票上注明的日期或其他日期为准。例如，某公司根据出口退税企业留存联进行退（免）税申报，由于在出口退税留存联上没有标明出口日期，仅标明了申报日期，因而企业录入申报系统时就将出口货物申报日期作为出口日期申报，这必将造成出口退（免）税申报期限计算错误。

二、改变出口贸易方式致使出口退（免）税申报超期

例如，某公司 2007 年 8 月份以租赁贸易的形式出口一批采油钻杆，价值 300 万元，报关单上的贸易方式是租赁贸易（1523），就是租赁期在一年以上的合同，当时没有取得出口货物报关单（出口退税专用）不能申报出口退（免）税。2008 年 3 月，由于合同变更，该公司将租赁的货物卖给国外合作方，取得出口货物出口货物报关单（出口退税专用），但报关单上的出口日期是 2007 年 8 月，明显超过规定的出口退（免）税申报期限。

三、由于税务代理超过出口退（免）税申报期限

例如，某税务局 2007 年 6 月在出口货物免抵退税审核中，发现某公司逾期向税务机关提供出口报关单和外汇核销单共 7 份，出口销售额合计 438 万元，应补税款 33 万元。公司负责人在收到税务机关的补税通知书后拼命喊冤。事情是这样的，该公司一直委托某税务代理机构代理其办理出口退税事宜，并按期向税务代理人提供相关单证。该公司早已在有效期内将上述 7 份单证提供给税务代理人员，但由于税务代理人员疏忽，一直没有向税务机关提交导致逾期。

四、由于特殊原因致使出口退（免）税申报超期

例如，某公司有一票货在 2010 年 11 月 12 日第一次报关，后因为国外客人临时通知要求暂缓装船，二次报关日期为 2010 年 12 月 30 日，直到 2011 年 1 月 1 日才装船离港。在打印出口退税核销联（黄联）时，因为海关系统跨年升级，一直未能及时打印出来，直到 2011 年 2 月 23 日报关行才打印出来，加之出口日期为第一次报关日期，所以导致超过出口退（免）税申报期限。

注意要点

出口货物退（免）税申报超过规定期限的，税务机关不予受理，并要求视同内销征税。

42. 出口货物退（免）税申报期限≠货物报关出口之日（以出口货物报关单〈出口退税专用〉上注明的出口日期为准）起 90 天之内

常见案例

某生产企业具有增值税一般纳税人资格，属于出口退（免）税申报时可暂不提供收汇核销单的出口企业。2011 年 8 月 19 日出口一批货物，2011 年 12 月 10 日才取得出口货物报关单（出口退税专用）。该企业办税员知道，出口货物退（免）税的申报期限是自货物报关出口之日（以出口货物报关单〈出口退税专用〉上注明的出口日期为准）起 90 天之内，而这批货物出口报关单注明的出口日期是 2011 年 8 月 20 日，按 90 天计算出口退（免）税申报的截止期限应该是 2011 年 11 月 18 日，而取得出口货物报关单（出口退税专用）时已经超过出口退（免）税的截止期限，不能申报办理出口退（免）税，即使申报税务机关也将不予受理。因此，办税员未向主管税务机关办理免抵退税的申报手续，主动依照规定视同内销缴纳增值税。

政策规定

三、出口企业应在货物报关出口之日（以出口货物报关单〈出口退税专用〉上注明的出口日期为准，下同）起 90 日内，向退税部门申报办理出口货物退（免）税手续。逾期不申报的，除另有规定者和确有特殊原因经地市级以上税务机关批准者外，不再受理该笔出口货物的退（免）税申报。

对中标机电产品和外商投资企业购买国产设备等其他视同出口的货物，应自购买产品开具增值税专用发票的开票之日起 90 日内，向退税部门申报办理出口货物退（免）税手续。

2004 年 5 月 31 日前报关出口货物的申报日期，截止到 2004 年 9 月 30 日。

四、退税部门应在本通知第三条规定的申报时限内，受理出口企业的出口货物退（免）税申报，并按时办理完毕有关退（免）税手续。

八、对出口企业出口货物纸质退税凭证丢失或内容填写有误，按有关规定可以补办或更改的，出口企业可在本通知第三条规定的申报期限内，向退税部门提出延期办理出口货物退（免）税申报的申请，经批准后，可延期 3 个月申报。

执行日期：2004 年 6 月 1 日

政策依据：《国家税务总局关于出口货物退（免）税管理有关问题的通知》（国税发［2004］64 号）

一、出口企业有下列情形之一的，属于国税发［2004］64 号文件第三条所称特殊原因：

（一）因不可抗力致使无法在规定的期限内取得有关出口退（免）税单证或申报退（免）税；

（二）因采用集中报关等特殊报关方式无法在规定的期限内取得有关出口退（免）税单证；

（三）其他因经营方式特殊无法在规定的期限内取得有关出口退（免）税单证。

出口企业有上述情形之一者，应当在规定的期限内向税务机关提出书面延期申报申请，经地市级以上（含地市级）税务机关核准，在核准的期限内申报办理退（免）税。

二、生产企业出口货物未按国税发［2004］64 号文件第三条规定在报关出口 90 日内申报办理退（免）税手续的，如果其到期之日超过了当月的“免、抵、退”税申报期，税务机关可暂不按国税发［2004］64 号文件第七条规定视同内销货物予以征税。但生产企业应当在次月“免、抵、退”税申报期内申报“免、抵、退”税，如仍未申报，税务机关应当视同内销货物予以征税。

执行日期：2004 年 7 月 30 日

政策依据：《国家税务总局关于出口货物退（免）税管理有关问题的补充通知》（国税发［2004］113 号）

分析诊断

出口退（免）税申报期限是出口企业申报出口退（免）税的最后期限，超过规定期限申报税务机关将不予受理。一般来说，出口货物退（免）税的申报期限是货物报关出口之日（以出口货物报关单〈出口退税专用〉上注明的出口日期为准，下同）起 90 日之内。但是，往往出口退（免）税申报期限的最后一日已经超过当月的增值税申报期限或当月的免抵退税期限，出口企业当月就无法申报办理出口退（免）税。为了解决这类问题，国税发［2004］113号和国税函［2007］1150号文件均规定，把出口货物退（免）税的申报期限延长至货物报关出口之日起90天后第一个增值税纳税申报期截止之日。结合上述案例，虽然出口退（免）税申报的截止期限是2011年11月18日，但到期之日超过了当月的免抵退税申报期限，该企业可以在次月即2011年12月的免抵退税申报期内即2011年12月15日前申报免抵退税。

触类旁通

一、生产企业每月免抵退税申报期限与增值税纳税申报期限的区别

按照国税发［2002］11号文件的规定，每个月免抵退税申报期为每月1日至15日（逢节假日顺延）。

按照国税函［2008］1075号文件的规定，2009年起增值税按月申报纳税的申报期限由每月1日起至10日止调整为每月1日起至15日止。

虽然从2009年起增值税按月申报纳税的申报期限进行了延长，但生产企业每月免抵退税申报期限却没有作相应调整。按照生产企业先增值税申报后出口退（免）税申报的原则，生产企业应当适当提前办理增值税纳税申报，以免超过当月免抵退税申报期限。

二、生产企业和外贸企业出口退（免）税申报期限的区别

按照国税发［2004］113号文件的规定，生产企业出口货物退（免）税申报期限可以自动延长到货物报关出口之日起90天后第一个免抵退税申报的期截止之日。按照国税发［2002］11号文件的规定，每个月免抵退税申报期为每月1日至15日（逢节假日顺延）。因此生产企业从2004年7月30日起出口退（免）税申报期限自动延长至货物报关出口之日起90天后的第一个免抵退税申报期的1日起至15日止。

按照国税函［2007］1150号文件的规定，外贸企业出口货物退（免）税的申报期限延长至货物报关出口之日起90天后第一个增值税纳税申报期截止之日。按照国税函［2008］1075号文件的规定，2009年起增值税申报期限才由每月1日起至10日止调整为每月1日起至15日止。也就是说，2007年12月31日以前，外贸企业出口货物退（免）税的申报期限就是货物报关出口之日起90天之内；2008年年度内，外贸企业出口货物退（免）税的申报期限就是货物报关出口之日起90天后的第一个增值税纳税申报期的1日起至10日止；2009年起，外贸企业出口货物退（免）税的申报期限就是货物报关出口之日起90天后的第一个增值税纳税申报期的1日起至15日止。

三、出口退（免）税申报期限自动延长的理解

货物报关出口之日起 90 天后的第一个免抵退税申报期（增值税申报期），如果在按 90 天计算截止日期的当月，那么出口退（免）税申报就不能延长到下一个免抵退税申报期（增值税申报期）。例如，某生产企业 2009 年 4 月 11 日（报关单上注明的出口日期）出口货物，其按 90 天计算的退（免）税申报截止日期是 7 月 10 日，其截止日期后的第一个免抵退税申报期就是 2009 年 7 月，如果该企业在 2009 年 8 月进行免抵退税申报那就属于超期申报了。

货物报关出口之日起 90 天后的第一个免抵退税申报期（增值税申报期），如果在按 90 天计算截止日期的次月，那么出口退（免）税申报就可以延长到下一个免抵退税申报期（增值税申报期）。例如，某生产企业 2009 年 4 月 21 日（报关单上注明的出口日期）出口货物，其按 90 天计算的退（免）税申报截止日期是 7 月 20 日，其截止日期后的第一个免抵退税申报期就是 2009 年 7 月，如果该企业在 2009 年 8 月进行免抵退税申报那就属于超期申报了。

四、增值税申报期限延长出口退（免）税申报期限的处理

按照国税函［2008］1075 号文件的规定，纳税人应按月进行纳税申报，申报期为次月 1 日起至 15 日止，遇最后一日为法定节假日的，顺延 1 日。在每月 1 日至 15 日内有连续 3 日以上法定休假日的，按休假日天数顺延。因此，增值税纳税申报期限延长的，生产企业和外贸企业出口货物退（免）税申报期限按照国税发［2004］113 号和国税函［2007］1150 号的规定作相应延长。

五、特殊的出口退（免）税申报期限

虽然国税发［2004］64 号、国税发［2004］113 号和国税函［2007］1150 号文件对生产企业和外贸企业出口退（免）税的申报期限作出一般规定，但是还有下列特殊的特殊出口退（免）税申报期限。

1. 没有报关出口的特准退（免）税的申报。如根据财税［2003］46 号文件的规定，国内生产企业销售的海洋工程结构物产品在财务上做销售后，持开具的普通发票、购销合同等凭证，向当地主管征税的税务机关申报办理免、抵、退税手续。

2. 增值税小规模纳税人出口货物免税核销申报。根据国税发［2007］123 号和国税函［2009］108 号文件的规定，纳税期为月的小规模纳税人应按月收齐有关出口凭证，填写小规模纳税人出口货物免税核销申报汇总表、小规模纳税人出口货物免税核销申报明细表，并于货物报关出口之日次月起 4 个月内的各申报期内（申报期为每月 1 日至 15 日），持资料到主管税务机关按月办理出口货物免税核销申报，并同时报送出口货物免税核销电子申报数据。纳税期限为一个季度的增值税小规模纳税人，应在办理纳税申报后的下个季度的纳税申报期内，向主管税务机关申请办理出口货物免税核销手续。

3. 经保税仓储企业出口货物的退（免）税申报。《国家税务总局关于出口退

税若干问题的通知》（国税发［2000］165号）第一条规定，保税区外的出口企业经保税区销售给外商的货物，保税区海关须在货物全部离境后方可签发货物进入保税区的出口货物报关单（出口退税专用）。根据这一规定，保税区海关在货物离境后根据货物进入保税区的日期签发出口货物报关单（出口退税专用），可能造成出口企业申报退税时超过退税申报期而无法退（免）税的问题。为解决这一问题，总局决定对符合国税发［2000］165号文件第一条规定的出口货物，出口企业可以最后一批出口货物的备案清单上海关注明的出口日期为准申报退（免）税。

4. 出口加工区耗用水电气的退税申报。根据国税发［2002］116号文件的规定，出口加工区内生产企业生产出口货物耗用的水、电、气，准予退还所含的增值税，区内企业须按季填报出口加工区内生产企业耗用水、电、气退税申报表，并附送下列凭证向主管出口退税的税务机关申报办理退税手续。

5. 出口免税卷烟核销申报。根据国税发［2008］5号文件的规定，自报关出口之日次月起4个月的申报期内（申报期为每月1日至15日），向主管卷烟出口企业退（免）税的税务机关（以下简称“退税机关”）办理出口卷烟的免税核销手续。

注意要点

自2012年7月1日起，出口企业出口货物劳务，属于报关出口的为报关出口之日起，属于非报关出口的，为出口发票开具之日起，出口企业应在次月至次年4月30日前的各增值税纳税申报期内申报出口退（免）税。

43. 提供出口收汇核销单期限≠出口货物退（免）税申报期限

常见案例

某公司是具有增值税一般纳税人资格的生产企业，属于出口退（免）税申报时必须提供出口收汇核销单的出口企业。该公司在2006年5月14日出口一批货物，因出口收汇时间较长，为防止出口退（免）税申报超期，办税员按照规定报经税务机关审批同意延长出口退（免）税申报期限4个月。该公司在2006年12月25日收齐出口退税所需的报关单和收汇核销单且单据信息齐全，于2007年1月10日向主管税务机关申报办理出口退（免）税。主管税务机关经审核通知该公司，提供出口收汇核销单超过规定期限，不予受理出口退（免）税申报，并视同内销征税。

政策规定

出口企业在申报出口货物退（免）税时，应提供出口收汇核销单，但对尚未到期结汇的，也可不提供出口收汇核销单，退税部门按照现行出口货物退（免）税管理的有关规定审核办理退（免）税手续。

出口企业须在货物报关出口之日起 180 天内，向所在地主管退税部门提供出口收汇核销单（远期收汇除外）。经退税部门审核，对审核有误和出口企业到期仍未提供出口收汇核销单的，出口货物已退（免）税款一律追回；未办理退（免）税的，不再办理退（免）税。

但对有下列情形之一的，自发生之日起两年内，出口企业申报出口货物退（免）税时，必须提供出口收汇核销单：

（一）纳税信用等级评定为 C 级或 D 级；

（二）未在规定期限内办理出口退（免）税登记的；

（三）财务会计制度不健全，日常申报出口货物退（免）税时多次出现错误或不准确情况的；

（四）办理出口退（免）税登记不满一年的；

（五）有偷税、逃避追缴欠税、骗取出口退税、抗税、虚开增值税专用发票等涉税违法行为记录的；

（六）有违反税收法律、法规及出口退（免）税管理规定其他行为的。

执行日期：2004 年 6 月 1 日

政策依据：《国家税务总局关于出口货物退（免）税管理有关问题的通知》（国税发［2004］64 号）

一、《国家税务总局关于出口货物退（免）税管理有关问题的通知》（国税发［2004］64 号）第二条第二款中关于出口企业在申报出口货物退（免）税时，向主管退税部门提供出口收汇核销单（远期收汇除外）的期限由 180 天内调整为自货物报关出口之日（以出口货物报关单〈出口退税专用〉上注明的出口日期为准，下同）起 210 天内。

执行日期：2008 年 6 月 1 日

政策依据：《国家税务总局关于出口企业提供出口收汇核销单期限有关问题的通知》（国税发［2008］47 号）

分析诊断

出口退（免）税申报期限并不等同于出口收汇核销期限。按照现行出口退

（免）税政策规定，出口退（免）税申报期限可以按规定审批延长。而出口收汇核销期限，则因出口企业退（免）税管理类型不同而各不相同。如果属于出口退（免）税时可暂不提供收汇核销单的出口企业，出口退（免）税申报期限内企业可不提供收汇核销单，但申报后自出口报关之日起210天内必须提供收汇核销单。属于出口退（免）税时必须提供出口收汇核销单的出口企业，其必须在出口退（免）税申报期限内提供收汇核销单，如果出口退（免）税申报期限延长，那么提供出口收汇核销单的期限也就相应延长。结合上述案例，案例中的公司属于出口退（免）税时必须提供收汇核销单的出口企业，出口报关之日起90日的到期日是2006年8月12日，申报出口退（免）税期限就是2006年9月15日以前，报经税务机关审核批准延长出口退（免）税申报期限4个月，延长后的申报期限就是2007年1月15日以前。出口企业只要在规定申报期限内提供出口报关单和出口收汇核销单，主管税务机关就应当依照规定受理出口退（免）税申报。虽然到2007年1月10日申报出口退（免）税提供收汇核销单为止，公司提供收汇核销单的时间长达241天，但这不影响出口企业办理退（免）税申报。

触类旁通

1. 按照规定不需提供收汇核销单的，不受提供出口收汇核销单期限的限制。如跨境贸易人民结算试点企业出口货物、货物贸易外汇管理制度改革试点地区的企业出口货物等。

2. 提供收汇核销单的期限不能等同于出口收汇核销的期限，即使出口企业在210天内已经收汇核销，但是向主管退税部门提供收汇核销单的时间如果超过210天，仍然属于超期提供收汇核销单。

3. 退（免）税申报后提供收汇核销单的期限与出口退（免）税申报期限不同，到期尚未收汇核销的，不得向税务机关申请延长。

4. 按照国税函［2010］89号文件的规定，对出口企业受2008年以来国际金融危机影响，逾期取得出口收汇核销单的，税务机关可在对出口企业其他退税单证、信息审核无误后予以办理出口货物退（免）税。

5. 出口企业逾期未提供收汇核销单的，则应当依照国税发（2004）64号文件的规定进行处理，即已经办理的出口退（免）税必须追缴，并要按照规定视同内销征税。退（免）税申报后逾期提供收汇核销单的，按照国税函［2010］89号文件可以依照规定办理出口退（免）税，即不追缴已退（免）税，不视同内销征税，如已追缴的可重新办理退（免）税，已视同内销征税的予以冲减。

值得注意的是，自2012年8月1日起报关出口的货物，出口企业申报出口退税时，不再提供出口收汇核销单；2012年8月1日前报关出口的货物截至7月31

日未到出口收汇核销期限且未核销的，出口企业申报出口退税时，也不再提供出口收汇核销单。

注意要点

出口货物已批准延长出口退（免）税申报期限但逾期未收汇核销仍不能申报办理出口退（免）税。

44. 每月申报出口退（免）税期限≠增值税纳税申报期限

常见案例

某公司是增值税一般纳税人资格的生产企业，属于出口退（免）税申报时必须提供收汇核销单的出口企业。该公司办税员反映，从 2009 年起增值税纳税申报期限已经调整为每月的 15 日以内，而税务机关确定的出口退（免）税申报的期限仍然是每月 12 日以内。特别是 2011 年 1 月由于元旦节放假三天，因而增值税纳税申报期限延长至 2011 年 1 月 20 日，而税务机关确定的出口退（免）税的申报期限仍然是 1 月 12 日以内。由于退（免）税申报时需要已申报的增值税纳税申报表，这样就感觉在时限安排上有些不太合理。

政策规定

生产企业在货物出口并按会计制度的规定在财务上做销售后，先向主管征税机关的征税部门或岗位（以下简称征税部门）办理增值税纳税和免、抵税申报，并向主管征税机关的退税部门或岗位（以下简称退税部门）办理退税申报。退税申报期为每月 1 至 15 日（逢节假日顺延）。

执行日期：2002 年 1 月 1 日

政策依据：《国家税务总局关于印发〈生产企业出口货物“免、抵、退”税管理操作规程〉（试行）的通知》（国税发［2002］11 号）

二、生产企业出口货物未按国税发［2004］64 号文件第三条规定在报关出口 90 日内申报办理退（免）税手续的，如果其到期之日超过了当月的“免、抵、退”税申报期，税务机关可暂不按国税发［2004］64 号文件第七条的规定视同内销货物予以征税。但生产企业应当在次月“免、抵、退”税申报期内申报“免、抵、退”税，如仍未申报，税务机关应当视同内销货物予以征税。

执行日期：2004 年 7 月 30 日

政策依据：《国家税务总局关于出口货物退（免）税管理有关问题的补充通知》（国税发［2004］113 号）

《增值税一般纳税人纳税申报办法》（国税发［2003］53 号）第六条调整为纳税人应按月进行纳税申报，申报期为次月 1 日起至 15 日止，遇最后一日为法定节假日的，顺延 1 日；在每月 1 日至 15 日内有连续 3 日以上法定休假日的，按休假日天数顺延。

执行日期：2009 年 1 月 1 日

政策依据：《国家税务总局关于调整增值税纳税申报有关事项的通知》（国税函［2008］1075 号）

分析诊断

生产企业出口退（免）税超过规定申报期限，税务机关将不予受理。但这并不意味着，生产企业在出口退（免）税申报期限内随时都可以办理申报。按照目前政策规定，生产企业每月免抵退税的申报期限是为每月 1 日至 15 日（逢节假日顺延），也就是说，生产企业在规定退（免）税申报期限内的出口货物，只有在每个月的 1 日至 15 日才能办理出口退（免）税申报手续。虽然生产企业需要先办增值税纳税申报再办出口退（免）税申报，但是每个月出口退（免）税的申报期限并不完全等同于增值税纳税申报期限。按照国家税务总局规定，每个月出口退（免）税的申报期限都是 1 日至 15 日，而 2008 年以前增值税按月纳税申报期限是每个月的 1 日至 10 日，2009 年起增值税按月纳税申报期限才调整为每个月的 1 日至 15 日。另外，每个月增值税纳税申报期限逢节假日应当按照规定顺延，相应地，每个月出口退（免）税申报期限逢节假日也应当依照规定顺延。因此，2009 年以来每个月出口退（免）税申报期限与每个月增值税纳税申报期限应当相同。结合上述案例，每个月增值税纳税申报期限较长，所以主管税务机关确定的每个月出口退（免）税申报期限应该与增值税纳税申报期限相同，逢节假日也应该按照规定顺延，以免给出口企业增加不必要的麻烦。

触类旁通

一、不同出口企业每个月申报退（免）税的期限不同

从目前来看，只有生产企业出口货物退（免）税规定了每个月申报出口退（免）税的期限。也就是说，在每个月规定期限内，生产企业只能申报一次出口

退（免）税，在规定期限内补正资料数据的除外。

增值税小规模纳税人由于有按月申报纳税的，也有按季申报纳税的。因此，小规模纳税人每个月（季）内只能申报办理一次出口货物免税核销。

外贸企业由于实行单票对应法，因而外贸企业是按批次申报办理出口退（免）税。也就是说，无论是否在增值税纳税申报期限内，外贸企业每个月内都可以多次申报办理出口退（免）税。

二、每个月免抵退税申报期限逢节假日顺延不同于出口货物退（免）税申报期限延长

每个月免抵退税申报期限逢节假日顺延，并不代表出口货物退（免）税申报期限逢节假日顺延。也就是说，自货物报关出口之日起 90 日内如遇最后一日为法定节假日的，不得顺延 1 日；在 90 日内如果有连续 3 日以上法定休假日的，不得按休假日天数顺延。但是，如果按照国税发［2004］113 号和国税函［2007］1150 号的规定，90 日后第一个免抵退税申报期限（外贸企业增值税纳税申报期）截止之日如遇法定节假日，将出口退（免）税申报期限延长 1 日。如果 90 天后第一个免抵退税申报期限（外贸企业增值税纳税申报期）内有连续 3 日以上法定休假日的，可以将出口退（免）税申报期限按休假日天数顺延。

注意要点

在规定退（免）税申报期限内的生产企业出口货物，只有在每个月的免抵退税申报期内才能办理申报手续。

第八节　出口退（免）税审核办理

45. 出口企业逾期申报退（免）税≠税务机关逾期受理退（免）税申报

常见案例

某省 2011 年组织对全省重点出口企业退（免）税检查时发现，四川某有限公司属于具有增值税一般纳税人资格的生产企业，主要生产出口石油钻机及其配件，2008 至 2010 年间应视同内销征税明细数据 1665 条。经抽查核实，部分数据属于在规定期限或申请批准延长的期限内申报退税，部分数据属于按规定视同内销征收增值税，还有部分数据属于已超过批准延长的期限申报退税，税务机关受

理审核审批了该公司逾期申报的出口退（免）税共162笔，涉及的免抵退税额共计48 351 977.57元。该公司对此问题的解释是：前期申报资料已按时申报到主管国税局，税务局已接收并出具了受理回执。后期由于出口发票上商品的名称、计量单位和出口报关单上商品的名称、计量单位不一致等情况，需要提供说明或补充其他资料，国税局退回到该公司重新申报。因此，在税务局系统里面出现公司出口退税逾期未申报的问题。

政策规定

三、出口企业应在货物报关出口之日（以出口货物报关单〈出口退税专用〉上注明的出口日期为准，下同）起90日内，向退税部门申报办理出口货物退（免）税手续。逾期不申报的，除另有规定者和确有特殊原因经地市级以上税务机关批准者外，不再受理该笔出口货物的退（免）税申报。

对中标机电产品和外商投资企业购买国产设备等其他视同出口的货物，应自购买产品开具增值税专用发票的开票之日起90日内，向退税部门申报办理出口货物退（免）税手续。

2004年5月31日前报关出口货物的申报日期，截止到2004年9月30日。

四、退税部门应在本通知第三条规定的申报时限内，受理出口企业的出口货物退（免）税申报，并按时办理完毕有关退（免）税手续。

五、在出口企业申报出口货物退（免）税时，退税部门应及时予以受理并进行初审。经初步审核，对出口企业提供的申报资料准确、纸质凭证齐全的，退税部门接受该笔出口货物的退（免）税申报；对提供的申报资料不准确、纸质凭证不齐全的，退税部门不予接受该笔出口货物的退（免）税申报，并要当即向申报人提出改正、补充资料的要求。

对出口企业提供的退（免）税申报资料准确、纸质凭证齐全的，在申报期结束前，退税部门不得以没有相关电子信息或电子信息核对不符等原因，拒不受理出口企业的退（免）税申报。

执行日期：2004年6月1日

政策依据：《国家税务总局关于出口货物退（免）税管理有关问题的通知》（国税发［2004］64号）

第八条　出口商应在规定期限内，收齐出口货物退（免）税所需的有关单证，使用国家税务总局认可的出口货物退（免）税电子申报系统生成电子申报数据，如实填写出口货物退（免）税申报表，向税务机关申报办理出口货物退（免）税手续。逾期申报的，除另有规定者外，税务机关不再受理该笔出口货物的退（免）税申报，该补税的应按有关规定补征税款。

第九条　出口商申报出口货物退（免）税时，税务机关应及时予以接受并进行初审。经初步审核，出口商报送的申报资料、电子申报数据及纸质凭证齐全的，税务机关受理该笔出口货物退（免）税申报。出口商报送的申报资料或纸质凭证不齐全的，除另有规定者外，税务机关不予受理该笔出口货物的退（免）税申报，并要当即向出口商提出改正、补充资料、凭证的要求。

税务机关受理出口商的出口货物退（免）税申报后，应为出口商出具回执，并对出口货物退（免）税申报情况进行登记。

执行日期：2005 年 5 月 1 日

政策依据：《国家税务总局关于印发〈出口货物退（免）税管理办法（试行)〉的通知》（国税发［2005］51 号）

分析诊断

按照出口货物退（免）税管理办法的规定，出口企业应在规定期限内准确完整申报，要求出口企业办理退（免）税申报的期限要符合规定，不得超期；申报的载体要符合规定，一般既要有申报的电子数据也要有纸质资料；申报的内容要符合规定，报送的纸质资料要准确齐全，不得错填漏报。对出口企业提供的申报资料准确、纸质凭证齐全的，退税部门接受该笔出口货物的退（免）税申报；对提供的申报资料不准确、纸质凭证不齐全的，退税部门不予接受该笔出口货物的退（免）税申报，并要当即向申报人提出改正、补充资料的要求。在规定的申报期限内仍未改正补充资料的，税务机关不予受理出口企业的退（免）税申报。结合上述案例，该公司最初申报退（免）税时，由于退（免）税申报资料不准确，税务机关要求其补正资料重新申报。该公司却未在规定期限内而是逾期补正资料重新申报，故按照规定税务机关不应当受理该公司的出口退（免）税申报。

触类旁通

一、出口退（免）税申报受理的一般规定

根据国家税务总局印发《出口货物退（免）税管理办法（试行）》（国税发［2005］51 号）的规定，出口退（免）税申报受理一般规定如下：

1. 出口商应在规定期限内，收齐出口货物退（免）税所需的有关单证，使用国家税务总局认可的出口货物退（免）税电子申报系统生成电子申报数据，如实填写出口货物退（免）税申报表，向税务机关申报办理出口货物退（免）税手续。逾期申报的，除另有规定者外，税务机关不再受理该笔出口货物的退（免）

税申报，该补税的应按有关规定补征税款。

2. 出口商申报出口货物退（免）税时，税务机关应及时予以接受并进行初审。经初步审核，出口商报送的申报资料、电子申报数据及纸质凭证齐全的，税务机关受理该笔出口货物退（免）税申报。出口商报送的申报资料或纸质凭证不齐全的，除另有规定者外，税务机关不予受理该笔出口货物的退（免）税申报，并要当即向出口商提出改正、补充资料、凭证的要求。税务机关受理出口商的出口货物退（免）税申报后，应为出口商出具回执，并对出口货物退（免）税申报情况进行登记。

3. 出口商报送的出口货物退（免）税申报资料及纸质凭证齐全的，除另有规定者外，在规定申报期限结束前，税务机关不得以无相关电子信息或电子信息核对不符等原因，拒不受理出口商的出口货物退（免）税申报。

二、生产企业出口退（免）税申报的特殊规定

根据国家税务总局印发的《生产企业出口货物“免、抵、退”税管理操作规程（试行）》（国税发［2002］11 号）的规定，生产企业在货物出口并按会计制度的规定在财务上做销售后，先向主管征税机关的征税部门或岗位办理增值税纳税和免、抵税申报，并向主管征税机关的退税部门或岗位办理退税申报。退税申报期为每月 1 日至 15 日（逢节假日顺延）。

三、研发机构采购国产设备退税的申报受理

根据国家税务总局公告 2011 年第 73 号规定，研发机构应自购买国产设备取得的增值税专用发票开具之日起 180 日内，向其主管退税税务机关报送研发机构采购国产设备退税申报审核审批表申请退税，逾期不得申报。

四、出口退（免）税申报受理的注意事项

1. 受理出口退（免）税申报的税务机关。根据现行出口退（免）税有关管理规定，一般情况下，生产企业出口退（免）税由主管税务机关的退税部门受理，研发机构采购国产设备退税和外贸企业出口退（免）税由企业所在设区的市级国家税务局的退税部门受理。

2. 出口退（免）税申报资料。根据现行出口退（免）税有关管理规定，不同类型的出口退（免）税，其申报的资料各不相同，具体依照有关规定和要求办理。

3. 出口退（免）税申报期限问题。依照现行出口退（免）税规定，出口退（免）税申报既不能超过申报截止期限，又不能超过每月的申报期限。例如，生产企业出口退（免）税申报截止期限为出口报关之日起 90 日内，每月申报期为 1 日至 15 日，生产企业申报出口退（免）税必须同时符合上述两个期限的规定。

4. 出口退（免）税申报资料及纸质凭证齐全的，除另有规定者外，在规定申报期限结束前，税务机关不得以无相关电子信息或电子信息核对不符等原因，拒不受理企业的出口货物退（免）税申报。

注意要点

对出口企业提供的申报资料准确、纸质凭证齐全的，退税部门接受该笔出口货物的退（免）税申报；对提供的申报资料不准确、纸质凭证不齐全的，退税部门不予接受该笔出口货物的退（免）税申报，并要当即向申报人提出改正、补充资料的要求。

46. 申报退（免）税的出口货物无相关电子信息≠税务机关不受理出口退（免）税申报

常见案例

某公司是具有增值税一般纳税人资格的生产企业，属于出口退（免）税申报时必须提供收汇核销单的出口企业。2009 年 8 月，该公司报关出口一批货物，出口货物报关单（出口退税专用）、出口收汇核销单退税联等纸质单证已经收齐，但是电子口岸的出口货物报关单（出口退税专用）没有信息（其他的电子信息齐全）。2009 年 9 月到税务局办理出口退（免）税申报时，主管税务局的退税部门通知该公司，出口货物相关电子信息不齐，既不能办理延期申报，也不能受理出口退（免）税申报。该公司办税员向当地市国税局退税部门咨询得到的答复为：对出口企业提供的退（免）税申报资料准确、纸质凭证齐全的，在申报期结束前，退税部门不得以没有相关电子信息或电子信息核对不符等原因，拒不受理出口企业的退（免）税申报。

政策规定

五、在出口企业申报出口货物退（免）税时，退税部门应及时予以受理并进行初审。经初步审核，对出口企业提供的申报资料准确、纸质凭证齐全的，退税部门接受该笔出口货物的退（免）税申报；对提供的申报资料不准确、纸质凭证不齐全的，退税部门不予接受该笔出口货物的退（免）税申报，并要当即向申报人提出改正、补充资料的要求。

对出口企业提供的退（免）税申报资料准确、纸质凭证齐全的，在申报期结束前，退税部门不得以没有相关电子信息或电子信息核对不符等原因，拒不受理出口企业的退（免）税申报。

执行日期：2004 年 6 月 1 日

政策依据：《国家税务总局关于出口货物退（免）税管理有关问题的通知》（国税发［2004］64 号）

第十条 出口商报送的出口货物退（免）税申报资料及纸质凭证齐全的，除另有规定者外，在规定申报期限结束前，税务机关不得以无相关电子信息或电子信息核对不符等原因，拒不受理出口商的出口货物退（免）税申报。

执行日期：2005 年 5 月 1 日

政策依据：《国家税务总局关于印发〈出口货物退（免）税管理办法（试行）〉的通知》（国税发［2005］51 号）

分析诊断

对出口企业提供的退（免）税申报资料准确、纸质凭证齐全的，在申报期结束前，退税部门不得以没有相关电子信息或电子信息核对不符等原因，拒不受理出口企业的退（免）税申报。上述案例中的公司按照规定收齐出口退（免）税纸质凭证资料，在规定期限内向税务机关申报，而当地主管税务局却以出口货物相关电子信息不齐而拒不受理申报。可见，主管税务局未执行相关规定，而市国税局退税部门的答复是正确的。

触类旁通

一、出口货物报关单电子数据比对存在的问题

出口企业申报出口退税在计算机审核时，出口企业申报的电子数据与报关单电子信息比对，审核通不过主要有以下原因：

（一）实际业务与纸质报关单内容不符

出口企业的实际出口业务的主要内容：出口商品代码、出口商品名称、出口数量、出口金额等与实际出口业务内容不一致。出现错误比较多的为出口数量、出口金额、纸质报关单的数量和金额少于实际业务的出口数量和出口金额。当纸质报关单的数量和金额少于实际业务的出口数量和金额，出口企业记账或申报出口退税时发现了错误，出口企业有关人员到海关修改了纸质报关单，而出口报关单电子数据已经上传无法修改，这就使得出口企业申报退税时无法审核通过。

（二）电子数据与纸质报关单的相关数据没有核对

出口企业在拿到出口货物报关单（出口退税专用）时，没有将出口报关单上的出口商品代码、出口商品名称、计量单位、出口数量、出口金额、贸易方式、

出口日期等项目与“口岸电子执法系统”出口退税子系统中的报关单信息的相关内容进行核对，特别是有些大型的出口企业在报关单电子数据提交时不认真核对就进行了批量提交，使得纸质凭证上的出口数量和出口金额大于电子数据上的出口数量和金额，使得出口退税审核时无法通过。

（三）没有在电子口岸执法系统中的出口退税子系统提交报关单数据

有的出口企业办税员不熟悉电子口岸执法系统的相关操作要求，未能依照规定在电子口岸执法系统中的出口退税子系统提交出口报关单电子数据，致使出口退税审核系统中长期没有出口报关单电子数据。

二、提高出口货物报关单信息比对通过率的办法

（一）打印出口货物报关单（出口退税专用）

出口企业的货物出口后，应通过查询已离境结关的出口货物报关单号信息，在“口岸电子执法系统”出口退税子系统查到出口报关单电子数据后，到相关出口的海关打印出口货物报关单（出口退税专用）。

（二）出口货物报关单与实际业务核对

出口企业拿到出口货物报关单（出口退税专用）（有的出口企业是直接到海关签发的，有的是通过报关行或运输部门到海关签发的），应对出口的有关内容进行核对，核对有误的应马上到出口货物报关单（出口退税专用）的签发单位申请修订。

（三）纸质报关单（出口退税专用联）与“口岸电子执法系统”出口退税子系统中的电子数据核对

出口企业在将纸质报关单（出口退税专用联）与实际业务核对相符后，应将纸质报关单（出口退税专用联）上的相关内容与“口岸电子执法系统”出口退税子系统的出口退税报关单电子数据相关内容认真核对，对出口业务量大采取批量上传的出口企业，也应在逐笔核对。核对时，应逐份报关单逐条信息核对，通过单击“表头”、“表体”按钮，查看报关单电子数据的明细项目是否与纸质报关单相符，其中必须重点核对的项目有：海关编号（报关单号）、出口日期、出口口岸、经营单位编码、备案号、贸易方式、运抵国（贸易国别）、批准文号（收汇核销单号）、成交方式、运费、保费、杂费、商品编码、商品名称、第一数量、第一计量单位、第二数量、第二计量单位、成交数量及计量单位、总价、币制，若发现网上电子信息与纸质报关单部分内容不一致，则不能做网上提交。在核对过程中发现有错误的，应到出口货物报关单（出口退税专用）的签发部门申请修订，修订后再用纸质报关单（出口退税专用联）与“口岸电子执法系统”出口退税子系统上的出口退税报关单电子数据进行核对。

（四）正确及时报送数据

企业在登录中国电子口岸后，应在主界面中点击“出口退税”进行数据报

送，不要选择“出口收汇”进行数据报送，否则将导致信息比对不上。

企业在选择报送方式时，建议采用“查询报送”的方式进行报送，原则上不建议采用“选择报送”和“全体报送”报送报关单数据。经企业确认提交的数据，将由口岸数据中心转给国税机关，作为退税审核的依据之一。如果企业采用“选择报送”或“全体报送”进行数据报送，没有对报送的报关单信息进行核对确认而提交的，若企业在退税申报时出现信息对碰不相符的，企业要承担一切后果。

企业在收到纸质出口货物报关单后，应即时登录电子口岸报关单信息，不要累积整月的报关单到月末或下月初才发送。因为企业在电子口岸报送海关信息后，海关信息的传送有一定的流转过程，税务端不可能即时收到海关信息。如果企业累积整月的报关单到月末或下月初才发送的话，容易导致税务端不能及时接收企业所发送的报关单信息，导致企业在预申报时报关单信息不能成功对碰。另外，未报送的电子数据在网上保留期限最多延至次年3月底。

出口企业若能按照以上所述的步骤在“口岸电子执法系统”出口退税子系统中上传报关单电子数据，在申报出口退税时，就不会出现报关单信息与企业申报电子数据不相符的疑点，从而确保出口企业及时得到出口退税款。

注意要点

对出口企业提供的退（免）税申报资料准确、纸质凭证齐全的，在申报期结束前，退税部门不得以没有相关电子信息或电子信息核对不符等原因，拒不受理出口企业的出口货物退（免）税申报。

47. 税务机关依法受理出口退（免）税申报≠税务机关依法审核出口退（免）税

常见案例

某公司是具有增值税一般纳税人资格的生产企业，出口退税实行免抵退办法。该公司所属期2007年12月出口退税资料已按时申报，税务机关已经按照规定受理。但因税务机关出口退税审核系统中一直未收到出口报关单电子数据，故退税机关一直未能通过审核。经该公司与所属出口退税分局的有关人员联系确认，该批货物报关单电子数据于2007年12月已经通过电子口岸提交国家税务总局，且电子口岸已确认该批电子数据已提交国家税务总局，但所属出口退税分局自2007年12月至2008年4月均未收到电子数据。办税员咨询市国税局退税部门得到的答复为：没有电子数据，审核不会通过，请向主管退税税务机关上报电子数据缺失情况，由主管退税税务机关协助查询。

政策规定

第十一条 税务机关应当使用国家税务总局认可的出口货物退（免）税电子化管理系统以及总局下发的出口退税率文库，按照有关规定进行出口货物退（免）税审核、审批，不得随意更改出口货物退（免）税电子化管理系统的审核配置、出口退税率文库以及接收的有关电子信息。

第十三条 在对申报的出口货物退（免）税凭证、资料进行人工审核后，税务机关应当使用出口货物退（免）税电子化管理系统进行计算机审核，将出口商申报出口货物退（免）税提供的电子数据、凭证、资料与国家税务总局及有关部门传递的出口货物报关单、出口收汇核销单、代理出口证明、增值税专用发票、消费税税收（出口货物专用）缴款书等电子信息进行核对。审核、核对重点是：

（一）出口报关单电子信息。出口报关单的海关编号、出口日期、商品代码、出口数量及离岸价等项目是否与电子信息核对相符。

（二）代理出口证明电子信息。代理出口证明的编号、商品代码、出口日期、出口离岸价等项目是否与电子信息核对相符。

（三）出口收汇核销单电子信息。出口收汇核销单号码等项目是否与电子信息核对相符。

（四）出口退税率文库。出口商申报出口退（免）税的货物是否属于可退税货物，申报的退税率与出口退税率文库中的退税率是否一致。

执行日期：2005年5月1日

政策依据：《国家税务总局关于印发〈出口货物退（免）税管理办法（试行）〉的通知》（国税发［2005］51号）

分析诊断

受理出口退（免）税申报并不等同于税务机关就能立即审核通过出口退（免）税。按照出口退（免）税管理办法规定，对出口企业提供的退（免）税申报资料准确、纸质凭证齐全的，在申报期结束前，退税部门不得以没有相关电子信息或电子信息核对不符等原因，拒不受理出口企业的退（免）税申报。但是这并不等于说，出口货物相关电子信息不齐或核对不符税务机关就能审核通过出口退（免）税。相反地，出口货物没有相关电子信息或电子信息核对不符，税务机关就不得审核通过退（免）税。上述案例中的公司虽然已经按照规定通过电子口岸执法系统中的出口退税子系统提交报关单数据，但出口退税审核系统中未接收到报关单的电子数据，故税务机关无法审核通过出口退（免）税申报。该公司应向主管退税税务机关上报电子数据缺失情况，并由主管退税税务机关协助查询。

触类旁通

一、出口货物报关单电子信息的管理

（一）出口企业提交出口货物报关单电子信息

根据《国家税务总局、海关总署关于正式启用“口岸电子执法系统”出口退税子系统的通知》（国税发［2003］15号）的规定，自2003年1月1日起，出口企业必须进入“口岸电子执法系统”出口退税子系统核查提交报关单“证明联”电子信息，上传至中国电子口岸数据中心，再由中国电子口岸数据中心传递到国家税务总局。

出口企业网上数据项目必须与出口货物具体报关项目核对完全一致后，方可确认和提交报关单“证明联”电子数据，其中必须重点核对的项目有：海关编号（报关单号）、出口日期、出口口岸、经营单位编码、备案号、贸易方式、运抵国（贸易国别）、批准文号（收汇核销单号）、成交方式、运费、保费、杂费、商品编号、商品名称、第一数量、第一计量单位、第二数量、第二计量单位、成交数量及计量单位、总价、币制。

（二）国家税务总局下发出口货物报关单电子信息

国家税务总局每日从中国电子口岸数据中心接收出口报关单电子数据，进行相应的格式转换后，按报关单数据清分规则通过电子数据传输系统出口退税子系统（简称传输系统，下同）自动清分下发到各省市，各省市接收国家税务总局下发的报关单电子信息后，按数据清分规则自动清分到各地市。传输系统在清分数据时，先依据海关代码的特殊情况，后依据前4位的顺序对总局下发的出口报关单数据进行清分，最终形成可供地市出口退税审核系统使用的数据文件。

国家税务总局下发的报关单“证明联”电子数据分别为：企业按日确认的数据，代码001；一个月终了后企业已确认和未确认的数据，代码003；修改、更正数据，代码002。

（三）使用出口货物报关单电子信息审核办理退（免）税

根据《国家税务总局、海关总署关于正式启用“口岸电子执法系统”出口退税子系统的通知》（国税发［2003］15号）的规定，自2003年1月1日起，在全国正式启用“口岸电子执法系统”出口退税子系统。对出口企业申报的出口货物退（免）税纸质申报凭证及其相关电子数据，主管出口退税的税务机关必须与总局下发的出口报关单“证明联”等电子信息进行严格审核、核对，并依据该系统报关单“证明联”电子数据申报办理出口货物的退（免）税。各级主管出口退税的税务机关在办理出口退税审核、审批手续时，必须使用“001”数据；主管征税的税务机关在办理生产企业出口货物免、抵税款申报、审核时，可使用“003”数据。对报关单“证明联”电子信息核对有误的，不予办理退（免）税。

二、出口收汇核销单电子信息的管理

（一）税务机关取得出口收汇核销单电子信息

1. 未试行申报出口退税免予提供纸质出口收汇核销单地区。

根据《国家外汇管理局国家税务总局关于“出口收汇核报系统”的核销数据传送及退税数据使用有关问题的通知》（汇发［2003］126号）的规定，各级外汇局应于每月5日前，将从核报系统下载的上月核销（含已核销和逾期未核销）数据提供给同级税务部门。提供数据文件的方式可利用通讯平台传送，也可复制软盘传递；对于实行自动核销方式的单位的核销数据，外汇局应在核报系统中分别打印出每个单位的已核销和逾期未核销清单，加盖“出口收汇核销监管业务章”后送税务部门。

2. 试行申报出口退税免予提供纸质出口收汇核销单地区。

根据《国家税务总局国家外汇管理局关于试行申报出口退税免予提供纸质出口收汇核销单的通知》（国税函［2005］1051号）的规定，试点地区省级国家税务局、外汇管理分局（部）应按已报国家税务总局和国家外汇管理局备案的本地区“出口收汇核销电子数据传输方案”组织实施相关电子数据传输工作。“传输方案”应注重电子数据传输的安全、保密、准确、及时，传输数据应符合“出口退税审核系统”的数据接口标准，应制定双方电子数据对账制度。试点地区省级国家税务局还应制定本地区税务系统内部的出口收汇核销电子数据传递机制和管理办法，确保电子数据的安全。

试点地区省级外汇管理分局（部）依据“传输方案”，按日向省级国家税务局传输试点企业的出口收汇核销电子数据（包括已核销电子数据和逾期未核销电子数据等）。

（二）出口收汇核销单电子信息的下发

省级国家税务局接收当地外汇管理机关传递来出口收汇核销单电子信息后，按数据清分规则自动清分通过传输系统下发到各地市主管退税机关。如果出口收汇核销单电子信息直接由地市级外汇管理机关传递给地市级国家税务局，在出口退（免）税审批权未下放的条件下，地市级国家税务局则不用再下发出口收汇核销单电子信息。

（三）出口收汇核销单电子信息的使用

税务机关应将企业申报出口退（免）税数据与出口收汇已核销电子数据比对

相符后，方能办理退（免）税。

根据《国家税务总局关于出口货物退（免）税管理有关问题的通知》（国税发［2004］64号）、《国家税务总局国家外汇管理局关于试行申报出口退税免予提供纸质出口收汇核销单的通知》（国税函［2005］1051号）的规定，试行申报出口退税免予提供纸质出口收汇核销单的出口企业申报出口货物退（免）税时，对尚未到期结汇的，税务机关审核退（免）税时，可暂时免予审核出口收汇核销电子数据。

三、代理出口证明电子信息

出口企业通过出口退税申报系统申请开具代理出口证明，税务机关在出口退税审核系统中审核通过后，予以出具代理出口证明。

地市级国家税务局通过出口退税审核系统产生数据，通过传输系统把代理出口证明信息传输到省级国家税务局，省级国家税务局定时自动汇总上传国家税务总局。

国家税务总局处理完毕后，通过传输系统定时自动清分下发到各省局。省局接收到总局数据后，根据清分规则，自动实时清分下发到各地市。代理证明以委托方纳税人识别号为清分依据。

各地市国家税务局接收到代理出口证明电子信息后，依照规定与出口退（免）税申报数据进行比对相符后，方能办理退（免）税。

注意要点

受理出口退（免）税申报并不等同于税务机关就能立即审核通过出口退（免）税。

48. 出口货物单证信息齐全≠税务机关应当审核通过出口退（免）税

常见案例

某公司是2010年1月被批准成为增值税一般纳税人的生产企业，2011年2月公司出口销售约500万元，申报免抵退税30万元，主管税务机关认为该公司出口增长很大，必须实地检查核实后才能审核出口退（免）税。但到2011年4月税务机关还未检查完毕，一直未审核出口退（免）税，致使该公司难以运作，因此其办税员向市国税局退税部门反映，声称主管税务机关行政不作为。市国税局退税部门予以答复：对增长幅度太大，出口退税预警评估异常的，主管税务机关应及时了解增长原因，确认没有问题后应及时审核办理出口退（免）税。

政策规定

第十四条　税务机关在审核中，发现的不符合规定的申报凭证、资料，税务机关应通知出口商进行调整或重新申报；对在计算机审核中发现的疑点，应当严格按照有关规定处理；对出口商申报的出口货物退（免）税凭证、资料有疑问的，应分别作出处理：

（一）凡对出口商申报的出口货物退（免）税凭证、资料无电子信息或核对不符的，应及时按照规定进行核查。

（二）凡对出口货物报关单（出口退税专用）、出口收汇核销单等纸质凭证有疑问的，应向相关部门发函核实。

（三）凡对防伪税控系统开具的增值税专用发票（抵扣联）有疑问的，应向同级税务稽查部门提出申请，通过税务系统增值税专用发票协查系统进行核查。

（四）对出口商申报出口货物的货源、纳税、供货企业经营状况等情况有疑问的，税务机关应按国家税务总局有关规定进行发函调查，或向同级税务稽查部门提出申请，由税务稽查部门按有关规定进行调查，并依据回函或调查情况进行处理。

第二十条　税务机关应建立出口货物退（免）税评估机制和监控机制，强化出口货物退（免）税管理，防止骗税案件的发生。

执行日期：2005 年 5 月 1 日

政策依据：《国家税务总局关于印发〈出口货物退（免）税管理办法（试行）〉的通知》（国税发［2005］51 号）

一、退税评估是出口退税日常管理工作的重要组成部分，各地要充分认识加强退税评估工作的重要性和必要性，切实加强对退税评估工作的组织领导，在总结以往工作经验的基础上，结合本地实际制定具体的实施方案，把开展退税评估工作与加强纳税评估管理、落实税收管理员制度有机结合起来。

二、退税评估是指税务机关按照《国家税务总局纳税评估管理办法（试行）》（国税发［2005］43 号）文件的规定，对出口企业一定时期内的出口货物退（免）税情况进行系统的分析、评价，并据此作出定性、定量判断和采取进一步管理措施的行为。

三、退税评估由税务机关内设的出口退税管理部门或从事出口退税管理工作的人员负责，可以在办理出口货物退（免）税的事前、事中、事后进行。各地要结合本地实际设立专门的退税评估岗位，合理配备人员。出口退税管理部门要与其他管理部门密切配合，分工负责，共同做好退税评估工作。

四、各地应充分利用现有的出口退税信息、数据，建立退税评估数据库。数据库内容应涵盖出口企业的各项评估指标、预警值、历次评估结果等详细资料，并纳入“一户式”信息管理系统，实现信息共享。

退税评估指标可分为外贸企业退税评估指标和生产企业“免、抵、退”税评估指标两部分，主要涉及出口增长评估、出口价格评估、国内货物流向评估、报关口岸评估、进料加工手册核销评估、应退税额比重评估等方面。具体评估指标及评估方法见附件，各地可参考使用。各地可以根据情况变化设定本地退税评估指标的预警值，并可根据工作需要增设其他退税评估指标。

五、退税评估工作的内容主要包括：设立评估指标及其预警值；确定评估对象；对评估对象进行案头评估分析；根据评估分析结果作出定性定量的判断，或对评估分析结果采取约谈、发函、实地调查等方式进行核实，进而作出定性定量的判断；根据判断结果采取相应措施进行评估处理；向有关部门提出管理建议；为税收宏观分析和行业税负监控提供基础信息等。

六、在退税评估中发现的异常问题，按以下原则处理：

（一）对评估中发现的异常问题，经发函、约谈、实地调查等程序认定事实清楚，不具有涉嫌骗税、偷税及其他需移交稽查部门查处情形的，可提请并督促出口企业自行改正；应给予行政处罚的，按规定程序和权限实施行政处罚。

（二）对评估中发现的异常问题不能认定清楚，或出口企业拒绝自行改正，或发现出口企业有涉嫌骗税、偷税及其他需移交稽查部门查处情形的，未办理退（免）税的应暂停办理，已办理的要按照征管法的有关规定责成出口企业提供担保或者采取税收保全措施，并要按有关规定移交税务稽查部门查处。对出口退税管理部门移交稽查部门查处的案件，稽查部门要按有关规定将处理结果及时向退税部门反馈。

执行日期：2007年1月20日

政策依据：《国家税务总局关于加强出口货物退（免）税评估工作的通知》（国税发［2007］4号）

分析诊断

出口货物必备的单证资料不齐全，或者出口货物相关电子信息不齐全，税务机关都不能审核通过出口企业的退（免）税。相反地，出口货物的单证资料齐全同时相关电子信息也齐全，并不等于税务机关就必然要审核通过出口企业的退（免）税申报。对于出口退（免）税审核中出现的疑点，税务机关必须调查核实无误才能审核通过办理出口退（免）税。对于调查核实的方式有多种，既有税收函调，也有退税评估，还有实地调查，经调查核实出口企业涉嫌骗取出口退税的，还须移交税务稽查局进行查处。上述案例中的公司出口货物虽然单证信息齐全，但出口额和申报的出口退税增长都特别大，税务机关对出口增长特别大的出口货物需要进行实地调查，调查核实无误后才能办理出口退税。从这点来说，主管税务机关的做法和市国税局的答复是正确的，但是，实地调查核实消除疑点后应当立即办理出口退税，如果涉嫌骗取出口退税的，应当移交税务稽查局进行查处，而不应当长时间不作出调查结论，致使出口企业产生怨言，从这点上来说，主管税务机关的做法有不妥当之处。

触类旁通

一、出口货物税收函调的范围

（一）要求出口企业填报自查表的范围

根据国家税务总局《出口货物税收函调管理办法》（国家税务总局公告 2010 年第 11 号发布）的规定，主管出口退税的税务机关（以下简称“退税机关”），对出口企业申报的出口退（免）税有下列情形之一的，应要求出口企业填报外贸企业出口业务自查表或生产企业出口业务自查表，并分析有关内容。

1. 出口业务涉及国家税务总局预警信息，包括国家税务总局预警出口企业、国家税务总局预警供货企业、国家税务总局预警出口商品等。

2. 税务系统内部提供涉嫌骗取出口退税线索的。

3. 税务系统以外部门提供涉嫌骗取出口退税线索的。

4. 出口企业及供货企业均属关注企业，且出口关注商品的。

5. 关注企业首次出口关注商品的。

6. 出口企业首次从关注企业购进关注商品出口的。

7. 有下列情形，且出口企业盖有公章的书面理由不充分的：

（1）出口货物换汇成本高于合理上限的。

（2）出口关注商品，且关注商品出口数量月度增幅超过 20% 或出口单价与上次申报相比超过 10%。

（3）出口关注商品，且关注商品进货单价与上次申报相比超过 10%。

（4）跨境贸易人民币结算业务经分析异常的。

8. 退税机关认为需要调查的其他情况，比如发现供货企业所在地、货物启运地、报关口岸、离境口岸、出口国别、运输方式等内容两项或多项之间明显有悖常理；首次出口非传统商品且属跨大类商品出口企业，无充分的盖有公章的书面理由的等。

（二）发出税收函调

退税机关经对外贸企业出口业务自查表或生产企业出口业务自查表分析核查后未发现明显疑点的，可根据审核、审批程序办理出口退税；核查后不能排除明显疑点的，应通过函调系统向出口货物供货企业所在地县以上税务机关发函调查，并依据复函情况按规定进行处理。未收到复函前，对于尚未办理的出口退税，暂不办理。

对需要函调的业务，由出口企业所在地县以上税务机关主管局长审批后进行发函调查。

（三）可以不按规定核查也可不发函调查的情况

1. 函调未发现问题，回函一年内从同一供货企业购进同类商品的出口业务。

2. 出口企业从同一供货企业购货，月出口申报退税额不超过 10 万元的。但出口企业从多家供货企业购进出口业务有第五条所列疑点的除外。

3. 出口到中国香港、中国澳门、中国台湾地区，东南亚国家，陆路毗邻国家以及海关特殊监管区域以外的国家和地区（不包括通过上述国家和地区转口），且出口商品不属于价值较高、退税率高、体积较小或重量较轻的商品，也没有将不退税或低退税率货物申报为高退税率货物商品代码疑点的。

4. 使用税务机关代开的发票申报出口退税的。

5. 进料加工出口业务。

6. 核查过程中出口企业自愿放弃并自愿收回出口退（免）税申报的。

税务机关在核查过程中疑点特别异常的不受上述条件限制。

二、收到复函的处理

1. 复函确认供货企业存在下列情况之一的，不得办理出口退税，对已办理出口退税的，应将出口退税款追回。按规定需要征税的，应予征税。需要立案查处的，退税部门应及时按照有关规定，将有关资料移交稽查部门立案查处。

（1）供货企业销售该批货物开出的增值税专用发票为虚开发票。

（2）供货企业销售货物属自行生产的，其生产设备、工具不能生产该种货物，或该企业不具备该批货物产能的。

（3）供货企业销售该批非自产货物的购进业务不真实。

（4）供货企业销售该批货物为委托加工产品，其委托加工业务不真实。

（5）供货企业被注销或被认定为非正常户后开出增值税专用发票的。

（6）供货企业实际销售的货物与增值税专用发票所列货物不一致的，或出口企业从供货企业采购的货物与其实际出口货物不一致的。

（7）其他按规定不予办理出口退税的情况。

有上述情形之一的，退税机关应将该出口企业 1 年内从同一供货企业购进货物，以及从其他供货企业购进同类商品的其他尚未函调的出口业务作为有疑点的业务进行函调。未收到复函前，对于尚未办理出口退税的，暂不办理；已办理退税的，应按照该复函所涉及退税额暂扣该企业其他已审核通过的应退税款，无其他应退税款或应退税款小于该复函所涉及退税额，可由出口企业提供差额部分的担保。收到复函后，按照本办法第十五条规定进行处理。

2. 复函确认供货企业存在下列疑点之一的，暂缓办理出口退税，对已办理出口退税的，应按照该复函所涉及退税额暂扣该企业其他已审核通过的应退税款，无其他应退税款或应退税款小于该复函所涉及退税额，可由出口企业提供差额部分的担保。待复函税务机关再次复函排除相应疑点后，方可办理出口退税。

（1）供货企业销售该批货物开出的增值税专用发票为涉嫌虚开发票。

（2）供货企业销售该批自产货物，复函的具体情况说明中提出其生产能力存在疑点的。

（3）供货企业销售该批非自产货物，复函的具体情况说明中提出其购进业务存在疑点的。

（4）供货企业销售的货物为委托加工产品，复函的具体情况说明中提出其委托加工业务存在疑点的。

（5）其他按规定或复函机关认为需要进一步核查的情况。

3. 根据复函，结合退税部门对出口企业核查的情况仍存在下列疑点之一的，暂缓办理出口退税，已办理退税的，应按照该复函所涉及退税额暂扣该企业其他已审核通过的应退税款，无其他应退税款或应退税款小于该复函所涉及退税额，可由出口企业提供差额部分的担保。待排除相应疑点后，方可办理出口退税。

（1）存在或涉嫌存在《国家税务总局 商务部关于进一步规范外贸出口经营秩序切实加强出口货物退（免）税管理的通知》（国税发［2006］24 号）第二条规定的七种不予办理出口退税情况之一的。

（2）供货企业存在将货物发往非购货方地址或非该批出口业务出口口岸，且无盖有公章的书面合理原因的。

（3）有关国内进货、出口收汇、付款、国内外运输费用凭证及相关合同不齐全无合理理由或内容及逻辑存在明显疑点的情况。

（4）该批出口货物已收汇，但供货企业实际收到货款及税款与应收货款及税款比率低于 85% 且无盖有公章的书面合理原因的。

（5）出口货物非购买方付款占应收款比率 15% 以上，且无盖有公章的书面合理原因的。

（6）存在其他暂时无法排除的明显疑点的情况。

4. 复函确认供货企业存在下列疑点之一，退税部门对出口企业核查也存在明显疑点的，暂缓办理出口退税，待复函税务机关再次复函排除相应疑点后，方可办理出口退税。

（1）供货企业被认定为非正常户，至复函日止仍欠缴增值税的，或被调查商品为消费税应税货物仍欠消费税税款的，且欠缴税款大于等于应退税款。

（2）经税务机关实地核查，供货企业查无下落，导致复函税务机关无法核实有关情况。

（3）供货企业被认定为非正常户之前 3 个月内开具增值税专用发票但该企业未接受核查。

5. 不存在上述 1、2、3、4 项所述情况，为正常业务复函。退税机关应根据出口退税审核、审批相关规定办理出口退税。

6. 复函内容存在上述 2、3、4 项所述情况之一的，退税机关应将该出口企业 1 年内从同一供货企业购进货物，以及从其他供货企业购进同类商品的其他尚未函调的出口业务作为有疑点的业务进行函调。未收到复函前，对于尚未办理的出口退税，暂不办理。收到复函后，按照上述规定进行处理。

注意要点

对于出口退（免）税审核中出现的疑点，税务机关必须调查核实无误才能审核通过办理出口退（免）税。

49. 出口退税审核中产生疑点≠不能人工挑过

常见案例

某电气集团国际合作有限公司属于增值税一般纳税人的生产企业，具有对外承包工程经营资格。2010 年 10 月向主管税务机关退税部门办理出口货物退（免）税申报，退税部门审核公司退（免）税申报存在疑点，退税部门审核员告知该公司办税员，错误级别为 W 和 E 级的疑点不得挑过。对“申报退税率（13.00）大于商品码库中的规定退税率（5.00）”疑点，办税员解释是根据财税［2007］90 号文件，在 2007 年 7 月 1 日之前已经中标的长期对外承包工程所涉及的出口设备和建材，在 2007 年 7 月 20 日之前到主管出口退税的税务机关登记备案的，准予仍按原出口退税率执行完毕。退税部门审核员仍然坚持自己的意见，拒不审核通过出口企业退（免）税申报。办税员向市局退税部门反映，市局退税部门认真核查企业提供的相关资料后，通知主管税务机关人工挑过疑点审核通过公司的出口退（免）税。

政策规定

第十四条　税务机关在审核中，发现的不符合规定的申报凭证、资料，税务机关应通知出口商进行调整或重新申报；对在计算机审核中发现的疑点，应当严格按照有关规定处理；对出口商申报的出口货物退（免）税凭证、资料有疑问的，应分别作出处理：

（一）凡对出口商申报的出口货物退（免）税凭证、资料无电子信息或核对不符的，应及时按照规定进行核查。

（二）凡对出口货物报关单（出口退税专用）、出口收汇核销单等纸质凭证有疑问的，应向相关部门发函核实。

（三）凡对防伪税控系统开具的增值税专用发票（抵扣联）有疑问的，应向同级税务稽查部门提出申请，通过税务系统增值税专用发票协查系统进行核查。

（四）对出口商申报出口货物的货源、纳税、供货企业经营状况等情况有疑问的，税务机关应按国家税务总局有关规定进行发函调查，或向同级税务稽查部门提出申请，由税务稽查部门按有关规定进行调查，并依据回函或调查情况进行处理。

第二十条　税务机关应建立出口货物退（免）税评估机制和监控机制，强化出口货物退（免）税管理，防止骗税案件的发生。

执行日期：2005 年 5 月 1 日

政策依据：《国家税务总局关于印发〈出口货物退（免）税管理办法（试行）〉的通知》（国税发［2005］51 号）

四、执行时间

以上商品出口退税率调整自 2007 年 7 月 1 日起执行。具体执行时间，以海关“出口货物报关单（出口退税专用）”上注明的出口日期为准。

出口企业在 2007 年 7 月 1 日之前已经签订的涉及取消出口退税的船舶出口合同，在 2007 年 7 月 20 日之前持出口合同（正本和副本）到主管出口退税的税务机关登记备案的，准予仍按原出口退税率执行完毕。对在 2007 年 7 月 20 日之前未办理备案手续的，一律按取消出口退税执行。

有对外承包工程资质的出口企业在 2007 年 7 月 1 日之前已经中标的长期对外承包工程或已经签订价格不能更改的长期对外承包工程合同所涉及的出口设备和建材，凡在 2007 年 7 月 20 日之前持有效中标证明（正本和副本）或已经签订的长期对外承包工程合同（正本和副本）及工程概算清单，到主管出口退税的税务机关登记备案的，准予仍按原出口退税率执行完毕。对在 2007 年 7 月 20 日之前未办理备案手续的，一律按调整后的出口退税率执行。

执行日期：2007年7月1日

政策依据：《财政部 国家税务总局关于调低部分商品出口退税率的通知》（财税［2007］90号）

分析诊断

出口退税审核疑点是出口退税计算机审核结果的主要表现形式，也是出口退税审核需要进行处理的重点内容，能否全面准确地掌握疑点产生的原因以及相应的处理方法，是整个出口退税申报审核的关键所在。对于审核过程中发现的疑点，有的属于企业在申报数据录入环节出现的失误或错误，有的属于外部电子信息异常出现的错误，有的属于出口退（免）税政策规定不允许申报办理出口退（免）税出现的错误。究竟属于何种原因，税务机关要认真分析原因，依照出口退（免）税政策规定进行处理，或者人工挑过，或者修改数据，或者函调等。结合上述案例，该公司申报出口退税出现“申报退税率（13.00）大于商品码库中的规定退税率（5.00）”疑点，属于执行特殊出口退（免）税政策规定而出现的疑点，而主管税务机关退税部门以申报退税率与商品码库中的规定退税率不等为由不得申报出口退（免）税，且不深入调查不审核通过出口退税申报，这样做无疑是不当的。市国税局退税部门在认真调查核实的基础上要求人工挑过疑点，从而审核通过公司的退（免）税申报的做法无疑是正确。

触类旁通

一、不能人工挑过的疑点被人工挑过

例如，某效率源信息安全技术有限责任公司出现1条“退税率（17.00）与商品码库中的（13.00）不等”疑点进行了挑过。具体情况为：该公司在2010年11月进行所属期10月的出口退税申报时，因会计失误，错将13%的退税率误录为17%，主管局出口退税审核人员因工作疏漏，未仔细核实该疑点，进行了人工挑过。

二、出口退税审核疑点的编码设计的基本原理

出口退税审核系统将整个审核疑点设计为一个统一的疑点代码表方式，所有关于疑点的描述及相关处理均在代码表中，采用模式驱动的方式使疑点的改动尽可能不依赖于程序。这样做的好处是申报系统具备非常好的可扩充性，不会因经常需要变动的疑点而频繁地调整程序；同时，有效地将宏观监控特殊审核疑点纳入其中，利于自上而下地进行全国范围内的疑点增加和适应当地税务机关审核扩展。

每个疑点都有固定的编码，每个疑点可按疑点“错误级别”区分疑点的问题程度，可按“可否人工挑过”确定该疑点出现后可否人工挑过。下面对疑点表各项目说明如下：

【疑点编码】疑点编码

【审核对象】一般指审哪一种表单

【基本内容】该审核条件内容简述

【审核报关单】1：有效（参与退税审核）；0：无效

【审核核销单】1：有效（参与退税审核）；0：无效

【审核专用税票】1：有效（参与退税审核）；0：无效

【审核代理证明】1：有效（参与退税审核）；0：无效

【审核远期收汇】1：有效（参与退税审核）；0：无效

【审核进口关单】1：有效（参与退税审核）；0：无效

【审核专用发票】1：有效（参与退税审核）；0：无效

【疑点产生条件】1：有效（参与退税审核）；0：无效

【出错提示信息】文字

【错误级别】空：应注意检查，但不影响退税计算，视同审核通过；W：警告；E：错误。

“ ”：提示性疑点，程度较轻，表示有可能存在错误，对此部分疑点只有经过认真核实后，方可办理退税。

“W”：警告性疑点，表示存在着错误程度较轻的问题，对这部分疑点只有进行认真核实后方能办理退税。

“E”：错误性疑点，表示存在错误，对此部分疑点只有经过认真核实，并进行调整后方可办理退税。

【可否人工挑过】当前审核可否人工挑过。1：可人工挑过；0：否。一般来讲，纯粹逻辑上不能挑过的设置为“0”，也可根据政策规定对部分疑点进行严格限制。

【备注】保留。

【分类标志】空：系统内部使用；1：总局宏观调控审核条件；2：自加审核条件。

【有效标志】1：有效（参与退税审核）；0：无效。

注意要点

对计算机审核疑点，税务机关要认真分析原因，依照出口退（免）税政策规定进行处理。

50. 审核通过出口退（免）税≠应当办理出口退（免）税

常见案例

某公司是具有增值税一般纳税人的生产企业，2011 年 12 月申报出口退（免）税，由于单证信息齐全，审核中也没有出现人工不能挑过的疑点，税务机关依照规定审核审批出口退（免）税。办税员凭税务机关签批的出口退（免）税申报表到主管税务机关办税服务厅申请开具收入退还书，请求办理出口退（免）税事宜。但办税服务厅工作员告知办税员，本月已经没有出口退税指标，不能办理出口退税。办税员十分不解，认为公司出口退税申报已经审核审批通过，税务机关就应当立即为企业办理出口退税手续。

政策规定

五、生产企业“免、抵、退”税审核、审批

（一）审核审批程序

退税部门每月 15 日前受理生产企业上月的“免、抵、退”税申报后，应于月底前审核完毕并报送地、市级退税机关或省级退税机关（以下简称退税机关）审批。

退税机关按规定审批后，应及时将审批结果反馈退税部门。对需要办理退税的，由退税机关在国家下达的出口退税指标内开具“收入退还书”并办理退库手续；对需要免抵调库的，由退税机关在国家下达的出口退税指标内出具“生产企业出口货物免、抵、退税审批通知单”给征税机关，同时抄送财政部驻各地财政监察专员办事处。退税机关应于每月 10 日前将上月“免、抵、退”税情况在与计会部门及国库对账的基础上汇总统计上报国家税务总局。

征税机关应在接到“生产企业出口货物免、抵、退税审批通知单”的当月，以正式文件通知同级国库办理调库手续。

执行日期：2002 年 1 月 1 日

政策依据：《国家税务总局关于印发〈生产企业出口货物“免、抵、退”税管理操作规程〉（试行）的通知》（国税发［2002］11 号）

一、出口退税计划，具体包括“免抵”调库计划、出口企业（包括专业外贸公司和生产企业）退税计划（以下简称“退税计划”）和规定具体用途的专项退税计划（以下简称“专项退税计划”）。出口退税计划执行的结果，直接影响到外贸出口和全年税收收入任务的完成。各级税务机关对此必须高度重视，加强管理。

二、出口退税计划管理是税务机关税收计划管理的重要组成部分。从 2003 年起，总局将年度计划按“免抵”调库计划、退税计划和专项退税计划等分批分别专项下达。其中“免抵”调库计划和专项退税计划必须按规定使用。各地要在总局下达的出口退税计划额度内，分别办理“免抵”调库和退税，绝对不允许超退税总计划办理调库或退税。

三、对于总局分配下达的“免抵”调库计划，各地无论调库资源和收入任务完成情况如何，一律不得擅自将“免抵”调库计划转为退税计划使用；对下达的专项退税计划，各地也应严格执行，不得挪作他用。

执行日期：2003 年 1 月 1 日

政策依据：《国家税务总局关于加强出口退税计划管理的通知》（国税函［2003］325 号）

第十六条　出口货物退（免）税应当由设区的市、自治州以上（含本级）税务机关根据审核结果按照有关规定进行审批。

税务机关在审批后应当按照有关规定办理退库或调库手续。

第十八条　税务机关应做好出口货物退（免）税计划及其执行情况的分析、上报工作。税务机关必须在国家税务总局下达的出口退（免）税计划内办理退库和调库。

执行日期：2005 年 5 月 1 日

政策依据：《国家税务总局关于印发〈出口货物退（免）税管理办法（试行）〉的通知》国税发［2005］51 号

分析诊断

税务机关审核通过的出口退（免）税，还必须有财政资金做保障。财政资金通过出口退（免）税指标的方式下达。也就是说，即使税务机关依照规定审核通过出口退（免）税，如果出口退（免）税指标不足的话，出口企业也不能立即办理出口退税和免抵调库。上述案例中的税务机关已经依照规定审核审批出口退（免）税，但由于出口退税指标不足，所以税务机关暂不能办理出口退税，而公司办税员的理解是有误的。

触类旁通

一、出口退（免）税审批的管理

（一）出口退（免）税审批的一般规定

根据国家税务总局印发《出口货物退（免）税管理办法（试行）》（国税发［2005］51号）的规定，出口货物退（免）税应当由设区的市、自治州以上（含本级）税务机关根据审核结果按照有关规定进行审批。

（二）生产企业出口退（免）税审批的一般规定

根据国家税务总局印发的《生产企业出口货物“免、抵、退”税管理操作规程》（试行）（国税发［2002］11号）的规定，退税部门每月15日前受理生产企业上月的“免、抵、退”税申报后，应于月底前审核完毕并报送地、市级退税机关审批。

（三）出口退（免）税审批权下放试点

根据《国家税务总局关于开展下放出口货物退（免）税审批权限试点工作的通知》（国税函［2006］502号）和《国家税务总局关于下放出口货物退（免）税审批权限试点工作要求的通知》（国税函［2006］891号）的规定，总局决定开展下放出口货物退（免）税审批权限的试点工作，就是在部分试点地区将生产企业出口货物退（免）税审批权限由设区的市、自治州以上（含本级）税务机关（以下简称“市级税务机关”）下放到县（区、旗、县级市，下同）级税务机关。

值得注意的是，对试点地区的出口企业延期申报出口货物退（免）税、延期开具代理出口证明等其他出口退税审批事项，除有特殊规定者外，仍由地级以上税务机关负责审批。

二、已经审核审批但依照规定不能立即办理出口退税的情形

依照《营业税改征增值税试点地区适用增值税零税率应税服务免抵退税管理办法（暂行）》（2012年第13号）的规定，新发生零税率应税服务的提供者，自发生首笔零税率应税服务之日（国际运输企业以提单载明的日期为准，对外提供研发、设计服务企业以收款凭证载明日期的月份为准）起6个月内提供的零税率应税服务，按月分别计算免抵税额和应退税额。税务机关对6个月内各月审核无误的应退税额在当月暂不办理退库，在第7个月将各月累计审核无误的应退税额一次性办理退库。自第7个月起，实行按月申报办理免抵退税。

三、出口退（免）税办理

（一）出口退（免）税办理的一般规定

根据国家税务总局印发《出口货物退（免）税管理办法（试行）》（国税发［2005］51号）的规定，税务机关在审批后应当按照有关规定办理退库或调库手续。

（二）生产企业出口退（免）税办理的特殊规定

根据国家税务总局印发的《生产企业出口货物“免、抵、退”税管理操作规程（试行）》（国税发［2002］11号）的规定，退税机关按规定审批后，应及时将审批结果反馈退税部门。对需要办理退税的，由税务机关在国家下达的出口退税指标内开具“收入退还书”并办理退库手续；对需要免抵调库的，由退税机关

在国家下达的出口退税指标内出具“生产企业出口货物免、抵、退税审批通知单”给征税机关，同时抄送财政部驻各地财政监察专员办事处。征税机关应在接到“生产企业出口货物免、抵、退税审批通知单”的当月，以正式文件通知同级国库办理调库手续。

（三）出口退（免）税的财政预算管理

根据《国家税务总局中国人民银行关于出口退税负担机制调整后有关预算管理问题的通知》（财预［2005］438 号）的规定，各地区出口货物退消费税，全部由中央财政负担；从 2005 年 1 月 1 日（以审批退税日期为准）起，各地区出口货物退增值税（含出口货物“免、抵”增值税税额，下同）中属于基数部分的退税额，继续由中央财政负担；超基数部分的退税额，由中央和地方原按 75∶25 比例分担改按 92.5∶7.5 的比例分担。各地区出口退税基数维持经国务院批准核定的数额不变。

注意要点

已审核审批的出口退（免）税申报并不等同于应当立即办理出口退（免）税。

51. 审核通过应办理出口退（免）税≠正确办理出口退（免）税

常见案例

某电子有限公司是具有增值税一般纳税人资格的生产企业，位于某市出口加工区内，生产货物全部出口国外。2011 年 4 月，该公司依照规定向主管税务机关办理生产货物耗用水电退税申请，经市国税局审核批准同意，该公司耗用水电气退税 81 827.51 元，审批通知单已经下发主管税务机关。主管税务机关在办理公司退税时发现公司欠缴增值税，因此，主管税务机关抵减欠缴的增值税后给公司办理退税 41 030.41 元。

政策规定

一、从 2005 年 1 月 1 日（以审批退税日期为准，下同）起，各地区出口货物退增值税（含出口货物“免、抵”增值税税额，下同）中属于基数部分的退税额，继续由中央财政负担；超基数部分的退税额，由中央和地方原按 75∶25 比例分担改按 92.5∶7.5 的比例分担。各地区出口退税基数维持经国务院批准核定的数额不变。

二、从2005年1月1日起，出口货物退增值税按下列方式办理：

（一）从2005年9月1日起，由国库退付的出口货物退增值税统一从中央库款中退付；“免、抵”的增值税按75∶25比例分别调增中央和地方“免抵调增增值税”（科目编码010151），并按“免、抵”税额调减中央“免抵调减增值税”（科目编码010302），同时将免抵调增增值税的25%部分由中央国库划入地方国库。“免抵”调库的其他办法继续按财政部、国家税务总局、中国人民银行《关于实行“抵免退”税办法有关预算管理问题的通知》（财预字［1998］242号）执行。

（二）2005年9月1日以前已经办理的出口货物退增值税，各级财政、国税和人民银行国库部门要进行账务调整。账务调整的具体办法由财政部、国家税务总局、中国人民银行另行制定。

（三）2005年及以后年度出口货物退增值税中应由地方财政负担的部分，由地方财政在年终专项上解中央财政。

执行日期：2005年1月1日

政策依据：《财政部国家税务总局中国人民银行关于出口退税负担机制调整后有关预算管理问题的通知》（财预［2005］438号）

分析诊断

出口退税和应缴增值税，虽然都是增值税，都经过国家金库收入和支出，但是出口退税和应缴增值税的财政预算级次是各不相同的。出口退税都是统一从中央金库中退付的，属于基数部分的退税额，继续由中央财政负担；超基数部分的退税额，由中央和地方按92.5∶7.5的比例分担。而应缴增值税属于中央与地方共享税，中央财政占75%，地方财政占25%。因此，出口应退增值税与应交增值税不能相互混淆，不能用出口应退增值税抵减应交增值税。结合上述案例，主管税务机关用公司出口退税抵减应缴纳增值税后按余额办理出口退税的做法，明显是错误的。

触类旁通

2010年某县国税局发生一起税务人员利用职务之便，与出口企业通谋骗取国家出口退税资金的案件。涉案人员王某某，案发前任该县国税局税源管理科副科长，负责出口退税工作。该县国税局税源管理科在受理出口退税申报后，按照程序进行人工审核、计算机审核、审批之后公布各出口企业的审核审批通过退（免）税额，出口企业根据公布的退税额度，填制出口退税申请表，提交出口退税管理员审核确认签字，各出口退税管理员汇总并制作移交清册，将出口退税申请表和清册一并移交主管副科长王某某复核审批。在复核审批环节，王某某授意某出口企业另外填制退税申请表，仿造税务机关出口退税管理员笔迹在管理员意见栏内签字，然后王某某在填有虚假内容的退税申请表科长审核栏内签字，蒙骗分管局长在局长审批栏内签字审批，最后制作退税汇总审批表，蒙骗局长在汇总表上签字审批。计统部门根据税源管理科提交的出口退税申请表和有领导签字审批的退税汇总表在退税计划额度内打印税收收入退还书，并提交国库办理退库。这样，王某某通过瞒天过海的方式，蒙骗领导、欺骗组织，把原本应由其他出口企业获取的出口退税款，转移到了与其合谋的不法企业账户上，并从中获取不法利益。

针对案件的性质和目前的出口退税管理流程，某省局进出口管理部门着手对审核审批流程的各个环节进行全面的分析和模拟，找出了目前出口退税管理中审核审批环节、税收收入退还书打印环节、税收收入退还书在CTAIS中的销号环节以及事后CTAIS中的退税数据与出口退税管理系统中退税数据比对等可能出现的问题，采取了相应的管理措施。主要做了以下三项工作：一是进一步完善自行开发的“出口退税管理信息系统”。系统审核审批环节的出口退税审批表和出口退税清单全程自动产生，不再进行任何的人工干预，非系统自动产生的任何自制的表格一律不再用于出口退税的审核审批。二是重新修订了《出口货物退（免）税管理工作规程》，再造出口退税审核审批流程。实现各审核审批环节在出口退税管理系统中审批的同时，进行纸质审批资料的流转，步步核对电子审批和纸质审批数据，杜绝出现电子审批数据与纸质审批资料脱节的情况。三是开发完成了出口退税清单数据与CTAIS退还书数据的自动比对功能。实现出口退税管理部门的退税清单与计统部门通过CTAIS开具的出口退税“税收收入退还书”的数据自动比对，真正实现了出口退税审核审批至退库各环节的最终形成封闭式的流程管理和控制，最大限度地减少了人工干预退税数据。

注意要点

出口应退税款与企业欠缴税款不能相互抵减。

52. 出口应退税款未办理≠加算利息

常见案例

某纺织印染公司具有增值税一般纳税人资格，由于该公司在2001年年底以前执行的是出口产品先征后退增值税的税收政策，2001 年年度市国税局应当退还该公司出口退税款（增值税）864 万元，但因国税局一直没有出口退税计划指标，到 2008 年 10 月 31 日仍没有将出口应退税款退还。因此，该公司办税员按照征管法的有关规定向市国税局提出书面申请，要求国税局退还出口应退未退税款及其相应的利息。

政策规定

第五十一条 纳税人超过应纳税额缴纳的税款，税务机关发现后应当立即退还；纳税人自结算缴纳税款之日起三年内发现的，可以向税务机关要求退还多缴的税款并加算银行同期存款利息，税务机关及时查实后应当立即退还；涉及从国库中退库的，依照法律、行政法规有关国库管理的规定退还。

执行日期：2001 年 5 月 1 日

政策依据：《中华人民共和国税收征收管理法》（2001 年 4 月 28 日第九届全国人民代表大会常务委员会第二十一次会议修订，中华人民共和国主席令第 49 号公布）

第七十八条 税务机关发现纳税人多缴税款的，应当自发现之日起 10 日内办理退还手续；纳税人发现多缴税款，要求退还的，税务机关应当自接到纳税人退还申请之日起 30 日内查实并办理退还手续。

税收征管法第五十一条规定的加算银行同期存款利息的多缴税款退税，不包括依法预缴税款形成的结算退税、出口退税和各种减免退税。

退税利息按照税务机关办理退税手续当天中国人民银行规定的活期存款利率计算。

执行日期：2002 年 10 月 15 日

政策依据：《中华人民共和国税收征收管理法实施细则》（国务院令［2002］362 号）

五、关于计退利息（新《征管法》第五十一条），对纳税人多缴的税款退还时，自 2001 年 5 月 1 日起按照人民银行规定的同期活期存款的利率计退利息。新《征管法》第五十一条对纳税人超过应纳税额缴纳税款的退还，不包括预缴税款的退还、出口退税和政策性税收优惠的先征后退等情形。

执行日期：2001 年 5 月 1 日

政策依据：《国家税务总局关于贯彻实施〈中华人民共和国税收征收管理法〉有关问题的通知》（国税发［2001］54 号）

分析诊断

虽然多缴税款的退还与出口退税都是从国家金库退付税款，但是，二者也有本质的区别。多缴税款的退还是因为纳税人缴纳了超过规定应当缴纳的税款，是国家无偿地占用了企业的资金，因而退还多缴税款同时应该退付相应利息，是合情合理的，同时也是征管法明确规定的。而出口退税，企业并没有缴纳超过税法规定应当缴纳的税款，国家也没有无偿占用企业税款。相反地，却是国家为鼓励我国商品出口而支付给企业的资金，因而，出口退税的同时还支付利息，则明显不合情理，同时也没有法律法规规定。结合上述案例，虽然该公司 2001 年度的出口退税一直到 2008 年都没有办理，严重影响了出口企业的资金运行，但是按照政策规定，该公司要求退付应退未退出口退税款利息的做法是错误的。

触类旁通

上述案例中虽然企业退付应退未退出口退税款利息的要求没有法律依据，但是企业 2001 年的应办出口退税款直到 2008 年 10 月 31 日都未办理，这个问题也值得税务机关反思。

税务机关没有出口退税计划不属于正当理由。2004 年以前由于出口退税牵涉到地方财政利益，往往出现出口退税计划指标不足致使企业不能及时办理出口退税的问题。但是，根据《财政部国家税务总局中国人民银行关于出口退税机制改革后有关预算管理问题的通知》（财预明电［2003］1 号）规定，2003 年 12 月 31 日前（以出口报关单上注明的出口日期为准）报关出口货物的应退未退增值税、消费税税款，经国税机关审核确认后，全部由中央财政负责归还，并由国税机关就地从中央国库库款中退付，国税机关在办理退库时，应在“收入退还书”上加盖“以前年度增值税退税”、“以前年度消费税退税”戳记。对此，企业 2001 年应退未退的出口退税款，在 2004 年不需要地方财政负担资金，全部由中央财政负担，因而理应在 2004 年办理完毕。

为此，税务机关应当认真查实出口退税款长期未办理的原因，并要依照税收征管法的规定进行办理。

注意要点

出口退税不属于加算银行同期存款利息的多缴税款退税。

53. 已办理出口退（免）税≠不能追缴

常见案例

某公司是具有增值税一般纳税人资格的生产企业，属于出口退（免）税申报时可暂不提供收汇核销单的出口企业。2011 年 10 月，主管税务机关通知：该公司 2011 年 2 月份出口一批货物，逾期未收汇核销，按照规定应当收回这批货物已办理的出口退（免）税 15 万余元，并应当按照规定视同内销征税。该公司法定代表人十分不解，因为其已经按照规定申报经税务机关审核审批办理了出口退（免）税，怎么又要收回出口退（免）税?

政策规定

二、出口企业在申报出口货物退（免）税时，应提供出口收汇核销单，但对尚未到期结汇的，也可不提供出口收汇核销单，退税部门按照现行出口货物退（免）税管理的有关规定审核办理退（免）税手续。

出口企业须在货物报关出口之日（以出口货物报关单〈出口退税专用〉上注明的出口日期为准）起 180 天内，向所在地主管退税部门提供出口收汇核销单（远期收汇除外）。经退税部门审核，对审核有误和出口企业到期仍未提供出口收汇核销单的，出口货物已退（免）税款一律追回；未办理退（免）税的，不再办理退（免）税。

但对有下列情形之一的，自发生之日起两年内，出口企业申报出口货物退（免）税时，必须提供出口收汇核销单：

（一）纳税信用等级评定为 C 级或 D 级；

（二）未在规定期限内办理出口退（免）税登记的；

（三）财务会计制度不健全，日常申报出口货物退（免）税时多次出现错误或不准确情况的；

（四）办理出口退（免）税登记不满一年的；

（五）有偷税、逃避追缴欠税、骗取出口退税、抗税、虚开增值税专用发票等涉税违法行为记录的；

（六）有违反税收法律、法规及出口退（免）税管理规定其他行为的。

执行日期：2004 年 6 月 1 日

政策依据：《国家税务总局关于出口货物退（免）税管理有关问题的通知》（国税发［2004］64 号）

一、《国家税务总局关于出口货物退（免）税管理有关问题的通知》（国税发［2004］64 号）第二条第二款中关于出口企业在申报出口货物退（免）税时，向主管退税部门提供出口收汇核销单（远期收汇除外）的期限由 180 天内调整为自货物报关出口之日（以出口货物报关单〈出口退税专用〉上注明的出口日期为准，下同）起 210 天内。

执行日期：2008 年 6 月 1 日

政策依据：《国家税务总局关于出口企业提供出口收汇核销单期限有关问题的通知》（国税发［2008］47 号）

一、出口企业出口的下列货物，除另有规定者外，视同内销货物计提销项税额或征收增值税。

（一）国家明确规定不予退（免）增值税的货物；

（二）出口企业未在规定期限内申报退（免）税的货物；

（三）出口企业虽已申报退（免）税但未在规定期限内向税务机关补齐有关凭证的货物；

（四）出口企业未在规定期限内申报开具“代理出口货物证明”的货物；

（五）生产企业出口的除四类视同自产产品以外的其他外购货物。

二、对出口企业按本通知第一条规定计算缴纳增值税、消费税的出口货物，不再办理退税。对已计算免抵退税的，生产企业应在申报纳税当月冲减调整免抵退税额；对已办理出口退税的，外贸企业应在申报纳税当月向税务机关补缴已退税款。

执行日期：2006 年 7 月 1 日

政策依据：国家税务总局关于出口货物退（免）税若干问题的通知（国税发［2006］102 号）

分析诊断

已办理出口退（免）税不等同于不能追缴已办理的出口退（免）税。审核审批办理出口退（免）税即使符合有关规定条件和程序，但是，如果出口企业在办理出口退（免）税之前或之后出现规定情形的，税务机关仍然可以依照规定收回已办理的出口退（免）税。上述案例中的公司虽然已经按照规定申报办理了出口退（免）税，但是不能在规定的 210 天的期限内提供收汇核销单，依照规定税务机关应当收回已办理的出口退（免）税，并应当依照规定视同内销征税。

触类旁通

一、按规定应当追缴或收回已办理出口退（免）税的十六种情形

1.《国家税务总局关于出口货物退（免）税管理有关问题的通知》（国税发［2004］64号）规定，对出口退（免）税申报时可暂不提供收汇核销单的出口企业，对事后提供收汇核销单审核有误和出口企业到期仍未提供出口收汇核销单的，出口货物已退（免）税款一律追回。

2.《国家税务总局关于出口货物退（免）税管理有关问题的通知》（国税发［2004］64号）规定，对于可暂不提供收汇核销单的外贸企业申报出口退税，退税部门在审核时应使用增值税专用发票稽核、协查信息审核出口退（免）税，未收到增值税专用发票稽核、协查信息的，退税部门可先使用专用发票认证信息审核办理出口企业的出口货物退（免）税，但必须及时用相关稽核、协查信息进行复核。对复核有误的，要及时追回已退（免）税款。

3. 根据国家税务总局关于发布《出口货物税收函调管理办法》的公告（国家税务总局公告2010年第11号）的规定，复函确认供货企业存在下列情况之一的，不得办理出口退税，对已办理出口退税的，应将出口退税款追回。按规定需要征税的，应予征税。需要立案查处的，退税部门应及时按照有关规定，将有关资料移交稽查部门立案查处。

（1）供货企业销售该批货物开出的增值税专用发票为虚开发票。

（2）供货企业销售货物属自行生产的，其生产设备、工具不能生产该种货物，或该企业不具备该批货物产能的。

（3）供货企业销售该批非自产货物的购进业务不真实。

（4）供货企业销售该批货物为委托加工产品，其委托加工业务不真实。

（5）供货企业被注销或被认定为非正常户后开出增值税专用发票的。

（6）供货企业实际销售的货物与增值税专用发票所列货物不一致的，或出口企业从供货企业采购的货物与其实际出口货物不一致的。

（7）其他按规定不予办理出口退税的情况。

4. 根据增值税暂行条例的规定，出口货物办理退税后发生退货或者退关的，纳税人应当依法补缴已退的税款。

5. 根据消费税暂行条例实施细则的规定，出口的应税消费品办理退税后，发生退关，或者国外退货进口时予以免税的，报关出口者必须及时向其所在地主管税务机关申报补缴已退的消费税税款。纳税人直接出口的应税消费品办理免税后，发生退关或国外退货，进口时予以免税的，经所在地主管税务机关批准，可暂不办理补税，待其转为国内销售时，再向其主管税务机关申报补缴消费税。

6. 根据《国家税务总局国家外汇管理局关于远期收汇出口货物出口退税有关问题的通知》（国税发［2006］168 号）的规定，出口企业报关出口货物属于远期收汇而未超过在外汇管理部门（以下简称“外汇局”）远期收汇备案的预计收汇日期的（以下简称“远期收汇且未逾期”），出口企业向税务机关申报出口货物退（免）税时，可提供其所在地外汇局出具的远期收汇备案证明，无须提供出口收汇核销单出口退税专用联（以下简称核销单退税专用联）。税务机关受理后，按现行出口退税规定审核、审批出口货物退（免）税。对于出口企业超过预计收汇日期 30 天仍未向税务机关提供核销单退税专用联的（对于试行出口企业申报出口退税免于提供核销单退税专用联的，以税务机关收到外汇局传输的收汇核销电子数据的“核销日期”为准），税务机关不再办理相关出口货物的退（免）税，已办理退（免）税的由税务机关按有关规定追回已退（免）税款，并视同内销补税。

7. 根据《国家税务总局国家外汇管理局关于试行申报出口退税免予提供纸质出口收汇核销单的通知》（国税函［2005］1051 号）的规定，试点企业 2005 年 9 月 1 日以后报关出口货物（以出口货物报关单〈出口退税专用〉上注明的出口日期为准），在向主管外汇管理机关办理出口收汇核销手续后，主管外汇管理机关无须在出口收汇核销单上加盖“出口收汇已核销”章。试点企业向主管税务机关申报出口货物退（免）税时无须提供出口收汇核销单。对于试点企业超过国税发［2004］64 号文件有关提供纸质出口收汇核销单期限 5 个工作日仍未收到外汇管理机关传输的电子数据，主管税务机关向试点企业出具无出口收汇已核销电子数据查询通知书（以下简称“查询通知书”）。通知试点企业在查询通知书送达之日起 15 个工作日内，提供其主管外汇管理机关签章的出口货物已收汇核销证明（以下简称“核销证明”）。试点企业未在规定期限内提供核销证明或核销证明内容不符的，主管税务机关不予办理相关出口货物的退（免）税，已办理的予以追回，同时按有关视同内销货物征税的规定处理。

8. 根据《国家税务总局关于出口货物退（免）税若干问题的通知》（国税发［2006］102 号），代理出口企业须在货物报关之日起 210 天内，向签发代理出口证明的税务机关提供出口收汇核销单（远期收汇除外）。签发代理出口证明的税务机关，对代理出口企业未按期提供出口收汇核销单的及出口收汇核销单审核有误的，一经发现应及时函告委托企业所在地税务机关。委托企业所在地税务机关对该批货物按内销征税，并依照规定收回已办理的出口退税。

9. 根据《国家税务总局关于出口货物退（免）税若干问题的通知》（国税发［2006］102 号）的规定，对出口企业按国税发［2006］102 号文件第一条规定计算缴纳增值税、消费税的出口货物，不再办理退税；对已计算免抵退税的，生产企业应在申报纳税当月冲减调整免抵退税额；对已办理出口退税的，外贸企业应在申报纳税当月向税务机关补缴已退税款。

10. 根据《国家税务总局关于出口船舶、大型成套机电设备有关退（免）税问题的通知》（国税发［2004］79号）的规定，实行先退税后核销办法的生产企业出口的船舶、大型成套机电设备，在其退税凭证尚未收集齐全的情况下，可凭出口合同、销售明细账等资料，向退税部门办理免抵退税申报。退税部门可据此按照现行出口退（免）税管理的有关规定办理免抵退税的审核、审批手续。企业在退税凭证收集齐全后，应及时向所在地退税部门提供，退税部门应对企业的退税凭证，包括纸质凭证（如出口货物报关单、出口收汇核销单）和相关电子信息，进行逐笔复审。复审无误的，予以核销已免抵退税款。复审有误的，多免抵退税的予以追回，少免抵退税的予以补齐。企业超过出口合同约定的时间未收汇核销的，退税部门对已免抵退税款一律追回，并通知企业主管征税机关按内销货物征税。

11. 根据国税函［2004］1365号、国税发［2006］111号、国税发［2008］121号的规定，已办理退税的国产设备的5年监管期，以税务机关开具该国产设备的收入退还书上的日期为起始日期开始计算。在监管期内，外商投资企业须将已退税设备有关存放区域、固定资产核算账册凭证编码的资料及设备的数码照片报主管税务机关备查；主管税务机关要定期检查该国产设备的运营情况，如在监管期内企业性质变更为内资企业、发生转让、赠送等设备所有权转移行为，或者发生出租、再投资等按政策规定应补税情形的要依法予以补税。

12. 根据《研发机构采购国产设备退税管理办法》（国家税务总局公告2011年第73号）规定，研发机构购买的已退税国产设备，由主管退税税务机关进行监管，监管期为5年。监管期的起始时间以增值税专用发票开具日期为准。监管期内发生设备所有权转移或移作他用等行为的，研发机构必须向主管退税税务机关补缴已退税款。

13. 根据《融资租赁船舶出口退税管理办法》（国税发［2010］52号）的规定，凡采取先期留购方式实行分批退税的，租赁期满后，融资租赁企业于90日内向主管退税税务机关办理退税核销手续，对于逾期未办理退税核销手续以及核销资料不齐备的，主管退税的税务机关应追缴已退税款；对承租期未满而发生退租的，主管税务机关应追缴已退税款，同时按当期活期存款利率收取利息，收取利息的计息期间由税款退付转讫之日起到补缴税款入库之日止。

14. 根据《国家税务总局商务部关于进一步规范外贸出口经营秩序切实加强出口货物退（免）税管理的通知》（国税发［2006］24号）的规定，凡自营或委托出口业务具有以下情况之一者，出口企业不得将该业务向税务机关申报办理出口货物退（免）税：

（1）出口企业将空白的出口货物报关单、出口收汇核销单等出口退（免）税单证交由除签有委托合同的货代公司、报关行，或由国外进口方指定的货代公司（提供合同约定或者其他相关证明）以外的其他单位或个人使用的；

（2）出口企业以自营名义出口，其出口业务实质上是由本企业及其投资的企业以外的其他经营者（或企业、个体经营者及其他个人）假借该出口企业名义操作完成的；

（3）出口企业以自营名义出口，其出口的同一批货物既签订购货合同，又签订代理出口合同（或协议）的；

（4）出口货物在海关验放后，出口企业自己或委托货代承运人对该笔货物的海运提单（其他运输方式的，以承运人交给发货人的运输单据为准，下同）上的品名、规格等进行修改，造成出口货物报关单与海运提单有关内容不符的；

（5）出口企业以自营名义出口，但不承担出口货物的质量、结汇或退税风险的，即出口货物发生质量问题不承担外方的索赔责任（合同中有约定质量责任承担者除外），不承担未按期结汇导致不能核销的责任（合同中有约定结汇责任承担者除外），不承担因申报出口退税的资料、单证等出现问题造成不退税责任的；

（6）出口企业未实质参与出口经营活动、接受并从事由中间人介绍的其他出口业务，但仍以自营名义出口的；

（7）其他违反国家有关出口退税法律法规的行为。

出口企业凡从事上述述业务之一并申报退（免）税的，一经发现，该业务已退（免）税款予以追回，未退（免）税款不再办理。骗取出口退税款的，由税务机关追缴其骗取的退税款，并处骗取退税款一倍以上五倍以下罚款；并由省级以上（含省级）税务机关批准，停止其半年以上出口退税权。在停止出口退税权期间，对该企业自营、委托或代理出口的货物，一律不予办理出口退（免）税。涉嫌构成犯罪的，移送司法机关依法追究刑事责任。

15. 根据《国家税务总局关于出口货物退（免）税实行有关单证备案管理制度的通知》（国税发［2005］199号）的规定，出口企业提供虚假备案单证、不如实反映情况，或者不能提供备案单证的，税务机关除按照《中华人民共和国税收征收管理法》第六十四条、第七十条的规定处罚外，应及时追回已退（免）税款，未办理退（免）税的，不再办理退（免）税，并视同内销货物征税。

16. 根据《出口货物退（免）税管理办法（试行）》（国税发［2005］51号）的规定，出口商以假报出口或其他欺骗手段骗取国家出口退税款的，税务机关应当按照《中华人民共和国税收征收管理法》第六十六条规定处理，即由税务机关追缴其骗取的退税款，并处骗取税款一倍以上五倍以下的罚款；构成犯罪的，依法追究刑事责任。对骗取国家出口退税款的，税务机关可以在规定期间内停止为其办理出口退税。

二、按规定取消已办理免税的三种情形

1.《增值税小规模纳税人出口货物免税管理办法（暂行）》（国税发［2007］123号）规定，小规模纳税人出口下列货物，除另有规定者外，应征收增值税。下列货物为应税消费品的，若小规模纳税人为生产企业，还应征收消费税。

（1）未在规定期限内办理免税核销申报的货物；

（2）虽已办理免税核销申报，但未按规定向税务机关提供有关凭证的货物；

（3）经主管税务机关审核不批准免税核销的出口货物。

2. 根据《国家税务总局出口货物退（免）税管理办法》（国税发［1994］31号）的规定，出口企业以“来料加工”贸易方式免税进口原材料、零部件后，凭海关核签的来料加工进口货物报关单和来料加工登记手册向主管其出口退税的税务机关办理“来料加工免税证明”，持此证明向主管其征税的税务机关申报办理免征其加工或委托加工货物及其工缴费的增值税、消费税。货物出口后，出口企业应凭来料加工出口货物报关单和海关已核销的来料加工登记手册、收汇凭证向主管出口退税的税务机关办理核销手续。逾期未核销的，主管出口退税的税务机关将会同海关和主管征税的税务机关及时令其补税并予以处罚。

3. 根据《国家税务总局关于调整出口卷烟税收管理办法的通知》（国税发［2008］5号）的规定，退税机关应对卷烟出口企业或委托出口的卷烟生产企业的免税核销申报进行审核（包括出口货物报关单、出口收汇核销单等电子信息的比对审核），对经审核符合免税出口卷烟有关规定的准予免税核销，并填写“出口卷烟免税核销审批表”。退税机关应按月对卷烟出口企业或委托出口的卷烟生产企业未在规定期限内申报免税核销以及经审核不予免税核销的情况，填写“出口卷烟未申报免税核销及不予免税核销情况表”，并将该表及“出口卷烟免税核销审批表”传递给主管卷烟出口企业征税的税务机关，由其对卷烟出口企业未在规定期限内申报免税核销以及经审核不予免税核销的出口卷烟按照有关规定补征税款。

注意要点

如果出口企业在办理出口退（免）税之前或之后出现规定情形的，税务机关仍然应当依照规定追缴或收回已办理的出口退（免）税。

54. 收回出口退税入库≠一般增值税入库

常见案例

在某省国税局组织2011年出口退税管理情况的检查中，检查组在某市国税局检查中发现，2010 年 1 月 00002 号税收会计凭证记载，市稽查局检查某生产企业出口货物属于非自产货物，不符合视同自产产品出口退（免）税条件，责令该企业按照规定视同内销征税后，补缴已经办理的出口退增值税 2 936.52 元。该企业到税务机关办税大厅开具税收通用缴款书号码 510010010416042246，入库级次填写“中央 75%，地方 25%”，并按照规定缴纳入库。

政策规定

一、从 2005 年 1 月 1 日（以审批退税日期为准，下同）起，各地区出口货物退增值税（含出口货物“免、抵”增值税税额，下同）中属于基数部分的退税额，继续由中央财政负担；超基数部分的退税额，由中央和地方原按 75∶25 比例分担改按 92.5∶7.5 的比例分担。各地区出口退税基数维持经国务院批准核定的数额不变。

二、从 2005 年 1 月 1 日起，出口货物退增值税按下列方式办理

（一）从 2005 年 9 月 1 日起，由国库退付的出口货物退增值税统一从中央库款中退付；“免、抵”的增值税按 75∶25 比例分别调增中央和地方“免抵调增增值税”（科目编码 010151），并按“免、抵”税额调减中央“免抵调减增值税”（科目编码 010302），同时将免抵调增增值税的 25% 部分由中央国库划入地方国库。“免抵”调库的其他办法继续按财政部、国家税务总局、中国人民银行《关于实行“抵免退”税办法有关预算管理问题的通知》（财预字［1998］242 号）执行。

（二）2005 年 9 月 1 日以前已经办理的出口货物退增值税，各级财政、国税和人民银行国库部门要进行账务调整。账务调整的具体办法，由财政部、国家税务总局、中国人民银行另行制定。

三、2005 年及以后年度出口货物退增值税中应由地方财政负担的部分，由地方财政在年终专项上解中央财政。

四、为反映出口退税变化情况，对《2005 年政府预算收支科目》、《2006 年政府预算收支科目》作下列调整：

（一）将一般预算收入科目第 010301 项“出口货物退增值税”改为中央收入退库科目，反映从中央国库退付的出口货物退增值税。将 010302“免抵调减增值税”改为中央专用科目，反映按“免、抵”税额调减的增值税。

（二）取消一般预算收入科目第 720110 项“出口退税基数返还收入”和一般预算支出科目第 660110 项“出口退税基数返还支出”。

（三）在一般预算收入科目第 7202 款“一般预算上解收入”下增设 720203 项“出口退税专项上解收入”，反映地方上解中央的出口退税收入。在一般预算

支出科目第6602款“一般预算上解支出”下增设660203项“出口退税专项上解支出”，反映地方上解中央的出口退税支出。

五、出口退税负担机制调整后地方预算收支需作相应调整。省级财政部门应及时向本级政府汇报有关调整情况，并要针对本地区出口退税工作的具体情况制定相应管理办法，确保各项工作顺利进行。

执行日期：2005年1月1日

政策依据：《财政部 国家税务总局 中国人民银行关于出口退税负担机制调整后有关预算管理问题的通知》（财预［2005］438号）

分析诊断

企业内销货物应纳增值税是按75%入中央金库作为中央财政收入，25%入地方金库作为地方财政收入。税务机关收回出口退增值税虽然都是出口企业缴纳的，虽然税种都是增值税，但是二者却在财政预算管理上截然不同。出口退增值税办理都是全部由中央财政资金负担，税务机关收回出口退的增值税，理应100%缴入中央金库作为中央财政收入。案例中的税务机关把收回的出口退增值税当做一般的增值税入库，造成混级混库，明显是错误的。

触类旁通

《国家税务总局、中国人民银行关于出口退税和“免抵”调库有关问题的紧急通知》（国税发明电［2004］9号）对出口退税和“免抵”调库的操作程序作了以下明确规定：

1. 凡出口退税、“免抵”调库的审批与退付、调库手续均由某级国税局统一负责的，该国税局的计会部门应在接到本局出口退税审批部门转来的出口退税和“免抵”调库通知的当日或次日（逢节假日顺延，下同），根据退税和调库通知开具“税收收入退还书”、“免抵调库通知单”，并附退税和调库通知原件送本地国库部门；国库部门应在收到国税局签发的“税收收入退还书”、“免抵调库通知单”的当日或次日，将退付和调库手续办理完毕，并将国库盖章后的“税收收入退还书”、“免抵调库通知单”回执退送签发凭证的国税局；国税局计会部门应在收到国库回执的当日或次日，将已退税和已调库情况整理成清单（式样各地自定）反馈本局出口退税审批部门。

2. 凡出口退税、“免抵”调库的审批由上级国税局负责，而退付、调库手续由下级国税局办理的，下级国税局的计会部门应在接到本局出口退税审核部门转来的上级国税局的出口退税和“免抵”调库通知的当日（最迟不超过次日上午），根据上级国税局的退税和调库通知开具“税收收入退还书”、“免抵调库通知单”，并附上级国税局的退税和调库通知复印件送当地国库部门；国库部门应在收到当地国税局签发的“税收收入退还书”、“免抵调库通知单”的当日或次日，将退付和调库手续办理完毕，并将国库盖章后的“税收收入退还书”、“免抵调库通知单”回执退送签发凭证的国税局；国税局计会部门应在收到国库回执的当日或次日，将已退税和已调库情况整理成清单反馈本局出口退税审核部门，由出口退税审核部门负责上传上级国税局。各级国税局和国库部门必须保证每月批准的“免抵”调库额在当月调库完毕。

3. 为加快出口退税和调库进度，各地国税局在向当地国库部门签发“税收收入退还书”、“免抵调库通知单”时，除附送退税和调库通知原件或复印件外，不再附送其他资料。

注意要点

办理出口退增值税都是全部由中央财政资金负担，税务机关收回出口退的增值税理应100%缴入中央金库作为中央财政收入。

55. 收回已办理的出口退（免）税≠不能再次申报办理出口退（免）税

常见案例

某公司是具有增值税一般纳税人资格的生产企业，属于出口退（免）税申报时可暂不提供收汇核销单的出口企业。2008年9月12日该公司报关出口一笔货物，已按规定申报审批办理出口退（免）税。2009年6月15日，因金融危机国外客户才支付货款，该批出口货物才收汇核销，因收汇核销时间超过210天，按照当时适用的政策规定税务机关已收回该批出口货物办理的出口退（免）税，并依照规定责令公司视同内销征税。2010年8月26日，该公司办税员从国家税务总局网上看见《国家税务总局关于出口企业延期提供出口收汇核销单有关问题的通知》（国税函［2010］89号），于是又向主管税务机关申请办理2008年9月12日报关出口货物的退（免）税，主管税务机关答复该公司：不能重新申请退（免）税。

政策规定

二、出口企业在申报出口货物退（免）税时，应提供出口收汇核销单，但对尚未到期结汇的，也可不提供出口收汇核销单，退税部门按照现行出口货物退（免）税管理的有关规定审核办理退（免）税手续。

出口企业须在货物报关出口之日（以出口货物报关单〈出口退税专用〉上注明的出口日期为准）起180天内，向所在地主管退税部门提供出口收汇核销单（远期收汇除外）。经退税部门审核，对审核有误和出口企业到期仍未提供出口收汇核销单的，出口货物已退（免）税款一律追回；未办理退（免）税的，不再办理退（免）税。

但对有下列情形之一的，自发生之日起两年内，出口企业申报出口货物退（免）税时，必须提供出口收汇核销单：

（一）纳税信用等级评定为C级或D级；

（二）未在规定期限内办理出口退（免）税登记的；

（三）财务会计制度不健全，日常申报出口货物退（免）税时多次出现错误或不准确情况的；

（四）办理出口退（免）税登记不满一年的；

（五）有偷税、逃避追缴欠税、骗取出口退税、抗税、虚开增值税专用发票等涉税违法行为记录的；

（六）有违反税收法律、法规及出口退（免）税管理规定其他行为的。

执行日期：2004年6月1日

政策依据：《国家税务总局关于出口货物退（免）税管理有关问题的通知》（国税发［2004］64号）

一、《国家税务总局关于出口货物退（免）税管理有关问题的通知》（国税发［2004］64号）第二条第二款中关于出口企业在申报出口货物退（免）税时，向主管退税部门提供出口收汇核销单（远期收汇除外）的期限由180天内调整为自货物报关出口之日（以出口货物报关单〈出口退税专用〉上注明的出口日期为准，下同）起210天内。

执行日期：2008年6月1日

政策依据：《国家税务总局关于出口企业提供出口收汇核销单期限有关问题的通知》（国税发［2008］47号）

一、对出口企业受2008年以来国际金融危机影响，逾期取得出口收汇核销单的，税务机关可在对出口企业其他退税单证、信息审核无误后予以办理出口货物退（免）税。

二、试行申报出口退税免予提供纸质出口收汇核销单的出口企业，因网上核销系统、信息传输等原因致使出口企业逾期收汇核销的，税务机关经审核无误后可按有关规定办理出口货物退（免）税。

执行日期：2008 年 1 月 1 日

政策依据：《国家税务总局关于出口企业延期提供出口收汇核销单有关问题的通知》（国税函［2010］89 号）

分析诊断

收回已办理的出口退（免）税并不等于出口企业就永远不能再申报办理已收回的出口退（免）税。按照以前政策规定，出口企业逾期未提供收汇核销单或虽提供收汇核销单但超过规定期限的，税务机关都应当收回已办理的出口退（免）税，并依照规定视同内销征税。2008 年国际金融危机以来，许多出口企业出现逾期收汇核销问题。为了解决虽收汇核销但超过规定期限的问题，国家税务总局下发国税函［2010］89 号文件规定：对出口企业受 2008 年以来国际金融危机影响，逾期取得出口收汇核销单的，税务机关可在对出口企业其他退税单证、信息审核无误后予以办理出口货物退（免）税。当然，逾期未收汇核销的，仍然应当依照规定收回已办理的出口退（免）税并视同内销征税。结合上述案例，案例中的公司出口货物日期是 2008 年 9 月 12 日，属于国税函［2010］89 号文件规定的适用范围。虽然在 2009 年 6 月 15 日因收汇核销时间超过 210 天，但按照当时政策规定，税务机关收回该批出口货物已办理的出口退（免）税并责令公司视同内销征税，这样处理完全是正确的；但是按照国税函［2010］89 号文件规定，公司出口货物逾期收汇核销仍然可以办理出口退（免）税，而税务机关却不予办理出口退（免）税，可见税务机关的答复是错误的。

触类旁通

一、类似问题

（一）以国税函［2010］89 号文件成文的日期作为执行日期

例如，某市国税局退税部门 2010 年 6 月答复出口企业咨询时提出：按照税法不溯及既往的原则，新文件自发文之日起执行，对文件发布前已发生的业务，不能按照新政策执行。

（二）只有审批的逾期收汇核销业务才能按国税函［2010］89 号文件执行

例如，某省国税局转发《国家税务总局关于出口企业延期提供出口收汇核销单有关问题的通知》时作出补充：出口企业因受国际金融危机影响逾期收汇核销的，应在总局规定的收汇核销期限内提出书面延期收汇核销申请并附送相关证明材料，逐级报市级税务机关审批。经批准后，税务机关对企业逾期核销的出口货物，不再按照内销货物征税。按照国家行政审批制度改革的要求，省以下税务机关的税收规范性文件均不得自行设立行政审批项目。因而该省国税局转发文件时作出的补充规定是不当的。

二、适用国税函［2010］89号文件的几个问题

（一）国税函［2010］89号文件第一条执行的时间

国税函［2010］89号文件虽然成文时间是2010年3月2日，但是文件第一条指出，“对出口企业受2008年以来国际金融危机影响，逾期取得出口收汇核销单的”，因此可见文件第一条的执行时间是从2008年1月1日，2007年12月31日以前逾期收汇核销的，不得按国税函［2010］89号文件第一条规定执行。

一般出口退税文件的执行日期都是指报关出口日期，这里的执行日期是不是也应当是报关出口的日期？根据该文件的精神实质来看，主要是为了解决逾期收汇核销问题，因此其执行日期应当是出口收汇核销的日期。也就是说，从2008年1月1日起，出口货物受金融危机影响逾期收汇的都可按国税函［2010］89号文件第一条规定执行，即使出口货物在2008年1月1日前报关出口，但因为受金融危机影响在2008年1月1日以后逾期收汇的都可按该文件的规定执行。当然，出口货物在2008年1月1日以前报关出口，不是因为金融危机影响而逾期收汇的，则不得按该文件的规定执行。

（二）国税函［2010］89号文件第一条执行的范围

国税函［2010］89号文件虽然成文时间是2010年3月2日，但是文件第一条指出，“对出口企业受2008年以来国际金融危机影响，逾期取得出口收汇核销单的”。也就是说，因为金融危机影响逾期收汇核销的，可以按该文件的规定执行。如果逾期仍未收汇的，一律不得办理出口退（免）税。已经办理的，应当收回出口退（免）税，并依照规定视同内销征税。

当然，这里逾期取得出口收汇核销单，应当包括远期收汇超过预计收汇日期逾期收汇而取得的出口收汇核销单。

（三）国税函［2010］89号文件第一条和第二条的适用问题

文件第一条讲的核心是逾期收汇逾期核销问题的处理，文件第二条讲的核心是因网上核销系统、信息传输等原因致使出口企业逾期收汇核销问题的处理，两条规定并不相互排斥。文件第一条和第二条是否同时适用呢？也就是说，实行免予提供纸质收汇核销单的出口企业，是否同时适用第一条规定呢？对于免予提供纸质收汇核销单的出口企业来讲，可能两种情况同时存在，因而文件两条都可以同时适用。也就是说，免予提供纸质收汇核销单的出口企业如果因为受2008年以来金融危机的影响致使逾期收汇逾期核销的，也可按文件第一条规定办理。

当然文件第二条并没有明确规定执行的起始日期，因此按照一般惯例，该文件第二条应当从文件成文之日起执行，即从2008年3月2日起执行。

（四）不同管理类型出口企业的适用问题

属于出口退（免）税申报时必须提供收汇核销单的出口企业，逾期未提供收汇核销单的，不能申报出口退（免）税，并依照规定视同内销征税。但是逾期收汇核销取得核销单的，税务机关可按照该文件的规定办理出口退（免）税，并冲减已视同内销征收的税款。

属于出口退（免）税申报时可以暂不提供收汇核销单的出口企业，逾期未提供收汇核销单的，应当收回已办理出口退（免）税，并依照规定视同内销征税。逾期收汇核销取得核销单的，税务机关可按该文件的规定办理出口退（免）税，并冲减已视同内销征收的税款。

（五）不同退（免）税方法出口企业的适用问题

属于免抵退税的生产企业逾期未取得收汇核销单的，不得办理出口退（免）税，已办理的应当冲减免抵退税申报，并视同内销征税；逾期取得收汇核销单的，应当按该文件的规定办理出口退（免）税，并冲减已视同内销征收的税款。

属于免退税的外贸企业逾期未取得收汇核销单的，不得办理出口退（免）税，已办理的应当收回出口退税，并视同内销征税；逾期取得收汇核销单的，应当按该文件的规定办理出口退（免）税，并冲减已视同内销征收的税款。

属于免税的企业逾期未取得收汇核销单的，不得办理出口免税，已办理免税的应当取消，并视同内销征税；逾期取得收汇核销单的，应当按该文件的规定办理出口免税，并冲减已视同内销征收的税款。

三、适用国税函［2010］89 号文件的申报审核问题

出口企业出口货物发生逾期收汇核销并已视同内销计提销项税额，同时可按国税函［2010］89 号文件的规定重新办理出口退（免）税申报的，主管税务机关经核实符合文件规定情形的可准予冲减当期销项税额，同时进行出口退（免）税申报。具体操作如下：

（一）增值税纳税申报表有关项目的申报要求

出口企业需调整增值税纳税申报事项的，应合并于申报当月的所属期进行调整申报。申报时以负值冲减增值税纳税申报表中原视同内销申报的销售额和销项税额或按简易办法计算的应纳税额栏次，同时申报相应的出口收入和不得免征和抵扣税额。

（二）出口退税申报相关要求

1. 出口企业可将符合条件的出口货物合并到当月的所属期进行出口退（免）税申报。生产企业进料加工手册已核销的进料加工出口货物，出口企业应先根据申报系统内进料加工实际分配率计算出调整部分的进口料件金额，并据此计算出调整部分的不予免征和抵扣税额抵减额及免抵退抵减额，形成书面申请材料向主管税务机关申请调整。主管税务机关初审人员核实企业申请调整的数据无误后，

将不予免征和抵扣税额抵减额及免抵退抵减额在“审核系统——生产退税管理——生产企业上年结转数据处理——生产企业免抵退税汇总表调整表——生产企业免抵退税汇总表调整表录入”模块录入，“结转年月”录入上期申报年月；数据传递到复审环节后，复审人员在“上年结转数据处理——生产企业免抵退税汇总表调整表——生产企业免抵退税汇总表调整反馈”模块确认；然后接单人员在“管理服务——企业退税情况查询——生产企业退税情况查询——按年度生成审核反馈信息”模块将调整数据反馈出口企业，出口企业将该反馈结果读入申报系统。最后，在当月所属期将符合条件的前期出口收入在申报系统内用调整法逐笔红字冲减后重新申报。

2. 外贸企业已将逾期收汇核销货物视同内销征税且已开具外贸企业出口视同内销征税货物进项税额抵扣证明的，主管税务机关须将外贸企业出口视同内销征税货物进项税额抵扣证明收回。

（三）退税部门审核要求

1. 在审核过程中，对于出现的“出口报关单号（×××）发生重复申报”等疑点，经核实确属于本次调整申报产生的可人工挑过。

2. 出口企业逾期收汇核销的出口货物，凡不符合国税函［2010］89 号规定的，一律按国税发［2006］102 号等有关文件执行。

注意要点

对出口企业受 2008 年以来国际金融危机影响，逾期取得出口收汇核销单的，税务机关可在对出口企业其他退税单证、信息审核无误后予以办理出口货物退（免）税。

第二章　生产企业免抵退税

第一节　免抵退税计算申报

56. 即征即退企业出口货物免抵退税≠一般生产企业出口货物免抵退税

常见案例

某竹木制品公司具有增值税一般纳税人资格，以农作物秸秆为原料生产秸秆纤维板，依照规定享受资源综合利用即征即退80%增值税的优惠政策。该公司2011年兼营出口业务享受出口免抵退税政策。2011年12月出口外销收入20万元，内销收入50万元，进项税额9万元，公司计算当月应纳增值税额及应退税额。计算过程如下：不得免征和抵扣税额=20×（17%－13%）=0.8（万元），应纳税额=50×17%－（9－0.8）=0.3（万元），免抵退税额=20×13%=2.6（万元），出口应退税额=0，出口免抵税额=2.6（万元），即征即退税额=0.3×80%=0.24（万元）。而主管退税机关却认为公司不能享受即征即退税款0.24万元，理由是出口不得免征和抵扣税额0.8万元不得参与即征即退项目计算。公司应先向税务机关上缴0.8万元并且不得享受即征即退，另外，计算免抵退税额和即征即退税款：50×17%－9=－0.5（万元），应享受出口退税是0.5万元，实际不但不得享受即征即退政策，还得上缴0.3万元。

政策规定

四、对销售下列自产货物实行增值税即征即退80%的政策

以三剩物、次小薪材和农作物秸秆3类农林剩余物为原料生产的木（竹、秸秆）纤维板、木（竹、秸秆）刨花板，细木工板、活性炭、栲胶、水解酒精、炭棒；以沙柳为原料生产的箱板纸。

八、增值税一般纳税人应单独核算综合利用产品的销售额。一般纳税人同时生产增值税应税产品和享受增值税即征即退产品而存在无法划分的进项税额时，按下列公式对无法划分的进项税额进行划分：

享受增值税即征即退产品应分摊的进项税额＝当月无法划分的全部进项税额×当月享受增值税即征即退产品的销售额合计÷当月无法划分进项税额产品的销售额合计

增值税小规模纳税人应单独核算综合利用产品的销售额和应纳税额。

凡未单独核算资源综合利用产品的销售额和应纳税额的，不得享受本通知规定的退（免）税政策。

执行日期：2011 年 1 月 1 日

政策依据：《财政部 国家税务总局关于调整完善资源综合利用产品及劳务增值税政策的通知》（财税［2011］115 号）

一、纳税人既有增值税即征即退、先征后退项目，也有出口等其他增值税应税项目的，增值税即征即退和先征后退项目不参与出口项目免抵退税计算。纳税人应分别核算增值税即征即退、先征后退项目和出口等其他增值税应税项目，分别申请享受增值税即征即退、先征后退和免抵退税政策。

二、用于增值税即征即退或者先征后退项目的进项税额无法划分的，按照下列公式计算：

无法划分进项税额中用于增值税即征即退或者先征后退项目的部分＝当月无法划分的全部进项税额×当月增值税即征即退或者先征后退项目销售额÷当月全部销售额、营业额合计

执行日期：2012 年 1 月 1 日

政策依据：《国家税务总局关于纳税人既享受增值税即征即退、先征后退政策又享受免抵退税政策有关问题的公告》（国家税务总局公告 2011 年第 69 号）

分析诊断

生产企业既有增值税即征即退、先征后退项目，也有出口等其他增值税应税项目的，增值税即征即退、先征后退项目不参与出口项目免抵退税计算。生产企业应分别核算增值税即征即退、先征后退项目和出口等其他增值税应税项目，分别申请享受增值税即征即退、先征后退和免抵退税政策。结合上述案例，该公司享受即征即退项目的应纳增值税额和出口货物的应纳增值税额应当分别核算。由于进项税额无法划分用于即征即退项目还是用于出口货物，故首先需要对进项税额进行合理划分。

用于即征即退项目的进项税额＝9×50/（50＋20）＝6.43（万元）

用于出口货物的进项税额＝9－6.43＝2.57（万元）

即征即退项目应纳增值税额＝50×17%－6.43＝2.07（万元）

即征即退增值税＝2.07×80%＝1.656（万元）

出口货物不得免征和抵扣税额＝20×（17%－13%）＝0.8（万元）

出口货物应纳增值税额＝0.8－2.57＝－1.77（万元）

出口货物免抵退税额＝20×13%＝2.6（万元）

出口货物应退增值税＝1.77（万元）

出口货物应免抵税额＝2.6－1.77＝0.83（万元）

由此可见，案例中的公司和主管税务机关的做法都有不对之处。

触类旁通

一、类似问题

生产企业自产货物国内销售属于先征后返同时又有出口销售的，其先征后返项目的进项税额也不得参与出口项目免抵退税额的计算。

二、生产企业既有即征即退项目、先征后返项目和出口免抵退税项目又有应纳增值税项目的处理

按照国家税务总局公告 2011 年第 69 号的精神，生产企业应当分别核算即征即退项目、先征后返项目和出口免抵退税项目，同时还应当分别核算应纳增值税项目。不能退返的应纳增值税项目的进项税额可以参与出口货物免抵退税的计算，也就是说，不必单独计算出口项目的应纳增值税，而应把出口项目和不能退返的应纳增值税项目合并在一起计算应纳增值税，从而计算免抵退税额。

当然，生产企业既有即征即退项目又有先征后返项目的，由于二者的审批机关不同，审批程序和要求也不同，因此生产企业也应当分别核算增值税项目，不得合并或混淆。

三、生产企业既有即征即退项目、先征后返项目又有出口免税项目的处理

按照国家税务总局公告 2011 年第 69 号的精神，生产企业应当分别核算即征即退项目、先征后返项目和出口免税项目，同时还应当分别核算应纳增值税项目。出口货物免税项目的进项税额不得参与即征即退和先征后返项目应纳增值税的计算。

注意要点

生产企业既有增值税即征即退、先征后退项目，也有出口等其他增值

税应税项目的，增值税即征即退和先征后退项目不参与出口项目免抵退税计算。

57. 出口货物 FOB 价≠免抵退税额计算依据

常见案例

某公司是具有增值税一般纳税人资格并且实行免抵退税办法的生产企业。2009 年 9 月 10 日，该公司自营出口一批货物报关，成交方式是 FOB 价，已经签订出口销售合同，但后来由于客观原因来不及出货拖延了船期，取得的出口报关单退税联上注明 FOB 价格与合同协议价格相同。因为延迟船期，最后与国外客户协商这批货物的海运费由该公司承担，不再向国外客户收取。报关单上注明 FOB 价，公司又支付海运费，海运费能否申报免抵退税？该公司办税员在某省国税局网站上看到同样的情况，某省国税局退税部门答复在申报免抵退税时，该笔海运费应予以扣除。但该公司办税员咨询市国税局退税部门得到的答复为：根据国税发［2002］11 号，FOB 价下不可以冲减。究竟应该怎么办？办税员十分茫然。

政策规定

生产企业出口货物“免、抵、退税额”应根据出口货物离岸价、出口货物退税率计算。出口货物离岸价（FOB）以出口发票上的离岸价为准（委托代理出口的，出口发票可以是委托方开具的或受托方开具的），若以其他价格条件成交的，应扣除按会计制度规定允许冲减出口销售收入的运费、保险费、佣金等。若申报数与实际支付数有差额的，在下次申报退税时调整（或年终清算时一并调整）。若出口发票不能如实反映离岸价，企业应按实际离岸价申报“免、抵、退”税，税务机关有权按照《中华人民共和国税收征收管理法》、《中华人民共和国增值税暂行条例》等有关规定予以核定。

执行日期：2002 年 1 月 1 日

政策依据：《生产企业出口货物“免、抵、退”税管理操作规程》（国税发［2002］11 号）

分析诊断

一般来说，生产企业出口货物免抵退税额应以出口货物离岸价作为计算依据。出口货物离岸价（FOB）以出口发票上的离岸价为准，若以其他价格条件成交的，应扣除按会计制度规定允许冲减出口销售收入的运费、保险费、佣金等。若申报数与实际支付数有差额的，在下次申报退税时调整（或年终清算时一并调整）。因此，出口报关单或出口发票上的离岸价并不完全等于免抵退税额计算的依据，如果出口报关单或出口发票上的离岸价不能真实反映离岸价，企业应按实际离岸价计算免抵退税额。结合上述案例，公司出口合同和出口报关单都是 FOB 价格，按照 FOB 价格术语，公司不应当再支付海运费。由于公司延迟交货致使公司承担海运费，虽然收取外汇的总金额不变，但是公司实际的离岸价已经不是报关单上的离岸了，公司实际的离岸价已经变成公司收取的所有外汇金额减去海运费金额的余额了。因此，公司应当按照冲减支付海运费后的余额计算申报免抵退税额。由此可见，某省国税局网站上的答复是正确的，而市国税局退税部门的答复是不正确的。

触类旁通

一、以 CIF 价计算出口退（免）税

例如，某热交换器有限公司在 2008 年 2 月 2 日和 2008 年 5 月 7 日分别以 CIF 价报关出口散热器系统 10 537.5 美元、6 562.2 美元，并以此价格申报退税，由于审核人员一时疏忽，审核时予以通过，由此造成多办理免抵退税额1 667.55元。

二、同一批报关出口不同货物海运费分担问题

例如，某生产企业 2011 年 2 月 22 日出口一笔货物，成交方式为 C&F，报关单上有两种商品，出口退税率分别为15%和9%，金额分别为20 000 美元和6 000 美元，重量分别为2 000 千克和800 千克，出口海运费为2 000 美元。企业在申报免抵退税时海运费就应当予以冲减，由于不同货物的退税率不同，因此海运费就应当按合理的方法进行分担。一般来说，海运费是依照重量计算收取的，应当按照每种货物的重量分摊。

注意要点

若报关单或出口发票不能如实反映离岸价的，企业应按实际离岸价申报免抵退税。

58. 账面核算出口销售额≠免抵退税申报的出口销售额

常见案例

在某省国税局2009年组织的出口退税管理情况的检查中，检查组发现某制辊有限责任公司，所属期2008年1月至12月企业账面记载出口额17 487 099.23元，而同期免抵退税申报出口额18 223 577.98元，截至检查之日，所属期2008年1月至12月申报的出口额已经全部单证信息齐全，同期多申报出口额736 478.75元，从而多申报免抵退税额125 201.39元。经仔细核查发现，该公司出口货物成交使用CIF价，会计核算时由于使用CIF价作出口销售收入，按CIF价申报免抵退税，在以后支付运保费时会计核算上冲减出口销售收入；但免抵退税申报却未作相应冲减，从而导致企业账面出口销售额大于免抵退税申报的出口销售额。因此，检查组要求公司限期冲减多申报免抵退税的出口销售额。

政策规定

生产企业出口货物“免、抵、退税额”应根据出口货物离岸价、出口货物退税率计算。出口货物离岸价（FOB）以出口发票上的离岸价为准（委托代理出口的，出口发票可以是委托方开具的或受托方开具的），若以其他价格条件成交的，应扣除按会计制度规定允许冲减出口销售收入的运费、保险费、佣金等。若申报数与实际支付数有差额的，在下次申报退税时调整（或年终清算时一并调整）。若出口发票不能如实反映离岸价，企业应按实际离岸价申报“免、抵、退”税，税务机关有权按照《中华人民共和国税收征收管理法》、《中华人民共和国增值税暂行条例》等有关规定予以核定。

执行日期：2002年1月1日

政策依据：《生产企业出口货物“免、抵、退”税管理操作规程》（国税发[2002] 11号）

2. “生产企业出口货物免、抵、退税申报明细表”的申报要求

（1）企业按当期在财务上做销售的全部出口明细填报“生产企业出口货物免、抵、退税申报明细表”，对单证不齐无法填报的项目暂不填写，并在“单证不齐标志栏”内按填表说明做相应标志；

（2）对前期出口货物单证不齐，当期收集齐全的，应在当期免抵退税申报时

一并申请参与免抵退税的计算，可单独填报“生产企业出口货物免、抵、退税申报明细表”，在“单证不齐标志栏”内填写原申报时的所属期和申报序号。

3. “生产企业出口货物免、抵、退税申报汇总表”的申报要求

（1）“出口销售额乘征退税率之差”按企业当期全部（包括单证不齐全部分）免抵退出口货物人民币销售额与征退税率之差的乘积计算填报；

（2）“免抵退税不得免征和抵扣税额抵减额”按退税部门当期开具的“生产企业进料加工贸易免税证明”中的“免抵退税不得免征和抵扣税额抵减额”填报；

（3）“出口销售额乘退税率”按企业当期出口单证齐全部分及前期出口当期收齐单证部分且经过退税部门审核确认的免抵退出口货物人民币销售额与退税率的乘积计算填报；

（4）“免抵退税额抵减额”按退税部门当期开具的“生产企业进料加工贸易免税证明”中的“免抵退税额抵减额”填报；

（5）“与增值税纳税申报表差额”为退税部门审核确认的“累计”申报数减“增值税纳税申报表”对应项目的累计数的差额，企业应作相应账务调整并在下期增值税纳税申报时“增值税纳税申报表”进行调整；

当本表 11c 不为 0 时，“当期应退税额”的计算公式需进行调整，即按照“当地免抵退税额（16 栏）”与“增值税纳税申报表期末留抵税额（18 栏）－与增值税纳税申报表差额（11c）”后的余额进行计算填报；

（6）新发生出口业务的生产企业，12 个月内“应退税额”按 0 填报，“当期免抵税额”与“当期免抵退税额”相等。

4. 申报数据的调整

对前期申报错误的，当期可进行调整。前期少报出口额或低报征、退税率的，可在当期补报；前期多报出口额或高报征、退税率的，当期可以红字（或负数）差额数据冲减；也可用红字（或负数）将前期错误数据全额冲减，再重新全额申报蓝字数据。对于按会计制度规定允许扣除的运费、保险费和佣金，与原预估入账值有差额的，也按此规则进行调整。本年度出口货物发生退运的，可在下期用红字（或负数）冲减出口销售收入进行调整。

执行日期：2002 年 1 月 1 日

政策依据：《生产企业出口货物“免、抵、退”税管理操作规程》（国税发［2002］11 号）

分析诊断

一般来说，出口货物必须在财务上做销售处理后才能申报出口退（免）税。

因此，会计处理上的出口销售额应当与免抵退税申报的出口销售额相一致。当然，这里免抵退税申报的出口销售额是指“生产企业出口货物免、抵、退税申报汇总表”上的“免抵退出口货物销售额栏”，而不是指单证齐全销售额。要使出口销售在会计处理上与免抵退税申报方面二者相一致，就要做到销售的确认时间相一致，不能会计核算上按权责发生制，免抵退税申报却按单证收齐确认；同时还要做到销售的确认方法一致，不能会计核算按 CIF 价确认，免抵退税申报却按 FOB 价确认，也不能会计核算按 FOB 价确认，免抵退税申报却按 CIF 价确认。结合上述案例，该公司按 FOB 价确认账面出口销售收入，免抵退税申报却按 CIF 价，必然导致企业账面出口销售不等于免抵退税申报的出口销售。检查组要求其限期冲减多申报免抵退税出口销售额的做法是正确的。

触类旁通

一、企业账面出口销售额不等于免抵退税申报出口销售额的合理情形

一般来说，企业账面出口销售额应当等于免抵退税申报的出口销售额，但是按照会计制度和税法的规定，一些例外的情形必然导致企业账面出口销售额不等于免抵退税申报的出口销售额，而这些又是合理的。

（一）调整以前年度申报的出口退（免）税的数据

按照规定，企业以前申报的出口退（免）税的数据有误的，免抵退税申报系统应当做相应调整，但是会计核算上不能调整“销售收入”科目，而是将调整计入“以前年度损益”科目。

（二）以前年度申报的出口退（免）税应视同内销征税

按照规定，企业以前年度申报的出口货物需视同内销征税的，企业应当冲减免抵退税申报，但是不需将外销收入调整到内销收入之中，而应将有关损益直接计入“以前年度损益”科目。

（三）以前年度申报办理退（免）税的货物发生退关退运

按照规定，企业以前年度已申报办理退（免）税的货物发生退关退运的，企业应当冲减免抵退税申报，但是不需冲减出口销售收入科目，而应将有关损益直接计入“以前年度损益”科目。

二、企业账面出口销售额不等于免抵退税申报出口额的异常原因分析

（一）企业账面出口销售额大于免抵退税申报出口额

企业账面出口销售额大于免抵退税申报出口额的原因有很多，可能是企业账面出口销售按 CIF 价确认，而免抵退税申报按 FOB 价确认；也可能是账面出口额按权责发生制确认，而免抵退税申报按单证收齐确认；还有可能是企业出口销售实现后没有依照规定办理免抵退税申报。例如，某市国税局稽查人员在对某企业

进行稽查时，发现该企业自从 2005 年以来，长期少报出口收入，出口免抵退申报与账面收入不一致且不做调整，稽查局按照有关规定，将该企业历年来少报的出口收入视同国内销售收入进行补税，追补增值税款 163 万元及滞纳金 27.5 万元和罚款 81.5 万元，共计 272 万元。

（二）企业账面出口销售额小于免抵退税申报出口额

企业账面出口销售额小于免抵退税申报出口额的原因有很多，可能是账面核算按 FOB 价，而免抵退税申报按 CIF 价；可能是企业免抵退税申报虚报出口销售额等。

注意要点

一般来说，企业账面出口销售收入应当等于免抵退税申报的出口销售额。

59. 免抵退税申报出口额≠增值税纳税申报出口额

常见案例

在 2011 年某国税局组织的出口退税管理情况检查中，某检查组发现某生产企业的免抵退申报汇总表与增值税申报表一直存在免抵退出口额的差额。截至 2010 年 12 月月末，免抵退税申报的出口额大于增值税申报的差额为 2 950 995.8 元，企业未在申报资料中对差异作出说明。经核查差异主要由两部分构成：一是企业收单不及时，将上年已经做销售的出口货物在 2010 年 1 月申报；二是部分账列销售收入与出口退税申报有少量差异。具体情况如下：

1. 申报时间滞后差异：

在 201001 中申报了上年的两笔出口业务，分别为

09.12.16　USD85 532.85　RMB585 900

09.12.27　USD345 180　RMB2 364 483

小计为：RMB2 950 383

2. 申报录入错误导致差异：

A. 在 201004 所属期申报出口明细时将出口关单号为 205097267003 的金额 USD14 295.6，录入时错误录为 USD14 295.06，差额为 USD0.54，换算为 RMB3.7

B. 在 201011 所属期申报出口明细时将出口关单号为 205370844001 的金额 USD80 784，录入时错误录为 USD80 874，差额为 USD90，换算为 RMB616.5

小计为：RMB616.5 - RMB3.7 = RMB612.8

上述两个方面，导致免抵退出口货物销售额产生的差额共计2 950 995.8元。

结合检查情况，检查组向企业提出建议：加强与代理报关单位的联系，及时查询电子信息，加快单证回收速度的同时，年底要对出口货物的出口时间进行确认，避免跨年收入的产生；同时，可以根据查询的出口信息情况，先在财务上记销售，根据销售情况，进行出口退税申报，避免不正常差异的出现。若在日常审核中出现差异，要附送有关原因说明。

政策规定

1. “增值税纳税申报表”有关项目的申报要求

（1）“出口货物免税销售额”填写享受免税政策出口货物销售额，其中实行“免抵退税办法”的出口货物销售额为当期出口并在财务上做销售的全部（包括单证不齐全部分）免抵退出口货物人民币销售额。

（2）“免抵退货物不得抵扣税额”按当期全部（包括单证不齐全部分）免抵退出口货物人民币销售额与征退税率之差的乘积计算填报，有进料加工业务的应扣除“免抵退税不得免征和抵扣税额抵减额”；当“免抵退税不得免征和抵扣税额抵减额”大于“出口货物销售额乘征退税率之差”时，“免抵退货物不得抵扣税额”按0填报，其差额结转下期。

按“实耗法”计算的“免抵退税不得免征和抵扣税额抵减额”，为当期全部（包括单证不齐全部分）进料加工贸易方式出口货物所耗用的进口料件组成计税价格与征退税率之差的乘积；按“购进法”计算的“免抵退税不得免征和抵扣税额抵减额”，为当期全部购进的进口料件组成计税价格与征退税率之差的乘积。

（3）“免抵退税货物已退税额”按照退税部门审核确认的上期“生产企业出口货物免、抵、退税汇总表”中的“当期应退税额”填报。

（4）若退税部门审核“生产企业出口货物免、抵、退税申报汇总表”的“累计申报数”与“增值税纳税申报表”对应项目的累计数不一致，企业应在下期增值税纳税申报时根据“生产企业出口货物免、抵、退税申报汇总表”中“与增值税纳税申报表差额”栏内的数据对“增值税纳税申报表”有关数据进行调整。

2. “生产企业出口货物免、抵、退税申报明细表”的申报要求

（1）企业按当期在财务上做销售的全部出口明细填报“生产企业出口货物免、抵、退税申报明细表”，对单证不齐无法填报的项目暂不填写，并在“单证不齐标志栏”内按填表说明做相应标志。

（2）对前期出口货物单证不齐，当期收集齐全的，应在当期免抵退税申报时一并申请参与免抵退税的计算，可单独填报“生产企业出口货物免、抵、退税申

报明细表”，在“单证不齐标志栏”内填写原申报时的所属期和申报序号。

3.“生产企业出口货物免、抵、退税申报汇总表”的申报要求

（1）“出口销售额乘征退税率之差”按企业当期全部（包括单证不齐全部分）免抵退出口货物人民币销售额与征退税率之差的乘积计算填报。

（2）“免抵退税不得免征和抵扣税额抵减额”按退税部门当期开具的“生产企业进料加工贸易免税证明”中的“免抵退税不得免征和抵扣税额抵减额”填报。

（3）“出口销售额乘退税率”按企业当期出口单证齐全部分及前期出口当期收齐单证部分且经过退税部门审核确认的免抵退出口货物人民币销售额与退税率的乘积计算填报。

（4）“免抵退税额抵减额”按退税部门当期开具的“生产企业进料加工贸易免税证明”中的“免抵退税额抵减额”填报。

（5）“与增值税纳税申报表差额”为退税部门审核确认的“累计”申报数减“增值税纳税申报表”对应项目的累计数的差额，企业应作相应账务调整并在下期增值税纳税申报时“增值税纳税申报表”进行调整。

当本表 11c 不为 0 时，“当期应退税额”的计算公式需进行调整，即按照“当地免抵退税额（16 栏）”与“增值税纳税申报表期末留抵税额（18 栏）－与增值税纳税申报表差额（11c）”后的余额进行计算填报。

（6）新发生出口业务的生产企业，12 个月内“应退税额”按 0 填报，“当期免抵税额”与“当期免抵退税额”相等。

4. 申报数据的调整

对前期申报错误的，当期可进行调整。前期少报出口额或低报征、退税率的，可在当期补报；前期多报出口额或高报征、退税率的，当期可以红字（或负数）差额数据冲减；也可用红字（或负数）将前期错误数据全额冲减，再重新全额申报蓝字数据。对于按会计制度规定允许扣除的运费、保险费和佣金，与原预估入账值有差额的，也按此规则进行调整。本年度出口货物发生退运的，可在下期用红字（或负数）冲减出口销售收入进行调整。

执行日期：2002 年 1 月 1 日

政策依据：《国家税务总局关于印发〈生产企业出口货物“免、抵、退”税管理操作规程〉（试行）的通知》（国税发［2002］11 号）

分析诊断

按照免抵退税办法规定，生产企业单证不齐的出口销售额应当进行免抵退税申报。因此，一般来说，企业账面核算的出口销售收入、企业增值税纳税申报的

出口销售额与企业申报免抵退税的出口销售额应当一致。这是免抵退税申报管理的基本要求。如果不一致，应当查明原因，属于正常原因的，则依照规定审核办理免抵退税；不属于正常原因的，则应当责令企业进行纠正。结合上述案例，企业按权责发生制确认出口销售收入和办理增值税纳税申报，而没有及时把单证不齐的出口销售额办理免抵退税申报，这是不符合免抵退税管理基本要求的。由此可见，案例中企业的做法是错误的，而案例中检查组的做法是正确的。

触类旁通

一、生产企业单证不齐出口额未及时申报对免抵退税的影响分析

（一）对计算免抵退税额没有影响

生产企业计算免抵退税额的依据并不是所有的出口货物销售额，也不是单证收齐的出口销售额，而是当期单证齐全信息齐全的出口销售额。当期单证齐全信息齐全出口额既包括当期单证齐全信息齐全的出口额，也包括前期单证齐全信息齐全的出口额。也就是说，只有出口货物的单证齐全信息齐全才能参与免抵退税额的计算。如果单证不齐或只有单证齐全仍然不能参与免抵退税额的计算。当然如果出口货物信息齐全但单证不齐也不能参与免抵税额的计算。由此可见，企业单证不齐出口销售额未办理免抵退税申报，对免抵退税额的计算不会产生任何影响。

（二）对企业当期应纳增值税有影响

按照免抵退税申报审核系统的设计和免抵退税的管理规定，生产企业出口货物征退税率存在差异的情况下，需要计算不得免征和抵扣税额，其计算的依据就是企业当期的全部出口销售额，包括当期单证不齐的出口额和当期单证齐全的出口额。如果单证不齐的出口额不及时在当月申报办理免抵退税，就会使不得免征和抵扣税额虚减。而不得免征和抵扣税额在会计处理上要计入“进项税额转出”科目。因此，如果生产企业单证不齐的出口额不及时在当月申报办理免抵退税，就会使“进项税额转出”虚减，从而虚减企业当期的应纳增值税额。即使企业当期没有应纳增值税额，也会虚增当期的留抵税额。

（三）对企业当期免抵退税额在免抵税额和应退税额之间的分配有影响

按照免抵退税办法的规定，企业当期增值税留抵税额大于或等于当期免抵退税额的，当期免抵退税额全部办理应退税额，免抵税额为零；企业当期增值税留抵税额小于当期免抵退税额的，留抵税额部分全部办理应退税额，余下的免抵退税额等于免抵税额；企业当期有应纳增值税额而没有留抵税额的，当期应退税额为零，当期全部免抵退税额等于当期免抵税额。因此，企业申报单证不齐的出口销售额如果不及时在当期办理免抵退税申报，将会直接影响当期的

应纳增值税额或留抵税额，从而影响免抵退税在应退税额和免抵税额之间的分配。

注意要点

生产企业单证不齐的出口销售额应当进行免抵退税申报。

60. 免抵退税申报的不得免征和抵扣税额≠增值税纳税申报的不得免征和抵扣税额

常见案例

在某省国税局2011年组织的出口退税管理情况检查中，检查组发现某生产企业2010年以来免抵退申报汇总表一直存在与增值税申报表“不得免征和抵扣税额”的负数差异。经核查发现，该企业在申报出口明细时，存在大量的自编出口报关单，在收齐单证的当月再进行冲减，未修改对应的出口报关单号码，导致大量的垃圾数据无法参与计算；该企业先进行增值税纳税申报，后进行当期出口数据明细录入，同时不得免征和抵扣税额未根据汇总表自动计算做进项转出，导致增值税申报数据与出口退税申报的差异。经了解，该企业在出口退税原始单证传递过程中单证回收速度较慢是产生差异的主要原因。检查组建议该企业加强与报关业务部门的联系，第一时间掌握出口货物的出口信息（如报关单位预录入申报数据），加快单证收集速度，并及时在口岸电子执法系统查询并提交出口相关信息，根据相关信息及时确认出口销售并申报出口退税。检查组还建议该企业先进行出口明细申报录入，根据生成的汇总表自动计算的“不得免征和抵扣税额”作进项税额转出处理。在当期的所有出口销售清理确认完毕没有差异后，若仍然存在“不得免征和抵扣税额”差异，排除其他因素导致的进项转出外，将余额进行调账处理。

政策规定

申报要求

1. “增值税纳税申报表”有关项目的申报要求

（1）“出口货物免税销售额”填写享受免税政策出口货物销售额，其中实行“免抵退税办法”的出口货物销售额为当期出口并在财务上做销售的全部（包括单证不齐全部分）免抵退出口货物人民币销售额。

（2）“免抵退货物不得抵扣税额”按当期全部（包括单证不齐全部分）免抵退出口货物人民币销售额与征退税率之差的乘积计算填报，有进料加工业务的应扣除“免抵退税不得免征和抵扣税额抵减额”；当“免抵退税不得免征和抵扣税额抵减额”大于“出口货物销售额乘征退税率之差”时，“免抵退货物不得抵扣税额”按0填报，其差额结转下期。

按“实耗法”计算的“免抵退税不得免征和抵扣税额抵减额”，为当期全部（包括单证不齐全部分）进料加工贸易方式出口货物所耗用的进口料件组成计税价格与征退税率之差的乘积；按“购进法”计算的“免抵退税不得免征和抵扣税额抵减额”，为当期全部购进的进口料件组成计税价格与征退税率之差的乘积。

（3）“免抵退税货物已退税额”按照退税部门审核确认的上期“生产企业出口货物免、抵、退税汇总表”中的“当期应退税额”填报。

（4）若退税部门审核“生产企业出口货物免、抵、退税申报汇总表”的“累计申报数”与“增值税纳税申报表”对应项目的累计数不一致，企业应在下期增值税纳税申报时根据“生产企业出口货物免、抵、退税申报汇总表”中“与增值税纳税申报表差额”栏内的数据对“增值税纳税申报表”有关数据进行调整。

2.“生产企业出口货物免、抵、退税申报明细表”的申报要求

（1）企业按当期在财务上做销售的全部出口明细填报“生产企业出口货物免、抵、退税申报明细表”，对单证不齐无法填报的项目暂不填写，并在“单证不齐标志栏”内按填表说明并做相应标志。

（2）对前期出口货物单证不齐，当期收集齐全的，应在当期免抵退税申报时一并申请参与免抵退税的计算，可单独填报“生产企业出口货物免、抵、退税申报明细表”，在“单证不齐标志栏”内填写原申报时的所属期和申报序号。

3.“生产企业出口货物免、抵、退税申报汇总表”的申报要求

（1）“出口销售额乘征退税率之差”按企业当期全部（包括单证不齐全部分）免抵退出口货物人民币销售额与征退税率之差的乘积计算填报。

（2）“免抵退税不得免征和抵扣税额抵减额”按退税部门当期开具的“生产企业进料加工贸易免税证明”中的“免抵退税不得免征和抵扣税额抵减额”填报。

（3）“出口销售额乘退税率”按企业当期出口单证齐全部分及前期出口当期收齐单证部分且经过退税部门审核确认的免抵退出口货物人民币销售额与退税率的乘积计算填报。

（4）“免抵退税额抵减额”按退税部门当期开具的“生产企业进料加工贸易免税证明”中的“免抵退税额抵减额”填报。

（5）“与增值税纳税申报表差额”为退税部门审核确认的“累计”申报数减“增值税纳税申报表”对应项目的累计数的差额，企业应做相应账务调整并在下期增值税纳税申报时“增值税纳税申报表”进行调整。

当本表11c不为0时，“当期应退税额”的计算公式需进行调整，即按照“当地免抵退税额（16栏）”与“增值税纳税申报表期末留抵税额（18栏）－与增值税纳税申报表差额（11c）”后的余额进行计算填报。

（6）新发生出口业务的生产企业，12个月内“应退税额”按0填报，“当期免抵税额”与“当期免抵退税额”相等。

4. 申报数据的调整

对前期申报错误的，当期可进行调整。前期少报出口额或低报征、退税率的，可在当期补报；前期多报出口额或高报征、退税率的，当期可以红字（或负数）差额数据冲减；也可用红字（或负数）将前期错误数据全额冲减，再重新全额申报蓝字数据。对于按会计制度规定允许扣除的运费、保险费和佣金，与原预估入账值有差额的，也按此规则进行调整。本年度出口货物发生退运的，可在下期用红字（或负数）冲减出口销售收入进行调整。

执行日期：2002年1月1日

政策依据：《国家税务总局关于印发〈生产企业出口货物“免、抵、退”税管理操作规程〉（试行）的通知》（国税发［2002］11号）

分析诊断

按照免抵退税管理办法和增值税纳税申报办法的规定，生产企业免抵退税汇总表11栏的当期“免抵退税不得免征和抵扣税额栏”与增值税纳税申报表附列资料（表二本期进项税额明细）14栏“免抵退税办法出口货物不得抵扣进项税额”数据应当一致。如果不一致，出口企业应当查明原因并进行调整。结合上述案例，该生产企业免抵退税申报的不得免征和抵扣税额与增值税纳税申报的免抵退税办法出口货物不得抵扣进项税额，二者不一致主要是该企业冲减前期单证不齐数据和先增值税申报后录出口明细数据所导致的。可见，该企业的做法是错误的，检查组的做法无疑是正确的，其提出的建议值得广大生产企业参考。

触类旁通

生产企业免抵退税汇总表与增值税纳税申报表的“不得免征和抵扣进项税额”差异的原因分析

由于企业情况不同，正负差异不同，具体产生原因也各不相同。现列举出口退税管理实践中出现的几种差异：

（一）出口销售额方面

1. 企业出口收入账务处理的时间与免抵退税申报的时间不一致。

2. 企业未及时收汇，未对出口销售收入进行账务处理，但因申报期限原因不得不进行免抵退税申报，造成正差。

3. 企业在出口收入账务处理时重复做账所致。

4. 企业将出口免税货物计入免、抵、退税销售收入，造成增值税申报表上出口货物金额大于申报金额，产生负差。

5. 企业未对账列出口货物进行全部免抵退税申报。

6. 企业在出口销售额入账时按出口合同所记载的出口额记账，而在出口收回核销时收到的金额有时会比合同所记载的出口额要小，在申报出口退税时企业按实际收汇金额申报退（免）税，从而导致免抵退税汇总表与增值税纳税申报表“不予免征和抵扣进项税额累计数”的产生。

7. 企业外销部分成交价格是按 CIF 价计算，在申报时应按 FOB 价进行申报。而企业在计算进项税转出时是按照没有扣减运费来计算的，在申报出口退税时是按照扣除运费的金额来申报出口退税额的，故造成“免抵退税汇总表”与“增值税纳税申报表”的“不予免征和抵扣进项税额累计数”产生差额。

8. 企业做外销销售收入入账的时间与做单证收齐的出口退（免）税申报的时间间隔较长，由于外汇汇率变动频繁，从而造成入账与申报使用的汇率有差异，也就导致“免抵退税汇总表”与“增值税纳税申报表”“不予免征和抵扣进项税额累计数”的产生。

（二）冲减前期单证不齐数据方面

1. 企业收单不及时，未收齐单证时自编报关单作单证不齐申报，收齐出口报关单时未能逐一冲减对应的自编报关单，从而导致二者出现差异。

2. 企业在前期做基础数据采集时做的是单证不齐的录入，待后期收齐单证后发现前期对应的数据有误，在未冲减前期单证不齐数据的情况下，直接申报录入正确的单证数据，从而导致“免抵退税汇总表”与“增值税纳税申报表”“不予免征和抵扣进项税额累计数”的产生。

（三）其他方面

1. 进料加工复出口企业出口商品退税率调整的原因。由于手册在当期进行核销，系统自动计算补开的不予免征抵扣税额抵减额，而企业的增值税已经申报，造成与汇总表差异较大。

2. 企业申报人员和税务机关机审人员业务不熟悉。如企业读入预申报反馈信息后未对反馈回的增值税申报表录入项目进行修改，而机审准予差额的存在不会提示错误信息，机审人员在业务不熟悉的情况下会忽略该差异数据是否异常从而通过审核。

注意要点

生产企业免抵退税汇总表11栏的当期“免抵退税不得免征和抵扣税额栏”与“增值税纳税申报表”附列资料（表二本期进项税额明细）14栏“免抵退税办法出口货物不得抵扣进项税额”数据应当一致。

61. 增值税纳税申报表中的留抵税额≠免抵退税汇总表中的留抵税额

常见案例

某能源公司具有增值税一般纳税人资格，属于新办生产型出口企业。2010年3月份开始做第一笔出口业务，所属期2010年9月增值税纳税申报表20栏“期末留抵税额”5 349 049.35元，同期免抵退税申报汇总表上18栏“增值税纳税申报表期末留抵税额”和19栏“计算退税的期末留抵税额”均为2 765 736.32元，当期免抵退税额3 259 596.79元，退税2 765 736.32元，免抵税额为493 860.47元。主管税务机关和市国税局退税部门未认真审核，均已审核审批通过。由于公司一年期内暂不办理出口退税，当月审批的免抵税额已按规定办理调库。

政策规定

当期应退税额和当期免抵税额的计算

1. 当期期末留抵税额≤当期免抵退税额时，

当期应退税额＝当期期末留抵税额

当期免抵税额＝当期免抵税额－当期应退税额

当期应退税额＝当期免抵退税额

2. 当期期末留抵税额＞当期免抵退税额时，

当期免抵税额＝0

“当期期末留抵税额”为当期“增值税纳税申报表”的“期末留抵税额”。

执行日期：2002年1月1日

政策依据：《生产企业出口货物“免、抵、退”税管理操作规程》（国税发［2002］11号）

“生产企业出口货物免、抵、退税申报汇总表”填表说明

1. 第1栏“当期免抵退出口货物销售额（美元）”为企业当期全部免抵退出口货物美元销售额，等于当期出口的单证齐全部分和单证不齐部分美元销售额之和，与“生产企业出口货物免、抵、退税申报明细表”第11栏中当期全部免抵退出口货物美元销售额合计数相等。

2. 第2栏“当期免抵退出口货物销售额”为企业当期全部免抵退出口货物人民币销售额，等于当期出口的单证不齐部分（第3栏）和单证齐全部分（第4栏）人民币销售额之和。为第1栏“当期免抵退出口货物销售额（美元）”与在税务机关备案的汇率折算的人民币销售额。

3. 第3栏“单证不齐销售额”为企业当期出口的单证不齐部分免抵退出口货物人民币销售额，应与“生产企业出口货物免、抵、退税申报明细表”第12栏中当期出口单证不齐部分的人民币销售额合计数相等。

4. 第4栏“单证齐全销售额”为企业当期出口的单证齐全部分且经过退税部门审核确认的免抵退出口货物人民币销售额，应与“生产企业出口货物免、抵、退税申报明细表”第12栏中当期出口单证齐全部分且经过退税部门审核确认的人民币销售额合计数相等。

5. 第5栏“前期出口货物当期收齐单证销售额”为企业前期出口当期收齐单证部分且经过退税部门审核确认的免抵退出口货物人民币销售额，应与“生产企业出口货物免、抵、退税申报明细表”第12栏中前期出口当期收齐单证部分且经过退税部门审核确认的人民币销售额合计数相等。

6. 第6栏“单证齐全出口货物销售额”为企业当期出口单证齐全部分及前期出口当期收齐单证部分且经过退税部门审核确认的免抵退人民币销售额，应与本表第4栏与第5栏的合计数相等。本栏包含修理修配、中标机电产品视同出口按免抵退税办法办理的人民币销售额。

7. 第7栏“不予免抵退出口货物销售额”为企业自报关出口之日起超过6个月未收齐有关出口退税凭证或未向主管税务机关办理“免、抵、退”税申报手续，应视同内销货物征税的免抵退出口货物人民币销售额。根据企业申报“免、抵、退”税情况及出口电子信息统计测算填报。

8. 第8栏“出口销售额乘征退税率之差”为企业当期全部免抵退出口货物人民币销售额与征退税率之差的乘积，应与“生产企业出口货物免、抵、退税申报明细表”第15栏中企业当期全部免抵退出口货物人民币销售额与征退税率之差乘积的合计数相等。

9. 第9栏“上期结转免抵退税不得免征和抵扣税额抵减额”应与上期“生产企业出口货物免、抵、退税申报汇总表”第12栏“结转下期免抵退税不得免征和抵扣税额抵减额”相等。

10. 第10栏“免抵退税不得免征和抵扣税额抵减额”应与当期开具的“生产企业进料加工免税证明”第12栏合计数相等。

11. 第11栏“免抵退税不得免征和抵扣税额”按第8栏－（第9栏＋第10栏)”计算填报，当计算结果小于0时按0填报。

12. 第12栏“结转下期免抵退税不得免征和抵扣税额抵减额”当“第9栏＋第10栏＞第8栏”时本栏等于“第9栏＋第10栏－第8栏”，否则按0填报。

13. 第13栏“出口销售额乘退税率”为当期出口单证齐全部分及前期出口当期收齐单证部分且经过退税部门审核确认的免抵退出口货物人民币销售额与退税率的乘积，应与“生产企业出口货物免、抵、退税申报明细表”第16栏中当期出口单证齐全部分及前期出口当期收齐单证部分且经过退税部门审核确认的免抵退出口货物人民币销售额乘退税率的合计数相等。

14. 第14栏“上期结转免抵退税额抵减额”为上期“生产企业出口货物免、抵、退税申报汇总表”第17栏“结转下期免抵退税额抵减额”。

15. 第15栏“免抵退税额抵减额”应与当期开具“生产企业进料加工免税证明”第11栏合计数相等。

16. 第16栏“免抵退税额”按“第13栏－（第14栏＋第15栏)”计算填报，当计算结果小于0时按0填报。

17. 第17栏“结转下期免抵退税额抵减额”当“第14栏＋第15栏－第13栏”大于0时本栏等于“第14栏＋第15栏－第13栏”，否则按0填报。

18. 第18栏“增值税纳税申报表期末留抵税额”应与《增值税纳税申报表》“期末留抵税额”相等。

19. 第19栏“计算退税的期末留抵税额”按（第18栏－11c）计算填报。

20. 第20栏“当期应退税额”为按规定计算公式计算出且经过退税部门审批的应退税额；当第16栏＞第19栏时，第20栏＝第19栏，否则第20栏＝16栏；累计数反映本年度年初到当期应退税额的累计；新发生出口业务的生产企业，12个月内当期应退税额按0填报。

21. 第21栏“当期免抵税额”为第16栏“免抵退税额”与第20栏“当期应退税额”之差；累计数反映本年度年初到当期应免抵税额的累计。

22. 第（c）列“与增值税纳税申报表差额”为退税部门审核确认的第（b）列“累计”申报数减“增值税纳税申报表”对应项目的累计数的差额，企业应做相应账务调整并在下期增值税纳税申报时对“增值税纳税申报表”有关项目进行调整。

执行日期：2002 年 1 月 1 日

政策依据：《生产企业出口货物“免、抵、退”税管理操作规程》（国税发［2002］11 号）

分析诊断

按照免抵退税办法规定，当期免抵退税额并不能全部作为出口退税办理，当期留抵税额也不能全部作为出口退税办理，办理出口退税采取免抵退税额和留抵税额双限额的办法，即企业当期增值税留抵税额大于或等于当期免抵退税额的，当期免抵退税额全部办理应退税额，免抵税额为零；企业当期增值税留抵税额小于当期免抵退税额的，留抵税额部分全部办理应退税额，余下的免抵退税额等于免抵税额；企业当期有应纳增值税额而没有留抵税额的，当期应退税额为零，当期全部免抵退税额等于当期免抵税额。因此，留抵税额直接关系到免抵退税额在应退税额和免抵税额之间的分配。结合上述案例，该公司当期计算退税的留抵税额 5 349 049. 35 元，当期免抵退税额 3 259 596. 79 元，企业当期应退税税额为 3 259 596. 79元。由于增值税纳税申报表中的留抵税额与免抵退税汇总申报表中的留抵税额不一致，少在免抵退税申报表中填报 2 583 313. 03 元，这样企业当期应退税额 2 765 736. 32 元，致使企业减少当期应退税额 493 860. 47 元，虚增当期免抵税额 493 860. 47 元，该公司的不当做法和税务机关的疏忽审核致使企业遭受了不必要的经济损失。

触类旁通

一、计算退税的留抵税额问题

一般来说，“生产企业出口货物免、抵、退税申报汇总表”第 19 栏的“计算退税的期末留抵税额”与 18 栏的“增值税纳税申报表期末留抵税额”是一致的。但是，当“生产企业出口货物免、抵、退税申报汇总表”第 11 栏“免抵退税不得免征和抵扣税额”与增值税纳税申报表的队列资料（表二本期进项税额明细）第 18 栏有差额时，计算退税的期末留抵税额就不等于增值税纳税申报表期末留抵税额，而是等于“增值税纳税申报表期末留抵税额（18 栏）- 与增值税纳税申报表差额（11c）”后的余额。

二、企业擅自修改留抵税额多退税额

某材料机械有限公司 2008 年 2 月由于征退税率之差，账务处理上应转出进项税金但未做转出处理，产生了免抵退税不得免征和抵扣税额的差异，主管税务机关在审核明细单上注明原因后，计算机审核时予以通过，并要求该公司进行账务调整；2008 年 6 月，该公司在账务处理时将应在本月申报的应退税额作了进项税额转出，造成期末无留抵税金，无税可退。主管税务机关经核实要求其更正纳税申报，该公司在更正纳税申报时未转出当期征退税差 8 553.59 元，在进行免抵退税申报时，免抵退税汇总表反映的计算期末留抵税额只有 55 109.25 元，退税额为 55 109.25 元，审核通过；该公司在打印纸质申报资料时，根据纳税申报表的留抵税额，擅自删除了差异，修改了汇总表的留抵税金，造成当期多退税款 8 553.59元，主管税务机关已收回多退税款。

三、解决企业误报留抵税额问题

例如，某石油专用管道制造有限公司是一家大型出口企业，平均每月退税额达 2 000 万元。但在 2009 年 3、4 月份的免抵退税申报中，由于企业申报失误，未能将留抵税金申报到出口退税系统中，造成 3 000 多万元留抵税金未能及时转换成应退税额，至 4 月下旬企业发现少退税款，即向市局进出口税收管理处反映。按正常程序，企业要到 5 月底才能收到这笔退税款，这将给企业的资金流转带来较大压力。为切实服务出口企业，解决企业的实际困难，进出口税收管理处本着“特事特办”的服务原则，及时到企业进行核实调查，在核实并确认其实际增值税进项留抵税额的基础上，通过采取一系列补救措施，于 4 月底对企业进行补退税款，确保企业及时拿到 3 000 多万元退税，有效减轻了企业的资金压力，得到了企业的赞誉和感谢。

四、免抵退税申报与增值税纳税申报次序颠倒

一般来说，生产企业应当先办理增值税纳税申报后办理免抵退税申报，而有的企业却先办理免抵退税申报后办理增值税纳税申报，致使留抵税额在两个表中不一致。如某数码公司在 2010 年 11 月申报抵扣了一张生产经营用的“机动车销售发票”，票面金额 37 900 元、税率 17%、税额 5 506.84 元，是在税务局大厅认证的；该公司“远程认证系统”从税务局服务器里提取的数据显示税额只有 2 653元，和发票票面不一致，为此该公司专门打电话咨询过办税大厅报税员，报税员答复这张发票是从运输发票系统里认证的，因此只有按 7% 的税率计算税额。一张发票在税务局、远程认证系统里显示出两个不同的税额，两者相差 2 853.84 元，而该公司申报出口退税在前，申报增值税在后，前后申报形成“期末留抵税额”相差 2 853.84 元，“出口退税申报”的期末留抵税额是 630 150.51元，增值税申报的期末留抵税额是 633 004.35 元，该公司只能在次月免抵退税申报时做相应调整。

五、计算退税的留抵税额形成问题

（一）符合规定申报抵扣的进项税额形成的留抵税额

按照财税［2008］170 号规定，自 2009 年 1 月 1 日起，增值税一般纳税人购进（包括接受捐赠、实物投资，下同）或者自制（包括改扩建、安装，下同）固

定资产发生的进项税额，可根据《中华人民共和国增值税暂行条例》和《中华人民共和国增值税暂行条例实施细则》的有关规定，凭增值税专用发票、海关进口增值税专用缴款书和运输费用结算单据从销项税额中抵扣，其进项税额应当计入“应缴税金——应缴增值税（进项税额）”科目。因此，只要符合申报抵扣的进项税额形成的留抵税额都可以作为计算退税的留抵税额。

（二）企业预缴的增值税额不能作为计算退税的留抵税额

有的企业提出，税务机关因为收入任务要求企业预缴增值税，那么企业本月的预缴增值税可以作为计算退税的留抵税额吗？

按增值税会计核算规定，企业当月缴纳所属期为本月的增值税额，应当计入“应缴税费——应缴增值税（已缴税金）”科目。企业本月有应缴增值税额的，月终应当通过“应缴税费——应缴增值税（转出未缴增值税）”转入“应缴税费——未缴增值税”科目；企业本月如果因为预缴而多缴的增值税，月终应通过“应缴税费——应缴增值税（转出多缴增值税）”转入“应缴税费——未缴增值税”科目；企业有留抵进项税额的，则不应作转出多交增值税处理。因而，如果企业本月无实现的增值税额，企业本月预缴的增值税额就应当通过“应缴税费——应缴增值税（转出多缴增值税）”转入“应交税费——未交增值税”科目，“应缴税费——应缴增值税”科目月末借方余额就是期末留抵税额；如果企业本月有实现的增值税额，企业预缴多的部分或预缴不足的部分都应当转入“应缴税费——未缴增值税”科目，“应缴税费——应缴增值税”科目月末无余额。

由此可见，生产企业当月预缴的增值税额不能作为可计算退税的期末留抵税额。

六、长期无法消化留抵税额退税问题

根据《国家税务总局关于出口货物退（免）税有关问题的通知》（国税函［2010］1号）规定，出口企业因《国家税务总局关于印发〈生产企业出口货物“免、抵、退”税管理操作规程（试行）〉的通知》（国税发［2002］11号）第二条第五款有关新发生出口业务企业的税收处理规定和《国家税务总局关于做好2003年度出口货物退（免）税清算工作的通知》（国税函［2003］1303号）第五条第三款的相关税收处理规定，导致目前仍无法消化的留抵税额，税务机关可在核实无误的基础上，一次性办理退税。

注意事项：一是做好留抵税额退税的计算。国税函［2010］1号文件并没有明确指出截止计算留抵的时限，一般可以认为是2010年1月止的留抵税额。二是企业应及时收集与申报留抵税额退税有关的原始资料和单证，以便税务机关进行核实，利于退税使用。

注意要点

留抵税额直接关系到免抵退税额在应退税额和免抵税额之间的分配。

62. 出口报关金额≠出口收汇金额

常见案例

某公司为生产性企业，具有增值税一般纳税人资格，实行免抵退税办法。2009年6月22日，该公司生产的产品按FOB价报关出口，由于工作人员的失误，报关金额比实际销售金额少报1万美元，财务做账按报关单金额确认出口销售收入，免抵退税也按报关单金额申报，而国外客户按实际金额付款，现在应收账款出现负数。那么国外客户多付的1万美元应该怎么办？该公司办税员咨询市局进出口税收管理处得到的答复为：企业应该在申报退税之前就去海关申请更改报关单，然后用更改后的真实信息进行申报。否则只能视同内销征税处理。

政策规定

生产企业出口货物“免、抵、退税额”应根据出口货物离岸价、出口货物退税率计算。出口货物离岸价（FOB）以出口发票上的离岸价为准（委托代理出口的，出口发票可以是委托方开具的或受托方开具的），若以其他价格条件成交的，应扣除按会计制度规定允许冲减出口销售收入的运费、保险费、佣金等。若申报数与实际支付数有差额的，在下次申报退税时调整（或年终清算时一并调整）。若出口发票不能如实反映离岸价，企业应按实际离岸价申报“免、抵、退”税，税务机关有权按照《中华人民共和国税收征收管理法》、《中华人民共和国增值税暂行条例》等有关规定予以核定。

执行日期：2002年1月1日

政策依据：《生产企业出口货物“免、抵、退”税管理操作规程》（国税发［2002］11号）

分析诊断

一般来说，生产企业出口货物免抵退税额应以出口货物离岸价作为计算依据。出口货物离岸价（FOB）以出口发票上的离岸价为准，若出口发票不能如实反映离岸价，企业应按实际离岸价申报免抵退税。因此，计算免抵退税的依据应当以出口发票上注明的离岸价为准，而不是以报关单上注明的离岸价为准。如果出口发票上注明的高岸价不能如实反映实际离岸价，应当以实际离岸价为准。当然，报关单上的离岸价、出口发票上的离岸价和实际的离岸价三者应当一致，如果不一致，应当以实际离岸价为准。上述案例中的公司实际离岸价与报关单上注明的离岸价金额相差 1 万美元，并按照规定收汇核销，而税务机关以报关单上注明的 FOB 价作为免抵退税的计算依据，没有按实际离岸价计算免抵退税额，反而要将多收汇 1 万美元视同内销征税，可见其答复是错误的。

触类旁通

一、出口销售质量赔款问题

有的生产企业出口货物因质量问题遭到国外客户索赔，经协商同意国外客户从应收外汇货款中扣收质量赔款，这样就导致出口报关单上注明的 FOB 价与实际出口收汇金额不一致，虽然按照收汇核销管理的规定可以进行差额收汇核销，但是其实际的出口货物离岸价与报关单上注明的离岸价却不一致，按照国税发［2002］11 号文件的规定，企业应当按冲减质量赔款后的实际离岸价申报办理免抵退税。如果企业已经按照报关单上注明的离岸价申报免抵退税，那么就应当按照质量赔款的金额冲减免抵退税申报。

二、出口次品境外直接处理

有的企业出口货物因为质量问题，国外客户拒收货物，而运费又太贵，企业一般也不运回境内，而是直接在境外低价销售处理，所以企业收到的外汇会与报关单金额不一致。有的企业把境外处理商品的降价损失直接列入营业外损失，或者产品合理的次品损失处理。由于少收的外汇货款报经外汇管理局同意可以办理差额核销，因此企业会错误地认为免抵退税申报可以不做调整。

三、出口销售返利问题

有的出口企业与国外客户协调，出口销售达到一定数量或金额，出口销售货款就按一定比例返还给国外客户。按照以实际离岸价作为免抵退税计算依据的规定，对于出口销售返利，也应当依照规定冲减出口销售收入，并依照规定冲减免抵退税申报。问题的关键是要合理确定冲减出口货物的品种及其相对应的代码，以及各种出口货物不同时期的冲减金额，因为出口货物代码不同，出口日期不同，出口退税率则可能不同。

四、出口报关金额大于出口收汇金额问题

某市国税局每月定期从外汇部门拷取核销单信息，通过对比核销单与报关单的出口金额，发现部分生产企业出口报关FOB金额大于出口收汇核销金额，因而2008年年度全市共调减生产企业出口货物免抵退税额358万元。

五、运保佣实际支付与报关单上注明不一致的处理

例如，某生产企业2010年3月份以CIF条件出口一批货物，报关单上的保费率是3%，但是企业实际支付的保费率是1%，这样从CIF销售额中冲减的金额就不能按报关单上的保费率计算，而应当按实际支付的保费率计算。

注意要点

出口货物离岸价（FOB）以出口发票上的离岸价为准，若出口发票不能如实反映离岸价，企业应按实际离岸价申报免抵退税。

63. 企业生产货物全部出口≠企业没有应纳增值税额

常见案例

某公司是生产企业，实行免抵退办法，公司生产货物全部出口，完全没有内销货物。产品征税率17%，出口退税率自2007年7月1日起降到5%。由于产品增加值相对较高，2007年7月以后每月按出口销售额×（17%－5%）的进项转出税额往往大于当月进项税，也就是“应缴税金——应缴增值税”在贷方，每月要缴纳增值税。该公司财务经理认为：出口是免征增值税的，并对采购环节已缴纳的增值税抵不完的就退，现在公司不仅没有退税反而要缴纳增值税，这不符合基本常识。财务经理在南京参加国税总局所得税培训时，向讲师团的一个讲师请教，讲师认为应不考虑进项转出，应直接按出口销售额的5%给企业退税才合理。

政策规定

二、实行免、抵、退税办法的“免”税，是指对生产企业出口的自产货物，免征本企业生产销售环节增值税；“抵”税，是指生产企业出口自产货物所耗用的原材料、零部件、燃料、动力等所含应予退还的进项税额，抵顶内销货物的应纳税额；“退”税，是指生产企业出口的自产货物在当月内应抵顶的进项税额大于应纳税额时，对未抵顶完的部分予以退税。

三、有关计算方法

（一）当期应纳税额的计算

当期应纳税额＝当期内销货物的销项税额－（当期进项税额－当期免抵退税

不得免征和抵扣税额）

（二）免抵退税额的计算

免抵退税额 = 出口货物离岸价 × 外汇人民币牌价 × 出口货物退税率 – 免抵退税额抵减额

其中：

1. 出口货物离岸价（FOB）以出口发票计算的离岸价为准。出口发票不能如实反映实际离岸价的，企业必须按照实际离岸价向主管国税机关进行申报，同时主管税务机关有权依照《中华人民共和国税收征收管理法》、《中华人民共和国增值税暂行条例》等有关规定予以核定。

2. 免抵退税额抵减额 = 免税购进原材料价格 × 出口货物退税率

免税购进原材料包括从国内购进免税原材料和进料加工免税进口料件，其中进料加工免税进口料件的价格为组成计税价格。

进料加工免税进口料件的组成计税价格 = 货物到岸价 + 海关实征关税和消费税

（三）当期应退税额和免抵税额的计算

1. 如当期期末留抵税额≤当期免抵退税额，则

当期应退税额 = 当期期末留抵税额

当期免抵税额 = 当期免抵退税额 – 当期应退税额

2. 如当期期末留抵税额 > 当期免抵退税额，则

当期应退税额 = 当期免抵退税额

当期免抵税额 = 0

当期期末留抵税额根据当期《增值税纳税申报表》中“期末留抵税额”确定。

（四）免抵退税不得免征和抵扣税额的计算

免抵退税不得免征和抵扣税额 = 出口货物离岸从 × 外汇人民币牌价 ×（出口货物征税率 – 出口货物退税率）– 免抵退税不得免征和抵扣税额抵减额

免抵退税不得免征和抵扣税额抵减额 = 免税购进原材料价格 ×（出口货物征税率 – 出口货物退税率）

执行日期：《财政部 国家税务总局关于进一步推进出口货物实行免抵退税办法的通知》（财税［2002］7号）

分析诊断

实行免抵退税办法的“免”税，是指对生产企业出口的自产货物，免征本企业生产销售环节增值税；“抵”税，是指生产企业出口自产货物所耗用的原材料、零部件、燃料、动力等所含应予退还的进项税额，抵顶内销货物的应纳税额；

“退”税，是指生产企业出口的自产货物在当月内应抵顶的进项税额大于应纳税额时，对未抵顶完的部分予以退税。因此，按照免抵退税办法的定义，企业生产货物全部出口，产品又全部是退税的，从理论上来讲是不应当缴纳增值税的。但问题的关键是理论上要成立，必须同时具备三个条件：企业当期购进原材料全部用于当期生产货物，当期生产的货物全部在当期报关出口，在当期报关出口的货物全部在当期参与免抵退税计算。如果企业全部具备这三个条件，那么企业生产的货物全部出口就不会缴纳增值税，还会办理出口退税。但是在现实生活中，要同时具备这三个条件，几乎是不可能的。企业当期购进原材料往往不可能全部用于当期货物生产，当期生产的货物往往不可能在当期报关出口，当期报关出口的货物往往不可能在当期参与免抵退税计算。同时由于征退税率之间存在差异，必然有不能退税的部分需要从进项税额中转出，这就必然导致进项税额转出的时间与企业申报抵扣进项税额的时间存在差异。因此，企业货物在全部出口的条件下，如果进项税额转出大于企业申报抵扣的进项税额，企业就必然要缴纳增值税；当然如果企业进项税额转出小于企业申报抵扣的进项税额，企业就可以办理出口退税。结合上述案例，虽然该公司生产货物全部出口，但是由于征退税率之间存在 12% 的差异，又由于申报进项税额抵扣时间与进项税额转出时间的不均衡，就必然导致其在个别月份要缴纳增值税。由此可见，案例中财务经理把免抵退税的理论实现条件与现实生活相混淆，认为企业生产货物全部用于出口就完全不应当申报缴纳增值税，这种观念是完全错误的。

触类旁通

生产企业出口货物没有进项税额，则只能办理免抵税额。如果企业出口货物申报抵扣进项税额为零或者很少，则企业留抵税额为零，从而企业免抵退税额全部等于免抵税额。例如，按照《财政部 国家税务总局关于暂停部分玉米深加工企业购进玉米增值税抵扣政策的通知》（财税［2011］34 号）规定，自 2011 年 4 月 20 日起至 6 月 30 日，纳税人向农业生产者购进玉米深加工生产除饲料产品之外的货物，不得开具农产品收购发票并计提进项税额。那么，企业收购甜玉米原料加工货物出口则基本上没有进项税额，从而出口货物的免抵退税额基本上全部等于免抵税额。

注意要点

企业货物在全部出口且存在征退税率差的情况下，由于进项税额转出的时间与企业申报抵扣进项税额时间之间存在差异，就必然导致其个别月份要申报缴纳增值税。

64. 免抵退税不得免征和抵扣税额≠重复计算

常见案例

在某省国税局2006年组织的全省出口退税管理情况检查中，检查组发现，某集成电路有限责任公司按照生产企业免抵退税申报系统的免抵退税不得免征和抵扣税额数据做进项税额转出107 944.84元的账务处理之后，又按照当期账面的出口销售额与征退税率之差做进项税额转出107 944.84元的账务处理。检查组要求该公司冲减重复计算的征退税率之差。

政策规定

2. “生产企业出口货物免、抵、退税申报明细表”的申报要求

（1）企业按当期在财务上做销售的全部出口明细填报“生产企业出口货物免、抵、退税申报明细表”，对单证不齐无法填报的项目暂不填写，并在“单证不齐标志栏”内按填表说明做相应标志。

（2）对前期出口货物单证不齐，当期收集齐全的，应在当期免抵退税申报时一并申请参与免抵退税的计算，可单独填报“生产企业出口货物免、抵、退税申报明细表”，在“单证不齐标志栏”内填写原申报时的所属期和申报序号。

3. “生产企业出口货物免、抵、退税申报汇总表”的申报要求

（1）“出口销售额乘征退税率之差”按企业当期全部（包括单证不齐全部分）免抵退出口货物人民币销售额与征退税率之差的乘积计算填报。

（2）“免抵退税不得免征和抵扣税额抵减额”按退税部门当期开具的“生产企业进料加工贸易免税证明”中的“免抵退税不得免征和抵扣税额抵减额”填报。

（3）“出口销售额乘退税率”按企业当期出口单证齐全部分及前期出口当期收齐单证部分且经过退税部门审核确认的免抵退出口货物人民币销售额与退税率的乘积计算填报。

（4）“免抵退税额抵减额”按退税部门当期开具的“生产企业进料加工贸易免税证明”中的“免抵退税额抵减额”填报。

（5）“与增值税纳税申报表差额”为退税部门审核确认的“累计”申报数减“增值税纳税申报表”对应项目的累计数的差额，企业应做相应账务调整并在下

期增值税纳税申报时“增值税纳税申报表”进行调整。

当本表11c不为0时，“当期应退税额”的计算公式需进行调整，即按照“当地免抵退税额（16栏）”与“增值税纳税申报表期末留抵税额（18栏）–与增值税纳税申报表差额（11c）”后的余额进行计算填报。

（6）新发生出口业务的生产企业，12个月内“应退税额”按0填报，“当期免抵税额”与“当期免抵退税额”相等。

执行日期：2002年1月1日

政策依据：《生产企业出口货物“免、抵、退”税管理操作规程》（国税发［2002］11号）

二、实行免、抵、退税办法的“免”税，是指对生产企业出口的自产货物，免征本企业生产销售环节增值税；“抵”税，是指生产企业出口自产货物所耗用的原材料、零部件、燃料、动力等所含应予退还的进项税额，抵顶内销货物的应纳税额；“退”税，是指生产企业出口的自产货物在当月内应抵顶的进项税额大于应纳税额时，对未抵顶完的部分予以退税。

三、有关计算方法

（一）当期应纳税额的计算

当期应纳税额＝当期内销货物的销项税额－（当期进项税额－当期免抵退税不得免征和抵扣税额）

（二）免抵退税额的计算

免抵退税额＝出口货物离岸价×外汇人民币牌价×出口货物退税率－免抵退税额抵减额

其中：

1. 出口货物离岸价（FOB）以出口发票计算的离岸价为准。出口发票不能如实反映实际离岸价的，企业必须按照实际离岸价向主管国税机关进行申报，同时主管税务机关有权依照《中华人民共和国税收征收管理法》、《中华人民共和国增值税暂行条例》等有关规定予以核定。

2. 免抵退税额抵减额＝免税购进原材料价格×出口货物退税率

免税购进原材料包括从国内购进免税原材料和进料加工免税进口料件，其中进料加工免税进口料件的价格为组成计税价格。

进料加工免税进口料件的组成计税价格＝货物到岸价＋海关实征关税和消费税

（三）当期应退税额和免抵税额的计算

1. 如当期期末留抵税额≤当期免抵退税额，则

当期应退税额＝当期期末留抵税额

当期免抵税额 = 当期免抵退税额 - 当期应退税额

2. 如当期期末留抵税额 > 当期免抵退税额，则

当期应退税额 = 当期免抵退税额

当期免抵税额 = 0

当期期末留抵税额根据当期“增值税纳税申报表”中“期末留抵税额”确定。

（四）免抵退税不得免征和抵扣税额的计算

免抵退税不得免征和抵扣税额 = 出口货物离岸从 × 外汇人民币牌价 ×（出口货物征税率 - 出口货物退税率）- 免抵退税不得免征和抵扣税额抵减额

免抵退税不得免征和抵扣税额抵减额 = 免税购进原材料价格 ×（出口货物征税率 - 出口货物退税率）

执行日期：2002 年 1 月 1 日

政策依据：《财政部 国家税务总局关于进一步推进出口货物实行免抵退税办法的通知》（财税［2002］7 号）

分析诊断

企业计算不得免征和抵扣税额均是按照当期包括单证不齐和单证收齐的出口额依照征退税率之差计算的。一般来说，生产企业当期出口退税申报系统的出口货物不得免征和抵扣税额和上期企业账面核算的免抵退税办法出口货物不得抵扣进项税额应当相等。案例中的公司按照出口销售额的征退税率之差已经对免抵退税办法出口货物不得抵扣进项税额作了进项税额转出，而该公司又按照账面出口销售额计算不得免征和抵扣税额再次做进项税额转出的账务处理，这样就造成出口销售额重复计算申报免抵退税不得免征和抵扣税额。可见，该公司的做法有误，检查组要求该公司冲减重复计算的征退税率之差的做法是正确的。

触类旁通

一、已办理出口退（免）税货物视同内销进项税额冲转重复处理

例如，某市国税局在 2009 年对出口退税企业检查过程中发现，某木业有限公司 2009 年度已办理出口退（免）税货物视同内销，按规定企业应当冲减进项税额转出，该公司按照规定在生产企业免抵退税申报系统做出口销售冲减，并按照申报系统出口货物不得免征和抵扣税额总计数做进项税额转出的账务处理，然后企业又按照视同内销的出口销售额依照征退税率之差计算再次做冲减进项税额转出的账务处理。

二、出口退运免抵退不得免征和抵扣税额抵减额

在某省国税局2011年组织的出口退税管理情况的检查中，检查组发现某生产企业免抵退申报汇总表从所属期2010年10月以来，一直存在“上期结转免抵退不得免征和抵扣税额抵减额”23 884. 53元。经初步核实，该抵减额应该是退运货物原来进行出口退税申报时按照征退税差转出的进项税额。该抵减额主要是由于该企业在退税率调整为17%以后发生了以前申报过的退税率为13%的出口货物的退运，退运货物生成冲减明细录入系统造成的，由于该企业出口货物退税率在退运以后一直是17%，没有征退税之差可以消除该抵减额。

该抵减额长期列示在汇总表上，不便于理解申报汇总表，同时企业也不能对该部分抵减额对应的多转出的进项税额进行处理。检查组建议，在核实产生该抵减额的原因后，通过技术处理，在保证免抵退税额不受影响的情况下，消除该抵减额，然后通知企业调整账务，将多转出的进项税额转回。

注意要点

生产企业同期出口退税申报系统的出口货物，其不得免征和抵扣税额应当与企业账面核算的不得抵扣进项税额相等。

65. 单证不齐申报≠单证齐全申报

常见案例

某公司为生产企业，实行免抵退税办法，属于出口退（免）税申报时必须提供收汇核销单的出口企业。该公司在2010年1月5日出口一批货物，1月20日取得出口货物报关单（出口退税专用），注明出口日期为2010年1月5日。在2010年2月免抵退税申报时未取得出口收汇核销单，因此按照规定对这笔出口业务作了收汇核销单不齐的免抵退税申报。2010年4月20日，该公司接到主管税务机关通知，2010年1月5日出口的货物逾期未办理出口退（免）税申报，应当依照规定视同内销征税。该公司办税员经仔细查询得知，2010年1月5日出口的货物到2010年4月20日为止仍然未收汇核销，因而未办理这笔出口货物的单证收齐申报，但是，公司已经依照规定对这笔出口货物办理单证不齐申报，税务机关怎么能说未办理出口退（免）税申报呢？

政策规定

2.“生产企业出口货物免、抵、退税申报明细表”的申报要求

（1）企业按当期在财务上做销售的全部出口明细填报“生产企业出口货物免、抵、退税申报明细表”，对单证不齐无法填报的项目暂不填写，并在“单证不齐标志栏”内按填表说明做相应标志。

（2）对前期出口货物单证不齐，当期收集齐全的，应在当期免抵退税申报时一并申请参与免抵退税的计算，可单独填报“生产企业出口货物免、抵、退税申报明细表”，在“单证不齐标志栏”内填写原申报时的所属期和申报序号。

3.“生产企业出口货物免、抵、退税申报汇总表”的申报要求

（1）“出口销售额乘征退税率之差”按企业当期全部（包括单证不齐全部分）免抵退出口货物人民币销售额与征退税率之差的乘积计算填报。

（2）“免抵退税不得免征和抵扣税额抵减额”按退税部门当期开具的“生产企业进料加工贸易免税证明”中的“免抵退税不得免征和抵扣税额抵减额”填报。

（3）“出口销售额乘退税率”按企业当期出口单证齐全部分及前期出口当期收齐单证部分且经过退税部门审核确认的免抵退出口货物人民币销售额与退税率的乘积计算填报。

（4）“免抵退税额抵减额”按退税部门当期开具的“生产企业进料加工贸易免税证明”中的“免抵退税额抵减额”填报。

（5）“与增值税纳税申报表差额”为退税部门审核确认的“累计”申报数减“增值税纳税申报表”对应项目的累计数的差额，企业应做相应账务调整并在下期增值税纳税申报时“增值税纳税申报表”进行调整。

当本表11c不为0时，“当期应退税额”的计算公式需进行调整，即按照“当地免抵退税额（16栏）”与“增值税纳税申报表期末留抵税额（18栏）－与增值税纳税申报表差额（11c）”后的余额进行计算填报。

（6）新发生出口业务的生产企业，12个月内“应退税额”按0填报，“当期免抵税额”与“当期免抵退税额”相等。

执行日期：2002年1月1日

政策依据：《生产企业出口货物“免、抵、退”税管理操作规程》（国税发［2002］11号）

出口企业出口的下列货物，除另有规定者外，视同内销货物计提销项税额或征收增值税。

（一）国家明确规定不予退（免）增值税的货物；

（二）出口企业未在规定期限内申报退（免）税的货物；

（三）出口企业虽已申报退（免）税但未在规定期限内向税务机关补齐有关凭证的货物；

（四）出口企业未在规定期限内申报开具“代理出口货物证明”的货物；

（五）生产企业出口的除四类视同自产产品以外的其他外购货物。

执行日期：2006年7月1日

政策依据：《国家税务总局关于出口货物退（免）税若干问题的通知》（国税发［2006］102号）

分析诊断

生产企业单证不齐的出口退（免）税申报不同于单证齐全的出口退（免）税申报。虽然都属于出口退（免）税申报，但是二者有本质上的不同。生产企业单证不齐的出口退（免）税申报仅用于企业计算免抵退税不得免征和抵扣税额，税务机关不能受理审核审批企业的出口退（免）税。而只有生产企业单证齐全的出口退（免）税申报才标志着企业完成出口退（免）税申报事宜，税务机关才能启动受理审核审批出口退（免）税程序。因此国税发［2004］64号、国税发［2005］51号、国税发［2006］102号所指的出口退（免）税申报是指生产企业单证齐全的申报，税务机关受理单证齐全的出口退（免）税申报后就应当依照规定启动受理审核审批程序。如果生产企业出口货物未在规定期限内办理单证齐全的申报，税务机关就不再受理，并应当视同内销征税。结合上述案例，该公司2010年1月5日出口的货物，按照规定该笔出口货物单证齐全的申报截止期限应当为2010年4月5日，由于该公司未收汇核销因而其收汇核销单不齐，所以不能办理单证齐全的出口退（免）税申报。虽然该公司已经办理单证不齐的出口退（免）税申报，但是其逾期未办理单证齐全的出口退（免）税申报，因此税务机关通知其2010年1月5日出口的货物逾期未办理出口退（免）税应视同内销征税的做法是正确的，而公司办税人员混淆单证不齐申报和单证齐全申报的区别则明显是错误的。

触类旁通

一、单证不齐的出口退（免）税申报与单证齐全的出口退（免）税申报的区别

（一）申报期限不同

按照国税发［2002］11号文件的规定，企业按当期在财务上做销售的全部出

口明细填报“生产企业出口货物免、抵、退税申报明细表”，因此生产企业单证不齐申报的期限是次月的免抵退税申报期限，目前是每个月的1日至15日（遇法定节假日顺延）。

按照国税发［2004］64号和国税发［2004］113号文件的规定，生产企业应在货物报关出口之日（以出口货物报关单〈出口退税专用〉上注明的出口日期为准，下同）起90日内，向退税部门办理出口货物单证齐全的退（免）税申报手续。如果其到期之日超过了当月的“免、抵、退”税申报期，生产企业应当在次月免抵退税申报期内办理出口货物单证齐全的退（免）税申报手续。

（二）有特殊困难的处理不同

生产企业出口货物单证不齐的申报不能办理延期申报手续。

生产企业出口货物单证齐全申报不能在规定期限内办理的，只要有合理的理由，经地市级税务机关审核批准可以延期办理申报手续。

（三）出口退（免）税申报系统的处理不同

生产企业在免抵退税申报系统的“基础数据采集——出口货物明细申报录入”模块录入数据时，对单证不齐的申报应当在“单证不齐标志”栏录入特定标志（报关单不齐填“B”，核销单不齐填“H”，代理证明不齐填“D”，报关单核销单均不齐填“BH”）。对单证收齐的申报，企业当期收齐本月出口单证，单证不齐标志栏为空，前期不齐的单证只有全部收齐后才在“单证收齐标志”栏录入，比如5月份某条数据不齐标志是“BH”，6月份收到报关单时不能录入，等7月份核销单也收齐时才能在此录入。

（四）出口退（免）税申报表的填报不同

生产企业单证不齐申报，在“生产企业出口货物免、抵、退税申报明细表”上的“单证不齐标志”标志栏要做特定标志（报关单不齐填“B”，核销单不齐填“H”，代理证明不齐填“D”，报关单核销单均不齐填“BH”）。

生产企业单证齐全申报，企业当期收齐本月出口单证，在“生产企业出口货物免、抵、退税申报明细表”上的单证不齐标志栏为空，收齐前期单证的，企业则应当单独打印报送“出口货物免抵退税申报明细表”（前期单证收齐）。

（五）直接后果不同

生产企业单证不齐申报，只作为计算企业免抵退税不得免征和抵扣税额用，税务机关不能启动受理审核审批出口退（免）税的程序。

生产企业单证齐全申报，是生产企业按照规定完成出口退（免）税申报的法定程序，税务机关启动受理程序。

二、不同生产企业单证齐全的内容不同

对属于出口退（免）税申报时必须提供收汇核销单的生产企业，其单证齐全的含义就是指出口报关单和出口收汇核销单同时齐全。

对属于出口（免）税申报时可暂不提供收汇核销单的生产企业，其单证齐全的含义就是报关单齐全。

对属于委托代理出口的生产企业，其单证齐全除依照上述规定办理外，还应当包括出口货物代理证明齐全。

对取消收汇核销单试点地区的生产企业出口货物，以及试点生产企业跨境贸易采用人民结算的出口货物和免予提供纸质收汇核销单的生产企业出口货物，其单证齐全的含义就是指出口报关单齐全，如果属于委托代理出口的货物还应当包括代理证明齐全。

注意要点

生产企业单证不齐的出口退（免）税申报不同于单证齐全的出口退（免）税申报。

66. 单证齐全申报≠单证信息齐全申报

常见案例

某公司是生产企业，实行免抵退税办法，属于出口退（免）税申报时可暂不提供收汇核销单的出口企业。2011年1月该公司报关出口一批货物，按规定持出口货物报关单（出口退税专用）在90天内已作单证齐全的出口退（免）税申报，税务机关已经受理这笔出口货物的退（免）税申报，由于单证信息不齐一直未审核审批出口退（免）税。该公司在出口报关之日起210天内已向主管税务机关提供出口收汇单，并且也有出口收汇核销单的信息，但是出口报关单一直没有信息，到了第210天，还是没信息，经过查询得知是电子口岸没接收。后来公司打电话到电子口岸执法系统的管理单位，电子口岸执法系统重新接收。2011年9月税务机关已接收到出口报关单电子信息，但是报关单信息已超过210天，主管税务机关通知该公司，2011年1月出口的这笔货物，税务机关不再审核审批出口退（免）税，并应当依照规定视同内销征税。

政策规定

2. "生产企业出口货物免、抵、退税申报明细表"的申报要求

（1）企业按当期在财务上做销售的全部出口明细填报"生产企业出口货物

免、抵、退税申报明细表”，对单证不齐无法填报的项目暂不填写，并在“单证不齐标志栏”内按填表说明做相应标志。

（2）对前期出口货物单证不齐，当期收集齐全的，应在当期免抵退税申报时一并申请参与免抵退税的计算，可单独填报“生产企业出口货物免、抵、退税申报明细表”，在“单证不齐标志栏”内填写原申报时的所属期和申报序号。

3. “生产企业出口货物免、抵、退税申报汇总表”的申报要求

（1）“出口销售额乘征退税率之差”按企业当期全部（包括单证不齐全部分）免抵退出口货物人民币销售额与征退税率之差的乘积计算填报。

（2）“免抵退税不得免征和抵扣税额抵减额”按退税部门当期开具的“生产企业进料加工贸易免税证明”中的“免抵退税不得免征和抵扣税额抵减额”填报。

（3）“出口销售额乘退税率”按企业当期出口单证齐全部分及前期出口当期收齐单证部分且经过退税部门审核确认的免抵退出口货物人民币销售额与退税率的乘积计算填报。

（4）“免抵退税额抵减额”按退税部门当期开具的“生产企业进料加工贸易免税证明”中的“免抵退税额抵减额”填报。

（5）“与增值税纳税申报表差额”为退税部门审核确认的“累计”申报数减“增值税纳税申报表”对应项目的累计数的差额，企业应做相应账务调整关在下期增值税纳税申报时“增值税纳税申报表”进行调整。

当本表 11c 不为 0 时，“当期应退税额”的计算公式需进行调整，即按照“当地免抵退税额（16 栏）”与“增值税纳税申报表期末留抵税额（18 栏）－与增值税纳税申报表差额（11c）”后的余额进行计算填报。

（6）新发生出口业务的生产企业，12 个月内“应退税额”按 0 填报，“当期免抵税额”与“当期免抵退税额”相等。

执行日期：2002 年 1 月 1 日

政策依据：《生产企业出口货物“免、抵、退”税管理操作规程》（国税发[2002] 11 号）

五、在出口企业申报出口货物退（免）税时，退税部门应及时予以受理并进行初审。经初步审核，对出口企业提供的申报资料准确、纸质凭证齐全的，退税部门接受该笔出口货物的退（免）税申报；对提供的申报资料不准确、纸质凭证不齐全的，退税部门不予接受该笔出口货物的退（免）税申报，并要当即向申报人提出改正、补充资料的要求。

对出口企业提供的退（免）税申报资料准确、纸质凭证齐全的，在申报期结

束前，退税部门不得以没有相关电子信息或电子信息核对不符等原因，拒不受理出口企业的退（免）税申报。

执行日期：2004 年 6 月 1 日

政策依据：《国家税务总局关于出口货物退（免）税管理有关问题的通知》（国税发［2004］64 号）

出口企业出口的下列货物，除另有规定者外，视同内销货物计提销项税额或征收增值税。

（一）国家明确规定不予退（免）增值税的货物；

（二）出口企业未在规定期限内申报退（免）税的货物；

（三）出口企业虽已申报退（免）税但未在规定期限内向税务机关补齐有关凭证的货物；

（四）出口企业未在规定期限内申报开具“代理出口货物证明”的货物；

（五）生产企业出口的除四类视同自产产品以外的其他外购货物。

执行日期：2006 年 7 月 1 日

政策依据：《国家税务总局关于出口货物退（免）税若干问题的通知》（国税发［2006］102 号）

分析诊断

单证齐全申报不同于单证信息齐全申报。单证齐全申报是生产企业履行出口退（免）税法定申报义务的基本程序，生产企业没有在规定期限内完成单证齐全申报的，税务机关不再受理逾期未申报出口货物的退（免）税，并应当视同内销征税管理。而单证信息齐全申报则是出口货物参与免抵退税计算的前提，也是税务机关审核审批出口退（免）税的前提条件；同时，对于出口企业来讲，办理单证齐全申报有法定期限的限制，办理单证信息齐全申报则没有法定期限的限制。结合上述案例，该公司在规定期限内办理了单证齐全出口退（免）税申报，但由于没有报关单信息一直未作单证信息齐全申报，所以出口货物一直未参与免抵退税计算，税务机关也一直未审核审批办理出口退（免）税。2011 年 9 月税务机关已接收到出口报关单电子信息，却以报关单信息已超过 210 天为由就不再审核审批 2011 年 1 月出口的这笔货物，并要求公司依照规定视同内销征税。可见，税务机关混淆了单证齐全申报与单证信息齐全申报。

触类旁通

一、单证齐全申报与单证信息齐全申报的区别

（一）企业申报期限

按照国税发［2004］64 号、国税发［2005］51 号、国税发［2006］102 号文件的规定，企业单证齐全申报有法定期限，即生产企业应在货物报关出口之日起 90 日内，向退税部门办理出口货物单证齐全退（免）税申报手续。如果其到期之日超过了当月的“免、抵、退”税申报期，生产企业应当在次月免抵退税申报期内办理出口货物单证齐全退（免）税申报手续。如果企业有特殊困难的，还可依照规定报经地市级税务机关审核批准延长申报期限。

目前，有效的税收政策没有对企业单证信息齐全申报的期限作出明确的规定。虽然《国家税务总局关于利用“口岸电子执法系统”的出口数据审核生产企业免、抵、退税出口额的通知》（国税函［2003］95 号）曾规定，对生产企业申报的没有电子数据（有纸质报关单的除外）的“免、抵、退”税出口额，和有电子数据但企业未在当月申报的出口额，应按企业申报的相对应的出口额或电子数据中的离岸价等计算销项税额，并在当月底之前通知生产企业。但是该文件已经由国税发［2006］62 号文件予以废止。

（二）出口退（免）税申报系统的操作不同

生产企业单证收齐申报要在免抵退税申报系统的“基础数据采集——出口货物明细申报录入”模块录入数据。生产企业当期收齐本月出口单证，单证不齐标志栏为空。前期不齐的单证只有全部收齐后才在“单证收齐标志”栏录入，比如 5 月份某条数据不齐标志是“BH”，6 月份收到报关单时不能录入，等 7 月份核销单也收齐时才能在此录入。

生产企业信息齐全申报则需在预申报反馈数据后进行处理。生产企业通过预申报读入税务机关反馈预审信息。不管税务机关反馈信息中是否提示申报数据有错，企业都必须先撤销已申报数据，然后进行一次税务机关反馈信息处理。具体操作是：在“向导”中选择“第四步预审核反馈疑点调整”——“撤销已申报数据”，在弹出的画面选择录入“所属期”和“申报明细表数据”后按“确定”键即可。撤销预申报数据之后，再在“向导”中选择“第四步预审核反馈疑点调整”——“税务机关反馈信息处理”，在弹出的画面按“是”键系统会自动对企业申报数据中信息不齐的报关单加上“信息不齐标志”。对税务机关反馈信息处理后，企业重新生成明细申报数据，系统就会自动生成单证信息齐全的出口明细数据。

（三）出口退（免）税申报表的填报不同

生产企业单证齐全申报，企业当期收齐本月出口单证，在“生产企业出口货物免、抵、退税申报明细表”上的单证不齐标志栏为空，收齐前期单证的，企业则应当单独打印报送“生产企业出口货物免、抵、退税申报明细表”（前期单证收齐）。

生产企业单证信息齐全申报，企业应当打印报送出口货物当期单证齐全并且信息齐全明细表和出口货物前期单证齐全并且信息收齐明细表。

（四）直接后果不同

生产企业单证齐全申报，是生产企业按照规定完成出口退（免）税申报的法定程序。税务机关启动受理程序，但由于没有相关电子信息，出口数据不能参与免抵退税计算，税务机关不能启动审核审批程序。

生产企业单证齐全信息齐全申报，出口数据参与免抵退税计算，税务机关启动审核审批程序，一般在没有出现重大疑点的情况下税务机关可审核审批出口退（免）税。

二、类似问题

对生产企业单证齐全而信息不齐时，有的地方税务机关要求企业在出口退税申报系统中作单证不齐申报处理。例如，有的地方税务机关规定，企业当期收齐本月的单证应在读入预申报反馈信息后，查看这些单证是否有电子信息，有电子信息的才参与当期免抵退税额的计算，无电子信息的，企业必须在撤销原申报数据，做反馈信息处理后，进入“出口货物明细申报录入”窗口，对这些原来单证不齐标志为空，但由于无电子信息不能参与免抵退税额计算的单证，将其单证不齐标志修改录入“BH”，若为委托代理出口录入“BHD”，即将这些当期已经收齐单证但由于信息不齐的单证视作单证不齐处理。企业当月收齐的前期单证必须有电子信息才能作为当月的单证齐全处理，参与免抵退税额的计算。因此，企业在做完预申报反馈信息读入并处理后，进入“综合数据查询”→“免抵退数据分类查询”→“信息不齐出口数据查询”窗口，查询当期收齐的前期单证哪些无电子信息，无电子信息的单证必须抽出，并放在以后信息收齐的月份申报。计算机具体操作是：企业进入“收齐前期单证录入”窗口，利用“撤销接单”功能，对信息不齐的记录进行撤销，剩下的全部为单证齐全电子信息齐全的记录，然后再利用“序号重排”功能进行重新排序。这样企业申报打印出来的“生产企业出口货物免、抵、退申报明细表”（单证收齐）的免抵退税出口额全部参与免抵退税额的计算。

注意要点

单证齐全申报不同于单证信息齐全申报。

67. 出口退（免）税申报系统操作错误≠退（免）税申报不受影响

常见案例

在某省国税局2009年组织的出口退税管理情况检查中，检查组发现某市国税局15户生产企业的26张报关单在2008年申报出口退（免）税过程中存在使用负数冲减未审核通过的问题，经过仔细核查，其中有9户生产企业的16张报关单存在多办退（免）税，涉及金额406 735.51元；有6户生产企业的10张报关单未多办退（免）税。某市国税局采用审核系统和纸质资料相结合的方式，对26张报关单进行了认真核查，发现这15户生产企业在申报系统冲减环节均存在操作不当的现象，造成负数冲减未审核通过的问题。其中多办退（免）税的原因是生产企业在办理单证不齐申报时，都采用自编的报关单、核销单号录入申报系统，并录入单证不齐标志。当企业在规定时间收齐单证后，在申报系统冲减程序中对前期申报的单证不齐数据修改了报关单、核销单号，却未做单证收齐标志，从而造成冲减的负数仍然保持单证不齐的标志，不能参加免抵退税计算。接着企业又在申报系统收齐单证程序中做了单证收齐标志，从表面上看冲减产生了一个负数，单证收齐产生了一个正数，正好为零，但实际上申报系统中的单证标志却是一个收齐一个不齐，意味着负数并未参加计算。然而企业以为冲减成功就又录入了一笔单证收齐的正数，造成申报系统中同一报关单有2笔单证收齐的数据都计算了退（免）税。

政策规定

2. “生产企业出口货物免、抵、退税申报明细表”的申报要求

（1）企业按当期在财务上做销售的全部出口明细填报“生产企业出口货物免、抵、退税申报明细表”，对单证不齐无法填报的项目暂不填写，并在“单证不齐标志栏”内按填表说明做相应标志；

（2）对前期出口货物单证不齐，当期收集齐全的，应在当期免抵退税申报时

一并申请参与免抵退税的计算，可单独填报“生产企业出口货物免、抵、退税申报明细表”，在“单证不齐标志栏”内填写原申报时的所属期和申报序号。

4. 申报数据的调整

对前期申报错误的，当期可进行调整。前期少报出口额或低报征、退税率的，可在当期补报；前期多报出口额或高报征、退税率的，当期可以红字（或负数）差额数据冲减；也可用红字（或负数）将前期错误数据全额冲减，再重新全额申报蓝字数据。对于按会计制度规定允许扣除的运费、保险费和佣金，与原预估入账值有差额的，也按此规则进行调整。本年度出口货物发生退运的，可在下期用红字（或负数）冲减出口销售收入进行调整。

执行日期：2002 年 1 月 1 日

政策依据：《生产企业出口货物“免、抵、退”税管理操作规程》（国税发［2002］11 号）

分析诊断

生产企业按照财务上做销售的全部出口明细在出口退税申报系统“基础数据采集——出口货物明细申报录入”模块录入时，对于单证不齐的出口销售不知其对应的报关单号，企业在“申报系统”录入人工编写报关单号码。对前期出口货物单证不齐，当期收集齐全的，应在“单证不齐标志栏”内填写原申报时的所属期和申报序号，按照查找前期单证不齐数据，修改报关单号，作收齐前期明细处理，出口数据调整的顺序来作收齐前期单证的处理。结合上述案例，企业在收齐单证后，在申报系统冲减程序中对前期申报的单证不齐数据修改了报关单、核销单号，却未做单证收齐标志，从而造成冲减的负数仍然保持单证不齐的标志，不能参加免抵退税计算，接着企业又在申报系统收齐单证程序中做了单证收齐标志，从表面上看冲减产生了一个负数，单证收齐产生了一个正数，正好为零，但实际上申报系统中的单证标志却是一个收齐一个不齐，意味着负数并未参加计算。然而企业以为冲减成功就又录入了一笔单证收齐的正数，造成申报系统中同一报关单有 2 笔单证收齐的数据都计算了退（免）税。可见，该企业操作出口退（免）税申报系统的方法是错误的。

触类旁通

一、类似问题

（一）误作单证不齐标志

例如，某市国税局所辖两户生产企业由于申报中出现错误，即冲销的红字记录误做“单证不齐”标识，导致审核系统多计算免抵2万余元。

（二）报关单重复申报

例如，四川某食品有限公司2011年4月申报了一份报关单，报关单号091800549，金额48 923.19美元，应退税额48 114元，免抵退不得免征和抵扣税额6 415.2元。经核实，该公司在2011年4月申报时，做了无核销单电子信息不齐标志，但该单采取的是跨境人民币结算，未作“KJ”标志，审核系统在配置时必须有核销单电子信息才能产生应退税额。该公司在2011年5月做了红字冲销，同时又做了一笔正数申报退了税，因此，只有出口额和免抵退不得免征和抵扣税额重复参与了计算，只影响销售额和免抵退不得免征和抵扣税额，不影响应退税额。

（三）申报退税率与商品代码库中的退税率不相等

例如，四川某电源有限责任公司有1笔出口（关单512616513002），在2008年12月按13%退税率进行了申报，2009年2月有信息后提示该退税率应为14%。当月做冲减时由于企业操作人员疏忽没有修改成功导致冲减无效，2009年8月在审核时发现了重新做冲减并按14%退税率申报。

（四）申报商品码与海关数据不等

例如，四川某网络科技有限责任公司在2009年8月有17笔申报数据审核时出现申报商品码与海关数据不符的疑点。原因是其涉及的出口商品是需核查商品，申报代码比海关代码多2位后缀，所以提示该疑点，经核查后按内销做了处理。

四川某电子科技股份有限公司于2009年6月至11月有14笔出现该疑点，原因是有的代码录错，冲减以前记录；有的因退税率相同，未进行冲减。

二、申报数据错误调整不存在超期申报问题

例如，某生产企业在2009年2月出口A产品，原退税率是11%，但是2008年年底上调到了13%，企业在不知退税率提高的情况下，按11%的退税向税务局申报办理了退税。2009年7月企业又要求向税务机关申报补退2%，这时企业可以在出口退税申报系统做一笔“负数”将原申报数据冲销，然后再按正确数据作申报，税务机关审核无误后可以补办2%的退税。对于补办出口退税属于前期申报数据错误而在当期的调整，不属于超期申报的问题。

注意要点

收齐前期单证的操作顺序依次为：查找前期单证不齐数据，修改报关单号，做收齐前期明细处理，出口数据调整。

68. 新办生产企业出口退（免）税≠按月计算办理免抵退税

常见案例

某省国家税务局2009年10月下发通知，为适应科学发展观的要求，经研究决定，将新办和小型生产企业按年度退税办法改为在加强监管的基础上，实行按月计算免抵退税并按月退税。

政策规定

对小型出口企业和新发生出口业务的企业发生的应退税额，退税审核期为12个月。对新发生出口业务的企业，12个月以后退税纳入正常分类管理。新发生出口业务的企业是指自发生首笔出口业务之日起未满12个月的企业。

执行日期：2002年1月1日

政策依据：《财政部国家税务总局关于进一步推进出口货物实行免抵退税办法的通知》（财税［2002］7号）

新发生出口业务的生产企业自发生首笔出口业务之日起12个月内的出口业务，不计算当期应退税额，当期免抵税额等于当期免抵退税额；未抵顶完的进项税额，结转下期继续抵扣，从第13个月开始按免抵退税计算公式计算当期应退税额。

执行日期：2002年1月1日

政策依据：《国家税务总局关于印发〈生产企业出口货物“免、抵、退”税管理操作规程（试行）〉的通知》（国税发［2002］11号）

八、对新发生出口业务的企业，除本条第二款、第三款规定外，自发生首笔出口业务之日起12个月内发生的应退税额，不实行按月退税的办法，而是采取结转下期继续抵顶其内销货物应纳税额。12个月后，如该企业属于小型出口企业，则按本通知第九条有关小型出口企业的规定执行；如该企业属于小型出口企业以外的企业，则实行统一的按月计算办理免、抵、退税的办法。

注册开业时间在一年以上的新发生出口业务的企业（小型出口企业除外），经地市税务机关核实确有生产能力并无偷税行为及走私、逃套汇等违法行为的，可实行统一的按月计算办理免、抵、退税的办法。

新成立的内外销销售额之和超过500万元（含）人民币，且外销销售额占其全部销售额的比率超过50%（合）的生产企业，如在自成立之日起12个月内不办理退税确有困难的，在从严掌握的基础上，经省、自治区、直辖市国家税务局批准，可实行统一的按月计算办理免、抵、退税的办法。

九、对财税［2002］7号文件第八条规定的退税审核期为12个月的小型出口企业在年度中间发生的应退税额，不实行按月退税的办法，而是采取结转下期继续抵顶其内销货物应纳税额，年底对未抵顶完的部分一次性办理退税的办法。小型出口企业的标准，由各省（自治区、直辖市）国家税务局根据企业上一个纳税年度的内外销销售额之和在200万元（含）人民币以上，500万元（含）人民币以下的幅度内；按照本省（自治区、直辖市）的实际情况确定全省（自治区、直辖市）统一的标准。

执行日期：2003年1月1日

政策依据：《国家税务总局关于出口货物退（免）税若干问题的通知》（国税发［2003］139号）

三、退税审核期为12个月的新发生出口业务的企业和小型出口企业，在审核期期间出口的货物，应按统一的按月计算免、抵、退税的办法分别计算免抵税额和应退税额。税务机关对审核无误的免抵税额可按现行规定办理调库手续，对审核无误的应退税额暂不办理退库。对小型出口企业的各月累计的应退税款，可在次年一月一次性办理退税；对新发生出口业务的企业的应退税款，可在退税审核期期满后的当月对上述各月的审核无误的应退税额一次性退给企业。原审核期期间只免抵不退税的税收处理办法停止执行。

执行日期：2006年7月1日

政策依据：《国家税务总局关于出口货物退（免）税若干问题的通知》（国税发［2006］102号）

分析诊断

按照目前现行有效的出口退（免）税政策的规定，退税审核期为12个月的新发生出口业务的企业和小型出口企业，在审核期期间出口的货物，应按统一的按月计算免、抵、退税的办法分别计算免抵税额和应退税额。结合上述案例，虽然某省国税局从支持生产企业出口业务的角度出发，下发文件对新办和小型生产企业的按年度退税办法改为在加强监管的基础上，实行按月计算免抵退税并按月退税，但这并不符合国家税务总局文件的规定。

触类旁通

一、新办生产企业首笔出口日期的认定问题

由于退税审核期为 12 个月的生产企业实行免抵退税办法，因此生产企业在未实行免抵退税办法期间的出口不能认定为新办生产企业的首笔出口日期，如生产企业在增值税小规模纳税人期间出口货物不能认定为新办生产企业的首笔出口日期，外贸企业改生产企业之前在外贸企业期间出口货物不能认定为新办生产企业的首笔出口日期，生产企业在免税货物出口之前不能认定为新办生产企业的首笔出口日期。

二、不需上报省国税局批准实行按月计算办理免抵退税问题

例如，某公司完全符合《国家税务总局关于出口货物退（免）税若干问题的通知》（国税发［2003］139 号）第八条第二款“注册开业时间在一年以上的新发生出口业务的企业（小型出口企业除外），经地市税务机关核实确有生产能力并无偷税行为及走私、逃套汇等违法行为的”可实行统一的按月计算办理免、抵、退税的办法，不需要报省级国税局批准实行按月计算办理免抵退税办法。

三、对特殊企业可报省国税局批准实行按月计算办理免抵退税

按照《国家税务总局关于出口货物退（免）税若干问题的通知》（国税发［2003］139 号）第八条规定，新成立的内外销销售额之和超过 500 万元（含）人民币，且外销销售额占其全部销售额的比率超过 50%（含）的生产企业，如在自成立之日起 12 个月内不办理退税确有困难的，在从严掌握的基础上，经省、自治区、直辖市国家税务局批准，可实行统一的按月计算办理免、抵、退税的办法。

值得注意的是，自 2012 年 7 月 1 日起，国家税务总局废止国税发［2006］102 号文件规定，从而相应废止新办生产企业和小型出口企业办理出口退税的相关规定。

注意要点

退税审核期为 12 个月的新发生出口业务的企业和小型出口企业，在审核期期间出口的货物，应按统一的按月计算免、抵、退税的办法分别计算免抵税额和应退税额。

69. 生产企业免抵退税计算≠不能进行税收筹划

常见案例

某内资生产企业，2009年4月份的国内销售收入为100万元人民币，自营出口销售收入为500万元人民币（FOB价），当期取得进项税额为100万元，当月收齐2月1日至18日报关出口的退（免）税单证信息400万元人民币。该企业3月底留抵进项税额为50万元，经国税机关审核批准的上期应退税额为50万元，免抵税额为80万元，在上期收齐1月1日至16日和1月17日至31日出口的退（免）税单证分别为400万元和600万元人民币。以上收齐单证全部有001电子审核信息。按税法规定，对经国税机关正式审批核准的当期“免、抵”税额要按7%和3%分别计征城市维护建设税和教育费附加。该出口货物征税税率为17%，退税率为13%（“上期”是指申报所属期3月份，“本期”是指申报所属期4月份，下同）。企业按照出口退（免）税政策规定，将在上期收齐的退税单证1000（400+600）万元在上期全部进行“免、抵、退”税申报。

3月份免抵退税及税费：

3月份免抵退税额＝上期出口货物的人民币离岸价格（单证收齐部分）×出口货物退税率＝（400+600）×13%＝130（万元）

因3月底期末留抵税额50万元＜上期免抵退税额130万元，则

3月应退税额＝50万元

3月免抵税额＝3月免抵退税额－3月应退税额＝130－50＝80（万元）

3月应缴城建税＝80×7%＝5.6（万元）

3月应缴教育费附加＝80×3%＝2.4（万元）

4月免抵退税及税费：

内销货物的销项税额＝100×17%＝17（万元）

4月免抵退税不得免征和抵扣税额＝当期出口货物人民币离岸价×（出口货物征税税率－出口货物退税率）＝500×（17%－13%）＝20（万元）

4月应纳增值税＝当期内销货物的销项税额－［当期进项税额－当期免抵退税不得免征和抵扣税额＋（上期期末留抵税额－上期免抵退已退税额）］＝17－［100－20＋（50－50）］＝－63（万元）

4月免抵退税额＝当期出口货物的人民币离岸价格（单证信息齐全部分）×出口货物退税率＝400×13%＝52（万元）

因4月期末留抵税额为63万元＜当期免抵退税额52万元，则：

4月份应退税额＝52万元

4 月免抵税额 = 当期免抵退税额 = 0

政策规定

三、有关计算方法

（一）当期应纳税额的计算

当期应纳税额 = 当期内销货物的销项税额 －（当期进项税额 － 当期免抵退税不得免征和抵扣税额）

（二）免抵退税额的计算

免抵退税额 = 出口货物离岸价 × 外汇人民币牌价 × 出口货物退税率 － 免抵退税额抵减额

其中：

1. 出口货物离岸价（FOB）以出口发票计算的离岸价为准。出口发票不能如实反映实际离岸价的，企业必须按照实际离岸价向主管国税机关进行申报，同时主管税务机关有权依照《中华人民共和国税收征收管理法》、《中华人民共和国增值税暂行条例》等有关规定予以核定。

2. 免抵退税额抵减额 = 免税购进原材料价格 × 出口货物退税率

免税购进原材料包括从国内购进免税原材料和进料加工免税进口料件，其中进料加工免税进口料件的价格为组成计税价格。

进料加工免税进口料件的组成计税价格 = 货物到岸价 + 海关实征关税和消费税

（三）当期应退税额和免抵税额的计算

1. 如当期期末留抵税额≤当期免抵退税额，则

当期应退税额 = 当期期末留抵税额

当期免抵税额 = 当期免抵退税额 － 当期应退税额

2. 如当期期末留抵税额 > 当期免抵退税额，则

当期应退税额 = 当期免抵退税额

当期免抵税额 = 0

当期期末留抵税额根据当期“增值税纳税申报表”中“期末留抵税额”确定。

（四）免抵退税不得免征和抵扣税额的计算

免抵退税不得免征和抵扣税额 = 出口货物离岸从 × 外汇人民币牌价 ×（出口货物征税率 － 出口货物退税率）－ 免抵退税不得免征和抵扣税额抵减额

免抵退税不得免征和抵扣税额抵减额 = 免税购进原材料价格 ×（出口货物征税率 － 出口货物退税率）

执行日期：《财政部 国家税务总局关于进一步推进出口货物实行免抵退税办法的通知》（财税［2002］7号）

分析诊断

按照免抵退税管理办法的规定，企业当期免抵税额与退税额直接受当期末留抵税额和免抵退税额的影响。如果在当期期末留抵税额确定不变的情况下，当期免抵退税额将直接影响当期免抵税额和应退税的分配。而当期免抵退税额又是以当期单证信息齐全出口额作为直接计算依据。因而，单证信息齐全的时间将直接影响免抵税额和出口退税额的分配。上述案例如果将3月收齐1月17日至31日报关出口的退（免）税单证600万元推迟至当期再进行免抵退税申报，则结果会大为不同。

3月免抵退税及税费：

3月免抵退税额 = 400 × 13% = 52（万元）

因3月有期末留抵税额50万元 < 上期免抵退税额52万元，则

3月应退税额 = 50万元

3月免抵税额 = 52 − 50 = 2（万元）

3月应缴城建税 = 2 × 7% = 0.14（万元）

3月应缴教育费附加 = 2 × 3% = 0.06（万元）

4月免抵退税及税费缴纳：

4月内销货物的销项税额 = 100 × 17% = 17（万元）

4月免抵退税不得免征和抵扣税额 = 500 ×（17% − 13%）= 20（万元）

4月应纳增值税 = 17 −［100 − 40 +（50 − 50）］= −63（万元）

当期免抵退税额 =（600 + 400）× 13% = 130（万元）

因4月期末留抵税额为63万元 < 当期免抵退税额130万元，则：当期应退税额 = 63万元

4月免抵税额 = 67万元

4月应缴城建税 = 67 × 7% = 4.69（万元）

4月应缴教育费附加 = 67 × 3% = 2.01（万元）

在设置的3月和4月份免抵退税额总和相同而且4月份应纳增值税额相同的条件下，单证信息收齐的时间不同，将直接影响免抵退税额的不同，从而影响免抵税额和退税额的不同。在3月份全部收齐1月份全部单证信息的情况下，3月和4月共退税额102万元，共免抵税额80万元，共缴纳城建税和教育费附加8万元；在4月份收齐1月17至31日单证的情况下，3月和4月共退税额113万元，共免抵税额69万元，共缴纳城建税和教育费附加6.9万元。因此，在企业应纳增

值税额基本确定的情况下，单证信息收齐的时间将直接影响免抵退税额的计算，从而直接影响免抵税额和退税额的分配。通过上述分析可知，案例中公司的做法是错误的。

触类旁通

一、调整增值税进项税额认证抵扣时间从而调整免抵退税额在免抵税额和退税额中的分配

按照现行增值税申报管理的规定，增值税一般纳税人取得增值税进项扣税凭证应当在180天之内到税务机关认证，认证通过的当月应当按照增值税有关规定核算当期进项税额并申报抵扣。因此，生产企业可以按照单证信息齐全出口销售额与进项增值税相匹配的原则，适当调整生产企业当期增值税的申报抵扣税额，从而适当调整生产企业当期的增值税应纳税额和留抵税额，从而使企业当期的出口退税额尽可能多些，使企业当期的免抵退税尽可能少些，从而使企业获益更多些。

当然，调整增值税进项税额认证抵扣的时间，不得违背增值税进项税额申报认证抵扣的时限规定；否则，生产企业不仅不能得到最大限度的出口退税额，而且还可能因为超过进项税额申报抵扣时限而不能抵扣进项税额，从而致使企业遭受经济损失。

二、调整单证信息收齐时间

生产企业可以通过调整出口退（免）税单证信息收齐的时间，从而调整企业免抵退税额的大小。在当期留抵税额不变的情况下，企业可以达到调整免抵税额和退税额的目的。

值得注意的是，调整单证信息收齐的时间并不是调整企业单证齐全申报的时间。按照出口退（免）税政策规定，未在规定期限内办理单证齐全申报的出口退（免）税货物，不但得不到应退（免）税款，反而还会被税务机关视同内销处理。

三、调整内外销售额的比例结构

生产企业在经营许可的情况下，也可以适当调整内外销售额的比例结构。通过调整内外销比例结构，同时调整企业免抵退税额和留抵税额，从而调整企业的免抵税额和退税额。

注意要点

企业当期免抵税额与退税额直接受当期期末留抵税额和免抵退税额的影响。

70. 外商投资生产企业免抵税额≠不计算缴纳城建税及教育费附加

常见案例

某电子有限公司属于中外合资的生产企业，具有增值税一般纳税人资格，产品100%出口，实行免、抵、退税办法。2011 年 1 月接到主管地方税务机关的通知，要求该公司从 2010 年 12 月起必须将“生产企业出口货物免、抵、退税申报汇总表”的当期免抵税额按照规定缴纳城市维护建设税及教育费附加。该公司办税员认为这部分免抵税额既非企业所得，也非企业的应纳增值税额，怎么能作为计算缴纳城建税和教育费附加的依据？同时，外商投资企业不是不缴纳城建税和教育费附加吗？因此办税员认为主管地方税务机关执法错误，对此通知不予理会。

政策规定

一、经国家税务局正式审核批准的当期免抵的增值税税额应纳入城市维护建设税和教育费附加的计征范围，分别按规定的税（费）率征收城市维护建设税和教育费附加。

二、2005 年 1 月 1 日前，已按免抵的增值税税额征收的城市维护建设税和教育费附加不再退还，未征的不再补征。

执行日期：2005 年 1 月 1 日

政策依据：《财政部 国家税务总局关于生产企业出口货物实行免抵退税办法后有关城市维护建设税教育费附加政策的通知》（财税［2005］25 号）

自 2010 年 12 月 1 日起，外商投资企业、外国企业及外籍个人适用国务院 1985 年发布的《中华人民共和国城市维护建设税暂行条例》和 1986 年发布的《征收教育费附加的暂行规定》。1985 年及 1986 年以来国务院及国务院财税主管部门发布的有关城市维护建设税和教育费附加的法规、规章、政策同时适用于外商投资企业、外国企业及外籍个人。

凡与本通知相抵触的各项规定同时废止。

执行日期：2010 年 12 月 1 日

政策依据：《国务院关于统一内外资企业和个人城市维护建设税和教育费附加制度的通知》（国发［2010］35 号）

对外资企业2010年12月1日（含）之后发生纳税义务的增值税、消费税、营业税（以下简称“三税”），征收城市维护建设税和教育费附加；对外资企业2010年12月1日之前发生纳税义务的“三税”，不征收城市维护建设税和教育费附加。

执行日期：2010年12月1日

政策依据：《财政部国家税务总局关于对外资企业征收城市维护建设税和教育费附加有关问题的通知》（财税［2010］103号）

分析诊断

按照统一内外资企业税收制度的要求，国务院决定从2010年12月1日起，对外商投资企业和外国企业及外籍个人征收城市维护建设税和教育费附加。按照免抵退税管理办法，生产企业的免抵税额属于顶抵内销货物的应纳增值税额，应当依照规定计算缴纳城市维护建设税和教育费附加。因此，从2010年12月1日起，税务机关审核批准的外商投资企业的免抵税额应当依照规定计算缴纳城市维护建设税和教育费附加。结合上述案例，该公司的产品100%出口，性质是外商投资企业，虽然2010年11月底以前不属于城市维护建设税和教育费附加的征收范围，但是从2010年12月起，依照免抵退税办法并经税务机关审核批准的免抵税额应当依照规定计算缴纳城市维护建设税和教育费附加。可见，该公司办税员的认识和做法是错误的，主管地方税务机关的做法是正确的。

触类旁通

一、类似问题

（一）征税范围问题

例如，某外商投资生产企业2007年反映，企业接到当地地税主管机关的通知，要求企业必须将“生产企业出口货物免、抵、退税申报汇总表”的当期免抵税额从2002年1月份开始按10%比率缴纳地方教育费附加。

（二）征税起始时间错误

例如，某外商投资生产企业2010年12月申报2010年11月出口退（免）税，经税务机关审核批准的免抵税额，主管地方税务机关要求企业计算缴纳城建税及教育费附加。

（三）免抵税额不做账务处理不计算缴纳附加税费

有的生产企业实现免抵税额，错误地认为与企业没有关系，因而不做任何账务处理，从而也不申报缴纳城建税及教育费附加。

二、免抵税额计算缴纳税费的企业范围

根据《国务院关于统一内外资企业和个人城市维护建设税和教育费附加制度的通知》（国发［2010］35号）决定，自2010年12月1日起，对外商投资企业、外国企业及外籍个人（以下简称“外资企业”）征收城市维护建设税和教育费附加。因此，目前内外资生产企业经税务机关审核批准的免抵税额均应当计算缴纳城建税及教育费附加。

值得注意的是，外商投资企业计算缴纳城建税及教育费附加的免抵税额是所属期2010年12月，并不是申报期2010年12月。

由于外贸企业实行免退税办法和增值税小规模纳税人实行免税办法，因此这两类出口企业没有实现免抵税额，其出口销售货物不计算缴纳城建税及教育费附加，当然这两类出口企业有内销货物或视同内销货物应当按照规定计算缴纳增值税和消费税的，须依照增值税和消费税额计算缴纳城建税及教育费附加。

三、“免抵”税额计算税费的依据问题

根据《财政部、国家税务总局关于生产企业出口货物实行“免、抵、退”税办法后有关城市维护建设税教育费附加政策的通知》（财税［2005］25号）规定，自2005年1月1日起，经国家税务局正式审核批准的当期免抵的增值税税额应纳入城市维护建设税和教育费附加的计征范围，分别按规定的税（费）率征收城市维护建设税和教育费附加。因此，出口企业每月应依据国家税务局退税机关已审批确认的当期“生产企业出口货物免、抵、退税申报汇总表”中第25栏“当期免抵税额”所列的税额进行账务处理，并计算缴纳税费。而“免抵”税额作为计算税费的税基往往是许多出口企业所忽视的，多数企业认为国家税务局所审批的“免抵”税额对企业来讲作用并不大，只有退税才能使企业见到资金的回流。因而，通常不在账面反映或是在账面反映了也不计提税费。因此，出口企业要特别注意规避涉税风险。

注意要点

内外资生产企业经税务机关审核批准的免抵税额均应当计算缴纳城建税及教育费附加。

第二节 视同自产产品出口退（免）税

71. 具有产品生产能力≠具有出口产品生产能力

常见案例

某公司为内资生产企业，为了扩大经营范围，于2004年4月9日取得了自营进出口经营权（批文号：某省外经贸贸核字［2004］136号），但即将出口的产品属于外购货物，不属于公司自己生产。为了能申报办理出口退（免）税，该公司把生产经营类型由生产企业变更为外贸企业，相应变更营业执照，同时办理了出口退税变更登记，成立了贸易部，并且开始收购产品出口，而原有生产的产品全部用于内销。2004年11月份该公司按照外贸企业免退税办法向国税机关申报出口退税，国税机关以其为生产企业为由退回了申报资料。该公司变更了退税登记类型，国税机关又以出口的产品不属于“自产产品”为由退回申报资料，并要求视同内销缴纳增值税。

政策规定

生产企业自营或委托外贸企业代理出口（以下简称“生产企业出口”）自产货物，除另有规定外，增值税一律实行免、抵、退税管理办法。对生产企业出口非自产货物的管理办法另行规定。本通知所述生产企业，是指独立核算，经主管国税机关认定为增值税一般纳税人，并且具有实际生产能力的企业和企业集团。

增值税小规模纳税人出口自产货物继续实行免征增值税办法。

生产企业出口自产的属于应征消费税的产品，实行免征消费税办法。

执行日期：2002年1月1日

政策依据：《财政部国家税务总局关于进一步推进出口货物实行免抵退税办法的通知》（财税［2002］7号）

三、凡具有生产出口产品能力的对外贸易经营者，其出口的货物按照现行生产企业出口货物实行“免抵退”税办法的规定办理出口退（免）税。

对没有生产能力的对外贸易经营者，其出口的货物按现行外贸企业出口退税的规定办理出口退（免）税。

对认定为增值税小规模纳税人的对外贸易经营者出口的货物，按现行小规模纳税人出口货物的规定，免征增值税、消费税。

四、外贸企业从流通企业购进直接出口的货物，准予按现行规定的手续和程序办理退（免）税。

生产企业从流通企业购进并直接出口的货物，对退税试点的企业可按出口自产货物的规定，实行“免抵退”税办法（试点企业名单及具体办法另行下达）；对非退税试点的企业，其退税范围继续按《国家税务总局关于出口产品视同自产产品退税有关问题的通知》（国税函［2002］1170号）的规定执行。

执行日期：除第四条从2004年6月1日起执行外，其他规定从2004年7月1日起执行。执行日期以出口货物报关单上注明的出口日期为准。

政策依据：《国家税务总局关于贯彻〈中华人民共和国对外贸易法〉调整出口退（免）税办法的通知》（国税函［2004］955号）

分析诊断

企业具有产品生产能力并不等同于企业具有生产出口产品的能力。企业具有产品生产能力，其就应当属于生产企业，按照财税［2002］7号文件的规定企业出口产品就应当实行免抵退税办法。但是企业出口的产品如果不属于企业自己生产，则应当按照《国家税务总局关于出口产品视同自产产品退税有关问题的通知》（国税函［2002］1170号）的规定执行，即符合视同自产产品出口退（免）税条件的，就实行免抵退税办法，如果不符合视同自产产品出口退（免）税条件的，既不能按照生产企业实行免抵退税办法，也不能按照外贸企业实行免退税办法。结合上述案例，该公司具有产品生产能力，只不过其所生产的产品全部用于国内销售，因此外购产品出口不能按照外贸企业实行免退税办法；按照生产企业免抵退税办法的规定，公司外购产品出口不符合视同自产产品出口退（免）税条件。因此，外购产品出口不能申报办理免抵退税。由此可见，该公司的做法是错误的，主管税务机关的做法是正确的。

触类旁通

生产企业出口非自产产品能够申报办理免抵退税的情形

（一）符合视同自产产品出口退（免）税条件的非自产货物

按照《国家税务总局关于出口产品视同自产产品退税有关问题的通知》（国税函［2002］1170号）的规定，生产企业出口下列四类产品符合视同自产产品出口退（免）税条件，可依照规定申报办理免抵退税。

1. 生产企业出口外购的产品，凡同时符合以下条件的，可视同自产货物办理退税。

（1）与本企业生产的产品名称、性能相同；

（2）使用本企业注册商标或外商提供给本企业使用的商标；

（3）出口给进口本企业自产产品的外商。

2. 生产企业外购的与本企业所生产的产品配套出口的产品，若出口给进口本企业自产产品的外商，符合下列条件之一的，可视同自产产品办理退税。

（1）用于维修本企业出口的自产产品的工具、零部件、配件；

（2）不经过本企业加工或组装，出口后能直接与本企业自产产品组合成成套产品的。

3. 凡同时符合下列条件的，主管出口退税的税务机关可认定为集团成员，集团公司（或总厂，下同）收购成员企业（或分厂，下同）生产的产品，可视同自产产品办理退（免）税。

（1）经县级以上政府主管部门批准为集团公司成员的企业，或由集团公司控股的生产企业；

（2）集团公司及其成员企业均实行生产企业财务会计制度；

（3）集团公司必须将有关成员企业的证明材料报送给主管出口退税的税务机关。

4. 生产企业委托加工收回的产品，同时符合下列条件的，可视同自产产品办理退税。

（1）必须与本企业生产的产品名称、性能相同，或者是用本企业生产的产品再委托深加工收回的产品；

（2）出口给进口本企业自产产品的外商；

（3）委托方执行的是生产企业财务会计制度；

（4）委托方与受托方必须签订委托加工协议。主要原材料必须由委托方提供。受托方不垫付资金，只收取加工费，开具加工费（含代垫的辅助材料）的增值税专用发票。

（二）列名生产企业外购产品实行免抵退税办法

按照《财政部国家税务总局关于列名生产企业出口外购产品试行免、抵、退税办法的通知》（财税［2004］125号）的规定，对经国家税务总局批准的列名生产企业在外购产品出口并按规定在财务上做销售后，在规定的申报期内，按照《国家税务总局关于印发〈生产企业出口货物免抵退税管理操作规程〉（试行）的通知》（国税发［2002］11号）有关规定向主管税务机关办理免、抵、退税申报。主管税务机关接到列名生产企业免、抵、退税申报后，要按照《财政部国家税务总局关于进一步推进出口货物实行免抵退税办法的通知》（财税［2002］7号）、《国家税务总局关于出口货物退（免）税管理有关规定的通知》（国税发

[2004] 64号）及国税发[2002] 11号文件等有关规定进行审核，对审核无误的予以办理免、抵、退税及调库手续。

列名生产企业出口的外购产品如属应税消费品，税务机关可比照外贸企业退还消费税的办法退还消费税。列名生产企业出口的自产应税消费品按现行规定免征消费税。

（三）高新技术企业出口特定的非自产产品实行免抵退税办法

按照《国家税务总局关于扩大适用免抵退税管理办法企业范围有关问题的公告》（国家税务总局公告2011年第18号）的规定，自2011年5月1日起，工商登记时间两年以上的集成电路设计、软件设计、动漫设计企业及其他高新技术企业（小规模纳税人除外）从事以下业务的，可实行免抵退税管理办法。

1. 自主研发、设计由其他企业生产加工后进行收购或委托国内其他企业生产加工后收回的货物出口；

2. 委托境外企业加工后进口再使用本企业品牌的货物出口；

3. 自主研发、设计软件，加载到外购的硬件设备中的货物出口；

4. 国家税务总局规定的其他情形。

（四）生产企业开展对外承包工程业务而出口的非自产货物实行免抵退税

按照《国家税务总局关于生产企业开展对外承包工程业务出口货物退（免）税问题的批复》（国税函[2009] 538号）规定，属于增值税一般纳税人的生产企业开展对外承包工程业务而出口的货物，凡属于现有税收政策规定的特准退税范围，且按规定在财务上做销售账务处理的，无论是自产货物还是非自产货物，均统一实行免、抵、退税办法；凡属于国家明确规定不予退（免）税的货物，按现行规定予以征税；不属于上述两类货物范围的，如生活用品等，实行免税办法。

注意要点

企业具有产品生产能力并不等同于企业具有生产出口产品的能力。

72. 外购货物经本企业包装出口≠自产货物出口

常见案例

某公司于2009年12月成立，原想登记成外贸企业，但出口产品需要其进行最后的检验及包装工序，这不符合外贸企业出口退税的规定，因此该公司在办理工商登记和税务登记时均登记为生产企业，已经申请取得增值税一般纳税人资格，出口退（免）税实行免抵退税办法。该公司出口货物为外购货物后经本公司包装出口，整个生产流程只有包装一道工序，因此该公司按照自营出口生产企业的规定，在货物出口后按规定收齐相关单证到主管税务机关申报办理免抵退税。主管税务机关退税部门到该公司了解出口货物生产流程和相关情况后通知其出口货物不属于自产货物，不符合出口退（免）税条件，不得申报办理出口退（免）税，应当依照规定视同内销征税。

政策规定

一、凡具有进出口经营权的生产企业自营出口或委托出口的自产货物，除另有规定者外，一律实行“免、抵、退”税收管理办法。

本通知所述的自产货物是指生产企业购进原辅材料，经过本企业加工生产或委托加工生产的货物（含扩散加工产品、协作生产产品）。生产型集团公司收购本集团成员企业生产的货物，也视同自产货物。

执行日期：1997 年 1 月 1 日

政策依据：《财政部 国家税务总局关于有进出口经营权的生产企业自营（委托）出口货物实行免、抵、退税收管理办法的通知》（财税字［1997］50 号）

分析诊断

生产企业自产货物是指生产企业购进原辅材料，经过本企业加工生产的货物。按照《中华人民共和国出口货物原产地规则》（1992 年 3 月 8 日国务院令第 94 号发布）的精神，生产企业加工生产货物的主要及最后的制造、加工工序应当在本企业完成，自产货物的外形、性质形态或者用途要发生实质性的改变。结合上述案例，该公司出口的货物，只有包装工序在本公司完成，而货物的主要制造工序却未在本公司完成，同时包装工序并未使外购货物的外形、性质形态或者用途发生实质性的改变。因此，其出口的货物不属于自产货物，不符合自产货物出口免抵退税的规定。当然，该公司出口货物如果符合视同自产产品出口退（免）税条件的，仍可依照规定申报办理免抵退税。

触类旁通

一、类似问题

某生产企业以序列号 1000001385 向国家税务总局咨询：生产出口型外资企业，采购部分产品进行包装后出口，是否可以申报出口退（免）税？国家税务总局于 2006 年 10 月 26 日给出的答复：生产企业外购产品在自己工厂进行包装后出口需按国家税务总局《关于出口产品视同自产产品退税有关问题的通知》（国税函［2002］1170号）的规定报主管税务机关审批。

二、部分工序外包最后制造工序由本企业完成问题

例如，某公司是一家享有进出口权的生产工厂，公司接触一外商客户，要求用面料做成茶杯套子出口，该茶杯套子是用本公司自产的面料做成，由本公司外发一套工序，即裁剪和缝制在外，而蒸烫和包装、窜绳子等最后工序在自己工厂内完成后外销，这样公司出口的茶杯套子属于自产货物，可依照自产货物申报办理免抵退税。

三、重要工序本企业完成最后一道工序委托其他企业完成问题

例如，某生产型出口企业，由于受企业设备及环境影响，产品的最后一道工序不能在本企业完成，只有委托其他单位进行加工后收回再出口，生产企业出口的产品就不属于自产货物，而应当属于非自产货物出口。

四、有生产加工行为未依照自产货物申报办理免抵退税

例如，某市是全国著名的河蟹养殖出口基地，近年来，出口创汇额呈现逐年增长态势。根据国家出口退税政策的规定，河蟹出口退税率为13%，但是一些企业一直没有申请办理出口退税。市国税局2011年在对出口企业进行专题调研时发现，部分生产型企业从蟹农手中直接收购河蟹，经过挑选、清洗、包装等生产工序后，出口至韩国，但在企业账务处理上，他们将购进的河蟹直接计入“产成品”科目，没有体现企业生产加工过程。通过国税局政策辅导，企业规范了账务处理，将购进河蟹计入“原材料”科目，将挑选、清洗和包装等生产工序所耗用人工、水电、包装物等按合理的分摊方法结转河蟹成本，加工后的河蟹计入产成品科目并根据出口发票做销售处理，这样在账务处理上就体现了生产加工过程，符合自产产品出口退（免）税政策规定。

五、超出经营范围生产货物出口

例如，某生产性外资企业2010年3月出口自制的生产设备，但企业核准的经营范围中并没有包含此类设备，该情况下企业出口货物仍然属于自产货物可以依照规定申报办理免抵退税。

注意要点

生产企业自产货物是指生产企业购进原辅材料，经过本企业加工生产的货物。

73. 生产企业出口非本地自产产品≠出口自产产品

常见案例

某公司是生产企业，2005 年在四川省某市高新区成立，生产塑料制品，具有增值税一般纳税人资格，出口退（免）税实行免抵退税办法。2010 年该公司增加模具生产项目，为了节约成本费用，购买设备并以本公司名义在浙江某市租赁厂房从事模具生产，但在浙江当地未办理营业执照和税务登记证，也未在当地申报缴纳增值税。2010 年 11 月该公司在浙江省租赁厂房生产的模具产品以本公司名义报关出口，后依照规定取得出口报关单和出口收汇核销单，并申报办理出口退（免）税。主管税务机关经核查发现，该公司在当地无生产出口产品的设备，也未在当地进行生产，因此其出口的模具产品不属于自产产品，不能申报办理出口退（免）税。

政策规定

一、凡具有进出口经营权的生产企业自营出口或委托出口的自产货物，除另有规定者外，一律实行“免、抵、退”税收管理办法。

本通知所述的自产货物是指生产企业购进原辅材料，经过本企业加工生产或委托加工生产的货物（含扩散加工产品、协作生产产品）。生产型集团公司收购本集团成员企业生产的货物，也视同自产货物。

执行日期：1997 年 1 月 1 日

政策依据：《财政部 国家税务总局关于有进出口经营权的生产企业自营（委托）出口货物实行免、抵、退税收管理办法的通知》（财税字［1997］50 号）

第二十二条　增值税纳税地点：

（一）固定业户应当向其机构所在地的主管税务机关申报纳税。总机构和分支机构不在同一县（市）的，应当分别向各自所在地的主管税务机关申报纳税；经国务院财政、税务主管部门或者其授权的财政、税务机关批准，可以由总机构汇总向总机构所在地的主管税务机关申报纳税。

执行日期：2009 年 1 月 1 日

政策依据：《中华人民共和国增值税暂行条例》（1993 年 12 月 13 日中华人民共和国国务院令第 134 号发布，2008 年 11 月 5 日国务院第 34 次常务会议修订通过）

分析诊断

分支机构生产的货物不能等同于总机构的自产货物。因为按照增值税条例的规定，固定业户应当向其机构所在地的主管税务机关申报纳税。总机构和分支机构不在同一县（市）的，应当分别向各自所在地的主管税务机关申报纳税。经国务院财政、税务主管部门或者其授权的财政、税务机关批准，可以由总机构汇总向总机构所在地的主管税务机关申报纳税。因此，分支机构生产的货物应当向分支机构所在地申报缴纳增值税，而不得直接作为总机构的自产货物。上述案例中的公司与浙江省的分支机构同属一个投资主体，虽然浙江省的分支机构没有办理营业执照和税务登记，但是按照增值税的政策规定，在未经批准汇总缴纳增值税的条件下，分支机构应当向当地的主管税务机关申报缴纳增值税，总机构不得以自己的名义按照自产产品出口方式出口分支机构生产的货物，不得混淆增值税纳税人和增值税纳税地点。当然，如果总机构从分支机构购买货物出口符合视同自产产品出口退（免）税条件的，总机构仍然可以申报办理免抵退税。

触类旁通

母公司以自己名义按照自产产品方式出口子公司生产的货物。例如，某生产出口型外资公司由于人工紧缺，影响了正常生产。该公司2010年6月到外省增设全资子公司，原材料采购由母公司统一采购，子公司主要负责加工生产，子公司生产加工的产品不运回母公司报关出口，而是在外省市其他港口以母公司名义按照自产货物方式直接报关出口（因为产品运回母公司报关出口，会增加大量运输费及其他费用）。母公司以自己名义按照自产产品方式出口子公司生产的货物，仍然不符合生产企业出口自产产品退（免）税的条件，不得申报办理免抵退税。当然，如果母公司从子公司购买货物出口符合视同自产产品出口退（免）税条件的，母公司仍然可以申报办理免抵退税。

注意要点

分支机构生产的货物不能等同于总机构的自产货物。

74. 外购货物出口≠视同自产产品出口

常见案例

在某市国税局2011年组织的生产企业出口退（免）税的检查中，检查组对实行免抵退税办法的某茧丝绸有限公司2007年至2011年6月的全部出口产品情况进行了认真清理和核查。该公司2008年7月申报5月20日出口“未加捻的桑蚕双宫丝”3 087.69千克，实属企业自产产品，并已按照规定申报、审核并办理免抵退税；而2010年3月先后出口“未加捻的桑蚕厂丝”（白厂丝）3笔，均系从北京某实业开发公司购进后出口。据了解，北京某实业开发公司享受国家商务部茧丝绸协调办公室国家储备厂丝政策，是经过省商务厅茧丝办资格审查初审推荐，并由国家茧丝办进行终审的国家厂丝储备潜在投标企业。茧丝绸有限公司参与竞标成功后，在国家茧丝绸办指定国家厂丝收储企业北京某实业开发公司购入29 823.36千克，在保证本公司生产的条件下，将9 045.84千克白厂丝用于出口销售，并已经依照规定申报审核审批办理免抵退税。茧丝绸有限公司出口货物详细情况见下表2－1：

表2－1

出口日期	申报日期	出口货物名称	海关商品码	进口国	进口商	单位	出口数量	出口额（美元）	人民币（元）	备注
2008年5月20日	2008年7月	未加捻的桑蚕双宫丝	5002001300	印度	WORLDGTATE EXPRESS LINES INT'LPVT. LTD	千克	3 087.69	62 062.57	430 540.46	自产产品
2010年3月19日	2010年3月	未加捻的桑蚕厂丝	5002001100	阿联酋	OCEAN LINES MARITIME SHIPPING LLC	千克	2 977.93	96 782.73	660 706.66	外购
2010年3月25日	2010年3月	未加捻的桑蚕厂丝	5002001100	马来西亚	QUANTERM LOGISTICS SDN. BHD	千克	3 048.83	99 086.98	676 437.09	外购
2010年3月25日	2010年3月	未加捻的桑蚕厂丝	5002001100	马来西亚	QUANTERM LOGISTICS SDN. BHD	千克	3 019.08	98 120.1	669 836.49	外购

经过认真核查，检查组通知某茧丝绸有限公司，所属期2010年3月出口的3笔未加捻的桑蚕厂丝不符合视同自产产品出口退（免）税条件，应当追缴或者冲减已经办理的免抵退税，并依照规定视同内销征税。

政策规定

一、生产企业出口外购的产品，凡同时符合以下条件的，可视同自产货物办理退税。

（一）与本企业生产的产品名称、性能相同；

（二）使用本企业注册商标或外商提供给本企业使用的商标；

（三）出口给进口本企业自产产品的外商。

执行日期：2002年12月17日

政策依据：《国家税务总局关于出口产品视同自产产品退税有关问题的通知》（国税函［2002］1170号）

分析诊断

生产企业出口外购的产品，只有符合规定条件才能视同自产产品办理退（免）税。生产企业外购产品出口作为视同自产产品办理退（免）税规定的条件有三条（见上述政策规定）。结合上述案例，该公司自产的产品是未加捻的桑蚕双宫丝，海关商品代码5002001300，而企业外购的产品是未加捻的桑蚕厂丝，海关商品代码是5002001100，外购产品与本企业生产的产品名称不同、性能也不同，第一个条件就不符合；再从出口对象来看，公司自产的产品出口给印度的WORLDGTATE EXPRESS LINES INT'LPVT. LTD，而外购产品却分别出口给阿联酋的OCEAN LINES MARITIME SHIPPING LLC和马来西亚的QUANTERM LOGISTICS SDN. BHD，外购产品出口的对象与本企业自产产品的出口对象不相同。因此，案例中公司外购产品出口不符合规定条件，不能申报办理免抵退税，而应当退缴或者冲减已经办理的免抵退税，并依照规定视同内销征税。

触类旁通

一、出口的外购产品与本企业自产出口产品名称性能问题

出口的外购产品与本企业自产出口产品的名称性能应当相同，这是外购产品视同自产产品出口退（免）税的首要条件。但是具体工作中由于各种产品名称的叫法各自不同，性能各有微小差别，应当如何掌握呢？笔者认为可以按照报关单

上注明的商品名称和商品代码来掌握，凡外购出口商品与自产货物出口商品在报关单上的商品名称、商品代码一致的，可以认定出口的外购产品与本企业自产出口产品的名称、性能相同；否则，就认定为外购出口产品与本企业自产出口产品的名称、性能不相同。

例如，某海洋产品公司成立于2002年，属生产型出口企业，自产农副产品出口销售，该公司2008年11月到税务机关申报出口一笔切割机的业务，出口额为15 000美元。税务机关审核资料时发现这笔货物属于外购切割机出口，不符合规定条件，不得申报办理出口退（免）税。

二、农产品加工企业收购农产品未加工直接出口问题

例如，某农产品加工企业2011年2月收购活鱼（海关出口商品编码为0301999990，征13%，退5%）后直接出口。如果农产品加工企业直接饲养活鱼出口，则属于出口免税，不能申报办理免抵退税。如果农产品加工企业没有直接饲养活鱼出口，而是收购活鱼未经加工直接出口，也不能申报办理免抵退税。

三、外购货物出口期间无自产货物出口问题

生产企业外购货物出口以前如果没有相同名称和性能的自产货物出口，则不符合生产企业外购货物出口视同自产产品退（免）税条件。生产企业外购货物出口以前如果有相同名称和性能的自产货物出口，只是外购货物出口期间生产企业没有自产货物出口，可认为符合“与本企业生产的产品名称、性能相同”的条件，在其他两个条件都符合的情况下，生产企业外购货物出口可依照规定申报办理免抵退税。

例如，某外商投资生产企业还未正式投产，在2009年4月从其他企业外购货物出口，由于生产企业没有自产货物出口，因而在正式投产之前或者在自产货物出口之前外购货物出口，都不符合生产企业外购货物出口退（免）税条件，不能申报办理免抵退税。

例如，某公司是生产型农产品加工出口企业，2008年上半年出口农产品为胡萝卜，因在本地下半年没能收购到胡萝卜加工出口，故自下半年开始便到山东省的青岛等地向当地的农产品加工企业购买加工后的胡萝卜（注：有取得对方开具的增值税专用发票），并使用本公司的包装箱包装后直接从青岛海关报关出口给同一个客商，这样可视同自产产品出口办理免抵退税。

四、生产企业出口原材料问题

生产企业出口原材料，由于原材料没有经过加工生产过程，因此生产企业出口原材料属于外购产品出口。又由于原材料与自产产品往往属于不同的货物，因此，生产企业出口原材料一般不符合生产企业外购产品出口视同自产产品退（免）税的条件。因而一般不得申报办理免抵退税。

五、来料加工企业外购货物出口问题

例如，某公司为来料加工企业，具有增值税一般纳税人资格，来料加工出口灯笼。2011 年 4 月，公司同时从其他公司采购灯笼配套用的竹棒直接出口国外。由于公司没有自产竹棒出口，因而公司外购竹棒出口不符合生产企业外购产品视同自产产品出口退（免）税条件，不能申报办理免抵退税。

六、外购出口货物未按规定使用注册商标问题

某公司为一出口生产企业，2008 年 3 月外购商品出口，与本企业自产出口货物名称、性能相同，但是外购产品属工业品，由于本公司没有注册商标，而且外商对商标问题也没有任何要求，因此出口产品使用外购产品生产企业的注册商标，那么在符合“视同自产产品出口退税”其他条件（即符合 1. 与本企业生产的产品名称、性能相同；2. 出口给进口本企业自产产品的外商）的情况下，按照国税函［2002］1170 号的规定，公司仍然不符合“使用本企业注册商标或外商提供给本企业使用的商标”的条件，因而公司外购出口货物不能申报办理免抵退税。

七、出口产品分拆申报出口问题

例如，某公司主要生产手扶拖拉机底盘出口，生产流程：从外购进配件经用汽油清洗、打磨抛光除锈、喷漆烘干、组装调试，最后生产出成品手扶拖拉机底盘。因成品占地较大，为在集装箱中多装载，出口时公司将其拆解为变速箱总成、手把、罩壳等几部分，申报散件出口。由于散件属于本公司加工生产过程的产品，由此散件可以按自产产品申报办理免抵退税，而不按外购货物出口申报办理免抵退税。当然，外购的螺丝螺帽等标准件经组装调试后再拆解成标准件的，也可按自产产品申报办理免抵退税，或者按照出口配套商品依照视同自产产品申报办理免抵退税。

注意要点

生产企业出口外购的产品，只有符合规定条件才能视同自产产品办理退（免）税。

75. 外购配套产品出口≠视同自产产品出口

常见案例

某旅游用品有限公司生产经营范围为生产、加工塑料制品、棉拖鞋、香皂等，出口销售本公司产品，系增值税一般纳税人。主管税务机关 2011 年 7 月在分

析公司征管资料时发现，该公司 2010 年度申报抵扣进项税额中，2010 年 5 月至 8 月分别从福建省晋江市、广东省东莞市等地固定客户购进沙滩鞋、开瓶器等成品，取得专用发票用于抵扣税款，这些外购成品是用于内销还是外销？该公司 2010 年出口销售明细记录显示：主要销售棉拖鞋、沙滩鞋和成套旅游用品，出口销售的成套旅游用品是自产还是外购的？

带着这些疑问，主管税务机关约谈该公司有关人员得知：该公司在 2010 年 5 月至 8 月分别从福建省晋江市、广东省东莞市等地固定客户购进沙滩鞋、开瓶器等成品，取得专用发票用于抵扣税款是真实的。购进的沙滩鞋是本公司所生产产品的配套产品，出口给外商。购进的开瓶器需经企业再冲压、加垫等工序加工组装，也是本公司所生产产品的配套产品，出口给外商。出口销售的成套旅游用品中沙滩鞋、开瓶器是外购的。

主管税务机关评估人员经实地深入核查得知：该公司只能生产棉拖鞋、香皂、牙刷、洗化用品，沙滩鞋和开瓶器都是外购的。查阅企业与外商签订的购销合同并结合结汇等其他资料显示：该公司出口的沙滩鞋不与本公司所生产的产品配套出口，2010 年沙滩鞋出口销售额为 72 307.7 元。外购开瓶器经加工组装，出口后直接与本企业自产产品组成成套产品，2010 年开瓶器出口销售额为 1 072 480.34元。

主管税务机关评估人员通知了该公司发现的问题，并向其宣传了国家税务总局《关于出口产品视同自产产品退税有关问题的通知》（国税函［2002］1170 号）的有关政策，该公司对发现的税收政策理解问题表示愿意进行自查，自查后该公司按退税率冲减免抵退税额并依照规定补缴增值税。

政策规定

二、生产企业外购的与本企业所生产的产品配套出口的产品，若出口给进口本企业自产产品的外商，符合下列条件之一的，可视同自产产品办理退税。

（一）用于维修本企业出口的自产产品的工具、零部件、配件；

（二）不经过本企业加工或组装，出口后能直接与本企业自产产品组合成成套产品的。

执行日期：2002 年 12 月 17 日

政策依据：《国家税务总局关于出口产品视同自产产品退税有关问题的通知》（国税函［2002］1170 号）

分析诊断

生产企业外购配套产品出口只有符合规定条件才能视同自产产品申报办理免抵退税。这里的规定条件就是在外购配套出口给进口本企业自产产品外商的情况下，配套产品是用于维修本企业出口的自产产品的工具、零部件、配件或者配套产品不经过本企业加工或组装，出口后能直接与本企业自产产品组合成成套产品的，可视同自产产品办理退（免）税。结合上述案例，该公司购进沙滩鞋虽然出口给进口本公司自产产品的外商，但是出口的沙滩鞋不与本公司自产的产品配套出口，因此这不符合生产企业外购配套产品出口视同自产产品出口退（免）税的条件；同时，购进的开瓶器虽然出口给进口本公司自产产品的外商，是用于与本公司所生产的产品配套出口的产品，但是购进的开瓶器需经再冲压、加垫等工序加工组装，这也不符合生产企业外购配套产品出口视同自产产品出口退（免）税的条件。另外，该公司不能生产沙滩鞋，因而没有自产相同的产品，所以从生产企业外购产品出口来看也是不符合视同自产产品退（免）税条件的。该公司应该在自查后按退税率冲减免抵退税额并依照规定补缴增值税。

触类旁通

一、用于维修本企业出口自产产品而外购配件出口问题

用于维修本企业出口自产产品而外购配件出口，那么外购配件出口是否必须与本企业自产产品出口同时进行？或者必须先有自产产品出口再有外购配件出口？或者没有先后次序？答案只有去国税函［2002］1170 号文件规定的“用于维修本企业出口的自产产品的工具、零部件、配件”中找。这里虽然没有规定外购配件与本企业自产产品出口的先后次序，也没有规定必须同时出口，但是按照用于维修本企业出口的自产产品的表述，一般可以认为，外购配件出口不得先于本企业自产产品出口。

例如，某公司为生产企业，以前出口给国外一公司自产机器，2011 年 8 月出口给该国外公司一些外购配件用于上次出口的自产机器维修使用，这符合生产企业外购配套产品出口视同自产产品出口退（免）税的条件。

二、外购配套产品加工问题

根据国税函［2002］1170 号文件第二条的规定，生产企业外购的配套产品，指每件产品都有独立的特性和使用价值，而各件产品组合在一起又能体现出其组合使用的价值。如生产企业生产被套、床罩、外购床单、枕套与本企业所生产的产品组合而成床上用品成套产品出口。此行为不需要经过本企业加工或组装，出

口后能直接与本企业自产产品组合成成套产品的，可视同自产产品办理退税。如果外购配套产品经过加工或组装，则不符合外购配套产品出口视同自产产品出口退（免）税条件。

三、外购配套产品价值问题

外购配套产品属于配套本企业自产产品出口的，其从属于本企业自产产品，因而其价值也应当从属于出口本企业自产的产品价值，如果外购出口配套产品价值远远高于本企业出口的自产产品价值，则不属于外购配套产品的范围。

例如，某公司生产化妆袋出口，2010年6月外购一些化妆品放入化妆袋里一起出口，化妆品的价格高于化妆袋的价格几倍，这明显不属于生产企业外购配套产品出口。

四、外购产品出口不配套问题

例如，某公司主营汽车配件的生产，但为满足国外客户的需要，2010年9月公司从国内采购大量托盘，再出口到国外，出口时均单独收汇，单独开具外销发票，托盘与公司自产产品无关，因而公司外购托盘出口不属于外购配套产品出口。

注意要点

生产企业外购配套产品出口只有符合规定条件才能视同自产产品申报办理免抵退税。

76. 母公司收购所属子公司货物出口≠集团公司收购所属成员企业货物出口

常见案例

A公司于2004年1月15日成立，经营范围为电子元器件、材料及科技新产品研发、制造、销售，生产的“腐蚀箔”主要用于生产电容，是全国为数不多的介质电容铝箔制造商。2008年年初A公司与某县B公司共同出资，在某县投资兴建具有独立法人资格的C公司，生产化成箔，其中A公司出资占比90%，B公司出资占比10%。C公司生产的产品全部销售给其控股的A公司。A公司出口的产品全部是C公司生产的化成箔，2008年至2010年出口销售化成箔3 750万元，主管税务机关按照集团公司收购成员企业货物视同自产产品出口退（免）税的规定，审核审批办理出口退税额365万元，办理免抵税额4.2万元。2011年2月，市国税局退税部门到A公司实地调查核实后通知主管税务机关，A公司收购所属控股的C公司的货物出口，不属于集团公司收购所属成员企业货物出口，不得视同自产产品出口退（免）税，应当依照规定追缴或冲减已办理免抵退税，并依照规定视同内销征税。

政策规定

三、凡同时符合下列条件的，主管出口退税的税务机关可认定为集团成员，集团公司（或总厂，下同）收购成员企业（或分厂，下同）生产的产品，可视同自产产品办理退（免）税。

（一）经县级以上政府主管部门批准为集团公司成员的企业，或由集团公司控股的生产企业；

（二）集团公司及其成员企业均实行生产企业财务会计制度；

（三）集团公司必须将有关成员企业的证明材料报送给主管出口退税的税务机关。

执行日期：2002 年 12 月 17 日

政策依据：《国家税务总局关于出口产品视同自产产品退税有关问题的通知》（国税函［2002］1170 号）

分析诊断

母公司收购所属子公司货物出口不等同于集团公司收购所属成员企业货物出口，不得视同自产产品出口退（免）税。因为按照国税函［2002］1170 号文件的规定，集团公司（或总厂）收购成员企业（或分厂）生产的产品，可视同自产产品办理退（免）税。集团公司成员企业同时符合三个条件（详见上述政策规定），主管出口退税的税务机关可认定为集团成员，而母公司控股的子公司不直接等同于集团公司的成员企业。按照《企业集团登记管理暂行规定》（工商企字［1998］59 号）的要求，未经登记不得以企业集团名义从事活动，企业集团经登记主管机关核准登记，发给企业集团登记证，该企业集团即告成立。因此，未经工商行政机关登记的母公司不是集团公司，其控股的子公司也不是集团公司的成员企业。结合上述案例，A 公司虽然绝对控股 C 公司，但是母公司（即 A 公司）未经工商行政机关批准集团公司登记，因而其子公司（即 C 公司）不是集团公司成员企业；同时，C 公司具有独立的法人资格，因而其也不是 A 公司的分厂。由此可见，A 公司和主管税务机关的做法是错误的，市国税局退税部门的处理是正确的。

触类旁通

一、实行免抵退税办法集团公司的范围问题

根据《财政部国家税务总局关于有进出口经营权的生产企业自营（委托）出口货物实行免、抵、退税收管理办法的通知》（财税字［1997］50 号）规定，具有进出口经营权的生产企业及生产型集团公司内部设立的进出口公司（部门），一律按免抵退税办法执行，并明确规定生产型集团公司收购本集团成员企业生产的货物，也视同自产货物。根据《国家税务总局关于出口退税若干问题的通知》（国税发［2000］165 号）规定，生产企业（包括外商投资企业）收购经主管出口退税的税务机关认可的集团公司（或总厂）成员企业（或分厂）的产品自营或委托出口，可视同自产产品给予退（免）税。根据《财政部国家税务总局关于进一步推进出口货物实行免抵退税办法的通知》（财税［2002］7 号）规定，实行免抵退税办法的企业集团是指独立核算，经主管国税机关认定为增值税一般纳税人，并且具有实际生产能力的企业集团。

根据财税字［1997］50 号、国税发［2000］165 号和财税［2002］7 号文件的规定，实行免抵退税办法的集团公司应当同时符合四个条件：第一，集团公司独立核算；第二，集团公司具备增值税一般纳税人资格；第三，集团公司本身具有实际生产能力；第四，集团公司收购成员企业产品符合视同自产产品出口退（免）税条件。

如果集团公司具有实际生产能力，集团公司本身从事货物生产，其收购成员企业的货物出口符合规定条件的可依照规定申报办理免抵退税。如果集团公司收购其他企业货物出口，如果符合外购产品或外购配套产品视同自产产品出口退（免）税规定的，则可以申报办理免抵退税，否则不能申报办理免抵退税。

如果集团公司本身不具有生产能力，不从事货物生产，其收购集团公司成员企业就不得适用免抵退税办法，也不得按照集团公司收购成员企业视同自产产品出口退（免）税的规定申报办理免抵退税，而是可以按照外贸企业免退税办法申报办理出口退（免）税。当然，集团公司本身不具有生产能力，外购其他企业货物出口也可以适用免退税办法。

二、总公司收购分公司产品出口问题

按照国税函［2002］1170 号文件规定，总厂收购分厂生产的产品，符合规定条件的，可视同自产产品办理退（免）税。

例如，某汽车有限公司注册地为某市，享有进出口经营权。在某市生产乘用车圣达菲，同时成立独立核算的某汽车有限公司鄂尔多斯分公司，注册地为鄂尔多斯市，在鄂尔多斯生产乘用车特拉卡。2011 年 1 月 13 日，该汽车有限公司接到圣达菲和特拉卡的出口订单，于是采购鄂尔多斯分公司的特拉卡出口，根据国税函［2002］1170号文件规定符合视同自产产品出口退（免）税条件，可依照规定申报办理免抵退税。

三、集团公司成员企业收购其他成员企业产品出口问题

例如，某公司是生产公司，为某集团控股子公司，因集团公司无出口经营权，集团公司指定该公司出口集团下属所有公司生产的产品，2010年7月30日集团下属另一子公司生产的设备，先出售给该公司，然后由该公司对外出口。这是集团公司成员企业收购其他成员企业产品出口，而不是集团公司收购成员企业产品出口，因而不能视同自产产品出口退（免）税，不得申报办理免抵退税。

注意要点

母公司收购所属子公司货物出口不等同于集团公司收购所属成员企业货物出口，不得视同自产产品出口退（免）税。

77. 委托加工收回产品出口≠视同自产产品出口

常见案例

在某市国税局2011年6月开展的视同自产产品出口退（免）税的清理检查工作中，市国税局退税部门对某茧丝绸有限公司2007年至2011年6月的全部出口产品情况（见表2-2）进行了认真清理和核查。经核查，茧丝绸有限公司2008年7月申报5月20日出口“未加捻的桑蚕双宫丝”3 087.69千克，实属企业自产产品，并已按照出口退（免）税规定申报、审核并办理免抵退税。公司2010年先后出口4笔“未漂白或漂白桑蚕丝机织物”，均系茧丝绸有限公司自产生坯绸并委托某丝绸有限公司进行炼染加工为熟坯绸后出口，企业之间按照规定签有委托加工协议。由于茧丝绸有限公司生产技术受限，只能生产生坯绸，须与某丝绸有限公司炼染厂进行技术合作，对生坯绸产品进行炼染加工才能成为熟坯绸，这样方能符合外商的需求。市局退税部门核查后通知主管税务机关，茧丝绸有限公司2010年3月29日和2010年4月9日出口的两笔货物1 046 047.64元不符合视同自产产品出口退（免）税条件，应当追缴已办理的免抵退税或冲减免抵退税额，并视同内销征税。

表 2－2

出口时间	申报日期	出口货物类别	海关商品码	进口国	进口商	单位	出口数量	出口额（美元）	人民币（元）	备注
2008 年 5 月 20 日	2008 年 7 月	未加捻的桑蚕双宫丝	5002001300	印度	WORLDGTATE EXPRESS LINES INT'LPVT. LTD	千克	3 087. 69	62 062. 57	430 540. 46	自产产品
2008 年 12 月 6 日	2009 年 1 月	未漂白的桑蚕丝机织物	5007201100	印度	WORLDGTATE EXPRESS LINES INT'LPVT . LTD	米	30 960. 9	66 256. 33	491 244. 31	自产产品委托炼染加工出口
2010 年 3 月 29 日	2010 年 3 月	未漂白或漂白的桑蚕丝机织物	5007201100	印度	MIRACLE SHIPPING AGENCIES PVT LTD	米	30 823. 7	92 779. 34	633 376. 72	自产产品委托炼染加工出口
2010 年 4 月 9 日	2010 年 4 月	未漂白或漂白的桑蚕丝机织物	5007201100	印度	SHIV SHANTI EXIM PVT. LTD	米	19 952. 1	60 454. 86	412 670. 92	自产产品委托炼染加工出口
2010 年 5 月 26 日	2010 年 5 月	未漂白或漂白的桑蚕丝机织物	5007201100	印度	WORLDGTATE EXPRESS LINES INT'LPVT. LTD	米	29 962. 8	97 978. 36	668 849. 27	自产产品委托炼染加工出口

政策规定

四、生产企业委托加工收回的产品，同时符合下列条件的，可视同自产产品办理退税。

（一）必须与本企业生产的产品名称、性能相同，或者是用本企业生产的产品再委托深加工收回的产品；

（二）出口给进口本企业自产产品的外商；

（三）委托方执行的是生产企业财务会计制度；

（四）委托方与受托方必须签订委托加工协议。主要原材料必须由委托方提供。受托方不垫付资金，只收取加工费，开具加工费（含代垫的辅助材料）的增值税专用发票。

执行日期：2002 年 12 月 17 日

政策依据：《国家税务总局关于出口产品视同自产产品退税有关问题的通知》（国税函［2002］1170 号）

分析诊断

生产企业委托加工收回的产品符合规定条件的可视同自产产品办理退税。这里的规定条件有四个必须同时符合：第一，委托加工收回产品必须与本企业生产的产品名称、性能相同，或者是用本企业生产的产品再委托深加工收回的产品；第二，委托加工收回产品出口给进口本企业自产产品的外商；第三，委托方执行的是生产企业财务会计制度；第四，委托方与受托方必须签订委托加工协议，主要原材料必须由委托方提供，受托方不垫付资金，只收取加工费，开具加工费（含代垫的辅助材料）的增值税专用发票。结合上述案例，茧丝绸有限公司 2008 年 5 月 20 日出口自产产品未加捻的桑蚕双宫丝，公司 2010 年先后出口 4 笔“未漂白或漂白桑蚕丝机织物”，均系茧丝绸有限公司自产生坯绸并委托某丝绸有限公司进行炼染加工为熟坯绸后收回再出口，这符合委托加工收回产品出口视同自产产品出口退（免）税的第一个条件；公司自产产品出口的外商是印度的 WORLDGTATE EXPRESS LINES INT'L PVT. LTD，公司 2008 年 12 月 6 日和 2010 年 5 月 26 日委托加工收回产品出口的外商与自产产品出口的外商相同，符合委托加工收回产品出口视同自产产品出口退（免）税的第二个条件；而公司 2010 年 3 月 29 日委托加工收回产品出口的外商是印度的 MIRACLE SHIPPING AGENCIES PVT LTD，2010 年 4 月 9 日委托加工收回产品出口的外商是印度的 SHIV SHANTI EXIM PVT. LTD，这两笔出口货物不符合委托加工收回产品出口视同自产产品出口退（免）税的第二个条件；在委托加工收回产品出口视同自产产品出口退（免）税其他条件均符合的情况下，市国税局要求追缴或冲减 2010 年 3 月 29 日和 2010 年 4 月 9 日两笔委托加工收回产品出口货物已申报的免抵退税额，并视同内销征税，这样的处理无疑是正确的。

触类旁通

一、生产企业正式投产前委托加工收回同类产品问题

根据国税函［2008］8号规定，生产企业正式投产前，委托加工的产品与正式投产后自产产品属于同类产品，收回后出口，并且是首次出口的，不受《国家税务总局关于出口产品视同自产产品退税有关问题的通知》（国税函［2002］1170号，简称1170号文件）第四条第（二）款规定的“出口给进口本企业自产产品的外商”的限制。出口的上述产品，若同时满足“1170号文件”第四条规定的其他条件，即不含第（二）款，主管税务机关在严格审核的前提下，准予视同自产产品办理出口退（免）税。由于生产企业正式投产前没有自产产品，因此，生产企业正式投产前委托加工收回同类产品也不受《国家税务总局关于出口产品视同自产产品退税有关问题的通知》（国税函［2002］1170号，简称1170号文件）第四条第（一）款规定的“必须与本企业生产的产品名称、性能相同，或者是用本企业生产的产品再委托深加工收回的产品”的限制。但是，如果正式投产后生产企业生产的自产产品与正式投产前委托加工收回的产品不同类的，那么企业正式投产前委托加工收回产品已申报办理的免抵退税应当予以追缴或者冲减。

二、只有委托加工产品出口而无自产产品出口问题

生产企业委托加工收回的产品要视同自产产品出口退（免）税的首要条件就是委托加工收回产品必须与本企业生产的产品名称、性能相同，或者是用本企业生产的产品再委托深加工收回的产品。如果生产企业当月只有委托加工收回产品出口，当月没有相同名称和性能的自产产品出口，这并不意味着就不符合生产企业委托加工收回产品出口视同自产产品出口退（免）税的第一个条件。只要生产企业以前年度或以前月份有相同名称和性能的自产产品出口，即使当月没有自产产品出口，也符合生产企业委托加工收回产品出口视同自产产品出口退（免）税的第一个条件。

当然，生产企业如果以前年度或以前月份没有相同名称和性能的自产产品出口，当月只有委托加工收回产品出口的，那就不符合视同自产产品出口退（免）税的条件。

三、生产企业自产产品出口迟于委托加工收回产品出口问题

例如，某公司是一大型船舶制造企业，2010年接到新买家预定的四条中小型船舶（以前生产的都是大型超大型），由于以前年度尚未完工的订单较多，自己来不及全部生产该订单，就将其中两条以委托加工方式委托其他船舶企业加工（包工形式，材料由该公司提供），而自己只生产两条，但由于自身生产能力低于

订单量要求，为了先完成以前的订单，自己建造的两条船完工后的出口时间迟于委托加工的两条船，这样委托加工收回后出口的产品与本企业自产产品的名称、性能不相同，委托加工收回产品出口的外商与进口本企业自产产品的外商不相同，所以也不符合委托加工收回产品出口视同自产产品出口退（免）税的条件。

四、相同名称和性能产品确认问题

除了用本企业生产的产品再委托深加工收回的产品可以不与本企业自产产品的名称、性能相同，生产企业正式投产前委托加工收回的产品要与正式投产后自产产品属于同类产品这两种特殊情形之外，生产企业委托加工收回产品均要求与本企业自产产品名称和性能相同。由于各种产品名称在经济活动中称呼各异，因此可以按照出口报关单上确定的商品名称和商品代码来确定，即一般要求委托加工收回产品的海关商品码与本企业自产产品的海关商品码相同。

五、委托加工业务不规范问题

按照规定，委托方与受托方必须签订委托加工协议，主要原材料必须由委托方提供，受托方不垫付资金，只收取加工费，开具加工费（含代垫的辅助材料）的增值税专用发票。否则，就属于不规范的委托加工业务，不符合委托加工收回产品出口视同自产产品出口退（免）税的条件。

例如，A公司有对外经营资格，2008年5月与某外商签订合同加工服装，由于自有资金和加工能力不足，由该外商委托香港某国际商贸公司（国内有代理人）进口原材料，直接提供给该公司委托的外地某一生产企业代为加工（该企业不是一般纳税人），进货时由于未支付货款，当时未取得海关完税作证。8月，该批货物以A公司名义出口，10月外商支付货款，A公司同时支付给香港某国际商贸公司国内代理人原材料货款，对方在10月提供由国内某外贸公司代理进口的海关完税凭证（委托代理方为我单位）。这就属于不规范的委托加工业务。

六、委托加工收回产品按照购销关系处理

例如，某县棉纺公司把本公司生产的棉布委托给另一家纺织公司染色，然后再收回出口。在具体结算关系上，棉纺公司把自产棉布交给纺织公司时，会计上作销售处理，并开具增值税专用发票给纺织公司。在收回染色布时，纺织公司作销售处理，开具增值税专用发票给棉纺公司，并收取加工费和棉布成本在内的款项。棉纺公司收回染色布后再出口给国外客户。棉纺公司从2004年至2010年年底一直错误地按照委托加工收回产品出口视同自产产品出口申报办理免抵退税。

注意要点

生产企业委托加工收回的产品符合规定条件的可视同自产产品办理退税。

78. 符合视同自产产品出口退（免）税条件≠申报办理免抵退税

常见案例

在某省国税局2009年组织的出口退税管理情况检查中，某检查组发现某生产企业2008年外购产品作为企业自产产品的配套产品出口367 726.81元，符合视同自产产品出口退（免）税条件，但未按照规定办理审核审批手续，因此检查组要求该企业按照规定追缴或冲减企业已办理的免抵退税额，并按规定视同内销计提销项税额共47 804.49元。

政策规定

三、生产企业向税务机关申报免、抵、退税时，须按当月实际出口情况注明视同自产产品的出口额。对生产企业出口的视同自产产品，凡不超过当月自产产品出口额50%的，主管税务机关按照财税［2002］7号文件和国税发［2002］11号文件有关规定审核无误后办理免、抵、退税；凡超过当月自产产品出口额50%的，主管税务机关应按照有关规定从严管理，在核实全部视同自产产品供货业务、纳税情况正确无误后，报经省、自治区、直辖市或计划单列市国家税务局核准后办理免、抵、退税。

四、生产企业不如实申报视同自产产品出口额的，主管税务机关可依照《中华人民共和国税收征收管理法》及《中华人民共和国税收征收管理法实施细则》等有关规定进行处罚。

执行日期：2003年1月1日

政策依据：《国家税务总局关于明确生产企业出口视同自产产品实行免、抵、退税办法的通知》（国税发［2002］152号）

考虑到生产型集团公司收购下属成员企业产品出口经营方式的特殊性，且外购货源单一等实际情况，本着提高效率的原则，同意对生产型集团公司收购下属成员企业的产品出口，无论外购产品占自产产品出口额比率是否超过50%，均由地市级国税局审核审批，不再按月上报省局核准；同时，省局对此类业务要加强监督和检查。

对生产型集团公司收购用于出口的其他视同自产产品，仍按《国家税务总局关于明确生产企业出口视同自产产品实行免抵退税办法的通知》（国税发［2002］152号）的规定执行。

执行日期：2005 年 11 月 12 日

政策依据：《国家税务总局关于生产型集团公司收购成员企业产品出口有关免抵退税审批权限的批复》（国税函［2005］1157 号）

一、关于视同自产产品免、抵、退税审批权限问题

对生产企业出口的视同自产产品，无论是否超过当月自产产品出口额的 50%，均由主管税务机关按照《财政部 国家税务总局关于进一步推进出口货物实行免、抵、退税办法的通知》（财税［2002］7 号）和《国家税务总局关于印发〈生产企业出口货物免、抵、退税管理操作规程〉（试行）的通知》（国税发［2002］11 号）有关规定审核无误后办理免、抵、退税，不再上报省、自治区、直辖市和计划单列市国家税务局审批。

执行日期：2006 年 2 月 13 日

政策依据：《国家税务总局关于出口退（免）税相关核准和审批权限问题的批复》（国税函［2006］148 号）

分析诊断

生产企业出口非自产货物符合视同自产产品出口退（免）税条件，并不等同于能直接申报办理免抵退税。因为生产企业出口非自产货物符合视同自产产品出口退（免）税条件，这只是生产企业符合申报办理免抵退税的实质性要求。按照国税发［2002］152 号文件的规定，生产企业出口非自产货物符合视同自产产品出口退（免）税条件的，还应当经过专门的审核审批程序，这是生产企业出口非自产货物视同自产产品出口办理免抵退税的程序性要求。生产企业非自产货物虽然符合申报办理免抵退税实质性的要求，但是如果不符合程序性要求，也不能申报办理免抵退税。结合上述案例，该企业外购配套产品出口虽然符合视同自产产品出口退（免）税条件，符合申报办理免抵退税实质性的要求，但是没有办理专门的视同自产产品出口退（免）税的审核手续，不符合申报办理免抵退税程序性的要求，也不能申报办理免抵退税。因此，检查组要求企业追缴或冲减已办理免抵退税额，并按照规定视同内销征税，这样的做法无疑是正确的。

触类旁通

生产企业非自产货物出口视同自产产品出口退（免）税审批权问题

目前，很多地方错误地认为，生产企业非自产货物出口视同自产产品超过自产产品出口额 50% 以上的，不再上报省级国税局审批，应当由地市级国税局审

批。其实，按照国税发［2002］152号、国税函［2005］1157号和国税函［2006］148号文件的规定，对生产企业出口的视同自产产品，无论是否超过当月自产产品出口额的50%，均由主管税务机关按照《财政部 国家税务总局关于进一步推进出口货物实行免、抵、退税办法的通知》（财税［2002］7号）和《国家税务总局关于印发〈生产企业出口货物免、抵、退税管理操作规程〉（试行）的通知》（国税发［2002］11号）有关规定审核无误后办理免、抵、退税，不再上报省、自治区、直辖市和计划单列市国家税务局审批。这里的主管税务机关一般就是指县级以上国家税务局。因此，对生产企业非自产货物出口视同自产产品出口无论占自产产品出口额比率的多少，县级以上国税局都可以直接审核，而不需再上报市级国税局审核批准。

例如，某科技股份有限公司是某市生产电子调谐器的企业，2008年至2010年出口额7 865万美元，出口退（免）税额10 335万元，其中免抵5 901万元，退税4 434万元。在某省国税局2011年组织的出口退税检查中，检查组发现该企业2008年至2010年非自产货物出口视同自产产品出口超过自产产品出口额50%以上的，主管区国税局均上报某市国税局审批后才申报办理出口退（免）税。市国税局审核批准明显属于超越法定权限。

注意要点

生产企业出口非自产货物符合视同自产产品出口退（免）税条件，并不等同于能直接申报办理免抵退税。

79. 生产企业外购货物出口用于对外承包工程≠视同自产产品出口退（免）税

常见案例

某公司是专业化生产水泥成套设备的大型建材装备集团公司，具有增值税一般纳税人资格，出口退（免）税实行免抵退税办法。2008年8月该公司取得对外承包工程资格，2009年12月接到中东地区的对外承包工程项目，在该项目上需要采购国内其他企业的设备、零部件等出口。该公司在财务上按规定做出口销售处理，办税员申报办理免抵退税。主管税务机关退税部门审核通知该公司：按照生产企业外购货物出口视同自产产品出口退（免）税的条件，该公司外购设备和零部件名称和外商与其出口自产产品的名称和外商均不相同，不符合外购货物出口视同自产产品出口退（免）税的条件，不得申报办理免抵退税，并应当依照规定视同内销征税。

政策规定

属于增值税一般纳税人的生产企业开展对外承包工程业务而出口的货物，凡属于现有税收政策规定的特准退税范围，且按规定在财务上做销售账务处理的，无论是自产货物还是非自产货物，均统一实行免、抵、退税办法；凡属于国家明确规定不予退（免）税的货物，按现行规定予以征税；不属于上述两类货物范围的，如生活用品等，实行免税办法。

执行日期：2009 年 9 月 15 日

政策依据：《国家税务总局关于生产企业开展对外承包工程业务出口货物退（免）税问题的批复》（国税函［2009］538 号）

分析诊断

众所周知，生产企业非自产货物出口必须符合视同自产产品出口退（免）税条件，并且必须经过专门审核程序才能申报办理免抵退税。与此不同的是，生产企业非自产货物出口用于对外承包工程出口，则不按照视同自产产品出口退（免）税管理，而是直接实行免抵退税办法。另外，一般企业外购货物用于对外承包工程实行单项退税办法，而具有增值税一般纳税人资格的生产企业无论自产货物还是非自产货物，只要是用于对外承包工程项目，并且财务上做销售处理的，一律实行免抵退税办法。结合上述案例，该公司属于具有增值税一般纳税人的生产企业，2009 年 12 月出口外购的设备设备、零部件用于对外承包工程项目，符合国税函［2009］538 号文件的规定，应当直接实行免抵退税办法，而主管税务机关退税部门却以之适用生产企业外购货物出口视同自产产品出口退（免）税的规定，通知其不得申报办理免抵退税，并视同内销征税。可见，主管税务机关退税部门的做法是错误的。

触类旁通

一、生产企业出口货物用于对外承包工程实行免抵退税办法的理解

（一）企业的范围

按照国税函［2009］538 号的规定，属于增值税一般纳税人的生产企业开展对外承包工程业务。因此，企业必须同时具备三个条件：第一，必须是生产企

业；第二，必须具有对外承包工程资格；第三，必须具有增值税一般纳税人资格。

如果是具有增值税一般纳税人资格的外贸企业，外购货物出口用于对外承包工程的，则应当实行免退税办法。

如果是不具有增值税一般纳税人资格的企业，外购货物出口用于对外承包工程的，则应当实行单项退税办法。

（二）实行免抵退税的货物范围

按照国税函［2009］538 号的规定，生产企业开展对外承包工程出口货物无论是自产货物还是非自产货物，均可统一实行免抵退税办法，但必须同时符合两个条件：第一，出口货物属于现有税收政策规定的特准退税范围；第二，必须按规定在财务上做销售账务处理。

如果出口货物属于国家明确规定不予退（免）税的货物，按现行规定予以征税；不属于特准退税范围又不属于国家明确规定不予退（免）税货物的，如生活用品等，实行免税办法。

二、生产企业出口机器设备用于对外承包工程项目

生产企业出口用于对外承包工程项目的机器设备，如果已经申报抵扣进项税额的，按照规定出口机器设备申报办理免抵退税，机器设备相应的进项税额是能够办理退税的。

生产企业出口用于对外承包工程项目的机器设备，如果是扩大增值税抵扣范围以前不能按照规定申报抵扣进项税额的，按照规定出口机器设备申报办理免抵退税，机器设备相应的进项税额却不能办理退税。对于这个问题的解决尚需国家税务总局予以明确。

三、生产企业出口货物用于对外承包工程免抵退税申报

生产出口货物用于对外承包工程免抵退税申报不同于一般生产企业出口货物免抵退税申报，其申报除了提供出口货物退（免）税申报表外，还应提供以下凭证资料：

1. 出口货物报关单（出口退税专用）；
2. 对外承包工程合同；
3. 税务机关要求提供的其他凭证资料。

注意要点

生产企业非自产货物出口用于对外承包工程出口，不按照视同自产产品出口退（免）税管理，而是直接实行免抵退税办法。

80. 列名生产企业外购所有货物出口≠能申报办理免抵退税

常见案例

某网络公司属于增值税一般纳税人的生产企业，出口退（免）税实行免抵退税办法，2008 年经《国家税务总局关于下发生产企业外购产品出口试行免抵退税企业名单的通知》（国税函［2008］862 号）文件批准成为列名生产企业。主管税务机关退税部门对该公司所属期 2010 年 11 月免抵退税申报审核时，疑点挑过表中有“出口商品为核查商品，请函调确认后进行处理”的疑点。主管税务机关退税部门仔细核查得知，该商品是以一般贸易方式进口作为生产用组件，多余部分又出口销售。由于该公司是国家税务总局批准的列名生产企业，外购货物出口可以办理免抵退税，因此退税部门把该笔出口货物视为正常业务审核办理免抵退税。

政策规定

一、列名生产企业在外购产品出口并按规定在财务上做销售后，在规定的申报期内，按照《国家税务总局关于印发〈生产企业出口货物免抵退税管理操作规程〉（试行）的通知》（国税发［2002］11 号）有关规定向主管税务机关办理免、抵、退税申报。

二、主管税务机关接到列名生产企业免、抵、退税申报后，要按照《财政部国家税务总局关于进一步推进出口货物实行免抵退税办法的通知》（财税［2002］7 号）、《国家税务总局关于出口货物退（免）税管理有关规定的通知》（国税发［2004］64 号）及国税发［2002］11 号文件等有关规定进行审核，对审核无误的予以办理免、抵、退税及调库手续。

三、列名生产企业出口的外购产品如属应税消费品，税务机关可比照外贸企业退还消费税的办法退还消费税；列名生产企业出口的自产应税消费品按现行规定免征消费税。

四、主管税务机关要结合当地实际情况采取切实可行措施，加强列名生产企业出口外购产品的免、抵、退税管理。对列名生产企业的税收违法行为，要严格按照《中华人民共和国税收征收管理法》等有关规定进行处理。

执行日期：2004 年 7 月 10 日

政策依据：《财政部国家税务总局关于列名生产企业出口外购产品试行免抵退税办法的通知》（财税［2004］125 号）

二、列名试点的生产企业，需将自产出口货物与外购出口货物分别做账，办理免抵退税申报时，对外购产品要单独申报。

三、列名试点的生产企业从农业生产者直接收购的农副产品未经加工出口的，不予退税。

执行日期：2005 年 1 月 1 日

政策依据：《国家税务总局关于新增列名生产企业外购产品出口退税的通知》（国税函［2005］356 号）

二、本通知附件以外的生产企业外购产品出口（不包括四类视同自产产品）不得实行免抵退税办法。

三、列名试点企业外购的产品出口，须凭购进货物的增值税专用发票及规定的其他相关凭证等办理免抵退税。

四、列名试点企业从享受增值税返还政策的农资生产企业、福利企业等收购的产品出口，不能享受抵退税政策。

五、列名生产企业出口外购产品试行免抵退税办法的其他问题，仍按财税［2004］125 号、国税函［2005］356 号文件有关规定执行。

执行日期：2006 年 11 月 1 日

政策依据：《国家税务总局关于调整生产企业外购产品出口试行免抵退税试点企业名单的通知》（国税函［2006］945 号）

分析诊断

一般来说，国家税务总局批准的列名生产企业在外购产品出口并按规定在财务上做销售后，在规定的申报期内，可以按照有关规定向主管税务机关办理免抵退税申报。但是，列名生产企业并不是所有的外购产品出口都可申报办理免抵退税。按照规定，列名试点的生产企业从农业生产者直接收购的农副产品未经加工出口的，不予退（免）税。列名试点企业从享受增值税返还政策的农资生产企业、福利企业等收购的产品出口，不能享受抵退税政策；同时，列名试点企业外购的产品出口，须凭购进货物的增值税专用发票及规定的其他相关凭证等办理免抵退税。结合上述案例，该网络公司以一般贸易方式进口货物未经加工部分复出口，虽然属于列名试点企业外购货物出口，但是其不能提供外购货物增值税专用发票这一规定的申报凭证，因而该公司以一般贸易方式进口货物未经加工部分复出口货物不符合免抵退税申报的规定，不能申报办理免抵退税。

触类旁通

一、列名生产企业的名单

列名生产企业的名单由国家税务总局以正式文件进行明确和调整。

列名生产企业以外的其他生产企业不得执行列名生产企业外购产品实行免抵退税政策。

二、列名生产企业出口外购产品免抵退税基本政策

1. 列名生产企业在外购产品出口并按规定在财务上做销售后，在规定的申报期内，按照《国家税务总局关于印发〈生产企业出口货物免抵退税管理操作规程〉（试行）的通知》（国税发［2002］11号）有关规定向主管税务机关办理免、抵、退税申报。

值得注意的是，列名生产企业委托加工收回产品出口不属于外购产品出口。因而，列名生产企业委托加工收回产品出口不得按列名生产企业出口退（免）税政策办理免抵退税，只能按照生产企业非自产货物出口视同自产产品出口退（免）税政策申报办理免抵退税。

2. 主管税务机关接到列名生产企业免、抵、退税申报后，要按照《财政部国家税务总局关于进一步推进出口货物实行免抵退税办法的通知》（财税［2002］7号）、《国家税务总局关于出口货物退（免）税管理有关规定的通知》（国税发［2004］64号）及国税发［2002］11号文件等有关规定进行审核，对审核无误的予以办理免、抵、退税及调库手续。

3. 列名生产企业出口的外购产品如属应税消费品，税务机关可比照外贸企业退还消费税的办法退还消费税。列名生产企业出口的自产应税消费品按现行规定免征消费税。

4. 列名试点的生产企业从农业生产者直接收购的农副产品未经加工出口的，不予退税。

5. 列名试点企业从享受增值税返还政策的农资生产企业、福利企业等收购的产品出口，不能享受抵退税政策。

6. 国家税务总局规定名单以外的生产企业外购产品出口（不包括四类视同自产产品）不得实行免抵退税办法。

三、列名生产企业出口外购产品免抵退税申报办理

1. 列名试点的生产企业，需将自产出口货物与外购出口货物分别做账，办理免抵退税申报时，对外购产品要单独申报。

2. 列名试点企业外购的产品出口，须凭购进货物的增值税专用发票及规定的其他相关凭证等办理免抵退税。未按规定取得增值税专用发票而取得海关完税凭

证、普通增值税发票的，不得申报办理免抵退税。

3. 列名生产企业出口的外购产品如属应税消费品，可比照外贸企业退还消费税的申报办法退还消费税。

4. 各地税务机关要严格依照规定审核、审批列名企业外购产品出口的免抵退税申请，确保相关退（免）税凭证、电子信息无误，并密切关注生产企业外购产品出口的特点和变化。

四、执行时间

列名生产企业出口外购产品免抵退税政策从国家税务总局文件规定的时间开始执行，具体日期以出口货物报关单（出口退税专用）上注明的出口日期为准。对国家税务总局以前原列名而以后又取消的生产企业已签订的外购产品出口合同，按国家税务总局规定准予按原免抵退税政策执行。

列名试点生产企业在国家税务总局规定执行时间之前外购出口的货物不得享受列名生产企业出口退（免）税政策。

注意要点

列名生产企业并不是所有的外购产品出口都可申报办理免抵退税。

81. 高新技术企业非自产货物出口≠一般生产企业非自产货物出口

常见案例

A公司成立于2006年，主要生产集成电路产品出口，2007年被认定为高新技术企业，具有增值税一般纳税人资格，出口退（免）税实行免抵退税办法。2010年1月开始出口集成电路，全年申报集成电路产品出口免抵退税额123万元，其中已办免抵税额54万元，未办应退税额69万元。在退税审核期满一年后，2011年4月市国税局退税部门了解情况得知，A公司主要负责集成电路产品的研发和设计，不直接从事集成电器产品的生产，而是把自主研发和设计的产品委托其他企业进行生产，主要原材料由A公司提供，其他企业收取加工费并开具增值税专用发票，集成电路产品由A公司收回，双方签有委托加工协议。A公司收回集成电路产品再出口国外。市国税局退税部门认定A公司委托加工出口产品不符合视同自产产品出口退（免）税条件，已办理的免抵税额冲减调库，未办理的应退税税额不予办理，并按规定视同内销征税。

政策规定

四、生产企业委托加工收回的产品，同时符合下列条件的，可视同自产产品办理退税。

（一）必须与本企业生产的产品名称、性能相同，或者是用本企业生产的产品再委托深加工收回的产品；

（二）出口给进口本企业自产产品的外商；

（三）委托方执行的是生产企业财务会计制度；

（四）委托方与受托方必须签订委托加工协议。主要原材料必须由委托方提供。受托方不垫付资金，只收取加工费，开具加工费（含代垫的辅助材料）的增值税专用发票。

执行日期：2002 年 12 月 17 日

政策依据：《国家税务总局关于出口产品视同自产产品退税有关问题的通知》（国税函［2002］1170 号）

一、工商登记时间两年以上的集成电路设计、软件设计、动漫设计企业及其他高新技术企业（小规模纳税人除外）从事以下业务的，可实行免抵退税管理办法：

（一）自主研发、设计由其他企业生产加工后进行收购或委托国内其他企业生产加工后收回的货物出口；

（二）委托境外企业加工后进口再使用本企业品牌的货物出口；

（三）自主研发、设计软件，加载到外购的硬件设备中的货物出口；

（四）国家税务总局规定的其他情形。

执行日期：自 2011 年 5 月 1 日起施行。此前的税收处理与本公告规定不一致的，可按本公告规定予以调整。

政策规定：《国家税务总局关于扩大适用免抵退税管理办法企业范围有关问题的公告》（国家税务总局公告 2011 年第 18 号）

分析诊断

高新技术企业非自产货物出口不同于一般生产企业非自产货物出口。在国家税务总局扩大免抵退税范围之前，按照《国家税务总局关于出口产品视同自产产品退税有关问题的通知》（国税函［2002］1170 号）的规定，生产企业委托加工收回的产品，必须同时符合四个条件才能视同自产产品办理退（免）税。但是，

2011 年 3 月 14 日《国家税务总局关于扩大适用免抵退税管理办法企业范围有关问题的公告》（国家税务总局公告 2011 年第 18 号）规定，工商登记时间两年以上的集成电路设计、软件设计、动漫设计企业及其他高新技术企业（小规模纳税人除外）自主研发、设计由其他企业生产加工后进行收购或委托国内其他企业生产加工后收回的货物出口的，可实行免抵退税管理办法，并明确执行日期以前的税收处理与该公告规定不一致的，可按该公告规定予以调整。结合上述案例，A 公司自主研发设计并委托其他企业生产集成电路收回出口，按照国税函［2002］1170 号文件的规定确实不符合委托加工收回产品出口视同自产产品出口退（免）税的条件，从而不应当办理免抵退税。按照国家税务总局公告 2011 年第 18 号的规定，公司成立已经 4 年，具有高新技术企业资格和增值税一般纳税人资格，并且将自主研发设计的集成电路委托其他企业加工收回出口，应当直接实行免抵退税办法，而不应当按委托加工收回产品出口视同自产产品出口进行管理。虽然 A 公司集成电路出口及退（免）税申报在 2010 年度，但是按照国家税务总局公告 2011 年第 18 号“此前的税收处理与本公告规定不一致的，可按本公告规定予以调整”的规定，A 公司 2010 年自主研发集成电路委托其他企业加工收回出口产品仍然可以直接实行免抵退税办法，而不应按照视同自产产品出口退（免）税进行管理。因而，市国税局退税部门 2011 年 4 月在已知国家税务总局扩大免抵退税范围文件的情况下，没有认真研究文件内容，仍然执行国税函［2002］1170 号文件规定，要求调整已办理免抵调库，不再办理应退税额以及视同内销征税，这些处理决定都是错误的。

触类旁通

高新技术企业出口非自产货物与一般生产企业的区别

一、企业范围不同

按照扩大免抵退税范围的文件和免抵退税管理办法的规定，高新技术企业与一般生产企业范围有很大区别，详见表 2－3：

表 2－3

企业类别	工商登记时间	实际生产能力	高新技术企业资格	一般纳税人资格
高新技术企业	两年以上	没有要求	必须具备	必须具备
一般生产企业	没有要求	必须具备	不具备	必须具备

二、企业出口非自产货物不同

（一）高新技术企业主要有四类

1. 自主研发、设计由其他企业生产加工后进行收购或委托国内其他企业生产加工后收回的货物出口；

2. 委托境外企业加工后进口再使用本企业品牌的货物出口；

3. 自主研发、设计软件，加载到外购的硬件设备中的货物出口；

4. 国家税务总局规定的其他情形。

（二）一般生产企业主要有四类

1. 外购的与本企业所生产的产品名称、性能相同，且使用本企业注册商标的产品；

2. 外购的与本企业所生产的产品配套出口的产品；

3. 收购经主管出口退税的税务机关认可的集团公司（或总厂）成员企业（或分厂）的产品；

4. 委托加工收回的产品。

三、企业出口非自产货物免抵退税管理不同

1. 高新技术企业出口四类规定非自产货物直接实行免抵退税办法，不实行视同自产产品出口退（免）税管理。

高新技术企业在 2011 年 5 月 1 日以前出口四类规定的非自产货物按照视同自产产品出口退（免）税，其不符合规定条件不予办理免抵退税的，只要符合国家税务总局公告 2011 年第 18 号规定的，可再次办理免抵退税。

高新技术企业出口四类规定非自产货物以外的其他非自产货物，不得直接实行免抵退税办法，而应按照一般生产企业出口非自产货物的规定办理免抵退税。

2. 一般生产企业出口四类非自产货物不能直接实行免抵退税办法，而要实行视同自产产品出口退（免）税管理，符合规定条件的，办理专门审核手续，才能申报办理免抵退税。

注意要点

高新技术企业非自产货物出口不同于一般生产企业非自产货物出口。

82. 生产企业出口已纳消费税的非自产货物≠生产企业出口自产的应税消费品

常见案例

A公司是珠宝首饰出口生产企业，具有增值税一般纳税人资格，出口退（免）税实行免抵退税办法。2008年12月，A公司由于生产能力限制无法完成出口订单，于是委托其他企业加工珠宝首饰产品，A公司提供主要原材料，其他企业收取加工费并开具增值税专用发票，并代收代缴消费税，双方签具委托加工协议。A公司委托加工珠宝首饰产品收回后与本公司生产的相同珠宝首饰产品一同出口给国外客户。A公司委托加工收回珠宝首饰产品出口符合视同自产产品出口退（免）税规定，依照规定申报办理免抵退税。对于其委托加工收回珠宝首饰产品已缴纳的消费税能否退还问题，A公司办税员咨询某省国税局进出口税收管理处得知：有出口经营权生产企业出口应税消费品，实行免征消费税办法，不能退还已纳的消费税。

政策规定

有出口经营权的生产企业自营出口的消费税应税货物，依据其实际出口数量予以免征。

执行日期：1994年1月1日

政策依据：《国家税务总局关于印发〈出口货物退（免）税管理办法〉的通知》（国税发［1994］31号）

三、列名生产企业出口的外购产品如属应税消费品，税务机关可比照外贸企业退还消费税的办法退还消费税；列名生产企业出口的自产应税消费品按现行规定免征消费税。

执行日期：2004年7月10日

政策依据：《财政部 国家税务总局关于列名生产企业出口外购产品试行免抵退税办法的通知》（财税［2004］125号）

你省苏州尚美化妆品有限公司委托其他企业加工再收回后出口的应税消费品，可比照《财政部 国家税务总局关于列名生产企业外购产品试行免抵退税办法的通知》（财税［2004］125号）的有关规定，办理消费税退税手续。生产企业在申报消费税退税时，除附送现行规定需要提供的凭证外，还应附送征税部门出具的“出口货物已纳消费税未抵扣证明”。对已在内销应税消费品应纳消费税中抵扣的，不能办理消费税退税。

执行日期：2008 年 1 月 7 日

政策依据：《国家税务总局关于委托加工出口货物消费税退税问题的批复》（国税函［2008］5 号）

同意安徽江淮汽车股份有限公司收购成员企业汽车出口缴纳的消费税，比照《财政部国家税务总局关于列名生产企业出口外购产品试行免、抵、退税办法的通知》（财税［2004］125 号）的有关规定，办理消费税退税手续。

执行日期：2010 年 3 月 5 日

政策依据：《国家税务总局关于生产企业出口外购视同自产应税消费品消费税退税问题的批复》（国税函［2010］91 号）

分析诊断

按照现行规定，生产企业出口自产应税消费品实行免征消费税办法。但是，生产企业出口非自产应税消费品，有三种情况可退还已纳的消费税：第一，列名生产企业出口的外购产品如属应税消费品，税务机关可比照外贸企业退还消费税的办法退还消费税。第二，生产企业委托其他企业加工再收回后出口的应税消费品，可比照《财政部 国家税务总局关于列名生产企业外购产品试行免抵退税办法的通知》（财税［2004］125 号）的有关规定，办理消费税退税手续。第三，集团公司收购成员企业产品出口视同自产产品出口的应税消费品，比照《财政部国家税务总局关于列名生产企业出口外购产品试行免、抵、退税办法的通知》（财税［2004］125 号）的有关规定，办理消费税退税手续。结合上述案例，A 公司委托加工收回珠宝首饰产品出口，符合视同自产产品出口退（免）税条件，按照国税函［2008］5 号文件规定，其委托加工收回珠宝首饰出口已纳委托加工环节的消费税，应当能够申报办理退还消费税。而省国税局退税部门却按照自产应税消费品出口政策答复是错误的。

触类旁通

一、生产企业出口非自产应税消费品退还已纳消费税问题

（一）退还已纳消费税生产企业的范围

目前国家税务总局明确规定的准予退还已纳消费税的只有三种情形：第一，

列名生产企业外购出口应税消费品；第二，生产企业委托其他企业加工再收回后出口的应税消费品；第三，集团公司收购成员企业产品出口视同自产产品出口的应税消费品。

生产企业其他外购应税消费品出口视同自产产品出口是否可以退还已纳的消费税呢？虽然国税函［2010］91号文件只明确：安徽江淮汽车股份有限公司收购成员企业汽车出口缴纳的消费税，比照《财政部国家税务总局关于列名生产企业出口外购产品试行免、抵、退税办法的通知》（财税［2004］125号）的有关规定，办理消费税退税手续。但是，文件标题却是《国家税务总局关于生产企业出口外购视同自产应税消费品消费税退税问题的批复》。因此，笔者认为生产企业所有的外购应税消费品出口只要符合视同自产产品出口退（免）税条件的，都可以申报办理退还已纳的消费税。

对于生产企业出口非自产应税消费品准予办理免抵退税的其他情形，如高新技术企业出口非自产应税消费品和生产企业外购非自产应税消费品出口用于对外承包工程等是否准予退还已缴的消费税？目前没有明确的政策依据，有待国家税务总局予以明确。

（二）退还已纳消费税生产企业的例外情形

根据《国家税务总局关于调整出口卷烟税收管理办法的通知》（国税发［2008］5号）的规定，出口卷烟实行免税办法。因此，卷烟生产企业出口非自产卷烟一律实行免征消费税办法，不得退还已纳消费税。

（三）生产企业出口非自产应税消费品退消费税是否符合视同自产产品出口退（免）税条件问题

列名生产企业出口外购应税消费品不按视同自产产品出口退（免）税管理。因此，列名生产企业外购应税消费品直接申报办理退还已纳消费税。

生产企业外购应税消费品出口应按视同自产产品出口退（免）税管理。因此，生产企业外购应税消费品出口符合视同自产产品出口退（免）税条件的，可以依照规定申报办退还已纳的消费税。

生产企业委托加工收回产品出口应按视同自产产品出口退（免）税管理，虽然国税函［2008］5号文件只明确生产企业委托其他企业加工再收回后出口的应税消费品，可比照《财政部 国家税务总局关于列名生产企业外购产品试行免抵退税办法的通知》（财税［2004］125号）的有关规定，办理消费税退税手续，但没有明确生产企业委托加工收回产品出口是否需符合视同自产产品出口退（免）税条件。笔者认为，按照一般的理解，生产企业委托加工收回应税消费品出口应当按照视同自产产品出口退（免）税进行管理，即生产企业委托加工收回应税消费品出口符合视同自产产品出口退（免）税条件的，可依照规定申报办理退还已纳的消费税。

（四）生产企业出口非自产应税消费品申报退还已纳消费税问题

列名生产企业比照外贸企业申报办理出口非自产应税消费品已纳的消费税，只不过不能使用外贸企业出口退税申报系统，需外贸企业报送相关资料后由税务机关通过特殊录入的方式录入出口退税审核系统审核审批出口退税。

生产企业外购应税消费品比照列名生产企业办理退还已纳的消费税。

生产企业委托加工收回出口应税消费品，除附送现行规定需要提供的凭证外，还应附送征税部门出具的“出口货物已纳消费税未抵扣证明”。对已在内销应税消费品应纳消费税中抵扣的，不能办理消费税退税。

二、生产企业出口自产应税消费品中已纳消费税问题

生产企业出口自产应税消费品的部分原材料如果同属于应税消费品，其原材料就已经缴纳消费税。按照内销货物消费税的管理规定，生产企业外购应税消费品并连续生产其他应税消费品，外购应税消费品已纳的消费税额将准予扣除。虽然生产企业出口自产应税消费品是实行免征消费税办法，但是同样作为生产企业出口自产应税消费品的部分原材料已缴纳消费税的，其外购原材料已缴纳的消费税理当予以退还；否则，生产企业出口自产的应税消费品，就还要负担原材料部分已纳的消费税。遗憾的是，对于这个问题，目前尚没有明确的政策规定，尚需财政部、国家税务总局予以明确。

注意要点

生产企业出口已纳消费税的非自产货物不同于生产企业出口自产的应税消费品。

第三节　加工贸易出口退（免）税

83. 加工贸易手册电子化≠不按规定办理进料加工登记申报

常见案例

某公司是一家实行进料加工复出口的生产企业，2009 年 10 月加工贸易手册实行电子化管理，由于无法提供纸质加工贸易登记手册，因而该公司未向主管税务机关办理加工贸易登记备案手续。主管税务机关在审核其申报的进口料件时，出口退税审核系统提示出现“s638 该报关单信息贸易性质为进料加工，申报数据

未提供手册号”的疑点。主管税务机关责令该公司限期改正，并依照规定予以罚款。

政策规定

（一）“生产企业进料加工贸易免税证明”的办理

1. 进料加工业务的登记。开展进料加工业务的企业，在第一次进料之前，应持进料加工贸易合同、海关核发的“进料加工登记手册”并填报“生产企业进料加工登记申报表”，向退税部门办理登记备案手续。

执行日期：2002 年 1 月 1 日

政策依据：《国家税务总局关于印发〈生产企业出口货物“免、抵、退”税管理操作规程〉（试行）的通知》（国税发［2002］11 号）

五、从事进料加工业务的生产企业，应于取得海关核发的“进料加工登记手册”后的下一个增值税纳税申报期内向主管税务机关办理“生产企业进料加工登记申报表”；于发生进口料件的当月向主管税务机关申报办理“生产企业进料加工进口料件申报明细表”；并于取得主管海关核销证明后的下一个增值税纳税申报期内向主管税务机关申报办理核销手续。逾期未申报办理的，税务机关在比照《中华人民共和国税收征收管理法》第六十二条有关规定进行处罚后再办理相关手续。

执行日期：2006 年 7 月 1 日

政策依据：《国家税务总局关于出口货物退（免）税若干问题的通知》（国税发［2006］102 号）

一、实行加工贸易电子化手册的出口企业到主管税务机关办理加工贸易登记备案、核销业务时，无法提供纸质“加工贸易登记手册”的，根据《海关总署关于全面推广应用 H2000 电子化手册系统的通知》（署加发［2008］57 号）和《加贸司关于明确电子化手册纸面单证打印有关问题的通知》（加贸函［2009］6 号）有关规定，企业可提供经海关盖章确认的加工贸易电子化纸质单证，税务机关据此办理有关加工贸易出口退税事宜。

执行日期：2009 年 8 月 26 日

政策依据：《国家税务总局关于加工贸易纸质手册电子化有关出口退税管理工作的通知》（国税函［2009］449 号）

分析诊断

从事进料加工业务的生产企业，应于取得海关核发的进料加工登记手册后的下一个增值税纳税申报期内向主管税务机关办理生产企业进料加工登记申报表。实行加工贸易电子化手册的出口企业到主管税务机关办理加工贸易登记备案无法提供纸质加工贸易登记手册的，企业可提供经海关盖章确认的加工贸易电子化纸质单证，税务机关据此办理有关加工贸易出口退税事宜。结合上述案例，该公司以海关实行加工贸易电子化手册无法提供纸质加工贸易登记手册为由，未按照规定办理加工贸易手册备案手续，其做法是错误的。

触类旁通

生产企业办理进料加工登记申报的要求

一、企业范围

除一般的生产企业从事进料加工业务应当依照规定办理进料加工登记申报以外，还有两类企业应当办理进料加工登记申报：第一，保税区外的生产企业从保税区内企业进口料件加工复出口的；第二，保税区内生产企业从境外进口料件加工复出口的。

当然进料加工复出口货物属于不予退（免）税或者免税的，生产企业可以不办理进料加工登记申报手续。

二、申报办理的期限

从事进料加工业务的生产企业应于取得海关核发的进料加工登记手册后的下一个增值税纳税申报期内向主管税务机关办理进料加工登记申报手续。

三、出口退税申报系统操作

生产企业应当在出口退税申报系统的“基础数据采集——进料加工手册登记录入”模块录入进料加工登记手册的内容。

四、办理进料加工登记申报

生产企业应当在拿到进料加工登记手册后的下一个申报期内，在出口退税申报系统打印进料加工登记申报表，将其与手册原件、商务部门核发的进口料件申请备案清单、加工合同等资料一起送到主管税务机关办理进料加工登记申报手续。

实行加工贸易电子化手册的出口企业到主管税务机关办理加工贸易登记备案无法提供纸质加工贸易登记手册的，企业可提供经海关盖章确认的加工贸易电子化纸质单证和其他规定的资料报送到主管税务机关办理进料加工登记申报手续。

五、未按规定办理进料加工登记申报的处理

按照国税发［2000］165 号文件的规定，从事进料加工贸易方式的生产企业，凡未按规定申请办理生产企业进料加工登记申请表的，相应的复出口货物，生产企业不得申请办理退税。但是，国税发［2006］102 号文件却废除了国税发［2000］165 号文件的这一规定，并明确规定逾期未申报办理的，税务机关在比照《中华人民共和国税收征收管理法》第六十二条有关规定进行处罚后再办理相关手续。也就是说，生产企业未按规定办理进料加工登记申报手续的，在税务机关按照规定处罚后生产企业仍然可以依照规定申报办理出口退（免）税。

注意要点

从事进料加工业务的生产企业，应于取得海关核发的进料加工登记手册后的下一个增值税纳税申报期内向主管税务机关办理生产企业进料加工登记申报表。

84. 进料深加工结转≠进料加工复出口

常见案例

A 公司是进料加工企业，具有增值税一般纳税人资格，出口退（免）税实行免抵退税办法。2011 年 7 月，A 公司将一批进料加工料件进行加工后将半成品销售给青岛的生产企业，青岛企业加工成产品出口销售。A 公司销售给青岛企业时取得出口报关单，注明的贸易方式是 0654 进料深加工，但未取得出口退税联。青岛企业购进半成品取得进口报关单，注明的贸易方式是进料深加工。由于未取得出口货物报关单（出口退税专用）无法申报办理免抵退税，A 公司办税员咨询主管税务机关得到的答复为：不能申报办理免抵退税，应当视同内销征税。

政策规定

二、外商投资企业用进口料件加工成品后不直接出口，而是转让给另一承接进料加工的外商投资企业进行再加工、装配后出口的，应向当地海关申请办理出口手续，同时，承接进料加工的外商投资企业以进料加工形式办理进口手续，并纳入海关进料加工贸易监管。海关可以对上述报关出口但未离境的产品，出具加盖“不作出口海关统计”戳记的“出口报关单”。

执行日期：1992 年 8 月 1 日

政策依据：《国家税务局关于外商投资企业生产的产品再加工装配出口征免工商统一税问题的通知》（国税发［1992］第146号）

二、外商投资企业用进口料件加工成品后不直接出口，而是转让给另一承接进料加工的外商投资企业进行再加工、装配后出口的，可按国税发［1992］第146号《关于外商投资企业生产的产品再加工、装配出口征免工商统一税的通知》的精神办理，免征生产环节的增值税、消费税。

执行日期：1994年11月7日

政策依据：《国家税务总局关于外商投资企业从事“来料加工”、“进料加工”及生产销售国际中标产品税收问题的通知》（国税发［1994］第239号）

六、关于进料加工退税问题

关于间接出口问题，为便于管理，《国家税务总局关于外商投资企业从事“来料加工”、“进料加工”及生产销售国际中标产品税收问题的通知》（国税发［1994］第239号）的有关规定仅适用于老企业之间开展的间接出口业务。

执行日期：1996年7月8日

政策依据：《国家税务总局关于外商投资企业出口货物若干税收问题的通知》（国税发［1996］第123号）

分析诊断

生产企业进料加工复出口与进料深加工结转完全不同。国家税务总局明确规定生产企业进料加工复出口实行免抵退税办法，而对于生产企业深加工结转，虽然国税发［1992］第146号、国税发［1994］第239号、国税发［1996］第123号均作出了规定，但是《国家税务总局关于发布已失效或废止的税收规范性文件目录的通知》（国税发［2006］第62号）却明确了这三个文件已经废止。因此，对深加工结转，到目前为止国家税务总局没有作出明确规定，而各地执行也不统一，绝大多数地方实行免税，少数地方按照未按规定申报退（免）税执行征税政策，有的实行免抵退税。结合上述案例，A公司进口保税料件加工成半成品后销售给青岛某企业加工成产品再出口，属于进口料件深加工结转业务，在国家税务总局没有明确规定之前，主管税务机关要求企业视同内销征税，于法无据。

触类旁通

一、进料深加工结转概念

按照《中华人民共和国海关对加工贸易货物监管办法》的规定，深加工结转是指加工贸易企业将保税进口料件加工的产品转至另一加工贸易企业进一步加工后复出口的经营活动。

如果进口料件未经实质加工则不得开展深加工结转；否则，属于生产企业销售进口料件的行为，应按照生产企业销售进口料件进行免抵退税管理。

二、生产企业进料深加工结转政策不明确

国家税务总局目前未对生产企业进料深加工结转税收政策作出明确规定，目前各地执行情况极不统一。

三、生产企业进料深加工结转企业要求征税

例如，富士康精密电子（廊坊）有限公司于 2007 年 12 月 1 日被批准为增值税一般纳税人，主要开展进料深加工结转业务。该公司出口的产品各加工环节都由集团公司下的子公司完成，出口产品的国内采购原辅材料金额所占比重较大，按照进料深加工结转销售额免税办法执行，国内采购原辅材料的进项税额不能抵扣，负担较重。如果按照进料深加工结转的货物开具增值税专用发票并全额征税，进项税额可以抵扣，可以减轻下一个环节的税收负担，对整个集团公司发展有利，该公司要求按照征税办法执行。该公司出口业务量非常大，采用征税办法，也便于税务局对企业进行税收管理，堵塞税收漏洞。为支持外向型经济发展，《河北省国家税务局关于富士康精密电子（廊坊）有限公司进料深加工结转业务税收问题的批复》（冀国税函［2008］387 号）明确：在国家税务总局对此问题未作统一规定之前，对进料深加工结转销售业务，出口加工企业向下一道环节结转销售时，可自行选择开具增值税专用发票或出口发票方式并向税务机关备案，企业确定一种开票方式后，原则上在一个年度内不得变更。企业开具增值税专用发票的可视同内销货物做账务处理，征收增值税；开具出口发票的，其收入部分不计入企业免抵退税出口销售额，享受出口免征增值税政策，增值税进项税额计入当期成本，不办理退税。最终该公司按正常出口贸易管理。

四、生产企业来料深加工结转政策不明确

与进料深加工结转相同，对来料深加工结转政策，目前国家税务总局也未明确，目前各地执行极不统一。

例如，2008 年 6 月 11 日，某市国税局答复企业：来料深加工结转业务因现行政策没有免税或免抵退税文件规定，由于该业务购销双方均在国内，在征得上级部门同意后，本市范围内将此种异地来料加工贸易结转收入视同内销业务进行征税。

注意要点

生产企业进料加工复出口与进料深加工结转完全不同。

85. 发生进口料件≠按规定申报进口料件

常见案例

某科技有限公司具有增值税一般纳税人资格，从事进料加工复出口业务，出口退（免）税实行免抵退税办法。2008 年 11 月该公司进口保税料件并取得进口报关单，由于内部传递问题，未在 2008 年 12 月作进口料件申报，而是在 2009 年 4 月才将上述进口料件作进口料件申报。主管税务机关审核出口退（免）税申报资料时发现，对公司处以罚款后受理了进口料件申报。

政策规定

2. “生产企业进料加工贸易免税证明”的出具。开展进料加工业务的生产企业在向退税部门申报办理“免、抵、退”税时，应填报“生产企业进料加工进口料件申报明细表”，退税部门按规定审核后出具“生产企业进料加工贸易免税证明”。

采用“实耗法”的“生产企业进料加工贸易免税证明”按当期全部（包括单证不齐全部分）进料加工贸易方式出口货物所耗用的进口料件组成计税价格计算出具；采用“购进法”的“生产企业进料加工贸易免税证明”按当期全部购进的进口料件组成计税价格计算出具。

执行日期：2002 年 1 月 1 日

政策依据：《国家税务总局关于印发〈生产企业出口货物“免、抵、退”税管理操作规程〉（试行）的通知》（国税发［2002］11 号）

五、从事进料加工业务的生产企业，应于取得海关核发的“进料加工登记手册”后的下一个增值税纳税申报期内向主管税务机关办理“生产企业进料加工登记申报表”，于发生进口料件的当月向主管税务机关申报办理“生产企业进料加工进口料件申报明细表”，并于取得主管海关核销证明后的下一个增值税纳税申报期内向主管税务机关申报办理核销手续。逾期未申报办理的，税务机关在比照《中华人民共和国税收征收管理法》第六十二条有关规定进行处罚后再办理相关手续。

执行日期：2006年7月1日

政策依据：《国家税务总局关于出口货物退（免）税若干问题的通知》（国税发［2006］102号）

一、实行加工贸易电子化手册的出口企业到主管税务机关办理加工贸易登记备案、核销业务时，无法提供纸质“加工贸易登记手册”的，根据《海关总署关于全面推广应用H2000电子化手册系统的通知》（署加发［2008］57号）和《加贸司关于明确电子化手册纸面单证打印有关问题的通知》（加贸函［2009］6号）有关规定，企业可提供经海关盖章确认的加工贸易电子化纸质单证，税务机关据此办理有关加工贸易出口退税事宜。

执行日期：2009年8月26日

政策依据：《国家税务总局关于加工贸易纸质手册电子化有关出口退税管理工作的通知》（国税函［2009］449号）

分析诊断

从事进料加工业务的生产企业，应于发生进口料件的当月向主管税务机关申报办理“生产企业进料加工进口料件申报明细表”。逾期未申报办理的，税务机关在比照《中华人民共和国税收征收管理法》第六十二条有关规定进行处罚后再办理相关手续。案例中的公司2008年11月进口料件，未在进口料件的当月申报，却延迟到2009年4月才办理进口料件申报手续，因而其做法明显是错误的，所以主管税务机关对其依照规定进行了处罚，然后受理了进口料件申报。

触类旁通

一、发生进口料件逾期未申报

有的生产企业知道申报进口料件要抵减免抵退税额，因而发生进口料件却不按规定申报。针对这类问题，主管税务机关主要应当加强与海关的信息沟通，及时用海关的进口料件的数据与生产企业的申报数据进行比对，发现生产企业未依照规定申报进口料件的要依照规定进行处罚，当然处罚后仍然可以作进口料件申报。

二、发生深加工结转进口料件未申报

生产企业以深加工结转方式进口料件加工复出口的，应当按照生产企业进口料件的规定办理申报。有的生产企业却没有对深加工结转方式的进口料件办理申报。

例如，某皮革制品有限公司专门生产销售真皮劳保手套，该公司与成都市某皮革厂达成联合加工协议，由成都市某皮革厂从国外以进料加工的方式进口蓝湿皮加工成该公司所用的原材料皮革，并开具自制销售发票，然后通过成都海关报关后转进口给该公司，再由该公司生产成品后出口。该公司进口报关单贸易方式注明为进料深加工，产品出口后出口报关单贸易方式注明为进料对口。该公司以深加工结转方式进口料件却未依照规定申报。

三、进口料件申报的要求

（一）申报的企业范围

生产企业进料加工复出口商品应当退税的，其发生的进口料件应当依照规定申报。

保税区外的生产企业从保税区内企业进口料件加工复出口和保税区内生产企业从境外进口料件加工复出口的，如果复出口商品应当退税的，仍然应当依照规定办理进口料件的申报手续。

保税区内进料加工企业从境外进口料件，可凭保税区海关签发的“海关保税区进境货物备案清单”办理“生产企业进料加工贸易免税证明”等单证。

对于进料加工复出口货物属于不予退（免）税或者免税的，生产企业可以不办理进料口料件的申报手续。

（二）申报的期限

从事进料加工业务的生产企业，应于发生进口料件的当月向主管税务机关申报办理进口料件申报手续。

（三）出口退税申报系统的操作

生产企业发生进口料件，应当在生产企业出口退税申报系统的“基础数据采集——进口料件明细申报录入”模块录入进口报关单相关数据。需要注意的是，对贸易方式为“进料作料结转”、“进料料件复出”等出口报关单，生产企业需冲减当月进料，即在取得出口报关单的当月按报关单上的金额录入负数记录。

（四）申报进口料件

生产企业应当在生产企业出口退税申报系统打印“生产企业进料加工进口料件明细申报表”，持此表与进口报关单等资料，到主管税务机关办理进口料件申报手续。

（五）未按规定申报的处理

生产企业逾期未申报办理进口料件的，税务机关在比照《中华人民共和国税收征收管理法》第六十二条有关规定进行处罚后再办理相关手续。

与上述情况相反，有的税务机关提出不合理的处理措施。例如，有的税务机关要求，生产企业未按规定向税务机关申请办理进口料件加工贸易申请表的进料加工业务，税务机关在计算当期应纳税额、应退税额或当期不予抵扣或退税的税额时，均不予抵扣当期海关核销免税进口料件组成计税价格按征税税率或退税税率计算的税额。税务机关依以下公式计算税款：

当期不予抵扣或退税的税额 = 当期出口货物离岸价 × 外汇人民币牌价 ×（征税率 - 退税率）- 事后发现海关核销免税进口料件组成计税价格 ×（0 - 退税率）

当期应纳税额 = 当期内销货物销项税额 -（当期全部进项税额 - 当期不予抵扣或退税的税额）

注意要点

从事进料加工业务的生产企业，应于发生进口料件的当月向主管税务机关申报办理“生产企业进料加工进口料件申报明细表”。

86. 生产企业进口料件计算方法≠购进法

常见案例

某公司是进料加工生产企业，具有增值税一般纳税人资格，出口退（免）税实行免抵退税办法。2006 年 1 月起进口料件计算实行购进法。该公司常常觉得购进法不能准确反映公司进口料件与免抵退税的关系，因此 2009 年 1 月起准备实行实耗法计算进口料件。但是主管税务机关的答复是：全省统一实行购进法，生产企业不能变更计算方法。

政策规定

（一）“生产企业进料加工贸易免税证明”的办理

2. “生产企业进料加工贸易免税证明”的出具。开展进料加工业务的生产企业在向退税部门申报办理“免、抵、退”税时，应填报“生产企业进料加工进口料件申报明细表”，退税部门按规定审核后出具“生产企业进料加工贸易免税证明”。

采用“实耗法”的“生产企业进料加工贸易免税证明”按当期全部（包括单证不齐全部分）进料加工贸易方式出口货物所耗用的进口料件组成计税价格计算

出具；采用"购进法"的"生产企业进料加工贸易免税证明"按当期全部购进的进口料件组成计税价格计算出具。

执行日期：2002 年 1 月 1 日

政策依据：《国家税务总局关于印发〈生产企业出口货物"免、抵、退"税管理操作规程〉（试行）的通知》（国税发［2002］11 号）

分析诊断

生产企业申报进口料件后就直接涉及退税跨部门出具"生产企业进料加工贸易免税证明"。退税部门可以两种方法出具：第一，采用"实耗法"的"生产企业进料加工贸易免税证明"按当期全部（包括单证不齐全部分）进料加工贸易方式出口货物所耗用的进口料件组成计税价格计算出具；第二，采用"购进法"的"生产企业进料加工贸易免税证明"按当期全部购进的进口料件组成计税价格计算出具。大多数地方都采用购进法出具，但是，并不能说生产企业进口料件只能采用购进法一种方法计算出具"生产企业进料加工贸易免税证明"，税务机关可以根据生产企业的实际情况和需要进行选择。案例中的公司拟改变进口料件的计算方法，把购进法改为实耗法，主管税务机关理应从企业实际需要出发予以变更，而不应以全省统一计算方法为由拒不变更。

触类旁通

一、出具"生产企业进料加工贸易免税证明"

生产企业在生产企业出口退税申报系统中选择"申报数据处理——模拟出具进料加工免税证明"，录入所属期后，申报系统会根据明细记录自动计算当月进口料件组成计税价格、免抵退税额抵减额、不予免征和抵扣税额抵减额。

主管税务机关退税部门对生产企业申报的有关数据进行审核无误后将通过出口退税审核系统为企业出具"生产企业进料加工贸易免税证明"。

这里值得注意的是，出口退税申报系统里的免税证明是"模拟"的，这是因为真正的免税证明是退税机关出具的。但出口退税申报之前，无法取得退税部门的免税证明，也就无法取得申报所需的某些数据，所以这些数据只能通过模拟计算来取得。模拟计算的方法与退税部门的计算方法是相同的。

二、购进法的操作程序

购进法的管理主要是在没有借助计算机管理情况下，为减少工作量，而采取的简易方法。

1. 生产企业在免税料件进口并做购货账务处理的当月，凭进口货物报关单和材料采购明细账（复印件）等资料，填写“生产企业进料加工进口料件明细申报表”，随退（免）税申报资料，于次月报主管退税机关申请办理“生产企业免、抵、退税进料加工贸易免税证明”。

2. 主管退税机关根据生产企业提供的申报资料和企业登记备案的手册号对“生产企业进料加工进口料件明细申报表”进行审核，审核无误后，出具“生产企业免、抵、退税进料加工贸易免税证明”。

3. 生产企业取得主管退税机关出具的“生产企业免、抵、退税进料加工贸易免税证明”的当月，在进行征（免）税和“免、抵、退”税申报时，根据证明中的“不得抵扣税额抵减额”和“免抵退税抵减额”，计算当月的“应纳税额”和“免、抵、退”，并将“生产企业免、抵、退税进料加工贸易免税证明”提供给主管征税机关。

购进法管理的优点是操作简单，但缺点也明显，主要有两方面：

（1）免税料件集中在一起进口时，“不得抵扣税额抵减额”的计算比较集中，甚至出现没有出口就在纳税申报时进行计算，不能如实反映企业的当期应纳税额；

（2）企业在购进免税料件时，就办理“生产企业免、抵、退税进料加工贸易免税证明”，纳税申报时计算“不得抵扣税额抵减额”，如发生退货或转内销补税情况，其退货部分不申报扣减“当期海关核销免税进口料件组成计税价格”，转内销部分所补税款再办纳税申报时，按规定进行抵扣，企业出口货物出现多扣减转成本金额，少计算应纳税金的漏洞。

三、实耗法的操作程序

（1）生产企业在开展进料加工复出口业务时，必须在取得外经贸主管部门审批、主管海关核发的“进料加工登记手册”后，一方面报主管税务机关进行备案；另一方面出口企业根据“进料加工登记手册”上合同约定的出口总值和进口总值，计算确定计划分配率。

计划分配率 = 计划进口总值/计划出口总值 × 100%

如计划分配率 > 100%，则计划分配率 = 100%

（2）生产企业货物出口并进行退税申报时，对同一“进料加工登记手册”项下的出口货物，统一依据该手册的“计划分配率”计算确定出口货物应分摊的免税进口料件组成计税价格，并据此计算该笔出口货物免抵退税抵减计划额和进口料件不得抵扣税额抵减计划额，具体计算公式为：

当期免税进口料件组成计税价格 = 当期出口货物离岸价 × 外汇人民币牌价 × 计划分配率

当期免抵退税抵减计划额 = 当期免税进口料件组成计税价格 × 出口货物退税率

当期不得免征和抵扣税额抵减计划额 = 当期免税进口料件组成计税价格 × (出口货物征税率 - 出口货物退税率)

生产企业在进行退税申报的同时，对属于进料加工贸易的出口货物，还应填报“生产企业进料加工贸易免税申请表”，经主管税务机关审核后，出具“生产企业进料加工贸易免税证明”。

(3) 生产企业必须在“进料加工登记手册”核销前将该手册项下的所有进口料件按月或集中一次，根据“进口货物报关单”上内容，按规定逐笔填报“生产企业进料加工进口料件明细申报表”，报主管税务机关核实。

生产企业在“进料加工登记手册”核销的当月应如实反映免税进口料件的剩余边角余料金额、结转至其他手册料件金额、其他减少进口料件金额、结转至其他手册成品金额、剩余残次成品金额和其他减少出口成品金额，并按规定填报“生产企业进料加工登记手册核销申请表”，向其主管税务机关申报办理手册免税核销手续，经主管税务机关审核后，计算确定该手册的“实际分配率”，并对已出具“生产企业进料加工贸易免税证明”中的“免税进口料件组成计税价格”、“免抵退税抵减计划额”和“进口料件不得抵扣税额抵减计划额”进行调整，出具“生产企业进料加工贸易免税核销证明”。

实际分配率 = (实际申报进口总值 - 剩余边角余料金额 - 结转至其他手册料件金额 - 其他减少进口料件金额) / (直接申报出口发票总值 + 结转至其他手册成品金额 + 剩余残次成品金额 + 其他减少出口成品金额) ×100%

实际进口总值包括原材料调拨、进料退货、进料转内销等用红字冲减的部分。

本手册应开证明的实际进口料件组成计税价格总值 = 本手册审核通过出口总值 × 实际分配率

核销手册补开免抵退税的抵减额 = 本手册应开证明的实际进口料件组成计税价格总值 × 退税率 - 本手册累计已开出的免抵退税抵减计划额

核销手册补开进料加工不得抵扣税额抵减额 = 本手册应开证明的实际进口料件组成计税价格总值 × (征税率 - 退税率) - 本手册累计已开出的进料加工不得抵扣税额抵减计划额

(4) 生产企业在取得主管税务机关出具的“生产企业进料加工贸易免税证明”和“生产企业进料加工贸易免税核销证明”的次月，根据证明上注明的“不得抵扣税额的抵减额”填报“生产企业进料加工抵扣明细申报表”，作为“增值税纳税申报表”的附表，报主管征税的税务机关，办理纳税申报手续。

四、目前生产企业进口料件主要使用方法

“购进法”的优点是操作简单，但漏洞较多，“实耗法”的缺点是手续烦琐。目前，生产企业进口料件主要采用购进法计算进口料件。

注意要点

税务机关可以根据生产企业的实际情况和需要选择进口料件的计算方法。

87. 少申报进口料件≠对企业有利

常见案例

生产企业当月发生的进口料件应当在发生的当月进行申报。但是，在免抵退税申报过程中经常碰到这样的情况，由于发生进口料件的出口企业经办人员工作疏忽或部门之间出口单证交接环节出现问题，造成当月发生的进口料件出现全部或部分漏报，出口企业为了避免主管税务机关的处罚或企业经办人员为免受老板批评而隐瞒不报，甚至有些出口企业误认为少申报进口料件会对企业有利，干脆采取不申报处理。

例1：某企业为2009年新办的“免、抵、退”税出口企业，2009年12月无内销收入，2009年12月出口销售额（FOB价）折合人民币40 000 000元（假定已在本月全部收齐单证并有电子信息），当月以进料加工贸易方式免税购进进口料件折合人民币44 800 000元，当月国内采购货物取得并经认证通过准予抵扣的进项税额为1 904 000元，出口货物征税率为17%，退税率为13%。

情形一：2009年12月发生的进口料件全部进行申报。

1. 免抵退税不得免征和抵扣税额抵减额＝免税进口料件组成计税价格×（出口货物征税率－出口货物退税率）＝44 800 000×（17%－13%）＝1 792 000（元）；

2. 免抵退税不得免征和抵扣税额＝全年出口销售额×（出口货物征税率－出口货物退税率）－免抵退税不得免征和抵扣税额抵减额＝40 000 000×（17%－13%）－1 792 000＝1 600 000－1 792 000＝－192 000（元），当期为零；

3. 免抵退税额抵减额＝免税进口料件组成计税价格×出口货物退税率＝44 800 000×13%＝5 824 000（元）；

4. 2009年12月期末留抵税额＝全年进项税额－免抵退税不得免征和抵扣税额＝1 904 000－0＝1 904 000（元）；

5. 2009年12月免抵退税额＝出口货物销售额×出口货物退税率－免抵退税额抵减额＝40 000 000×13%－5 824 000＝5 200 000－5 824 000＝－624 000（元），当月为零。

那么，应退税额为0元；免抵税额＝免抵退税额－应退税额＝0（元）。

情形二：2009年12月发生的进口料件只申报80%（其他假定条件不变）。

1. 免抵退税不得免征和抵扣税额抵减额=（免税进口料件组成计税价格×80%）×（出口货物征税率-出口货物退税率）=（44 800 000×80%）×（17%-13%）=1 433 600（元）；

2. 免抵退税不得免征和抵扣税额=全年出口销售额×（出口货物征税率-出口货物退税率）-免抵退税不得免征和抵扣税额抵减额=40 000 000×（17%-13%）-1 433 600=1 600 000-1 433 600=166 400（元）；

3. 免抵退税额抵减额=（免税进口料件组成计税价格×80%）×出口货物退税率=（44 800 000×80%）×13%=4 659 200（元）；

4. 2009年12月期末留抵税额=全年进项税额-免抵退税不得免征和抵扣税额=1 904 000-166 400=1 737 600（元）；

5. 2009年12月免抵退税额=出口货物销售额×出口货物退税率-免抵退税额抵减额=40 000 000×13%-4 659 200=5 200 000-4 659 200=540 800（元）。

那么，应退税额为540 800元；免抵税额=免抵退税额-应退税额=0（元）。

例2：将例1中的出口货物征税率和退税率都改为17%，其他假定条件不变。

情形一：2009年12月发生的进口料件全部进行申报。

1. 免抵退税不得免征和抵扣税额抵减额=免税进口料件组成计税价格×（出口货物征税率-出口货物退税率）=44 800 000×（17%-17%）=0（元）；

2. 免抵退税不得免征和抵扣税额=全年出口销售额×（出口货物征税率-出口货物退税率）-免抵退税不得免征和抵扣税额抵减额=40 000 000×（17%-17%）-0=0（元）；

3. 免抵退税额抵减额=免税进口料件组成计税价格×出口货物退税率=44 800 000×17%=7 616 000（元）；

4. 2009年12月期末留抵税额=全年进项税额-免抵退税不得免征和抵扣税额=1 904 000-0=1 904 000（元）；

5. 2009年12月免抵退税额=出口货物销售额×出口货物退税率-免抵退税额抵减额=40 000 000×17%-7 616 000=6 800 000-7 616 000=-816 000（元），为零。

那么，应退税额为0元；免抵税额=免抵退税额-应退税额=0（元）。

情形二：2009年12月发生的进口料件只申报80%。

1. 免抵退税不得免征和抵扣税额抵减额=（免税进口料件组成计税价格×80%）×（出口货物征税率-出口货物退税率）=（44 800 000×80%）×（17%-17%）=0（元）；

2. 免抵退税不得免征和抵扣税额=全年出口销售额×（出口货物征税率-出口货物退税率）-免抵退税不得免征和抵扣税额抵减额=40 000 000×（17%-

17%） -0=0（元）；

3. 免抵退税额抵减额＝（免税进口料件组成计税价格×80%）×出口货物退税率＝（44 800 000×80%）×17%＝6 092 800（元）；

4. 2009 年 12 月期末留抵税额＝全年进项税额－免抵退税不得免征和抵扣税额＝1 904 000－0＝1 904 000（元）；

5. 2009 年 12 月免抵退税额＝出口货物销售额×出口货物退税率－免抵退税额抵减额＝40 000 000×17%－6 092 800＝6 800 000－6 092 800＝707 200（元）。

那么，应退税额为 707 200 元；免抵税额＝免抵退税额－应退税额＝0（元）。

对照上述例 1 中出口货物存在征退税率差的情况下，情形一和情形二的计算结果，在进口料件全部申报的情况下，2009 年 12 月应退税额和免抵税额分别为 0 元。而在进口料件只申报 80% 的情况下，2009 年 12 月应退税额和免抵税额分别为 540 800 元和 0 元，应退税额减少了 540 800 元，免抵税额相同。对照例 2 中征税率相同的情况下，情形一和情形二的计算结果，在进口料件全部申报的情况下，2009 年 12 月应退税额和免抵税额分别为 0 元；而在进口料件只申报 80% 的情况下，2009 年 12 月应退税额和免抵税额分别为707 200元和 0 元，应退税额增加707 200元，免抵税额仍然为 0 元。由此可知，生产企业进口料件申报得越少，应退税额就会越多，免抵税额则不论征、退税率是否相同都不会变化。因而不可得出生产企业少申报进口料件对企业有利的结论。

政策规定

生产企业“免、抵、退”税计算

（一）生产企业出口货物“免、抵、退税额”应根据出口货物离岸价、出口货物退税率计算。出口货物离岸价（FOB）以出口发票上的离岸价为准（委托代理出口的，出口发票可以是委托方开具的或受托方开具的），若以其他价格条件成交的，应扣除按会计制度规定允许冲减出口销售收入的运费、保险费、佣金等。若申报数与实际支付数有差额的，在下次申报退税时调整（或年终清算时一并调整）。若出口发票不能如实反映离岸价，企业应按实际离岸价申报“免、抵、退”税，税务机关有权按照《中华人民共和国税收征收管理法》、《中华人民共和国增值税暂行条例》等有关规定予以核定。

（二）免抵退税额的计算

免抵退税额＝出口货物离岸价×外汇人民币牌价×出口货物退税率－免抵退税额抵减额

免抵退税额抵减额＝免税购进原材料价格×出口货物退税率

免税购进原材料包括国内购进免税原材料和进料加工免税进口料件，其中进料加工免税进口料件的价格为组成计税价格。

进料加工免税进口料件的组成计税价格 = 货物到岸价格 + 海关实征关税 + 海关实征消费税

（三）当期应退税额和当期免抵税额的计算

1. 当期期末留抵税额≤当期免抵退税额时，当期应退税额 = 当期期末留抵税额

当期免抵税额 = 当期免抵退税额 - 当期应退税额

2. 当期期末留抵税额 > 当期免抵退税额时，当期应退税额 = 当期免抵退税额

当期免抵税额 = 0

“当期期末留抵税额”为当期“增值税纳税申报表”的“期末留抵税额”。

（四）免抵退税不得免征和抵扣税额的计算

免抵退税不得免征和抵扣税额 = 当期出口货物离岸价 × 外汇人民币牌价 ×（出口货物征税税率 - 出口货物退税率）- 免抵退税不得免征和抵扣税额抵减额

免抵退税不得免征和抵扣税额抵减额 = 免税购进原材料价格 ×（出口货物征税税率 - 出口货物退税率）。

执行日期：2002 年 1 月 1 日

政策依据：《国家税务总局关于印发〈生产企业出口货物“免、抵、退”税管理操作规程〉（试行）的通知》（国税发［2002］11 号）

分析诊断

生产企业发生进口料件未按规定在当月申报，不仅要受到税务机关的行政处罚，而且还可能遭受不必要的经济损失。因为生产企业申报的进口料件将直接计算免抵退税额抵减额以及免抵退税不得免征和抵扣税额抵减额。如果生产企业少申报或不申报进口料件将直接虚增免抵退税额，由于免抵退税额不可能直接作为应退税额，而是要在应退税额与免抵税额之间进行分配。由于虚增免抵退税额可能虚增免抵税额，而企业免抵税额要计算缴纳附加税，因此，虚增免抵退税额可能使企业遭受不必要的经济损失。在出口货物征退税率不一致的情况下，如果生产企业少申报或不申报进口料件也将直接虚增免抵退税不得免征和抵扣税额，从而虚增企业进项税额转出额，从而可能虚增企业应纳增值税，从而使企业遭受不必要的经济损失。结合上述案例，生产企业当月出口销售当月单证信息收齐往往不可能做到；同时，上述案例是在当月出口销售额小于当月料件进口额的假设条件下得出的结论，那么，如果假设条件相反，得出的结论必然也相反。

触类旁通

那么，在当期出口额大于当期料件进口额的情况下，生产企业少申报进口料件究竟会对生产企业造成什么影响？下面举例说明：

例1：某企业为2009年新办的“免、抵、退”税出口企业，2009年12月无内销收入，2009年12月出口销售额（FOB价）折合人民币80 000 000元（假定已在本月全部收齐单证并有电子信息），当月以进料加工贸易方式免税购进进口料件折合人民币44 800 000元，当月国内采购货物取得并经认证通过准予抵扣的进项税额为1 904 000元，出口货物征税率为17%，退税率为13%。

情形一：当月发生的进口料件全部进行申报。

1. 免抵退税不得免征和抵扣税额抵减额=免税进口料件组成计税价格×（出口货物征税率－出口货物退税率）=44 800 000×（17%－13%）=1 792 000（元）；

2. 免抵退税不得免征和抵扣税额=全年出口销售额×（出口货物征税率－出口货物退税率）－免抵退税不得免征和抵扣税额抵减额=80 000 000×（17%－13%）－1 792 000=3 200 000－1 792 000=1 408 000（元）；

3. 免抵退税额抵减额=免税进口料件组成计税价格×出口货物退税率=44 800 000×13%=5 824 000（元）；

4. 2009年12月期末留抵税额=全年进项税额－免抵退税不得免征和抵扣税额=1 904 000－1 408 000=496 000（元）；

5. 2009年12月免抵退税额=出口货物销售额×出口货物退税率－免抵退税额抵减额=80 000 000×13%－5 824 000=10 400 000－5 824 000=4 576 000（元）。

那么，应退税额为期末留抵税额496000元；免抵税额=免抵退税额－应退税额=4 576 000－496 000=4 080 000（元）。

情形二：2009年12月发生的进口料件只申报80%（其他假定条件不变）。

1. 免抵退税不得免征和抵扣税额抵减额=（免税进口料件组成计税价格×80%）×（出口货物征税率－出口货物退税率）=（44 800 000×80%）×（17%－13%）=1 433 600（元）；

2. 免抵退税不得免征和抵扣税额=全年出口销售额×（出口货物征税率－出口货物退税率）－免抵退税不得免征和抵扣税额抵减额=80 000 000×（17%－13%）－1 433 600=3 200 000－1 433 600=1 766 400（元）；

3. 免抵退税额抵减额=（免税进口料件组成计税价格×80%）×出口货物退税率=（44 800 000×80%）×13%=4 659 200（元）；

4. 2009 年 12 月期末留抵税额 = 全年进项税额 - 免抵退税不得免征和抵扣税额 = 1 904 000 - 1 766 400 = 137 600（元）；

5. 2009 年 12 月免抵退税额 = 出口货物销售额 × 出口货物退税率 - 免抵退税额抵减额 = 80 000 000 × 13% - 4 659 200 = 10 400 000 - 4 659 200 = 5 740 800（元）。

那么，应退税额为期末留抵税额 137600 元；免抵税额 = 免抵退税额 - 应退税额 = 5 740 800 - 137 600 = 5 603 200（元）。

例 2：将例 1 中的出口货物征税率和退税率都改为 17%，其他假定条件不变。

情形一：2009 年 12 月发生的进口料件全部进行申报。

1. 免抵退税不得免征和抵扣税额抵减额 = 免税进口料件组成计税价格 ×（出口货物征税率 - 出口货物退税率）= 44 800 000 ×（17% - 17%）= 0（元）；

2. 免抵退税不得免征和抵扣税额 = 全年出口销售额 ×（出口货物征税率 - 出口货物退税率）- 免抵退税不得免征和抵扣税额抵减额 = 80 000 000 ×（17% - 17%）- 0 = 0（元）；

3. 免抵退税额抵减额 = 免税进口料件组成计税价格 × 出口货物退税率 = 44 800 000 × 17% = 7 616 000（元）；

4. 2009 年 12 月期末留抵税额 = 全年进项税额 - 免抵退税不得免征和抵扣税额 = 1 904 000 - 0 = 1 904 000（元）；

5. 2009 年 12 月免抵退税额 = 出口货物销售额 × 出口货物退税率 - 免抵退税额抵减额 = 80 000 000 × 17% - 7 616 000 = 13 600 000 - 7 616 000 = 5 984 000（元）。

那么，应退税额为期末留抵税额 1 904 000 元；免抵税额 = 免抵退税额 - 应退税额 = 5 984 000 - 1 904 000 = 408 0000（元）。

情形二：2009 年 12 月发生的进口料件只申报 80%。

1. 免抵退税不得免征和抵扣税额抵减额 =（免税进口料件组成计税价格 × 80%）×（出口货物征税率 - 出口货物退税率）=（44 800 000 × 80%）×（17% - 17%）= 0（元）；

2. 免抵退税不得免征和抵扣税额 = 全年出口销售额 ×（出口货物征税率 - 出口货物退税率）- 免抵退税不得免征和抵扣税额抵减额 = 80 000 000 ×（17% - 17%）- 0 = 0（元）；

3. 免抵退税额抵减额 =（免税进口料件组成计税价格 × 80%）× 出口货物退税率 =（44 800 000 × 80%）× 17% = 6 092 800（元）；

4. 2009 年 12 月期末留抵税额 = 全年进项税额 - 免抵退税不得免征和抵扣税额 = 1 904 000 - 0 = 1 904 000（元）；

5. 2009 年 12 月免抵退税额 = 出口货物销售额 × 出口货物退税率 - 免抵退税

额抵减额 = 80 000 000 × 17% - 6 092 800 = 13 600 000 - 6 092 800 = 7 507 200（元）。

那么，应退税额为期末留抵税额 1 904 000 元；免抵税额 = 免抵退税额 - 应退税额 = 7 507 200 - 1 904 000 = 5 603 200（元）。

对照上述例 1 中出口货物征退税率不同的情况下，情形一和情形二的计算结果在进口料件全部申报情况下，2009 年 12 月应退税额和免抵税额分别为 496 000 元和 4 080 000 元；而在进口料件只申报 80% 的情况下，2009 年 12 月应退税额和免抵税额分别为 137 600 元和 5 603 200 元，应退税额减少了 358 400 元，免抵税额增加了 1 523 200 元。对照例 2 中出口货物征退税率相同的情况下，情形一和情形二的计算结果，在进口料件全部申报情况下，2009 年 12 月应退税额和免抵税额分别为 1 904 000 元和 4 080 000 元；而在进口料件只申报 80% 情况下，2009 年 12 月应退税额和免抵税额分别为 1 904 000 元和 5 603 200 元，应退税额没有减少，免抵税额增加了 1 523 200 元。由此可知，生产企业进口料件申报得越少，应退税额就会越少（征、退税率相同的出口企业除外），免抵税额则不论征、退税率是否相同都会增加，而免抵税额的增加意味着出口企业要多缴纳城建税和教育费附加，涉税支出也就越大。因此，在当期出口额大于当期料件进口额的情况下，生产企业发生的进口料件不仅要及时申报，而且要“应报尽报”，否则将“因小失大”。

当然，上述分析中当月出口销售额是当期实现当期单证信息收齐的出口销售额，具体工作中这种情况相当少见。因此具体工作中要具体分析当期单证信息齐全的出口额与当期料件进口额的关系，当期单证不齐的出口额与当期料件进口额的关系，综合考虑才能确定利弊得失。

值得注意的是，我们分析生产企业进口料件申报并不是鼓励生产企业少申报或迟申报进口料件，而是要让生产企业知道，生产企业发生进口料件未按规定申报不仅要受到税务机关的行政处罚，而且还可能遭受不必要的经济损失。

注意要点

生产企业发生进口料件未按规定在当月申报，不仅要受到税务机关的行政处罚，而且还可能遭受不必要的经济损失。

88. 进料料件复出≠申报办理免抵退税

常见案例

某半导体有限公司是具有增值税一般纳税人资格的生产企业，出口退（免）税实行免抵退税，属于出口退（免）税申报时可暂不提供收汇核销单的出口企业。2007 年 12 月 31 日该公司以 0664 进料料件复出口的贸易方式出口名称为“初级形状的环氧树脂”（代码 3907300090）的商品一批，取得海关报关单出口货物报关单（出口退税专用），并于 2008 年 1 月办理单证信息齐全的免抵退税申报。2011 年 3 月省国税局发布审核数据要求进行核查。经主管税务机关核查，该公司 2007 年 12 月 31 日以进料料件复出口方式出口的商品，是未使用完的保税进口料件再出口销售给国外客户，不应当申报办理免抵退税，主管税务机关 2011 年 4 月通知该公司对这笔出口业务办理免抵退税冲减申报，并办理冲减进口料件的免抵退税申报，同时依照规定视同内销征税。

政策规定

（二）免抵退税额的计算

免抵退税额 = 出口货物离岸价 × 外汇人民币牌价 × 出口货物退税率 - 免抵退税额抵减额

免抵退税额抵减额 = 免税购进原材料价格 × 出口货物退税率

免税购进原材料包括国内购进免税原材料和进料加工免税进口料件，其中进料加工免税进口料件的价格为组成计税价格。

进料加工免税进口料件的组成计税价格 = 货物到岸价格 + 海关实征关税 + 海关实征消费税

（三）当期应退税额和当期免抵税额的计算

1. 当期期末留抵税额≤当期免抵退税额时，当期应退税额 = 当期期末留抵税额

当期免抵税额 = 当期免抵退税额 - 当期应退税额

2. 当期期末留抵税额 > 当期免抵退税额时，当期应退税额 = 当期免抵退税额

当期免抵税额 = 0

“当期期末留抵税额”为当期“增值税纳税申报表”的“期末留抵税额”。

（四）免抵退税不得免征和抵扣税额的计算

免抵退税不得免征和抵扣税额 = 当期出口货物离岸价 × 外汇人民币牌价 ×

（出口货物征税税率－出口货物退税率）－免抵退税不得免征和抵扣税额抵减额

免抵退税不得免征和抵扣税额抵减额＝免税购进原材料价格×（出口货物征税税率－出口货物退税率）。

执行日期：2002 年 1 月 1 日

政策依据：《国家税务总局关于印发〈生产企业出口货物“免、抵、退”税管理操作规程〉（试行）的通知》（国税发［2002］11 号）

分析诊断

生产企业出口销售保税进口料件不等同于生产企业出口销售一般货物。生产企业进料加工贸易方式进口料件依照规定应当计算免抵退税额抵减额和免抵退税不得免征和抵扣税额抵减额。如果进口料件未依照规定用于生产复出口货物而是直接出口销售，即使生产企业取得出口货物报关单（出口退税专用），也不得申报办理免抵退税；同时还应当办理冲减进口料件的免抵退税申报，相应冲减进口料件已经计算的免抵退税额抵减额和免抵退税不得免征和抵扣税额抵减额。结合上述案例，该公司以进料加工贸易方式购进保税进口料件，未用于生产复出口货物，而是直接出口销售，显然违反规定申报办理免抵退税，主管税务机关依据规定通知该公司对这笔出口业务办理免抵退税冲减申报，并办理冲减进口料件的免抵退税申报，同时依照规定视同内销征税。

触类旁通

将保税进口料件余料复出口错误地申报办理免抵退税

某区国税局稽查专案组在对某科技产品有限公司立案检查中，发现该公司截至 2009 年 3 月存在非自产产品申报出口未视同内销申报纳税的违规行为。经过现场详细取证与审核，最终认定该公司把从保税区进口未用于生产的剩余材料出口申报免抵退等违规事实。在事实面前，该公司主动将 2009 年度内申报表中原作为“免抵退”出口货物销售额 6 000 万元更正为应税货物销售额，补缴了增值税 873 万元，同时办理冲减出口销售额和冲减进口料件的免抵退税申报。

注意要点

如果进口料件未依照规定用于生产复出口货物，而是直接出口销售，即使生产企业取得出口货物报关单（出口退税专用），也不得申报办理免抵退税；同时还应当办理冲减进口料件的免抵退税申报，相应冲减进口料件已经计算的免抵退税额抵减额和免抵退税不得免征和抵扣税额抵减额。

89. 申报的进口料件未全部用于出口退税货物≠申报的进口料件不作调整

常见案例

青岛某钢帘线有限公司是2003年11月成立的外资企业，具有增值税一般纳税人资格，实行免抵退办法，公司主要以进料加工（海关手册免税监管）复出口形式生产子午轮胎钢丝帘线。2005年至2008年该公司实现销售收入14.02亿元，其中内销额5.9亿元，免抵退办法出口收入8.1亿元。截至检查期（2009年5月）公司无增值税留抵税款，无盈利。

检查组经了解得知，该公司主要从事进料加工生产汽车子午胎内的钢帘线复出口业务，原料自韩国保税进口。鉴于该公司存在免税进料与部分内销业务情况，检查人员确定在对其进行全面检查的过程中，对其增值税以及免抵退税申报情况进行重点审核，发现该公司将计算免抵退税不得免征和抵扣税额简化为：免抵退税不得免征和抵扣税额＝（出口收入－当期进口料件额）×（出口货物征税税率－出口货物退税税率），在计算“免抵退税不得免征和抵扣税额”时，“进口料件（免税）”有用作内销但未及时调整的情况。由于该公司平时对免抵退税接触很少，政策规定不太熟悉，针对这一情况，心中也拿不定主意，在经过两次与市国税局退税处请示探讨后，得到了肯定和支持，确立了查处问题的信心。经计算，该公司2005年至2009年5月在计算不得抵扣进项税额过程中，少计进项税额转出共计102万元。

按照检查组要求，该公司补缴增值税102万元。上述问题被发现后，公司会计对其漏缴如此巨额的税款很是吃惊，并对其一直延用的错误“免抵退”税计算方法长期以来未被发现而不解。结合主管税务机关在检查另一企业时也发现了此类问题并补缴税款300余万元的情况，检查人员认为此类问题很可能在全市的进料加工复出口企业中普遍存在。经向局领导进行汇报，全市选取10户进料加工企业进行调研，发现有8户企业存在此类问题，有问题比率达80%以上。因此，市稽查局组织了全市1000多户进料加工企业的免抵退税自查，全市自查补缴税款达3 778万元。

政策规定

（二）免抵退税额的计算

免抵退税额＝出口货物离岸价×外汇人民币牌价×出口货物退税率－免抵退税额抵减额

免抵退税额抵减额＝免税购进原材料价格×出口货物退税率

免税购进原材料包括国内购进免税原材料和进料加工免税进口料件，其中进料加工免税进口料件的价格为组成计税价格。

进料加工免税进口料件的组成计税价格＝货物到岸价格＋海关实征关税＋海关实征消费税

（三）当期应退税额和当期免抵税额的计算

1. 当期期末留抵税额≤当期免抵退税额时，当期应退税额＝当期期末留抵税额

当期免抵税额＝当期免抵退税额－当期应退税额

2. 当期期末留抵税额＞当期免抵退税额时，当期应退税额＝当期免抵退税额

当期免抵税额＝0

“当期期末留抵税额”为当期“增值税纳税申报表”的“期末留抵税额”。

（四）免抵退税不得免征和抵扣税额的计算

免抵退税不得免征和抵扣税额＝当期出口货物离岸价×外汇人民币牌价×（出口货物征税税率－出口货物退税率）－免抵退税不得免征和抵扣税额抵减额

免抵退税不得免征和抵扣税额抵减额＝免税购进原材料价格×（出口货物征税税率－出口货物退税率）

执行日期：2002年1月1日

政策依据：《国家税务总局关于印发〈生产企业出口货物“免、抵、退”税管理操作规程〉（试行）的通知》（国税发［2002］11号）

分析诊断

一般来说，免抵退税不得免征和抵扣税额＝当期出口货物离岸价×外汇人民币牌价×（出口货物征税税率－出口货物退税率）－免抵退税不得免征和抵扣税额抵减额，而免抵退税不得免征和抵扣税额抵减额＝免税购进原材料价格×（出口货物征税税率－出口货物退税率），在进料加工贸易方式下，上述公式可以简化，免抵退税不得免征的抵扣税额＝免抵退税不得免征和抵扣税额＝（当期出口货物离岸价×外汇人民币牌价－当期进口料件额）×（出口货物征税税率－出口

货物退税税率）。当然，在申报进口料件全部用于出口退税货物的情况下，上述简化公式是完全正确的。但是，在申报进口料件未全部用于出口退税货物的情况下，上述简化公式就不正确了，因为申报进口料件未用于出口退税货物的部分，应当依照规定冲减进口料件申报。冲减进口料件申报，就相应冲减免抵退税抵减额，从而增加免抵退税额。冲减进口料件申报，同时相应冲减免抵退税不得免征和抵扣税额抵减额，从而增加免抵退税不得免征和抵扣税额，相应增加进项税额转出。

案例中的公司在进口料件用于生产内销货物的情况下，却不调整进口料件申报，不相应冲减免抵退税不得免征和抵扣税额抵减额，从而既不增加免抵退税不得免征和抵扣税额，也不增加增值税进项税额转出，不增加企业应交增值税额，显而易见，其做法明显是错误的。错误的根源是机械地运用了进口料件完全用于出口退税货物情况下简化的计算公式，没有充分考虑申报进口料件未用于出口退税货物的具体情况。税务机关把企业用于内销货物生产的进口料件部分的免抵退税不得免征和抵扣税额抵减额予以冲减，相应增加企业进项税额转出，从而要求企业补缴增值税的做法无疑是正确的。但是，税务机关没有相应把企业用于内销货物生产的进口料件部分的免抵退税抵减额做相应冲减，没有相应增加免抵退税额，这也是案例中税务机关做法错误的地方。

触类旁通

一、虚假申报进口料件

例如，某从事进料加工的生产企业将以“进料加工”方式进口的皮棉原料 4 219 542.65元，以 5 109 542.65 元的价格在国内进行了出售，又从国内某纺织公司购进了一笔进价为 12 691 094.61 元的全棉坯布，冒充“进料加工”生产的成品并以 13 276 669.74 元的价格报关出口，通过生产过程掺加国产货、虚假申报和抵扣进项等手段，骗取出口退税 134.6 万元。

二、申报的进口料件用于内销货物

生产企业申报的进口料件用于内销货物生产，海关一般都应补缴进口环节的增值税。对于补缴的进口环节的增值税，生产企业可以申报抵扣进项税额。

对于申报的进口料件超过海关核定的损耗率视同用于内销货物海关已补税的，生产企业仍应按照申报的进口料件用于内销货物生产处理。

生产企业申报的进口料件用于内销货物生产，应当依照规定作冲减进口料件申报处理，相应冲减免抵退税抵减额和免抵退税不得免征和抵扣税额抵减额。

对生产企业把申报的进口料件用于内销货物生产的，有的地方税务机关从进销项匹配的角度出发，错误地要求生产企业必须计提销项税额，否则海关补缴的增值税就不予抵扣。其实，生产企业把进口料件用于内销货物生产，只是改变了进口料件的用途，并没有发生销售或视同销售的行为，因而生产企业不应当计提销项税额。

三、申报的进口料件用于深加工结转

生产企业申报的进口料件用于深加工结转的，海关虽然不补缴进口环节的增值税，但是如果没有用于出口退税货物的生产，生产企业应当依照规定作冲减进口料件申报处理，相应冲减免抵退税抵减额和免抵退税不得免征和抵扣税额抵减额。

如果生产企业进口料件全部用于进料深加工结转或部分用于深加工结转且能分开核算的，对这部分进口料件，生产企业就可以不作进口料件申报，从而不申请开具“进料加工贸易免税证明”。当然，进口料件用于深加工结转时也不作冲减进口料件申报处理。

四、申报的进口料件用于不予退（免）税产品

生产企业申报的进口料件既有用于出口退税产品的，也有用于出口不予退（免）税产品的，对于申报的进口料件用于出口不予退（免）税产品的，生产企业应当依照规定作冲减进口料件申报处理，相应冲减免抵退税抵减额和免抵退税不得免征和抵扣税额抵减额。

如果生产企业进口料件全部用于不予退（免）税产品或部分用于不予退（免）税产品且能分开核算的，对这部分进口料件，生产企业就可以不作进口料件申报，从而不申请开具“进料加工贸易免税证明”。当然，进口料件用于深加工结转时也不作冲减进口料件申报处理。

五、生产的进口料件用于出口免税产品

生产企业申报的进口料件既有用于出口退税产品的，也有用于出口免税产品的，对于申报的进口料件用于出口免税产品的，生产企业应当依照规定作冲减进口料件申报处理，相应冲减免抵退税抵减额和免抵退税不得免征和抵扣税额抵减额。

如果生产企业进口料件全部用于出口免税产品或部分用于出口免税产品且能分开核算的，对这部分进口料件，生产企业就可以不作进口料件申报，从而不申请开具“进料加工贸易免税证明”。当然，进口料件用于深加工结转时也不作冲减进口料件申报处理。

六、申报的进口料件生产的退税货物出口视同内销征税

生产企业申报的进口料件生产的退税货物如果出口视同内销征税，应当相应冲减已申报的进口料件，相应冲减免抵退税抵减额和免抵退税不得免征和抵扣税额抵减额。如果进口料件采用实耗法计算，则可以按照实际耗用的进口料件进行冲减申报。如果进口料件采用购进法计算，则可以采用合理的方法确定实际耗用

的进口料件进行冲减申报。

七、申报的进口料件生产的退税货物退关退运

生产企业申报的进口料件生产的退税货物如果退关退运，应当相应冲减免抵退税额和免征退税不得免征和抵扣税额；同时也应当相应冲减已申报的进口料件，从而相应冲减免抵退税抵减额和免抵退税不得免征和抵扣税额抵减额。

八、申报的进口料件退货

生产企业进口料件退回，海关会出具一份出口报关单。如果该企业在料件进口时已作进口申报，那么退回时可依据该出口报关单作进口料件的负数冲减，相应冲减免抵退税抵减额和免抵退税不得免征和抵扣税额抵减额。如果企业没作进口申报，那么就不用冲减。

九、申报的进口料件用于出口销售

如果生产企业料件从国外 A 进口，出口退回国外 B，出口报关单上注明进料复出，这种行为就属于出口销售行为。如果该企业在料件进口时已作申报，那么出口销售时可依据该出口报关单作进口料件的负数冲减，相应冲减免抵退税抵减额和免抵退税不得免征和抵扣税额抵减额；如果企业没作进口申报，那么就不用冲减。

作为出口销售，如果符合视同自产产品出口的，则可以依照规定办理免抵退税。如果不符合视同自产产品出口条件的，则依照规定视同内销货物征税。进口料件由于没有通过加工，所以应当按照出口原材料方式依照一般贸易出口视同内销方式征税。当然，生产企业进口料件用于出口销售，海关依照规定补缴进口环节增值税可以依照规定申报抵扣进项税额。

十、申报进口料件的余料结转到其他手册

如果生产企业进口料件的余料结转到其他手册的，则应当按照进料余料结转的出口报关单依照规定冲减进口料件申报；其他进料加工手册登记后按照规定把结转的进口料件的余料作进口料件申报。

十一、申报的进口料件收到外方赔款

生产企业进口料件向税务机关申报后发现货物存在质量问题，向国外客户索赔并收到国外客户外币赔款，相当于进口料件金额减少，生产企业应当按照规定冲减进口料件申报金额，相应冲减免抵退税抵减额和免抵退税不得免征和抵扣税额抵减额。

注意要点

申报进口料件未用于出口退税货物的部分，应当依照规定冲减进口料件申报。

90. 进料加工手册在海关核销≠进料加工手册在税务机关核销

常见案例

某鞋业有限公司具有增值税一般纳税人资格，海关代码为 5101961186，以生产女鞋为主，2007 年后开始从事出口业务，出口贸易以进料加工为主，一般贸易为辅，2010 年以来无内销业务。在某省国税局 2011 年组织的出口退税检查工作中，某检查组发现该公司进料加工手册 C79018120111、C79018120169、C79019150117 在主管税务机关逾期办理核销手续，进料加工手册 C79019150056 在主管税务机关一直未办理核销手续。检查组要求主管税务机关依照规定对该公司进行处罚后办理核销手续。

政策规定

3. 进料加工业务的核销。生产企业“进料加工登记手册”最后一笔出口业务在海关核销之后、“进料加工登记手册”被海关收缴之前，持手册原件及“生产企业进料加工海关登记手册核销申请表”到退税部门办理进料加工业务核销手续。退税部门根据进口料件和出口货物的实际发生情况出具“进料加工登记手册”核销后的“生产企业进料加工贸易免税证明”，与当期出具的“生产企业进料加工贸易免税证明”一并参与计算。

执行日期：2002 年 1 月 1 日

政策依据：《国家税务总局关于印发〈生产企业出口货物“免、抵、退”税管理操作规程〉（试行）的通知》（国税发［2002］11 号）

五、从事进料加工业务的生产企业，应于取得海关核发的“进料加工登记手册”后的下一个增值税纳税申报期内向主管税务机关办理“生产企业进料加工登记申报表”，于发生进口料件的当月向主管税务机关申报办理“生产企业进料加工进口料件申报明细表”，并于取得主管海关核销证明后的下一个增值税纳税申报期内向主管税务机关申报办理核销手续。逾期未申报办理的，税务机关在比照《中华人民共和国税收征收管理法》第六十二条有关规定进行处罚后再办理相关手续。

执行日期：2006 年 7 月 1 日

政策依据：《国家税务总局关于出口货物退（免）税若干问题的通知》（国税发［2006］102 号）

分析诊断

从事进料加工业务的生产企业，应于取得主管海关核销证明后的下一个增值税纳税申报期内向主管税务机关申报办理核销手续。逾期未申报办理的，税务机关在比照《中华人民共和国税收征收管理法》第六十二条有关规定进行处罚后再办理相关手续。案例中的公司逾期办理进料加工手册核销手续和逾期未办理进料加工手册手续，不符合国税发［2006］102号文件规定。

触类旁通

一、类似问题

1. 生产企业进料加工手册未按规定在出口退税申报系统做核销处理。

例如，某生产企业进料加工手册C79017120096于2008年10月在海关结案，进料加工手册在海关结案后未及时在出口退税申报系统做核销处理，于2009年4月才通过申报系统办理核销手续。

2. 生产企业按照规定办理进料加工手册核销手续，主管税务机关却未在审核系统中作核销处理。

例如，某生产企业开展进口料件加工复出口业务，按手册核销日期已到，生产企业按规定办理进料加工手册核销手续，主管国税机关只给企业做了手工核销，却未在出口退税审核系统中进行核销。

二、进料加工手册核销申报办理的要求

（一）企业范围

除一般的生产企业从事进料加工业务应当依照规定办理进料加工手册核销申报以外，还有两类企业应当办理进料加工手册核销申报：第一，保税区外的生产企业从保税区内企业进口料件加工复出口的；第二，保税区内生产企业从境外进口料件加工复出口的。

如果进料加工复出口货物属于不予退（免）税或者免税的，生产企业可以不办理进料加工手册核销申报手续。

（二）申报办理的期限

从事进料加工业务的生产企业应于取得主管海关核销证明后的下一个增值税纳税申报期内向主管税务机关办理进料加工手册核销申报手续。

（三）出口退税申报系统操作

生产企业应当在出口退税申报系统的“基础数据采集——进料加工手册核销录入”模块录入进料加工登记手册的内容。

（四）办理进料加工手册核销申报

生产企业“进料加工登记手册”最后一笔出口业务在海关核销之后，应于取得主管海关核销证明后的下一个增值税纳税申报期内，持手册原件及打印的“生产企业进料加工海关登记手册核销申请表”到退税部门办理进料加工业务核销申报手续。退税部门根据进口料件和出口货物的实际发生情况出具“进料加工登记手册”核销后的“生产企业进料加工贸易免税证明”，与当期出具的“生产企业进料加工贸易免税证明”一并参与计算。

实行加工贸易电子化手册的出口企业到主管税务机关办理加工贸易登记备案无法提供纸质“加工贸易登记手册”的，企业可提供经海关盖章确认的加工贸易电子化纸质单证和其他规定的资料报送到主管税务机关办理进料加工登记申报手续。

生产企业实行加工贸易电子手册，由于电子手册可以一直使用下去，因此海关一般就不会核销生产企业的进料加工手册，所以生产企业一般就不必办理进料加工手册核销手续。但是，对于手册使用期间已经申报的进口料件如果没有用于出口退税货物的，生产企业应当主动依照规定冲减进口料件申报。

（五）未按规定办理进料加工手册核销申报的处理

按照国税发［2000］165 号文件的规定，从事进料加工贸易方式的生产企业，逾期未申报办理进料加工手册核销手续的，税务机关在比照《中华人民共和国税收征收管理法》第六十二条有关规定进行处罚后再办理相关手续。也就是说，生产企业未按规定办理进料加工手册核销申报手续的，在税务机关按照规定处罚后生产企业仍然可以依照规定办理进料加工手册核销申报手续。

注意要点

从事进料加工业务的生产企业，应于取得主管海关核销证明后的下一个增值税纳税申报期内向主管税务机关申报办理核销手续。

91. 进料加工手册核销≠已申报进口料件不调整

常见案例

某电子有限公司是进料加工企业，从事进料加工复出口业务，于 2008 年 7 月、9 月和 2009 年 2 月备案了三个进料加工手册，其中 C53078320170、C53078320253 两个手册的退税率是 13%，C53079320019 的退税率是 14%。2009 年 1 月和 6 月，因国家先后两次提高退税率，把退税率提高到了 17%，该公司核算和增值税纳税申报是按照国家先后两次调整后的退税率执行的。由于出口退税申报系统的原因三个进料加工手册在出口退税系统登记的退税率没有更改为17%，该公司核销这三个进料加工手册时未做相应调整，这就导致其在出口退税申报系统的“不得免征和抵扣税额抵减额”长期存在，详见下表：

表2-4

申报年月	增值税表中转出征退差	汇总表上征退税差	上期结转不免征抵扣抵减额	不免征抵扣抵减额	不免征抵扣税额	不免征抵扣税额差额
200905	0	1311933.6	0	1727597.32	0	0
200906	0	1360524.02	415663.72	965320.59	0	0
200907	0	808.72	20460.29	499231.05	0	0
200908	0	120.25	518882.62	703377.57	0	0
200909	0	14774.23	1222139.94	1218387.18	0	0
200910	0	936.97	2425752.89	1420898.15	0	0
200911	0	387.87	3845714.07	1166343.4	0	0
200912	0	73.66	5011669.6	783470.41	0	0

政策规定

七、出口货物退税率调整后，进料加工复出口货物按新退税率计算须从退税款中抵扣的应征增值税税款的执行时间，外贸企业以销售料件的增值税专用发票上注明的时间为准，生产企业以进料加工贸易申报表中申报时间为准。

执行日期：1999年6月21日

政策依据：《国家税务总局关于印发〈出口货物退（免）税若干问题的具体规定〉的通知》（国税发［1999］101号）

3. 进料加工业务的核销。生产企业“进料加工登记手册”最后一笔出口业务在海关核销之后、“进料加工登记手册”被海关收缴之前，持手册原件及“生产企业进料加工海关登记手册核销申请表”到退税部门办理进料加工业务核销手续。退税部门根据进口料件和出口货物的实际发生情况出具“进料加工登记手册”核销后的“生产企业进料加工贸易免税证明”，与当期出具的“生产企业进料加工贸易免税证明”一并参与计算。

执行日期：2002年1月1日

政策依据：《国家税务总局关于印发〈生产企业出口货物“免、抵、退”税

管理操作规程〉（试行）的通知》（国税发［2002］11 号）

分析诊断

生产企业进口料件应按出口货物的退税率计算免抵退税额抵减额和免抵退税不得免征和抵扣税额抵减额，出口货物退税率有调整的，以进料加工贸易申报表中申报时间为准。生产企业办理进料加工手册核销手续，退税部门应根据进口料件和出口货物的实际发生情况出具“进料加工登记手册”核销后的“生产企业进料加工贸易免税证明”，与当期出具的“生产企业进料加工贸易免税证明”一并参与计算。结合上述案例，该公司货物的出口退税率发生两次调整达到征退税率一致，而进料加工手册登记的退税率却没有也不能做相应调整，那么公司在办理进料加工手册核销手续时就应当报经主管税务机关，同时相应调整免抵退税额抵减额和免抵退税不得免征和抵扣税额抵减额，但是公司和税务机关均未做相应调整。由此可见，案例中公司和税务机关的做法都是不妥当的。

触类旁通

生产企业办理进料加工手册核销手续时应当调整的四类情形

一、申报的进口料件未用于出口退税货物且未作冲减进口料件申报的

申报的进口料件未用于出口退税货物的应当依照规定作冲减进口料件申报，如果未作冲减进口料件申报的，在办理进料加工手册核销手续时应当调整免抵退税额抵减额和免抵退税不得免征和抵扣税额抵减额，主要有以下十种情形：

1. 申报的进口料件用于内销货物海关已补税的；
2. 申报的进口料件超过海关核定的损耗率视同用于内销货物海关已补税的；
3. 申报进口料件生产的货物用于深加工结转的；
4. 申报的进口料件用于不予退（免）税产品；
5. 申报的进口料件用于出口免税货物的；
6. 申报的进口料件生产的退税货物出口视同内销征税的；
7. 申报的进口料件生产的退税货物退关退运的；
8. 申报的进口料件退货；
9. 申报的进口料件用于出口销售；
10. 申报进口料件的余料结转到其他手册。

二、申报的进口料件金额发生调整的

例如，生产企业进口料件向税务机关申报后发现货物存在质量问题，向国外客户索赔并收到国外客户外币赔款，相当于进口料件金额减少，生产企业应当按

照规定冲减进口料件申报金额，相应冲减免抵退税抵减额和免抵退税不得免征和抵扣税额抵减额。

三、申报进口料件适用的出口退税率发生调整的

（一）手册登记的出口货物的退税率发生调整的

与上述案例相似，生产企业进料加工手册登记的出口货物的退税率在手册有效期间发生调整的，在办理进料加工手册核销手续时应当相应调整免抵退税额抵减额和免抵退税不得免征和抵扣税额抵减额。

（二）手册未登记的出口货物

生产企业进料加工手册登记时只能登记一种主要出口商品的退税率，如果生产企业申报的进口料件还用于其他出口退税货物，同时其他出口退税货物的退税率与登记主要出口商品的退税率不同，那么就应当采用合理的方法进行调整。

四、申报进口料件登记的计划分配率与实际分配率不一致的

如果生产企业进口料件采用实耗法计算的，往往计划出口额与实际出口额不一致，从而致使进口料件登记的分配率与实际分配率不一致，那么就应当按照实际分配率进行相应调整。

注意要点

生产企业办理进料加工手册核销手续，退税部门应根据进口料件和出口货物的实际发生情况出具“进料加工登记手册”核销后的“生产企业进料加工贸易免税证明”，与当期出具的“生产企业进料加工贸易免税证明”一并参与计算。

92. 来料加工进项税额转出≠进料加工进项税额转出

常见案例

某新型塑料（中国）有限公司系中外合资经营企业，主要从事塑料包装容器和注塑、吹塑制品的设计、生产及销售。该公司成立于1994年，具有增值税一般纳税人资格，产品以内销为主、兼营外销，并对外承接来料加工、进料加工业务。2010年5月，主管税务机关对该公司税收征管资料进行案头分析发现，该公司出口商品塑料包装容器，自2009年6月1日起退税率上调为13%，征退税率差4%，出口需要按月做免抵退税不得免征和抵扣税额转出。然而“出口货物免抵退税申报汇总表”11行“免抵退税不得免征和抵扣税额”中的C栏“与增值税纳税申报表差额”（以下简称“11C”）长期为负数，明显属于不合理疑点。

主管税务机关与企业财务负责人进行税务约谈，针对企业来料加工业务，评

估人员询问其耗用的原材料、零部件等支付的进项税额，包括准予抵扣的运输费用所含的进项税额，是否从内销货物的销项税额中抵扣。该公司表示有关进项税额已在增值税纳税申报表附表二 18 栏“免抵退税办法出口货物不得抵扣进项税额”做进项转出，共转出 908 245.91 元。

根据提供的资料，评估人员进行了认真核实，明确了免抵退税不得免征和抵扣税额转出率长期为负数的原因。原来该公司把免税货物需要转出的进项税额与生产企业出口自产货物计算“免抵退税不得免征和抵扣税额”一并在增值税申报表附表二 18 栏做转出，使生产企业出口货物免抵退税申报汇总表中的 11C 达到 -1 132 389.82元，这一指标长期虚高产生增值税纳税申报表免抵退税办法出口货物不得抵扣进项税额多转出假象。而按照免抵退税申报汇总表计算公式，该表 11 行次 a 栏即“免抵退不得免征和抵扣税额”一直为 0。由于财务人员税法知识欠缺、责任意识淡薄，直接依据出口货物免抵退税申报汇总表“免抵退税不得免征和抵扣税额”填列增值税纳税申报表附表二 18 栏做进项税额转出，而前者一直为 0，故 2009 年下半年该公司一直未做免抵退税办法出口货物不得抵扣进项税额转出。

主管税务机关依据《增值税暂行条例》、《出口货物退（免）税管理办法》（国税发［1994］31 号）的要求，该公司来料加工业务耗用的原材料、零部件等支付的进项税额需做进项税额转出 908 245.91 元，参照“增值税纳税申报表（适用于一般纳税人）”及其附表填表说明填列在增值税纳税申报表附表二 14 栏而不是 18 栏。对于出口货物免抵退税申报汇总表“免抵退税不得免征和抵扣税额”数据，要求企业按照《生产企业出口货物“免、抵、退”税管理操作规程（试行）》（国税发［2002］11 号）的要求填列，责令企业根据“生产企业出口货物免、抵、退税申报汇总表”中“与增值税纳税申报表差额”栏内的数据对“增值税纳税申报表”有关数据进行调整，2010 年 5 月进项税额转出 908 245.91 元，由于留抵税额存在，当期补缴增值税及附加 803 513.95 元。

政策规定

三、下列出口货物免征增值税、消费税：

（一）来料加工复出口的货物；

（二）避孕药品和用具、古旧图书；

（三）卷烟；

（四）军品以及军队系统企业出口军需工厂生产或军需部门调拨的货物。

国家规定免税的货物不办理退税。

执行日期：1994 年 1 月 1 日

政策依据：《国家税务总局关于印发〈出口货物退（免）税管理办法〉的通知》（国税发［1994］31号）

（二）免抵退税额的计算

免抵退税额＝出口货物离岸价×外汇人民币牌价×出口货物退税率－免抵退税额抵减额

免抵退税额抵减额＝免税购进原材料价格×出口货物退税率

免税购进原材料包括国内购进免税原材料和进料加工免税进口料件，其中进料加工免税进口料件的价格为组成计税价格。

进料加工免税进口料件的组成计税价格＝货物到岸价格＋海关实征关税＋海关实征消费税

（三）当期应退税额和当期免抵税额的计算

1. 当期期末留抵税额≤当期免抵退税额时，当期应退税额＝当期期末留抵税额

当期免抵税额＝当期免抵退税额－当期应退税额

2. 当期期末留抵税额＞当期免抵退税额时，当期应退税额＝当期免抵退税额

当期免抵税额＝0

“当期期末留抵税额”为当期“增值税纳税申报表”的“期末留抵税额”。

（四）免抵退税不得免征和抵扣税额的计算

免抵退税不得免征和抵扣税额＝当期出口货物离岸价×外汇人民币牌价×（出口货物征税税率－出口货物退税率）－免抵退税不得免征和抵扣税额抵减额

免抵退税不得免征和抵扣税额抵减额＝免税购进原材料价格×（出口货物征税税率－出口货物退税率）。

执行日期：2002年1月1日

政策依据：《国家税务总局关于印发〈生产企业出口货物“免、抵、退”税管理操作规程〉（试行）的通知》（国税发［2002］11号）

分析诊断

生产企业从事来料加工免征增值税，其耗用的国内辅助材料的进项税额应当依照规定转出，并填写在增值税纳税申报表附列资料（表二本期进项税额明细）第14栏“免税货物用”。生产企业从事进料加工，免抵退货物不得抵扣税额按当期全部（包括单证不齐全部分）免抵退出口货物人民币销售额与征退税率之差的乘积计算填报，有进料加工业务的应扣除“免抵退税不得免征和抵扣税额抵减额”。当“免抵退税不得免征和抵扣税额抵减额”大于“出口货物销售额乘征退

税率之差”时，“免抵退货物不得抵扣税额”按0填报，其差额结转下期；同时，其免抵退税不得免征和抵扣税额应当依照规定作进项税额转出，并填写在增值税纳税申报表附列资料（表二本期进项税额明细）第18栏“免抵退税办法出口货物不得抵扣进项税额”。生产企业来料加工转出进项税额不等于进料加工转出进项税额。生产企业“出口货物免抵退税申报汇总表”11行“免抵退税不得免征和抵扣税额”中的C栏“与增值税纳税申报表差额”（简称11C）等于本年累计免抵退税不得免征和抵扣税额与增值税纳税申报表附列资料（表二本期进项税额明细）第18栏“免抵退税办法出口货物不得抵扣进项税额”本年累计数的差额。另外，当出口货物免抵退税申报汇总表11c不为0时，“当期应退税额”的计算公式需进行调整，即按照“当期免抵退税额（16栏）”与“增值税纳税申报表期末留抵税额（18栏）－与增值税纳税申报表差额（11c）”后的余额进行比较计算填报。

结合上述案例，该公司把来料加工应当转出的进项税额没有填列在增值税纳税申报表附列资料（表二本期进项税额明细）第14栏“免税货物用”，而是错误地填列在该表第18栏“免抵退税办法出口货物不得抵扣进项税额”，致使11C长期成为负数，案例中公司的做法明显是错误的。

主管税务机关有四处错误：第一，案例中的公司把来料加工应当转出的进项税额填列栏次错误，但是如果每个月增值税申报主表中的进项税额转出与附表二中的进项税额转出是相等的，那么该公司也就不存在少转出进项税额的问题，也就不应当补缴增值税及附加，而主管税务机关要求该公司2010年5月进项税额转出908 245.91元，由于留抵税额存在，当期补缴增值税及附加803 513.95元。由此可见，主管税务机关的做法是错误的。第二，税务机关认为使生产企业出口货物免抵退税申报汇总表中的11C达到－1 132 389.82元，按照免抵退税申报汇总表计算公式该表11行次a栏即“免抵退不得免征和抵扣税额”一直为0。这明显不符合计算填报免抵退税不得免征和抵扣税额的规定，因而主管税务机关的做法是错误的。第三，该公司的出口退（免）税汇总表11C为－1 132 389.82元，剔除来料加工转出进项税额填列栏次错误908 245.91元以外，其余224 143.91元，如果没有其他原因，那么就属于出口退（免）税汇总表中11栏“免抵退税不得免征和抵扣税额”栏少填，主管税务机关理应要求该公司做调整，而实际该公司并没有提及这个问题，可见，主管税务机关的处理是不当的。第四，该公司的出口退（免）税汇总表11C为－1 132 389.82元，将直接减少当期计算退税的期末留抵税额，从而直接影响当期免抵退税额在当期应退税额和当期免抵税额之间的分配，而主管税务机关均未做相应调整，可见，主管税务机关的做法是错误的。

触类旁通

一、免税购进原材料问题

生产企业免税购进原材料要依照规定计算免抵退税抵减额和免抵退税不得免征和抵扣税额抵减额，这里免税购进原材料包括国内购进免税原材料和进料加工免税进口料件。根据国税发［2003］139号规定，国内购进免税原材料是指《中华人民共和国增值税暂行条例》、《中华人民共和国增值税暂行条例实施细则》及其他有关规定中列名的且不能按规定计提进项税额的免税货物。如果生产企业向农业生产者直接收购农业产品加工成农副产品出口，由于直接收购的农业产品可以依照规定计提进项税额，那么，向农业生产者直接收购农业产品就不属于国内购进免税原材料。

与上述情况相反，有的地方却错误地理解国内购进免税原材料。例如，某公司属于农产品深加工企业，收购免税农产品生皮后经各种工序加工成皮衣自营出口。2005年1月24日某省国税局退税部门答复：农产品收购环节要按照出口退税政策计算免抵退税额抵减额和免抵退税不得免征和抵扣税额减额。

二、从保税仓库和出口监管仓库提取料件问题

根据《国家税务总局关于从保税仓库和出口监管仓库提取的料件有关税收处理办法的批复》（国税函［2005］1153号）规定，生产企业从境外外商购进、从海关保税仓库提取并办理海关进料加工手册的料件，税务机关可以开具进料加工贸易免税证明，应当按照规定计算免抵退税额抵减额和免抵退税不得免征和抵扣税额减额。生产企业从海关出口监管仓库提取的料件，税务机关不予开具进料加工贸易免税证明，不得计算免抵退税额抵减额和免抵退税不得免征和抵扣税额减额。

三、深加工结转进口料件价格问题

例如，某皮革制品有限公司专门生产销售真皮劳保手套，2009年1月该公司与成都市某皮革厂达成联合加工协议，由成都市某皮革厂从国外进口蓝湿皮加工成该厂所用的原材料皮革，并开具自制销售发票，通过成都海关报关后转进口给鑫隆公司，再由鑫隆公司生产成品后出口。转关后该公司的报关单进口价格包含最初由某皮革厂从国外的进口原材料价格和加工费共同构成。在这种情况下，深加工结转进口料件的价格明显应当按照报关单上注明的到岸价计算。

四、进口料件价格问题

进料加工免税进口料件的价格为组成计税价格，其计算公式如下：

进料加工免税进口料件的组成计税价格 = 货物到岸价格 + 海关实征关税 + 海关实征消费税

如果生产企业申报进口料件的价格明显偏低且没有合理理由的，主管税务机关可以按照规定予以调整。

有的生产企业却错误地把离岸价作为进口料件的价格。例如，某印染有限公司 2010 年 2 月有部分进口料件误按离岸价申报进料加工抵减，导致少计免抵退税抵减额，少计不予免征和抵扣进项税额抵减额。经核实，这属于企业办税人员工作疏忽所致，主管税务机关在人工审核时也忽略了这一问题。

五、计算免抵退税不得免征和抵扣税额抵减额

生产企业进口料件应当按照规定计算免抵退税额抵减额和免抵退税不得免征和抵扣税额抵减额。但是，个别企业却没有将进料加工免税进口料件价格计算出的免抵退税不得免征和抵扣税额抵减额冲减出口货物的征退税率差部分，也就是说，企业多作了进项税额转出处理。例如，某印染有限公司 2005 年度因此多转出进项税额 96 001.84 元。

六、进料加工计算抵减额适用出口退税率问题

按照《国家税务总局关于印发〈出口货物退（免）税若干问题的具体规定〉的通知》（国税发［1999］101 号）规定，进料加工复出口货物按新退税率计算须从退税款中抵扣的应征增值税税款的执行时间，生产企业以进料加工贸易申报表中申报时间为准。

注意要点

生产企业来料加工转出进项税额不等于进料加工转出进项税额。

93. 高新技术企业出料加工收回复出口货物≠一般生产企业委托加工收回复出口货物

常见案例

A 公司是生产集成电路产品的企业，具有增值税一般纳税人资格，2009 年 1 月被认定为高新技术企业。2011 年 10 月接受国外客户集成电路产品的订单，由于受生产规模限制，A 公司将一部分订单委托给国外厂商代为加工。生产集成电路产品的主要原材料由 A 公司提供，原材料出口时海关出具出料加工的出口报关单，A 公司支付国外厂商加工费，集成电路产品收回时海关出具出料加工的进口报关单。收回的集成电路产品使用 A 公司的品牌再次出口，进口的外商与进口 A 公司自产集成电路产品的外商相同。这种采取出料加工方式收回复出口的货物能

否申报免抵退税？A 公司办税员咨询主管税务机关得到的答复为：根据国税函［2002］1170 号文件的规定，委托其他企业加工不包括委托国外企业加工，因此 A 公司出料加工收回复出口货物不符合委托加工产品出口退（免）税的规定，不得申报办理免抵退税。

政策规定

四、生产企业委托加工收回的产品，同时符合下列条件的，可视同自产产品办理退税。

（一）必须与本企业生产的产品名称、性能相同，或者是用本企业生产的产品再委托深加工收回的产品；

（二）出口给进口本企业自产产品的外商；

（三）委托方执行的是生产企业财务会计制度；

（四）委托方与受托方必须签订委托加工协议。主要原材料必须由委托方提供。受托方不垫付资金，只收取加工费，开具加工费（含代垫的辅助材料）的增值税专用发票。

执行日期：2002 年 12 月 17 日

政策依据：《国家税务总局关于出口产品视同自产产品退税有关问题的通知》（国税函［2002］1170 号）

一、工商登记时间两年以上的集成电路设计、软件设计、动漫设计企业及其他高新技术企业（小规模纳税人除外）从事以下业务的，可实行免抵退税管理办法：

（一）自主研发、设计由其他企业生产加工后进行收购或委托国内其他企业生产加工后收回的货物出口；

（二）委托境外企业加工后进口再使用本企业品牌的货物出口；

（三）自主研发、设计软件，加载到外购的硬件设备中的货物出口；

（四）国家税务总局规定的其他情形。

执行日期：自 2011 年 5 月 1 日起施行。此前的税收处理与本公告规定不一致的，可按本公告规定予以调整。

政策规定：《国家税务总局关于扩大适用免抵退税管理办法企业范围有关问题的公告》（国家税务总局公告 2011 年第 18 号）

分析诊断

出料加工是指我国境内企业将原材料、零部件、元器件、辅料或半成品，出口交由境外厂商按我方要求加工、装配，加工后成品复运进口，我方支付工缴费的贸易方式。高新技术企业出料加工收回复出口货物不同于一般生产企业委托加工收回出口货物。一般生产企业委托加工收回出口货物必须符合视同自产产品出口退（免）税条件才能申报办理免抵退税。而工商登记时间两年以上的高新技术企业委托境外企业加工后进口再使用本企业品牌的货物出口的，可实行免抵退税管理办法。结合上述案例，A 公司工商登记时间在两年以上，具有高新技术企业资格，因而 A 公司采取出料加工方式委托境外加工收回复出口的货物，可直接实行免抵退税办法，而主管税务机关却按照生产企业委托加工收回货物出口退（免）税的规定答复 A 公司不得申报免抵退税。可见其答复是错误的。

触类旁通

一、高新技术企业直接将部分订单委托国外生产

如果高新技术企业将自主研发设计的产品委托国外企业生产，而不提供主要原材料，这样企业从国外企业收回的货物再次出口的，就不符合国家税务总局公告 2011 年第 18 号关于“自主研发、设计由其他企业生产加工后进行收购或委托国内其他企业生产加工后收回的货物出口”的规定，因而不能按照高新技术企业出口非自产货物的规定申报办理免抵退税，但如果符合外购货物出口视同自产产品出口退（免）税条件的，则可以依照规定办理免抵退税。

二、商新技术企业将自主研发的产品由国外企业生产

高新技术企业如果不直接从事生产，而是只从事技术研发，将技术直接交由国外生产，再将国外企业生产的产品收回复出口，这样就不符合国家税务总局公告 2011 年第 18 号关于“委托境外企业加工后进口再使用本企业品牌的货物出口”的规定，因而不能按照高新技术企业出口非自产货物的规定申报办理免抵退税。

例如，A 公司是一家成立于 2009 年 1 月的软件企业，同时也是一家集成电路设计企业，具有一般纳税人资格，属于高新技术企业。经营范围以微电子集成电路技术开发、微电子集成电路技术解决方案设计、应用开发、制造和销售并提供相关的技术服务，货物和技术的进出口。生产流程是将自己研发的拥有自主知识产权的数据软件程序通过网络传输到境外企业加工并支付材料及加工费，材料及加工费只占整个产品金额的 10%（因境内无符合该公司要求的加工企业），境外企业加工完毕后以“集成电路圆片”报关编码进口，A 公司缴纳进口环节增值

税，再以“集成电路圆片”报关编码出口，即产品自主研发委托境外企业加工后出口，A 公司未直接进行生产。这种生产模式出口的产品能否享受免抵退税政策？2009 年 6 月 30 日 A 公司办税员咨询市国税局退税部门得到的答复为：根据现行规定，A 公司未提供主要原材料给境外企业，因而境外企业加工收回产品出口，不适用高新技术企业出口非自产货物的政策，不得申报办理出口退（免）税。

三、委托境外企业生产产品未收回直接出口

高新技术企业提供主要原材料委托境外企业生产产品，如果未收回境外企业生产的产品，而是直接出口到客户所在的国家，那么就不符合国家税务总局公告 2011 年第 18 号关于“委托境外企业加工后进口再使用本企业品牌的货物出口”的规定，因而不能按照高新技术企业出口非自产货物的规定申报办理免抵退税。

注意要点

高新技术企业出料加工收回复出口货物不同于一般生产企业委托加工收回出口货物。

94. 出料加工≠加工贸易

常见案例

某公司是生产企业，具有增值税一般纳税人资格，出口退（免）税实行免抵退税办法。2009 年 6 月 1 日与英国客户 EUROCMASLTD 签订合同，出口销售挺杆 5 000 支，单价 2.4 美元，总金额 12 000 美元。客户要求挺杆进行 PVD 涂层（DLC 类金刚石涂层），这种涂层可以显著提高挺杆工作面的硬度、光洁度以度耐磨性，而耐磨性是挺杆的关键特性，非常重要。目前在欧洲市场上，INA 和大众产品都已大量采用此工艺，而中国暂时还没有此工艺。为了开拓国际市场，该公司在国内购买原材料经过初次加工，2009 年 12 月 5 日出口货物到荷兰 IonBond Nethlands BV（爱恩邦德）委托加工，并约定每支挺杆涂层支付 0.5 欧元加工费，出口报关单上注明贸易方式是出料加工 1427，出口商品名称是挺杆壳体，商品编码 8409999990，数量 5 000 支，单价 0.1 欧元，总价 500 欧元，荷兰公司完成 DLC 类金刚石涂层加工后，返回该公司再进行精加工、装配等工序完成成品，最后出口到英国客户 EUROCMASLTD。出料加工取得出口报关单和收汇核销单。对于将挺杆以出料加工方式出口到国外是否能够办理出口退税问题，该公司办税员咨询市局退税部门得到的答复是：出料加工出口报关单注明的是该公司支付的加工费，而不是出口货物的价值；同时，目前没有出料加工能够办理出口退税的政策规定，因此该公司以出料加工方式出口货物不能办理出口退税。如果该公司出料加工收回挺杆再出口到英国客户，则应当依照规定办理出口退（免）税。

政策规定

一、严格把好审批关。出料加工仅限于因国内生产技术无法达到产品要求而必须运至境外进行某项工序的加工；对国内具有生产能力的出料加工，经贸主管部门应不予批准，海关不予备案。开展国家禁止出口和统一经营商品的出料加工，应报经贸部进出口司审批。其他凡属许可证配额管理商品的出料加工业务应报各省、自治区、直辖市（包括计划单列市）的经贸主管部门批准，海关凭经贸主管部门的批准证件及合同审核登记备案。

二、出料加工项下经加工后复进口的货物，海关以其进境到岸价格与原出境货物的相同的、类似的货物在进境时的到岸价格之间的差额作为完税价格计征进口关税和产品（增值）税。

三、出料加工，原则上不改变原出口货物的物理形态。为便于监管，海关应对出料加工货物附加标志、标记或取样留存。对完全改变原出口货物的物理形态如出口废钢进口钢材，出口废铝进口铝合金板材等，不属出料加工，应按一般贸易货物办理进出口手续。

四、出料加工货物如属国家禁止、限制出口或实行出口许可证管理的商品，海关凭经授权的经贸主管部门签发的批准文件和其他有关证件验放；其中如属应征出口关税的商品，海关应征收相当于出口税款的保证金。

五、出料加工货物在境外加工期限为六个月，如确需延期的，须报经海关核准，但延期的最长时间不得超过三个月。

六、出料加工经营单位应按海关规定如期将原出境经加工后的货物复运进口，逾期不复运进口或有走私出口等违法情事，由海关按照《海关法》、《海关法行政处罚实施细则》有关规定进行处理。

执行日期：1989 年 11 月 16 日

政策依据：《海关总署 经贸部关于加强对出料加工进出口货物管理的通知》（[89] 署监一第 811 号）

针对贸易方式进行分析，存在退税、不退税、同时存在退税和不退税三种可能。

退税标志 1，表示退税；退税标志 0，表示不退税；退税标志 2，表示同时存在退税和不退税的情况。

监管方式代码	监管方式代码简称	监管方式代码全称	退税标志
1427	出料加工	出料加工	1

执行日期：2009 年 6 月 5 日

政策依据：《国家税务总局关于做好出口货物报关单扩大数据项应用工作的通知》（国税函［2009］316 号）

分析诊断

加工贸易一般包括进料加工、来料加工和深加工结转，这都是从国外进口原材料加工成成品出口到国外。与加工贸易相反，出料加工是境内企业将原辅料、零部件、元器件或半成品料件，出口交由境外厂商按要求进行加工或装配，成品复运进口的贸易方式。因此，出料加工不属于加工贸易的范围，不能执行加工贸易的出口退（免）税政策。关于出料加工是否能申报办理退（免）税，目前国家税务总局没有明确的政策规定，虽然国税函［2009］316 号文件明确出料加工能够办理出口退税，但是具体如何操作，国家税务总局并没有明确文件规定。结合上述案例，该公司以出料加工贸易方式出口挺杆到荷兰，虽然没有按照出口货物金额报关出口，而是按照支付的加工费报关出口，但是公司可以改单，改单后应当依照国税函［2009］316 号文件办理出口退税；虽然具体操作不明确，但是可以逐级请示，而不应当简单地答复公司出料加工不能办理出口退税，从而造成公司不必要的经济损失。

触类旁通

一、类似问题

有的地方税务机关对出料加工执行免税政策。例如，某公司出口产品的部分核心零部件的加工工艺难以满足高新技术产品要求，只能外包给国外同行业进行加工，按照海关有关规定委托国外加工环节按照“出料加工”贸易方式出口，金额高达 2 000余万元，税务机关对出料加工贸易方式出口的货物全部执行免税政策。

二、出料加工退税办法的处理

在国家税务总局未明确出料加工贸易方式如何办理出口退税的情况下，生产企业可以采取其他方式变通处理，即生产企业与境外加工方协商，出料加工环节采取一般贸易方式把原材料或半成品出口销售给境外加工方，提供的原材料或半成品按购销关系结算处理，出口货物依照一般贸易方式出口申报办理退（免）税。境外加工方加工成品收回环节再按购销关系处理。如果委托加工收回产品加工后还需出口的，可以按照进料加工复出口的贸易方式办理，委托加工收回环节按免税进口料件处理，委托加工产品销售出口环节按照进料对口或进料非对口贸易方式出口，生产企业可以按照进料加工复出口申报办理退（免）税。如果委托加工收回产品不再出口的，委托加工收回环节可按照一般贸易方式进口货物处理，进口货物依照规定缴纳进口环节税收。

注意要点

出料加工不属于加工贸易的范围，不能执行加工贸易的出口退（免）税政策。

95. 来料加工出口免税管理≠进料加工出口退（免）税管理

常见案例

某公司属于增值税一般纳税人，从事来料加工业务。2008 年 5 月公司办理来料加工手册，在手册办理后长期未向主管税务机关办理来料加工手册登记手续。2008 年 6 月公司向主管税务机关开具来料加工免税证明，主管税务机关告知该公司办税员，未按照规定办理手册登记手续要依照规定处罚，处罚后再办理免税证明。

政策规定

三、下列出口货物免征增值税、消费税：

（一）来料加工复出口的货物；

（二）避孕药品和用具、古旧图书；

（三）卷烟；

（四）军品以及军队系统企业出口军需工厂生产或军需部门调拨的货物。

国家规定免税的货物不办理退税。

外商投资企业出口货物的免（退）税规定另行下达。

执行日期：1994 年 1 月 1 日

政策依据：《国家税务总局关于印发〈出口货物退（免）税管理办法〉的通知》（国税发［1994］31 号）

二十、出口企业以“来料加工”贸易方式免税进口原材料、零部件后，凭海关核签的来料加工进口货物报关单和来料加工登记手册向主管其出口退税的税务机关办理“来料加工免税证明”（格式见附件三），持此证明向主管其征税的税务机关申报办理免征其加工或委托加工货物及其工缴费的增值税、消费税。货物出口后，出口企业应凭来料加工出口货物报关单和海关已核销的来料加工登记手册、收汇凭证向主管出口退税的税务机关办理核销手续。逾期未核销的，主管出口退税的税务机关将会同海关和主管征税的税务机关及时予以补税和处罚。

执行日期：1994年1月1日

政策依据：《国家税务总局关于印发〈出口货物退（免）税管理办法〉的通知》（国税发［1994］31号）

“生产企业进料加工贸易免税证明”的办理

1. 进料加工业务的登记。开展进料加工业务的企业，在第一次进料之前，应持进料加工贸易合同、海关核发的“进料加工登记手册”并填报“生产企业进料加工登记申报表”，向退税部门办理登记备案手续。

2. “生产企业进料加工贸易免税证明”的出具。开展进料加工业务的生产企业在向退税部门申报办理“免、抵、退”税时，应填报“生产企业进料加工进口料件申报明细表”，退税部门按规定审核后出具“生产企业进料加工贸易免税证明”。

采用“实耗法”的“生产企业进料加工贸易免税证明”按当期全部（包括单证不齐全部分）进料加工贸易方式出口货物所耗用的进口料件组成计税价格计算出具；采用“购进法”的“生产企业进料加工贸易免税证明”按当期全部购进的进口料件组成计税价格计算出具。

3. 进料加工业务的核销。生产企业“进料加工登记手册”最后一笔出口业务在海关核销之后、“进料加工登记手册”被海关收缴之前，持手册原件及“生产企业进料加工海关登记手册核销申请表”到退税部门办理进料加工业务核销手续。退税部门根据进口料件和出口货物的实际发生情况出具“进料加工登记手册”核销后的“生产企业进料加工贸易免税证明”，与当期出具的“生产企业进料加工贸易免税证明”一并参与计算。

执行日期：2002年1月1日

政策依据：《国家税务总局关于印发〈生产企业出口货物“免、抵、退”税管理操作规程〉（试行）的通知》（国税发［2002］11号）

出口企业以来料加工复出口方式出口不予退（免）税货物的，继续予以免税。

执行日期：2004年1月1日

政策依据：《财政部国家税务总局关于出口货物退（免）税若干具体问题的

通知》（财税［2004］116号）

五、从事进料加工业务的生产企业，应于取得海关核发的“进料加工登记手册”后的下一个增值税纳税申报期内向主管税务机关办理“生产企业进料加工登记申报表”；于发生进口料件的当月向主管税务机关申报办理“生产企业进料加工进口料件申报明细表”；并于取得主管海关核销证明后的下一个增值税纳税申报期内向主管税务机关申报办理核销手续。逾期未申报办理的，税务机关在比照《中华人民共和国税收征收管理法》第六十二条有关规定进行处罚后再办理相关手续。

执行日期：2006年7月1日

政策依据：《国家税务总局关于出口货物退（免）税若干问题的通知》（国税发［2006］102号）

分析诊断

来料加工是指进口料件由境外企业提供，经营企业不需要付汇进口，按照境外企业的要求进行加工或者装配，只收取加工费，制成品由境外企业销售的经营活动。来料加工实行出口免税政策，与进料加工出口退（免）税的管理要求完全不同。案例中的公司从事来料加工业务，依照规定不需向主管税务机关办理加工手册登记手续，只有企业从事进料加工业务时才必须办理进料加工手册登记手续，因而主管税务机关混淆来料加工与进料加工在出口退（免）税管理上的区别，其做法是错误的。

触类旁通

表2－5　生产企业来料加工出口免税与进料加工出口退（免）税管理的比较

项　目	来料加工	进料加工
出口退（免）税方法	免税	免抵退税
出口货物不予退（免）税	免税	不予退（免）税
加工贸易手册登记	不登记	应于取得海关核发的“进料加工登记手册”后的下一个增值税纳税申报期内向主管税务机关办理“生产企业进料加工登记申报表”

续表

项　目	来料加工	进料加工
料件申报	不申报。	于发生进口料件的当月向主管税务机关申报办理“生产企业进料加工进口料件申报明细表”。
免税证明	申请开具“来料加工贸易免税证明”。	申请开具“进料加工免税证明”。
加工手册核销	货物出口后，出口企业应凭来料加工出口货物报关单和海关已核销的来料加工登记手册、收汇凭证向主管出口退税的税务机关办理核销手续。	于取得主管海关核销证明后的下一个增值税纳税申报期内向主管税务机关申报办理核销手续。
违法处理	逾期未核销的，主管出口退税的税务机关将会同海关和主管征税的税务机关及时予以补税和处罚。	逾期未申报办理手册登记、料件申报和手册核销的，税务机关在比照《中华人民共和国税收征收管理法》第六十二条有关规定进行处罚后再办理相关手续。
出口退（免）税申报	出口免税申报，没有明确期限规定。	依照生产企业免抵退税的申报管理规定办理，有严格的期限规定。
出口退税申报系统操作	操作生产企业出口退税申报系统“基础数据采集—来料加工出口货物录入”，生成“来料加工出口明细表”报主管税务机关开具来料加工免税证明。	操作生产企业出口退税申报系统“基础数据采集—进料加工手册录入”办理手册登记申报，操作“基础数据采集—进口料件明细申报录入”办理进口料件申报，操作“申报数据处理—模拟出具进料加工免税证明”申请开具进料加工免税证明，操作“基础数据采集—进料加工手册核销录入”办理手册核销申报。

注意要点

生产企业来料加工出口免税管理不同于进料加工出口退（免）税管理。

96. 进料加工税收成本≠来料加工税收成本

常见案例

某生产型出口企业具有增值税一般纳税人资格，从事对外加工业务以及国内销售业务，2006 年初接到一个对外加工出口甲产品的订单，经了解，甲产品国内成本构成总计：材料成本 2 000 万元、其他成本 8 000 万元（工资、折旧等无进项税金），甲产品征税率 17%，出口退税率 13%，城建税税率为 7%，教育费附加税率为 3%。在具体的加工方式上有进料加工和来料加工两种，如果采取进料加工方式，可取得销售收入 34 000 万元；如果采取来料加工方式，则可以取得加工费 13 000 万元。对于该业务，该企业应该采用哪一种方式呢？企业财务人员分析认为，采取来料加工方式用出口货物免税方法对企业效益最大。

政策规定

下列出口货物免征增值税、消费税：

（一）来料加工复出口的货物；

（二）避孕药品和用具、古旧图书；

（三）卷烟；

（四）军品以及军队系统企业出口军需工厂生产或军需部门调拨的货物。

国家规定免税的货物不办理退税。

执行日期：1994 年 1 月 1 日

政策依据：《国家税务总局关于印发〈出口货物退（免）税管理办法〉的通知》（国税发［1994］31 号）

（一）当期应纳税额的计算

当期应纳税额 = 当期内销货物的销项税额 -（当期进项税额 - 当期免抵退税不得免征和抵扣税额）

（二）免抵退税额的计算

免抵退税额 = 出口货物离岸价 × 外汇人民币牌价 × 出口货物退税率 - 免抵退

税额抵减额

其中：

1. 出口货物离岸价（FOB）以出口发票计算的离岸价为准。出口发票不能如实反映实际离岸价的，企业必须按照实际离岸价向主管国税机关进行申报，同时主管税务机关有权依照《中华人民共和国税收征收管理法》、《中华人民共和国增值税暂行条例》等有关规定予以核定。

2. 免抵退税额抵减额 = 免税购进原材料价格 × 出口货物退税率

免税购进原材料包括从国内购进免税原材料和进料加工免税进口料件，其中进料加工免税进口料件的价格为组成计税价格。

进料加工免税进口料件的组成计税价格 = 货物到岸价 + 海关实征关税和消费税

（三）当期应退税额和免抵税额的计算

1. 如当期期末留抵税额≤当期免抵退税额，则

当期应退税额 = 当期期末留抵税额

当期免抵税额 = 当期免抵退税额 - 当期应退税额

2. 如当期期末留抵税额 > 当期免抵退税额，则

当期应退税额 = 当期免抵退税额

当期免抵税额 = 0

当期期末留抵税额根据当期《增值税纳税申报表》中“期末留抵税额”确定。

（四）免抵退税不得免征和抵扣税额的计算

免抵退税不得免征和抵扣税额 = 出口货物离岸从 × 外汇人民币牌价 ×（出口货物征税率 - 出口货物退税率）- 免抵退税不得免征和抵扣税额抵减额

免抵退税不得免征和抵扣税额抵减额 = 免税购进原材料价格 ×（出口货物征税率 - 出口货物退税率）

执行日期：2002 年 1 月 1 日

政策依据：《财政部国家税务总局关于进一步推进出口货物实行免抵退税办法的通知》（财税［2002］7 号）

分析诊断

来料加工方式出口货物实行免征增值税办法，进料加工方式出口货物实行免抵退税办法。由于税收政策不同，造成两种加工方式税负的不同，也就影响到加工企业的经济利益。

方案一：采取进料加工方式

甲产品当年出口销售收入 34 000 万元，加工甲产品进口材料成本（海关核销免税组成计税价格）20 000 万元。适用免抵退出口退税政策，进料加工出口货物

免抵的增值税要征收城建税和教育费附加，甲产品征税率17%，出口退税率13%，城建税税率为7%，教育费附加税率为3%。进料加工效益计算：

成本：30 560 万元，其中进口材料成本为20 000 万元，国内材料成本为2 000万元，国内其他成本为8 000 万元，不予抵扣或退税进项税额为

34 000×（17%－13%）－20 000×（17%－13%）＝560（万元）

增值税进项税额＝2 000×17%＝340（万元）

当期应纳税额＝0－（340－560）＝220（万元）

当期免抵退税额＝3 4000×13%－20 000×13%＝1 820（万元）

当期免抵税额＝1 820（万元）

销售税金及附加＝（220＋1 520）×（7%＋3%）＝174（万元）

利润＝销售收入－成本－销售税金及附加＝34 000－30 560－174＝3 266（万元）

方案二：采取来料加工方式

加工费免征增值税，出口货物耗用国内材料进项税金不得抵扣计入成本，甲产品当年加工费13 000 万元。

来料加工效益计算：

销售成本：10 340 万元，其中国内材料成本为2 000 万元，国内其他成本为8 000万元，耗用国内材料进项税额为2 000×17%＝340（万元）。

利润＝收入－销售成本－销售税金及附加

＝13 000－10 340－0

＝2 660（万元）

本案例中，采用进料加工方式企业可获得利润3266 万元，采用来料加工方式企业可获得利润2660 万元。因此，上述公司选择进料加工方式对企业经济利益最大，可见该企业财务人员的选择是错误的。

触类旁通

选择加工贸易方式要关注的六个因素

一、出口货物是否退（免）税

当企业出口货物不予退（免）税时，企业应当选择来料加工方式，因为以进料加工方式复出口不予退（免）税的货物，不予退（免）税，还要视同内销征收增值税；而以来料加工方式复出口不予退（免）税的货物，仍然可以免税。

二、出口货物征退税率

当企业出口货物的征税率与其退税率相等时，无论加工复出口货物耗用的国产料件是多还是少，利润率是高是低，都应该选择进料方式。因为进料加工业务，货物出口后可以办理进项税额的出口退税，而来料加工业务，虽然免征增值

税，但进项税额不予办理退税，从而增加了出口货物的成本。

三、出口货物耗用国产材料

当企业出口货物的征税率大于其退税率时，可按耗用国产材料的情况确定：当国内耗用料件少，也就是进项税额低时，若采用进料加工贸易方式，进项税额根本不足以抵减销项税，要缴纳增值税额。因此，当加工复出口货物耗用的国产料件少时，应选择来料加工方式。当加工复出口货物耗用的国产料件较多时，进项税额大，进料加工贸易方式下，进项税额可以办理出口退税，其业务成本就会等于或者小于来料加工贸易方式的成本。因此，耗用国产材料较多时，应选择进料加工方式。进料加工虽然因退税率低于征税率而增加了出口货物成本，但与来料加工业务相比，随着耗用国产料件数量的增多，其增加的成本会逐渐抵消。

四、出口货物的利润水平

选择哪种加工贸易方式，还要考虑企业出口产品的利润水平。在出口产品利润率较高的条件下，进料加工的当期免抵退税不得免征和抵扣的税额就会更大，那么当期应退税额就会变少，甚至要缴纳增值税额。因此，在利润率较高的条件下，企业应选择来料加工方式；相反如果出口产品利润率较低，企业当期免抵退税不得免征和抵扣的税额也会小，退税额会多一些，因而企业应选择进料加工方式。

五、生产企业内外销比例

企业内外销的比例也会影响加工贸易方式的选择。在兼营外销与内销的情况下，随着外销收入占公司总收入比例的增加，采用来料加工方式企业所承担的增值税税额也相应增大。因此，外销比例较低时，与进料加工方式相比，选择来料加工更有利，而在外销比例较高时则应选择进料加工方式。因此生产企业要根据材料采购、生产、货物销售（出口和内销）等具体情况，合理调整内外销比例，将有助于生产企业减轻增值税负或节省出口货物成本。

六、出口退（免）税以外的其他因素

采用不同的贸易方式，不仅对企业出口成本产生了不同的影响，同时还要注意不同的贸易方式下货物的所有权和货物定价权问题。在来料加工方式下，料件的所有权和成品的所有权归外商所有，承接来料加工的企业只收加工费，出口企业也没有成品的定价权；但在进料加工方式下，料件和加工成品的所有权及定价权都属于承接进料加工的出口企业，也可以通过提高货物售价来增大出口盈利，这也是企业贸易筹划的一个方面。因此，对出口货物进行税收筹划不能不考虑这个问题。

注意要点

生产企业从事加工贸易可选择有利于企业的具体方式。

第三章　特殊退（免）税

第一节　小规模纳税人出口免税

97. 出口不予退（免）税货物≠出口免税

常见案例

某公司是一家小规模生产企业，2010 年 6 月份生产出口一批腐殖酸，商品编码为：3101009090，出口退税率为零，出口退税率文库中特殊商品标志一栏为 1。该公司办税员向主管税务机关申报出口免税，主管税务机关 2010 年 7 月 12 日审核通知该公司，增值税小规模纳税人出口不予退（免）税货物不得免税，而应当视同内销依照规定征税。

政策规定

十、小规模纳税人出口下列货物，除另有规定者外，应征收增值税。下列货物为应税消费品的，若小规模纳税人为生产企业，还应征收消费税。

（一）国家规定不予退（免）增值税、消费税的货物；

（二）未进行免税申报的货物；

（三）未在规定期限内办理免税核销申报的货物；

（四）虽已办理免税核销申报，但未按规定向税务机关提供有关凭证的货物；

（五）经主管税务机关审核不批准免税核销的出口货物；

（六）未在规定期限内申报开具“代理出口货物证明”的货物。

执行日期：2008 年 1 月 1 日

政策依据：《国家税务总局关于印发〈增值税小规模纳税人出口货物免税管理办法（暂行）〉的通知》（国税发［2007］123 号）

分析诊断

出口货物免税是指对增值税小规模纳税人出口销售货物免征增值税，对其购进货物所支付或负担的进项税额不予退税的一种出口退（免）增值税的办法；同时对生产型增值税小规模纳税人出口应税消费品依法免征销售环节消费税，对商业型增值税小规模纳税人出口应税消费品不退还购进货物所含的消费税。值得注意的是，增值税小规模纳税人出口货物免税的首要前提是出口货物属于退（免）税的范围，如果出口货物不予退（免）税的，增值税小规模纳税人仍然不能免税。结合上述案例，该公司属于增值税小规模纳税人，但是其出口的货物商品编码 3101009090 在出口退税率文库中特殊商品标志一栏为 1，表明该货物属于禁止出口或出口不退税，因而该公司出口的这种货物不能享受免税，而应当依照规定视同内销征税。

触类旁通

一、类似问题

某个体工商户主要从事膨胀珍珠岩（出口商品编码 6806100090）的生产销售，该产品出口退税率是 13%。2008 年委托出口时，出口单位和海关误将代理证明上商品编码确认为其他矿产品 2530909990（报关单上是海泡石 253090999000）和未膨胀的蛭石及珍珠岩 2530102000（报关单上是蛭石 25301020）等。因其他矿产品、未膨胀的蛭石及珍珠岩等商品出口不予退（免）税，主管税务机关 2009 年 4 月要求个体户视同内销补缴增值税。

二、视同内销征税的计算

小规模纳税人出口货物应征税额按以下方法确定：

（一）增值税应征税额的计算公式

增值税应征税额 =（出口货物离岸价 × 外汇人民币牌价）÷（1 + 征收率）× 征收率

（二）消费税应征税额的计算公式

1. 实行从量定额征税办法的出口应税消费品。

消费税应征税额 = 出口应税消费品数量 × 消费税单位税额

2. 实行从价定率征税办法的出口应税消费品。

消费税应征税额 =（出口应税消费品离岸价 × 外汇人民币牌价）÷（1 + 增值税征收率）× 消费税适用税率

3. 实行从量定额与从价定率相结合征税办法的出口应税消费品。

消费税应征税额 = 出口应税消费品数量 × 消费税单位税额 + （出口应税消费品离岸价 × 外汇人民币牌价）÷（1 + 增值税征收率）× 消费税适用税率

上述出口货物的离岸价及出口数量以出口发票上的离岸价或出口数量为准（委托代理出口的，出口发票可以是委托方开具的或受托方开具的），若出口价格以其他价格条件成交的，应扣除按会计制度规定允许冲减出口销售收入的运费、保险费、佣金等。若出口发票不能真实反映离岸价或出口数量，小规模纳税人应当按照离岸价或真实出口数量申报，税务机关有权按照《中华人民共和国税收征收管理法》、《中华人民共和国增值税暂行条例》、《中华人民共和国消费税暂行条例》等有关规定予以核定。

注意要点

增值税小规模纳税人出口货物免税的首要前提是出口货物属于退（免）税的范围。

98. 生产型小规模纳税企业外购货物直接出口≠生产型一般纳税人外购货物直接出口

常见案例

某公司是生产型小规模纳税人，主要从事货物生产出口销售，出口退（免）税实行免税办法。2008年12月该公司签订一笔订单，由于该公司不能生产此商品，因而直接向其他单位购进一批货物，未经任何加工就直接用于出口，并依照规定取得出口免税的相关单证。2009年3月公司申报办理出口免税核销手续，主管税务机关审核通知该公司：生产型小规模纳税人外购货物出口不得免税，而应当视同内销征税。

政策规定

六、生产企业（包括外商投资企业）自营或委托出口的下述产品，可视同自产产品给予退（免）税。

（一）外购的与本企业所生产的产品名称、性能相同，且使用本企业注册商标的产品；

（二）外购的与本企业所生产的产品配套出口的产品；

（三）收购经主管出口退税的税务机关认可的集团公司（或总厂）成员企业（或分厂）的产品；

（四）委托加工收回的产品。

执行日期：2000 年 12 月 22 日

政策依据：《国家税务总局关于出口退税若干问题的通知》（国税发［2000］165 号）

一、生产企业出口的视同自产产品，按照《财政部　国家税务总局关于进一步推进出口货物实行免、抵、退税办法的通知》（财税［2002］7 号）和《国家税务总局关于印发〈生产企业出口货物免、抵、退税管理操作规程〉（试行）的通知》（国税发［2002］11 号）有关规定实行免、抵、退税管理办法。生产企业出口的视同自产产品是指《国家税务总局关于出口退税若干问题的通知》（国税发［2000］165 号）第六条所述四种产品。

执行日期：2002 年 1 月 1 日

政策依据：《国家税务总局关于明确生产企业出口视同自产产品实行免、抵、退税办法的通知》（国税发［2002］152 号）

三、生产企业向税务机关申报免、抵、退税时，须按当月实际出口情况注明视同自产产品的出口额。对生产企业出口的视同自产产品，凡不超过当月自产产品出口额 50% 的，主管税务机关按照财税［2002］7 号文件和国税发［2002］11 号文件有关规定审核无误后办理免、抵、退税；凡超过当月自产产品出口额 50% 的，主管税务机关应按照有关规定从严管理，在核实全部视同自产产品供货业务、纳税情况正确无误后，报经省、自治区、直辖市或计划单列市国家税务局核准后办理免、抵、退税。

四、生产企业不如实申报视同自产产品出口额的，主管税务机关可依照《中华人民共和国税收征收管理法》及《中华人民共和国税收征收管理法实施细则》等有关规定进行处罚。

执行日期：2003 年 1 月 1 日

政策依据：《国家税务总局关于明确生产企业出口视同自产产品实行免、抵、退税办法的通知》（国税发［2002］152 号）

一、生产企业出口外购的产品，凡同时符合以下条件的，可视同自产货物办理退税。

（一）与本企业生产的产品名称、性能相同；

（二）使用本企业注册商标或外商提供给本企业使用的商标；

（三）出口给进口本企业自产产品的外商。

二、生产企业外购的与本企业所生产的产品配套出口的产品，若出口给进口本企业自产产品的外商，符合下列条件之一的，可视同自产产品办理退税。

（一）用于维修本企业出口的自产产品的工具、零部件、配件；

（二）不经过本企业加工或组装，出口后能直接与本企业自产产品组合成成套产品的。

三、凡同时符合下列条件的，主管出口退税的税务机关可认定为集团成员，集团公司（或总厂，下同）收购成员企业（或分厂，下同）生产的产品，可视同自产产品办理退（免）税。

（一）经县级以上政府主管部门批准为集团公司成员的企业，或由集团公司控股的生产企业；

（二）集团公司及其成员企业均实行生产企业财务会计制度；

（三）集团公司必须将有关成员企业的证明材料报送给主管出口退税的税务机关。

四、生产企业委托加工收回的产品，同时符合下列条件的，可视同自产产品办理退税。

（一）必须与本企业生产的产品名称、性能相同，或者是用本企业生产的产品再委托深加工收回的产品；

（二）出口给进口本企业自产产品的外商；

（三）委托方执行的是生产企业财务会计制度；

（四）委托方与受托方必须签订委托加工协议。主要原材料必须由委托方提供。受托方不垫付资金，只收取加工费，开具加工费（含代垫的辅助材料）的增值税专用发票。

五、上述外购货物可以退税的比例、退税计算办法以及所需要的凭证等，按《国家税务总局关于明确生产企业出口视同自产产品实行免、抵、退税办法的通知》文件执行。

执行日期：2002 年 12 月 17 日

政策依据：《国家税务总局关于出口产品视同自产产品退税有关问题的通知》（国税函［2002］1170 号）

根据《中华人民共和国增值税暂行条例》、《中华人民共和国消费税暂行条例》和《财政部　国家税务总局关于印发〈出口货物退（免）税若干问题规定〉的通知》（财税字［1995］92 号），对增值税小规模纳税人出口货物免征增值税、消费税，其进项税额不予抵扣或退税。

执行日期：2008 年 1 月 1 日

政策依据：《国家税务总局关于印发〈增值税小规模纳税人出口货物免税管理办法（暂行）〉的通知》（国税发［2007］123号）

分析诊断

生产企业分为增值税一般纳税人的生产企业和增值税小规模纳税人的生产企业。具有增值税一般纳税人资格的生产企业非自产货物出口必须符合视同自产产品出口退（免）税条件并经税务机关严格审核才能办理免抵退税。小规模纳税人的生产企业与增值税一般纳税人的生产企业实行完全不同的出口退（免）税办法，即免税的办法，出口货物不能退税。因而，国家税务总局对具有增值税一般纳税人资格的生产企业非自产货物出口退（免）税的规定，不适用于具有小规模纳税人资格的生产企业。上述案例中的公司属于具有小规模纳税人资格的生产企业，其外购货物出口，可以依照规定申报办理免税。但是主管税务机关却认为生产型小规模纳税人外购货物出口不得免税，这明显属于主管税务机关把具有增值税一般纳税人资格生产企业的出口退（免）税政策错误地适用于具有小规模纳税人资格的生产企业。

触类旁通

表3－1　具有增值税小规模纳税人资格的生产企业出口免税与具有增值税一般纳税人资格的生产企业出口免抵退税的比较

项　目	生产型小规模纳税人	生产型增值税一般纳税人
出口退（免）税办法	免税	免抵退税
非自产货物出口	免税	符合视同自产产品出口退（免）税条件的实行免抵退税
非自产货物出口审核程序	无	有专门的审核程序
出口应税消费品	免消费税	免消费税
出口应税消费品包括已纳消费税	不退还已纳消费税	依照规定退还已纳消费税
申报程序	先免税申报后核销申报	免抵退税申报

续表

项　目	生产型小规模纳税人	生产型增值税一般纳税人
申报期限	一般须在次月向主管税务机关办理增值税纳税申报时，提供小规模纳税人出口货物免税申报表。一般应在货物报关出口之日次月起四个月内的各申报期内，到主管税务机关按月办理出口货物免税核销申报	一般应在货物报关出口之日起 90 日内，向退税部门申报办理出口货物退（免）税手续

注意要点

国家税务总局对具有增值税一般纳税人资格的生产企业非自产货物出口退（免）税的规定，不适用于具有小规模纳税人资格的生产企业。

第二节　特殊区域出口货物退（免）税

99. 出口加工区内企业耗用水电气≠不能申报退增值税

常见案例

某公司属于增值税一般纳税人，2010 年 10 月搬迁进入某出口加工区，2010 年 10 月至 12 月生产出口产品使用电费支付不含税金额 589 261. 62 元，生产出口产品使用水费支付不含税金额 87 058. 33 元，均依照规定取得增值税专用发票。2011 年 1 月未申报办理水电出口退税，主管税务机关向该公司宣传解释政策，辅导其按规定申报办理水电出口退税，其中：电费应退税额 = 589 261. 62 × 13% = 76 604. 01（元），水费应退税额 = 87 058. 33 × 6% = 5 223. 5（元）。

政策规定

一、出口加工区内生产企业（以下简称区内企业）生产出口货物耗用的水、电、气，准予退还所含的增值税。区内企业须按季填报“出口加工区内生产企业耗用水、电、气退税申报表”（见附件），并附送下列凭证向主管出口退税的税务机关申报办理退税手续。

（一）供水、供电、供气公司（或单位）开具的增值税专用发票（抵扣联）；

（二）支付水、电、气费用的银行结算凭证（复印件加盖银行印章）。

二、水、电、气应退税额按下列公式计算。

应退税额＝增值税专用发票注明的进项金额×退税税率

水、电、气的退税率均为13%，如供应单位按简易办法征收增值税的，退税率为征收率。

三、区内生产企业从区外购进的水、电、气，凡用于出租、出让厂房的，不予办理退税。已办理退税的，区内企业应在出租、出让行为发生的次月，向主管出口退税的税务机关申报并缴纳已退还的税款。

四、区外企业销售并输入给出口加工区内企业的水、电、气，一律向区内企业开具增值税专用发票，不得开具普通发票或出口专用发票。

五、区内企业水、电、气退税的登记、审批、管理工作，由主管出口退税的税务机关负责。主管出口退税的税务机关应按季核查区内企业水、电、气的实际耗用情况，年度终了后，应按清算的规定，对上年水、电、气的退税进行清算。

执行日期：2002年9月1日

政策依据：《国家税务总局关于出口加工区耗用水、电、气准予退税的通知》（国税发［2002］116号）

考虑到蒸汽属于动力产品，已成为天津爱津服装有限公司生产出口产品的重要组成部分的实际情况，同意对该公司耗用的蒸汽，按照《国家税务总局关于出口加工区耗用水、电、气准予退税的通知》（国税发［2002］116号）的有关规定，按11%的退税率办理退税。

执行日期：2005年12月7日

政策依据：《国家税务总局关于出口加工区内企业耗用蒸汽退税的批复》（国税函［2005］1147号）

分析诊断

出口加工区内生产企业生产出口货物耗用的水、电、气和蒸汽，准予退还所含的增值税。案例中的公司生产出口货物耗用水电，由于不熟悉税收政策，未申报退还耗用水电所含的增值税，而主管税务机关主动宣传政策，辅导该公司申报退还生产出口货物耗用水电费用所含的增值税。主管税务机关的做法是完全正确的。

触类旁通

出口加工内区企业水电气和蒸汽退增值税的管理

一、准予退税的企业范围

准予退税的企业范围仅限于出口加工区内的生产企业，对于出口加工区内的非生产企业如仓储物流企业不得申报水电气退税。

生产企业是否必须具备增值税一般纳税人资格呢？有的地方税务机关认为，只有具有增值税一般纳税人资格的生产企业才能申报水电气和蒸汽退税。笔者认为，出口加工区内的生产企业不受增值税一般纳税人资格的限制。因为修订后《增值税专用发票使用规定》（国税发［2006］156号）规定，一般纳税人销售货物或者提供应税劳务，应向购买方开具专用发票。《增值税暂行条例》（国务院令第538号）规定，纳税人销售货物或者应税劳务，应当向索取增值税专用发票的购买方开具增值税专用发票，并在增值税专用发票上分别注明销售额和销项税额。由此可见，作为增值税的小规模纳税人耗用水电气和蒸汽可以依照规定取得增值税专用发票，只要能取得耗用水电气和蒸汽的增值税专用发票，就可以依照规定申报退还所含的增值税。

二、准予退税的货物范围

按照现行政策规定，只有出口加工区内生产企业生产出口货物所耗用的水电气和蒸汽才能申报退税，生产企业生产出口货物耗用的其他货物或应税劳务都不能申报退税。

值得注意的是，出口加工区内的生产企业并不是当期耗用的所有水电气和蒸汽都能申报退税，而只有直接用于生产出口货物所耗用的水电气和蒸汽才能申报退税，当期用于出租出让厂房、行政管理等其他非生产出口货物所耗用的水电气和蒸汽不能申报退税。

三、准予退税额的计算

水、电、气应退税额按下列公式计算：

应退税额＝增值税专用发票注明的进项金额×退税税率

水、电、气的退税率均为13%，蒸汽的退税率为11%。如供应单位按简易办法征收增值税的，退税率为征收率。

四、水电气和蒸汽退税的申报

区内企业须按季填报“出口加工区内生产企业耗用水、电、气退税申报表”，并附送下列凭证向主管出口退税的税务机关申报办理退税手续。

1. 供水、供电、供气公司（或单位）开具的增值税专用发票（抵扣联）；

2. 支付水、电、气费用的银行结算凭证（复印件加盖银行印章）。

五、水电气和蒸汽退税的审核审批管理

（一）补录入企业申报数据

由于出口加工区内生产企业不能使用出口退税申报系统申报水电气和蒸汽退税，因而，主管税务机关受惠企业申报资料后应当把申报数据补录入出口退税审核系统，以便审核审批。

（二）增值税专用发票电子信息审核

虽然国税发［2002］116号文件未明确用于申报水电气和蒸汽退税的增值税专用发票是否认证的问题，但是《国家税务总局关于出口货物退（免）税管理有关问题的通知》（国税发［2004］64号）规定，退税部门受理申报后，在审核时应使用增值税专用发票稽核、协查信息审核出口退（免）税。因此，笔者认为，主管税务机关审核出口加工区内生产企业申报的水电气和蒸汽退税，应当使用增值税发票稽核信息审核无误才能办理退税。

（三）审批后的管理工作

主管出口退税的税务机关负责要负责出口加工区内企业水、电、气退税的登记、审批、管理工作，并按季核查区内企业水、电、气的实际耗用情况，年度终了后，应按清算的规定，对上年水、电、气的退税进行清算。

六、水电气和蒸汽退税政策适用特殊监管区域的范围

适用水电气和蒸汽退税政策的特殊监管区域主要有：出口加工区、开展保税物流功能试点的出口加工区、保税物流园区、保税港区、珠澳跨境工业区珠海园区。

目前不适用水电气和蒸汽退税政策的特殊监管区主要有：保税区、保税物流中心（B型）、中哈霍尔果斯国际边境合作中心中方区域。

注意要点

出口加工区内生产企业生产出口货物耗用的水、电、气和蒸汽，准予退还所含的增值税。

100. 非保税区运往保税区的货物≠能申报退（免）税

常见案例

A公司是一家生产性的外商投资企业，属于增值税一般纳税人。2009年12月A公司向国外客户销售产品，但国外客户为了方便要求A公司将货物直接交给某一般保税区内的企业，一般保税区内的企业是国外客户的客户，这样就省掉了

A公司出口给境外客户，境外客户再运送到我国境内的重复流程，A公司仍然从国外收取货款。A公司出口报关后出口货物报关单的运输方式栏为“非保”，指运港为中国境内，但报关单没有出口退税专用联，A公司办税员2009年12月29日咨询市国税局退税部门得到的答复为：出口到保税区的货物不能申报办理出口退（免）税，应当按照内销处理。

政策规定

六、对非保税区运往保税区的货物不予退（免）税。保税区内企业从区外购进货物时必须向税务机关申报备案增值税专用发票的有关内容，将这部分货物出口或加工后再出口的，可按本规定办理出口退（免）税。

执行日期：1995年7月1日

政策依据：《财政部 国家税务总局关于印发〈出口货物退（免）税若干问题规定〉的通知》（财税字［1995］092号）

十一 对《财政部 国家税务总局关于印发〈出口货物退（免）税若干问题规定〉的通知》（财税字［1995］92号，以下简称《若干问题规定》）补充说明如下

（六）《若干问题规定》第六条所述“保税区”，是指经国务院批准认定的保税区。

执行日期：1995年7月1日

政策依据：《财政部 国家税务总局关于出口货物税收若干问题的补充通知》（财税字［1997］14号）

分析诊断

对非保税区运往保税区的货物不予退（免）税。结合上述案例，A公司将货物出口到一般保税区，出口货物报关单的运输方式栏为“非保”，全称就是“非保税区运往保税区”，因而A公司虽然报关出口，但是依照规定不能申报办理出口退（免）税。可见，市国税局退税部门的答复是正确的。

触类旁通

一、保税区内企业出口货物退（免）税政策规定

保税区内企业出口货物按照一般规定实行退（免）税政策，与区外出口企业

相比，其出口退（免）税管理的特殊性在于以下六方面：

1. 根据《财政部 国家税务总局关于印发〈出口货物退（免）税若干问题规定〉的通知》（财税字［1995］92 号）的规定，保税区内企业从区外购进货物时必须向税务机关申报备案增值税专用发票的有关内容，将这部分货物出口或加工后再出口的，可按规定办理出口退（免）税。

2. 根据《财政部 国家税务总局关于出口货物税收若干问题的补充通知》（财税字［1997］14 号）的规定，保税区内企业从区外有进出口经营权的企业购进货物，将这部分货物出口或加工再出口后，凭该批货物结汇水单（可不提供出口收汇核销单退税专用联）及其他有关凭证申报办理退税。

3. 根据《财政部 国家税务总局关于出口货物退（免）税若干问题的通知》（财税字［1998］116 号）的规定，保税区与境外之间进出的货物实行备案制，海关不再签发报关单而改签备案清单。保税区内企业办理出口退税，改持海关签发的备案清单及其他有关退税凭证向主管出口退税的税务机关申报办理退税。

4. 根据《国家税务总局关于出口货物退（免）税若干问题的通知》（国税发［2003］139 号）的规定，保税区内生产企业从区外有进出口经营权的企业购进原材料、零部件等加工成产品出口的，可按保税区海关出具的出境备案清单以及其他规定的凭证，向税务机关申请办理免、抵、退税。

5. 根据《国家税务总局关于出口货物退（免）税若干问题的通知》（国税发［2003］139 号）的规定，保税区内进料加工企业从境外进口料件，可凭保税区海关签发的“海关保税区进境货物备案清单”办理“生产企业进料加工贸易免税证明”等单证。

6. 根据《国家税务总局关于保税区内出口企业出口退税有关问题的批复》（国税函［2006］666 号）的规定，考虑到《对外贸易经营者备案登记办法》施行后保税区内出口企业可在境内区外办理报关出口业务的实际情况，国家税务总局同意对保税区内出口企业在境内区外的出口货物，按照现行有关出口退税管理办法办理退税。

二、保税区外企业出口退（免）税

1. 根据《保税区海关监管办法》（海关总署第 65 号令）的规定，保税区与境外之间进出的货物，由货物的收货人、发货人或其代理人向海关备案。从保税区进入非保税区的货物，海关按照进口货物办理手续；从非保税区进入保税区的货物，海关按照出口货物办理手续。

2. 根据《国家税务总局关于出口退税若干问题的通知》（国税发［2000］165 号）的规定，保税区外的出口企业开展加工贸易，若进口料件是从保税区内企业购进的，可按现行的进料加工和来料加工税收政策执行。

3. 根据《国家税务总局关于四川川投电冶有限公司通过广州保税区海关出口的货物准予退税的批复》（国税函［2003］92 号）的规定，出口企业通过保税区海关出口的货物没有进入保税区，报关单上的“运抵国”和“指运港”均为境外，并且有相应的海关电子信息等情况，出口企业从保税区海关出口的货物可以按现行规定办理退（免）税。

三、一般保税区与综合保税区出口退（免）税政策的区别

综合保税区是经国务院批准设立在内陆地区的具有保税港区功能的海关特殊监管区域，具有口岸、物流、加工等功能，海关参照《海关保税港区管理暂行办法》进行管理。而一般保税区具有“保税仓储、出口加工、转口贸易”的功能。

综合保税区执行保税港区的税收政策，即享受出口加工区的税收政策，具体政策比照国税发［2000］155 号、国税发［2002］116 号和国税函［2004］805 号的有关规定执行。而保税区却不能执行出口加工区的税收政策。

注意要点

对非保税区运往保税区的货物不予退（免）税。

101. 经保税区仓储企业出口货物退（免）税≠一般出口货物退（免）税

常见案例

A 公司是一家生产厨房用品的外资生产性企业，具有增值税一般纳税人资格，出口退（免）税实行免抵退税办法。在 2011 年 7 月的出口退税申报过程中，A 公司有一单业务通过一般保税区出口。经了解，A 公司产品在 2010 年 12 月进入一般保税区的仓库，之后应客户的要求仓储企业逐笔报关离境，大半年以后才将全部产品出口完毕。第一笔货物的离境日期为 2010 年 12 月 10 日，之后是 2011 年 1 月、2 月、3 月，最后一笔离境日期是 2011 年 6 月 23 日，A 公司出口报关总金额约 500 万美元，但海关签发出口报关单的日期却是 2010 年 12 月，A 公司拿到出口报关单的日期却是 2011 年 6 月 29 日。A 公司在申报退（免）税时还专门向主管税务机关提供该批货物 5 次离境海关出具的备案清单，以证明货物离境日期的真实性。主管税务机关在审核公司出口退（免）税申报资料后通知 A 公司：该笔出口货物超过规定的出口退（免）税期限，不得申报办理出口退（免）税，应当依照规定视同内销征税。

政策规定

一、保税区外的出口企业销售给外商的出口货物，如外商将货物存放在保税区内的仓储企业，离境时由仓储企业办理报关手续的，保税区外的出口企业可凭货物进入保税区的出口货物报关单（出口退税专用）、仓储企业的出口备案清单及其他规定的凭证，向税务机关申请办理退税。保税区海关须在上述货物全部离境后，方可签发货物进入保税区的出口货物报关单（出口退税专用）。

执行日期：2000 年 12 月 22 日

政策依据：《国家税务总局关于出口退税若干问题的通知》（国税发［2000］165 号）

《国家税务总局关于出口退税若干问题的通知》（国税发［2000］165 号）第一条规定，保税区外的出口企业经保税区销售给外商的货物，保税区海关须在货物全部离境后方可签发货物进入保税区的出口货物报关单（出口退税专用）。根据这一规定，保税区海关在货物离境后根据货物进入保税区的日期签发出口货物报关单（出口退税专用），可能造成出口企业申报退税时超过退税申报期而无法退（免）税的问题。为解决这一问题，总局决定对符合国税发［2000］165 号文件第一条规定的出口货物，出口企业可以最后一批出口货物的备案清单上海关注明的出口日期为准申报退（免）税。

执行日期：2005 年 3 月 29 日

政策依据：《国家税务总局关于经保税区出口货物申报出口退（免）税有关问题的批复》（国税函［2005］255 号）

分析诊断

经保税区仓储企业出口货物与一般出口货物不同。经保税区仓储企业出口货物，海关在货物全部离境时按进入保税区的日期出具出口货物报关单，货物出口离境时不再出具出口货物报关单而是出具离境备案清单。这样，往往造成出口企业申报时超过退（免）税申报期限而无法退税的问题。为了解决这一问题，国家税务总局规定对经保税区仓储企业出口的货物，出口企业可以最后一批出口货物的备案清单上海关注明的出口日期为准申报退（免）税。结合上述案例，A 公司经保税区仓储企业出口货物，最后一笔离境日期是 2011 年 6 月 23 日，因而 A 公司计算出口退（免）税申报期限的起始日期应当是 2011 年 6 月 23 日，而不是出口报关单上的出口日期 2010 年 12 月，故可以依照规定申报办理出口退（免）税。

但是主管税务机关却混淆经保税区出口货物退（免）税与一般出口货物退（免）税的区别，机械地按照出口报关单上出口日期作为计算出口退（免）税申报期限的起始日期，认为A公司经保税区仓储企业出口货物超过退（免）税申报期限，从而错误地通知A公司不得申报出口退（免）税。

触类旁通

一、经保税区仓储企业出口货物未提供出境备案清单

例如，某集团有限公司2008年2份报关单（215079691001、105510401001）所载货物为通过保税区仓储企业出口的货物，因未提供出境备案清单逾期未申报出口退（免）税，按规定视同内销征税。

二、未通过保税区仓储企业出口货物却错误地要求企业提供出境备案清单

例如，某公司2008年2月在某市国税局办理一笔经天津“物流园区”出口的货物退税时，国税局退税处要求公司提供“中华人民共和国海关保税区出境货物备案清单”正本，或要求天津海关在该清单上盖章，税务局才可以办理退税，但公司咨询过相关海关得到的答复为不能提供“中华人民共和国海关保税区出境货物备案清单”给公司，也不会盖章。

三、经保税区仓储企业出口货物退（免）税与一般出口货物退（免）税的区别

（一）退（免）税申报凭证不同

除一般出口货物退（免）税申报凭证资料之外，经保税区仓储企业出口货物退（免）税申报还需提供保税区仓储企业的出口备案清单。

（二）计算退（免）税申报的出口日期不同

一般出口货物计算退（免）税申报期限的出口日期以出口报关单上的出口日期为准，而经保税区仓储企业出口货物计算退（免）税申报期限的出口日期是以最后一批出口货物的备案清单上海关注明的出口日期为准，而不是以出口报关单上的出口日期为准。

四、经保税区仓储企业出口货物退（免）税与将货物运到保税区退（免）税的区别

将货物运到保税区是指保税区外的企业将货物销售给保税区内的企业，货物是否出境与保税区外的企业没有任何关系。保税区外企业将货物运到保税区，不得申报退（免）税，而是按照内销税收规定进行处理。

经保税区仓储企业出口货物是指保税区外的出口企业销售给外商的出口货物，如外商将货物存放在保税区内的仓储企业，离境时由仓储企业办理报关手续。经保税区仓储企业出口货物，不仅保税区外的企业把货物运到保税区，而且

货物出境也是保税区外企业的责任。因此，经保税区仓储企业出口货物的，保税区外的出口企业可凭货物进入保税区的出口货物报关单（出口退税专用）、仓储企业的出口备案清单及其他规定的凭证，向税务机关申请办理退税。

五、经保税区仓储企业出口货物退（免）税与出口货物到综合保税区退（免）税的区别

经保税区仓储企业出口货物，海关在货物离境后才能签发出口货物报关单。因而，经保税区仓储企业出口货物的，保税区外的出口企业可凭货物进入保税区的出口货物报关单（出口退税专用）、仓储企业的出口备案清单及其他规定的凭证，向税务机关申请办理退税。而且经保税区仓储企业出口货物计算退（免）税申报期限的出口日期是以最后一批出口货物的备案清单上海关注明的出口日期为准，而不是以出口报关单上的出口日期为准。

货物出口到综合保税区，海关在货物进入综合保税区时就直接签发出口货物报关单（出口退税专用）。因而，综合保税区外企业出口货物到综合保税区，按照一般规定申报办理出口退（免）税。

注意要点

经保税区仓储企业出口货物退（免）税不同于一般出口货物退（免）税。

102. 货物出口到出口加工区以人民币结算收汇核销≠不能申报退（免）税

常见案例

某网络公司属于具有增值税一般纳税人资格的生产企业，出口退（免）税实行免抵退税办法，2009 年 10 经审批具有跨境贸易人民结算试点企业资格。该公司所属期 2009 年 12 月申报审核时，疑点挑过表中申报系统提示报关单为人民币报关，需核查原因。经仔细核查，此出口报关单是向出口加工区报关出口货物，收汇是用人民币结算，外管局对用人民币结算的出口收入进行了正常核销，出具了收汇核销单出口退税联。对于公司出口到出口加工区以人民币结算收汇核销的出口货物能否办理出口退（免）税的问题，该公司办税员经市国税局退税部门咨询省国税局退税部门得到的答复为：公司没有收取外汇，而以人民币结算出口的货物不能申报办理出口退（免）税。

政策规定

十四、企业办理出口退税必须提供以下凭证：

（四）出口收汇单证。企业应将出口货物的银行收汇单证按月装订成册并汇总，以备税务机关核对。税务机关每半年应对出口企业已办理退税的出口货物收汇单证清查一次。在年度终了后将企业上一年度退税的出口货物收汇情况进行清算。除按规定可不提供出口收汇单的货物外，凡应当提供出口收汇单而没有提供的，应一律扣回已退免的税款。

下列出口货物可不提供出口收汇单：

1. 易货贸易、补偿贸易出口的货物；

2. 对外承包工程出口的货物；

3. 经省、自治区、直辖市和计划单列市外经贸主管部门批准远期收汇而未逾期的出口货物；

4. 企业在国内采购并运往境外作为在国外投资的货物。

企业在国内销售货物而收取外汇的，不得计入出口退税的出口收汇数额中。

执行日期：1994 年 1 月 1 日

政策依据：《国家税务总局关于印发〈出口货物退（免）税管理办法〉的通知》（国税发［1994］31 号）

一、出口企业向税务机关主管出口退税的部门（以下简称退税部门）申报出口货物退（免）税时，在提供有关出口货物退（免）税申报表及相关资料时，应同时附送下列纸质凭证：

（一）实行“免、抵、退”税管理办法的生产企业提供出口货物的出口发票，外贸企业提供购进出口货物的增值税专用发票或普通发票。

凡外贸企业购进的出口货物，外贸企业应在购进货物后按规定及时要求供货企业开具增值税专用发票或普通发票；其购进货物开具的增值税专用发票属增值税防伪税控系统开具的，退税部门应要求外贸企业自开票之日起 30 日内办理认证手续。

（二）出口货物报关单（出口退税专用）。

（三）出口收汇核销单。

执行日期：2004 年 6 月 1 日

政策依据：《国家税务总局关于出口货物退（免）税管理有关问题的通知》（国税发［2004］64 号）

第十二条　税务机关受理出口商出口货物退（免）税申报后，应在规定的时间内，对申报凭证、资料的合法性、准确性进行审查，并核实申报数据之间的逻辑对应关系。根据出口商申报的出口货物退（免）税凭证、资料的不同情况，税务机关应当重点审核以下内容：

（三）申报出口货物退（免）税的凭证是否有效，与出口货物退（免）税申报表明细内容是否一致等。重点审核的凭证有：

4. 出口收汇核销单（或出口收汇核销清单，下同）。出口收汇核销单的编号、核销金额、出口商名称应当与对应的出口货物报关单上注明的批准文号、离岸价、出口商名称匹配。

第十三条　在对申报的出口货物退（免）税凭证、资料进行人工审核后，税务机关应当使用出口货物退（免）税电子化管理系统进行计算机审核，将出口商申报出口货物退（免）税提供的电子数据、凭证、资料与国家税务总局及有关部门传递的出口货物报关单、出口收汇核销单、代理出口证明、增值税专用发票、消费税税收（出口货物专用）缴款书等电子信息进行核对。审核、核对的重点是：

（三）出口收汇核销单电子信息。出口收汇核销单号码等项目是否与电子信息核对相符。

执行日期：2005 年 5 月 1 日

政策依据：《国家税务总局关于印发〈出口货物退（免）税管理办法〉的通知》（国税发［2005］51 号）

第二条　本办法所称保税监管区域（以下简称区内）包括保税区、出口加工区、保税物流园区、保税港区以及综合保税区、跨境工业区等海关实行封闭监管的特定区域。

第五条　区内与境外之间的经济往来，除另有规定外，应当以外币计价结算。

区内与境内保税监管区域外（以下简称境内区外）之间货物贸易项下交易，可以以人民币计价结算，也可以以外币计价结算；货物贸易项下从属费用计价结算币种按商业惯例办理；服务贸易项下交易应当以人民币计价结算。

区内机构之间的交易，可以以人民币计价结算，也可以以外币计价结算；区内行政管理机构的各项规费应当以人民币计价结算。

执行日期：2007 年 10 月 1 日

政策依据：《国家外汇管理局关于印发〈税监管区域外汇管理办法〉的通知》（汇发［2007］52 号）

分析诊断

出口货物只要符合出口退（免）税规定条件并收集齐全规定的退（免）税凭证，企业在规定期限内就能申报办理退（免）税。税务机关审核出口收汇核销单的主要内容是审核出口收汇核销单的编号、核销金额、出口商名称应当与对应的出口货物报关单上注明的批准文号、离岸价、出口商名称匹配。对于出口货物如何收汇核销，那是外汇管理局的工作职责，出口货物无论收取外汇还是收取人民币，只要外汇管理局按照规定办理收汇核销手续，按照规定为企业出具收汇核销单出口退税联的，企业就可以申报办理出口退（免）税。当然，如果外汇管理局未依照规定为企业办理收汇核销手续并未依照规定为企业出具收汇核销单的，税务机关理应不得为企业办理出口退（免）税。案例中的公司向出口加工区出口货物，按照《国家外汇管理局关于印发〈税监管区域外汇管理办法〉的通知》（汇发［2007］52 号）文件规定以人民币计价并按规定收汇核销，按规定取得出口收汇核销单出口退税联，在其他出口退（免）税凭证符合规定的条件下，税务机关理应为公司办理出口退（免）税。而省国税局退税部门答复该公司没有收取外汇而以人民币结算出口的货物不能申报办理出口退（免）税是错误的。

触类旁通

全国各地以人民币结算出口货物到海关特殊监管区的不同处理办法

一、允许退（免）税

例如，某公司是具有增值税一般纳税人资格的生产企业，不是跨境贸易人民币结算试点单位。2011 年 4 月 7 日向保税港区内生产性企业出口货物，出口货物按现行规定可办理出口退税。根据《保税监管区域外汇管理办法》（汇发［2007］52 号），区内企业与境内区外企业可用人民币结算。对于用人民币结算能否办理出口退税问题，山东省某市国税局答复：目前国家税务总局尚无文件规定，出口保税港区人民币结算，可办理出口退税。

二、试点企业允许退（免）税

例如，某公司是专门做出口加工区贸易的生产企业，公司美金结汇一直不方便。现在国家外汇管理局规定人民币可以结算，公司办税员到外管局了解可以人民币结算收汇核销，但国税局不认可，不能申报退税并要补税。公司咨询江苏省国税局 2010 年 8 月 20 日得到的答复为：试点企业（跨境贸易人民币结算试点企业）可以退税。

三、不得退（免）税

很多地方认为，无论出口企业是否具有跨境贸易人民币结算试点企业资格，只要出口到出口加工区等海关特殊监管区，以人民币计价结算而没有收取外汇的，无论外汇管理局是否出具收汇核销单，税务机关均不得办理出口退（免）税。

值得注意的是，自2012年8月1日起报关出口的货物，出口企业申报出口退税时，不再提供出口收汇核销单；2012年8月1日前报关出口的货物截至7月31日前未到出口收汇核销期限且未核销的，出口企业申报出口退税时也不再提供出口收汇核销单。

注意要点

出口货物只要符合出口退（免）税规定条件并收集齐全规定的退（免）税凭证，企业在规定期限内就能申报办理退（免）税。

103. 取消出口退税的特定商品出口到海关特殊监管区≠不能申报退（免）税

常见案例

某公司是具有增值税一般纳税人资格的生产企业，出口退（免）税实行免抵退税办法，自产产品是电镀锌的铁和非合金钢窄板材（宽<600mm）（商品编码7212200000）。2010年8月该公司将产品出口到出口加工区企业用于生产产品，取得出口货物报关单（出口退税专用），查询出口退税率文库得知出口退税率为0，那么出口该产品到出口加工区能否按照财税［2008］10号文件规定即按增值税法定征税率予以退税呢？该公司办税员咨询主管税务机关2010年8月29日得到的答复为：不能申报退（免）税。

政策规定

经国务院批准，对国内采购已经取消出口退税的材料进入出口加工区等海关特殊监管区域，适用下列退税政策：

一、对取消出口退税进区并用于建区和企业厂房的基建物资，入区时海关办理卡口登记手续，不退税。上述货物不得离境出口，如在区内未使用完毕，由海关监管退出区外。但自境外进入区内的基建物资如运往境内区外，应按海关对海关特殊监管区域管理的有关规定办理报关纳税手续。此项政策适用于所有海关特殊监管区域。

二、对区内生产企业在国内采购用于生产出口产品的并已经取消出口退税的成品革、钢材、铝材和有色金属材料（不含钢坯、钢锭、电解铝、电解铜等金属初级加工产品）等原材料，进区时按增值税法定征税率予以退税。具体商品清单见附件。

三、区内生产企业在国内采购上述第二条规定的原材料未经实质性加工，不得转售区内非生产企业（如仓储物流、贸易等企业）、直接出境和以保税方式出区。违反此规定，按骗税和偷逃税款的相关规定处理。上述享受退税的原材料未经实质性加工出区销往国内照章征收各项进口环节税。

实质性加工标准按《中华人民共和国进出口货物原产地条例》（国务院令第416号）实质性改变标准执行。

四、区内非生产企业（如保税物流、仓储、贸易等企业）在国内采购进区的上述第二条规定的原材料不享受该政策。

五、上述二、三、四项措施，仅适用于具有保税加工功能的出口加工区、保税港区、综合保税区、珠澳跨境工业区（珠海园区）和中哈霍尔果斯国际边境合作中心（中方配套区域）。具体监管办法，由海关总署会同税务总局等有关部门另行制定。

执行日期；2008年2月15日

政策依据；《财政部 海关总署 国家税务总局关于国内采购材料进入出口加工区等海关特殊监管区域适用退税政策的通知》（财税［2008］10号）

一、10号文件第一条规定的境内区外入区用于海关特殊监管区域和区内企业厂房基础建设的基建物资，不签发出口报关单。对区外企业销往区内的上述货物税务机关应按规定征税，不办理出口退税。

二、10号文件第二条规定准予退税的货物入区时，海关签发的出口货物报关单（出口退税专用）的备注栏填有中华人民共和国海关总署公告2008年第34号所附的“海关特殊监管区域不征收出口关税及退税货物审批表”编号。

区外企业可凭海关签发的符合上述规定的出口货物报关单（出口退税专用）和其他现行规定的出口退（免）税凭证，向税务机关申报办理退（免）税。税务机关进行认真审核后，按增值税法定征税率予以退税。

区外企业如属于增值税小规模纳税人，其销售的上述货物按现行规定实行免税办法。

三、主管国家税务局应及时向主管海关了解区内加工企业违反10号文件第三条规定的情况。

四、区内生产加工企业应按季将“海关特殊监管区域不征收出口关税及退税货物审批表”（复印件，加盖企业公章）报送主管国家税务局，并每半年一次（7月10日前和1月10日前）将按照本通知第二条规定办理退（免）税货物的使用情况报送当地国家税务局。对上述退（免）税货物，税务机关有权进入区内企业进行实地核查。

五、海关特殊监管区域的税务机关应与主管海关密切合作，积极配合，加强管理。对销往区内属于10号文件第二条规定的享受出口退（免）税的货物，应按照商品名称（海关商品编码头6位，金额单位：万美元）做好统计工作。具体分析报告每半年一次（7月31日前和1月31日前）书面上报国家税务总局。

执行日期：2008年2月15日

政策依据：《国家税务总局关于境内区外货物进入海关特殊监管区域有关问题的通知》（国税发［2008］91号）

一、根据财税［2008］10号文件的规定，对区内生产企业在国内采购“海关特殊监管区内生产企业国内采购入区退税原材料清单”中列名的产品，进区按增值税法定征税率予以退税是指取消出口退税的产品。上述产品的出口退税率调整后，应执行调整后的出口退税率。

二、财税［2008］10号文件“海关特殊监管区内生产企业国内采购入区退税原材料清单”列名产品，如因海关商品编码发生变更，而产品特性描述按海关规定仍在列名产品范围的，按原规定的适用退税率执行。

执行日期：2009年9月3日

政策依据：《财政部 海关总署 国家税务总局关于国内采购材料进入海关特殊监管区域适用退税政策的通知》（财税［2009］107号）

分析诊断

对海关特殊监管区内生产企业在国内采购用于生产出口产品的并已经取消出口退税的成品革、钢材、铝材和有色金属材料等原材料，进区时按增值税法定征税率予以退税。案例中的公司出口的电镀锌的铁和非合金钢窄板材（宽<600mm）（商品编码7212200000）属于“海关特殊监管区内生产企业国内采购入区退税原材料清单”中列名的商品，2006年1月1日至2006年9月14日适用11%的出口退税率，2006年9月15日至2007年4月14日适用8%的出口退税率，2007年4月15日至2009年5月31日适用0的出口退税率（取消出口退税），2009年6月1日至2010年7月14日适用9%的出口退税率，2010年7月15日至

2100 年 12 月 31 日适用 0 的出口退税率（取消出口退税）。公司 2010 年 8 月将该产品出口到加工区用于生产产品，符合财税［2008］10 号文件的规定，应当准予按照增值税率办理出口退税。

触类旁通

一、已取消退税进入海关特殊监管区按法定增值税率退税的货物范围

属于财税［2008］10 号文件附件“海关特殊监管区内生产企业国内采购入区退税原材料清单”列名的原材料进入海关特殊监管区企业生产产品的准予退税。

如果“海关特殊监管区内生产企业国内采购入区退税原材料清单”列名的商品进入海关特殊监管区用于建区和企业厂房的基建物资，入区时海关办理卡口登记手续，对区外企业应按规定征税，不办理出口退税。

海关特殊监管区内非生产企业（如保税物流、仓储、贸易等企业）在国内采购进区的“海关特殊监管区内生产企业国内采购入区退税原材料清单”列名的原材料不享受该政策。

二、按法定增值税率退税原材料进入海关特殊监管区的范围

准予退税的“海关特殊监管区内生产企业国内采购入区退税原材料清单”列名的原材料进入海关特殊监管区的范围仅适用于具有保税加工功能的出口加工区、保税港区、综合保税区、珠澳跨境工业区（珠海园区）和中哈霍尔果斯国际边境合作中心（中方配套区域），而不适用于保税区、保税物流园区、保税物流中心（B 型）。

三、按法定增值税率退税原材料进入海关特殊监管区退（免）税

符合财税［2008］10 号文件规定准予退税的货物入区时，海关签发的出口货物报关单（出口退税专用）的备注栏填有中华人民共和国海关总署公告 2008 年第 34 号所附的“海关特殊监管区域不征收出口关税及退税货物审批表”编号。

区外企业可凭海关签发的符合上述规定的出口货物报关单（出口退税专用）和其他现行规定的出口退（免）税凭证，向税务机关申报办理退（免）税。税务机关进行审核后，按增值税法定征税率予以退税。

区外企业如属于增值税小规模纳税人，其销售的上述货物按现行规定实行免税办法。

四、按法定增值税率退税原材料发生变化的处理

根据财税［2008］10 号文件的规定，对区内生产企业在国内采购“海关特殊监管区内生产企业国内采购入区退税原材料清单”中列名的产品，进区按增

值税法定征税率予以退税是指取消出口退税的产品。上述产品的出口退税率调整后，应执行调整后的出口退税率。如电镀锌的铁和非合金钢窄板材（宽<600mm，商品编码7212200000）属于《海关特殊监管区内生产企业国内采购入区退税原材料清单》中列名的商品，2007年4月15日至2009年5月31日适用0的出口退税率（取消出口退税），这期间该货物出口到海关监管区内用于生产货物的，则可按法定增值税率退税；而2009年6月1日至2010年7月14日适用9%的出口退税率，这期间该货物出口到海关监管区用于生产货物的，则不得按法定增值税率退税，只能按照9%的退税率办理退税；但是2010年7月15日至2100年12月31日适用0的出口退税率（取消出口退税），这期间货物出口到海关监管区用于生产货物的，则可按增值税法定增值税率办理退税。

财税［2008］10号文件“海关特殊监管区内生产企业国内采购入区退税原材料清单”列名产品，如因海关商品编码发生变更，而产品特性描述按海关规定仍在列名产品范围的，按原规定的适用退税率执行。

五、区内生产企业采购按法定增值税率退税原材料的后续管理

区内生产企业在国内采购财税［2008］10号文件第二条规定的原材料未经实质性加工，不得转售区内非生产企业（如仓储物流、贸易等企业）、直接出境和以保税方式出区。违反此规定，按骗税和偷逃税款的相关规定处理。享受退税的原材料未经实质性加工出区销往国内照章征收各项进口环节税。实质性加工标准按《中华人民共和国进出口货物原产地条例》（国务院令第416号）实质性改变标准执行。

区内生产加工企业应按季将“海关特殊监管区域不征收出口关税及退税货物审批表”（复印件，加盖企业公章）报送主管国家税务局，并每半年一次（7月10日前和1月10日前）将按照规定办理退（免）税货物的使用情况报送当地国家税务局。对上述退（免）税货物，税务机关有权进入区内企业进行实地核查。

主管国家税务局应及时向主管海关了解区内加工企业违反财税［2008］10号文件第三条规定的情况。

注意要点

对海关特殊监管区内生产企业在国内采购用于生产出口产品的并已经取消出口退税的成品革、钢材、铝材和有色金属材料等原材料，进区时按增值税法定征税率予以退税。

104. 筹划通过海关特殊监管区出口货物≠符合出口退（免）税政策

常见案例

某公司是生产玻璃制品的出口企业，具有增值税一般纳税人资格，出口退（免）税实行免抵退税，所在市设立有国家批准封关运行的保税物流园区。该公司出口货物一般都是直接出口国外客户，出口货物退税率在2007年7月1日以前为13%，之后调整为5%，出口货物的征税率为17%。面对出口退税率下调的客观环境，从增加利润的角度出发，该公司拟在保税物流园区内设立贸易公司，将直接出口国外客户的货物改为通过保税物流园区内的贸易公司出口，在保税物流园区内没有加工环节。采用这种方式是否可行？经咨询市国税局得到的答复为：这种方案符合出口退（免）税政策的规定。因而，该公司按照计划方案实施。

政策规定

七、对区内企业在区内加工、生产的货物，凡属于货物直接出口和销售给区内企业的，免征增值税、消费税。对区内企业出口的货物，不予办理退税。

八、区内企业委托区外企业进行产品加工，一律不予退（免）税。

执行日期：2000年9月7日

政策依据：《国家税务总局关于印发〈出口加工区税收管理暂行办法〉的通知》（国税发［2000］155号）

一、保税物流园区是经国务院批准、由海关实施封闭管理的特定区域。

二、对保税物流园区外企业（以下简称“区外企业”）运入物流园区的货物视同出口，区外企业凭海关签发的出口货物报关单（出口退税专用）及其他规定凭证向主管税务机关申请办理退（免）税。

本办法所述区外企业是指具有进出口经营权的企业（包括外工贸公司、外商投资企业和具有进出口经营权的生产企业），以及委托具有进出口经营权的企业报关出口的无进出口经营权的生产企业。

三、主管税务机关接到区外企业的退（免）税申请后，严格按照《国家税务总局关于印发〈出口加工区税收管理暂行办法〉的通知》（国税发［2000］155号）、《国家税务总局关于出口加工区耗用水、电、气准予退税的通知》（国税发［2002］116号）、《国家税务总局关于芜湖出口加工区基建物资出口退税的批复》

（国税函［2004］805 号）及其他相关文件规定，审核无误后，办理退税。

四、保税物流园区内企业销售货物、出口货物及委托加工货物，其税收政策及税收管理办法比照国税发［2000］155 号文件执行。

五、本通知自保税物流园区经海关总署、国家税务总局等有关部门联合验收合格后，封关运作之日起执行。

执行日期：2004 年 9 月 13 日

政策依据：《国家税务总局关于保税区与港区联动发展有关税收问题的通知》（国税发［2004］117 号）

分析诊断

通过海关特殊监管区出口货物必须符合出口退（免）税政策的规定。保税物流园区执行出口加工区的出口退（免）税政策。也就是说，对保税物流园区内企业在区内加工、生产的货物，凡属于货物直接出口和销售给区内企业的，免征增值税、消费税。对区内企业出口的货物，不予办理退税。案例中的公司将原来直接出口给国外客户的货物通过保税物流园区的贸易公司出口，没有任何加工环节，这就不属于保税物流园区企业在区内加工生产的货物，贸易公司直接出口未经加工生产的货物按照规定不能免征增值税。可见，该公司的做法和市国税局的答复都是错误的。

触类旁通

一、将出口货物最后加工环节移到海关特殊监管区内

（一）海关特殊监管区的范围

按照现行政策规定，出口加工区、保税物流园区、保税港区、开展保税物流功能试点的出口加工区、保税物流中心（B 型）、珠澳跨境工业区珠海园区内企业在区内加工、生产的货物，凡属于货物直接出口和销售给区内企业的，免征增值税、消费税。因此，生产企业可以将出口货物最后加工环节转移到这些海关特殊监管区。

（二）将出口货物最后加工环节移到海关特殊监管区的优势

1. 生产企业将取消出口退（免）税的货物最后加工环节转移到海关特殊监管区，由于出口货物与原材料的退税率不同。因而，在海关特殊监管区内生产的货物出口享受免税，而生产出口货物所用的原材料和设备，区外企业可享受出口退（免）税。

2. 生产企业将出口货物最后加工环节移到海关特殊监管区，在货物进入海关特殊监管区环节视同出口可以申报办理退（免）税。在出口货物存在征退税率差

的情况下，由于出口价格比原来直接出口境外客户价格要低些，因而公司计算免抵退税不得免征抵扣税额就会少些。总的来说，公司的利润就会多些。

3. 生产企业将出口货物最后加工环节移到海关特殊监管区，由于出口价格比原来直接出口境外客户价格要低些，因而公司计算免抵退税额就会少些。在相同留抵税额的情况下，公司免抵税额可能少些，所以负担的附加税费就会少些。

4. 生产企业将出口货物最后加工环节转移到海关特殊监管区，生产企业变一次出口为两次出口，即将货物移到海关特殊监管区出口和区内生产货物出口，这样生产企业出口创汇额将会增加，企业可能会得到政府的相应奖励。

5. 生产企业将出口货物最后加工环节移到海关特殊监管区，相应在区内生产所用的设备和原材料，区外企业都能享受出口退（免）税。因而，公司在采购设备和原材料时与供应方协商价格享有优势地位。

二、将货物通过海关特殊监管区出口

（一）海关特殊监管区的范围

按照现行政策规定，开展保税物流功能试点的出口加工区、保税物流中心（B型）内企业之间或物流中心与出口加工区、区港联动之间的货物交易、流转，免征流通环节的增值税、消费税。因此，出口企业可以通过开展保税物流功能试点的出口加工区、保税物流中心（B型）出口货物。

（二）通过海关特殊监管区出口的范围

对通过开展保税物流功能试点的出口加工区、保税物流中心（B型）出口境外享受免税政策的货物，必须是区内加工的货物；否则区内未经加工的货物出口境外的，不能享受免税。

对物流中心（或开展保税物流功能试点的出口加工区）内企业之间或物流中心与出口加工区、区港联动之间的货物交易、流转，免征流通环节的增值税、消费税。也就是说，物流中心（或开展保税物流功能试点的出口加工区）包括加工货物在内的所有货物在上述区域内交易流转，免征增值税和消费税。但是，如果没有加工的货物出口或交易流转到上述区域以外，就不得免征流通环节的增值税消费税。

（三）将货物通过海关特殊监管区出口的优势

通过在海关特殊监管区设立的贸易公司出口货物，具有两项明显的优势：

1. 生产企业将货物通过海关特殊监管区出口，在货物进入海关特殊监管区环节视同出口可以申报办理退（免）税。在出口货物存在征退税率差的情况下，由于出口价格比原来直接出口境外客户价格要低些，因而公司计算免抵退税不得免征抵扣税额就会少些，免抵税额及其相应的附加税费也会少些。总的来说，公司的利润就会多些。

2. 出口企业将货物通过海关特殊监管区出口，企业就将出口一次变为出口两次，即将货物移到海关特殊监管区出口和区内生产货物出口，这样企业出口创汇额将会虚增，在政府关注出口创汇的情况下，企业会得到政府的相应奖励。

但是，通过在海关特殊监管区设立的贸易公司出口货物，会受到出口范围的限制，如果未在区内加工的货物出口境外，设在区内的贸易公司就不能享受免征增值税政策。因此，通过在海关特殊监管区出口境外货物应当特别慎重。

注意要点

筹划通过海关特殊监管区出口货物必须符合出口退（免）税政策的规定。

第三节 特殊贸易方式出口货物退（免）税

105. 生产企业境外带料加工出口货物≠适用免抵退税办法

常见案例

某公司是具有增值税一般纳税人资格的生产企业，属于出口退（免）税申报时可以暂不提供收汇核销单的自营出口企业，同时具有国家商务部颁发的“境外带料加工装配企业批准证书”。该公司 2007 年 10 月 14 日出口一批原材料，用于境外装配项目，该批原材料取得的增值税专用发票已经申报抵扣进项税额，海关出具出口货物报关单（出口退税专用），同时收取国外企业支付的加工费。公司在次月收齐出口报关单连同国外企业支付的加工费材料一并向主管税务机关申报办理免抵退税，主管税务机关当月依照规定审核办理免抵退税。

政策规定

三、对境外带料加工装配业务方式出口的货物，依以下计算公式计算其应退税额：

应退税额 = 增值税专用发票所列明的金额（进口设备为海关代征增值税专用缴款书列明的完税价格，下同）×适用退税率

其中境外带料加工装配业务中使用的二手设备应退税额计算公式为：

应退税额 = 购货发票列明的金额 ÷（1 + 扣除率）×设备折余价值 ÷ 设备原值×适用退税率

设备折余价值＝设备原值－已提折旧

设备原值和已提折旧按企业会计核算数据计算。

二手设备如是1994年1月1日以前购进的，应退税额按以下公式计算：

应退税额＝购货发票列明的金额/（1＋扣除率）×设备折余价值/设备原值×适用退税率

上述公式中的扣除率为购货时的货物征税税率。

执行日期：1999年5月11日

政策依据：《国家税务总局对外贸易经济合作部关于境外带料加工装配业务有关出口退税问题的通知》（国税发［1999］76号）

分析诊断

境外带料加工装配是指我国企业以现有技术、设备投资为主，在境外以加工装配的形式，带动和扩大国内设备、技术、零配件、原件料出口的国际经贸合作方式。生产企业从事境外带料加工装配不实行免抵退税办法，而实行单项退税政策。案例中的公司开展境外带料加工装配业务出口的原材料，按规定应当执行单项退税政策，而该公司却把国外企业支付的加工费按照免抵退税办法申报办理免抵退税，主管税务机关却审核办理免抵退税。可见，该公司和主管税务机关的做法都是错误的。

触类旁通

一、出口货物退（免）税的基本规定

根据《国家税务总局对外贸易经济合作部关于境外带料加工装配业务有关出口退税问题的通知》（国税发［1999］76号）的规定，对境外带料加工装配业务所使用（含实物性投资，下同）的出境设备、原材料和散件，实行出口退税，退税率按国家统一规定的退税率执行。

二、境外带料加工装配出口货物退（免）税方法

1. 外贸企业境外带料加工装配出口货物实行免退税管理办法。

需要说明的是，虽然《国家税务总局关于境外带料加工装配业务有关出口退税问题的批复》（国税函［1999］539号）曾明确：对有进出口经营权的生产企业以境外带料加工装配业务方式出口的货物，仍应实行“先征后退”或“免、抵、退”税的管理办法。但《国家税务总局关于发布已失效或废止的税收规范性文件目录的通知》（国税发［2006］62号）已经明确该文件全文废止。

2. 生产企业境外带料加工装配出口货物实行单项退税管理办法。

3. 非增值税纳税人境外带料加工装配出口货物实行单项退税管理办法。

三、境外带料加工装配出口货物退（免）税的计算

根据《国家税务总局对外贸易经济合作部关于境外带料加工装配业务有关出口退税问题的通知》（国税发［1999］76号）的规定，境外带料加工装配出口货物退税计算要区别货物的不同情况。

（一）购买货物直接用于境外带料加工装配业务出口

对境外带料加工装配业务方式出口的货物，依以下计算公式计算应退税额：

应退税额＝增值税专用发票的列明的金额（进口设备为海关代征增值税专用缴款书列明的完税价格，下同）×适用退税率

（二）境外带料加工装配业务中使用的二手设备应退税额计算公式为：

应退税额＝增值税专用发票列明的金额×设备折余价值/设备原值×适用退税率

设备折余价值＝设备原值－已提折旧

设备原值和已提折旧按企业会计核算数据计算。

（三）二手设备如是1994年1月1日以前购进2005年4月1日前申报办理退税的，应退税额按以下公式计算：

应退税额＝购货发票列明的金额/（1＋扣除率）×设备折余价值/设备原值×适用退税率

上述公式中的扣除率为购物时的货物征收税税率。

（四）根据《国家税务总局关于调整凭普通发票退税政策的通知》（国税函［2005］248号）规定，自2005年4月1日起，对出口企业以境外带料加工装配业务方式出口的非自产二手设备，一律凭增值税专用发票及有关凭证办理退税。计算应退税额的公式与第（二）种情形相同。

四、出口退税申报

（一）纳税人应提供主表、份数

外贸企业出口退税进货明细申报表，2份

外贸企业出口退税出口明细申报表，2份

外贸企业出口退税汇总申报表，2份

（二）纳税人应提供资料

1. 出口货物退（免）税正式申报电子数据；

2. 加盖海关验讫章的出口货物报关单（出口退税专用）；

3. 境外带料加工装配企业批准证书（复印件）；

4. 增值税专用发票（抵扣联）；

5. 消费税“税收（出口货物专用）缴款书”或“出口货物完税分割单”（出

口消费税应税货物的提供）。

（三）纳税人办理业务的时限要求

生产企业应在向境外投资的货物报关出口之日起90日内，向主管出口退税的税务机关申报办理出口货物退（免）税手续。出口企业提出书面合理理由并经地级市以上（含地级市）税务机关核准后，可在核准的期限内申报办理退（免）税。

五、注意事项

1. 对境外带料加工装配业务所使用（含实物性投资）的出境设备、原材料和散件，依照《国家税务总局、对外贸易经济合作部关于境外带料加工装配业务有关出口退税问题的通知》（国税发［1999］76号）的规定实行出口退税，不按照国内采购运往境外作为在国外投资货物特准退（免）税的规定办理退税。

2. 生产企业对境外带料加工装配业务所使用（含实物性投资）的出境设备、原材料和散件，实行单项退税政策。实行扩大增值税抵扣范围政策的生产企业以实物投资出境的，在实行扩大增值税抵扣范围政策以后购进的设备及零部件，不实行单项退税政策，实行免抵退税的政策。

注意要点

生产企业从事境外带料加工装配不实行免抵退税办法，实行单项退税政策。

106. 来料加工未开具免税证明≠能免征增值税

常见案例

某实业有限责任公司具有增值税一般纳税人资格，主要从事工业砂布、砂纸、磨料、磨具的研究、制造与销售。该公司2007年办理出口退（免）税认定，2010年与香港3M公司开展来料加工业务。因财务人员对该项业务政策不熟悉，该公司未到税务机关办理来料加工贸易免税证明，未办理增值税申报手续，来料加工手册核销也未到主管税务机关办理核销手续。2011年6月市国税局通过海关报关出口与出口申报数据进行比对，发现该公司有出口业务未申报办理出口退（免）税。经主管税务机关核查发现，该公司2010年共发生不含税来料加工费收入688 923.76元，责令其视同内销补缴增值税117 117.04元，滞纳金9 603.6元。该公司补缴款已于2011年7月入库。

政策规定

三、下列出口货物免征增值税、消费税：

（一）来料加工复出口的货物；

（二）避孕药品和用具、古旧图书；

（三）卷烟；

（四）军品以及军队系统企业出口军需工厂生产或军需部门调拨的货物。

国家规定免税的货物不办理退税。

外商投资企业出口货物的免（退）税规定另行下达。

执行日期：1994 年 1 月 1 日

政策依据：《国家税务总局关于印发〈出口货物退（免）税管理办法〉的通知》（国税发［1994］31 号）

二十、出口企业以“来料加工”贸易方式免税进口原材料、零部件后，凭海关核签的来料加工进口货物报关单和来料加工登记手册向主管其出口退税的税务机关办理“来料加工免税证明”，持此证明向主管其征税的税务机关申报办理免征其加工或委托加工货物及其工缴费的增值税、消费税。货物出口后，出口企业应凭来料加工出口货物报关单和海关已核销的来料加工登记手册、收汇凭证向主管出口退税的税务机关办理核销手续。逾期未核销的，主管出口退税的税务机关将会同海关和主管征税的税务机关及时予以补税和处罚。

执行日期：1994 年 1 月 1 日

政策依据：《国家税务总局关于印发〈出口货物退（免）税管理办法〉的通知》（国税发［1994］31 号）

分析诊断

出口企业以来料加工贸易方式免税进口原材料、零部件后，凭海关核签的来料加工进口货物报关单和来料加工登记手册，向主管其出口退税的税务机关办理来料加工免税证明，持此证明向主管征税的税务机关申报办理免征加工或委托加工货物及其工缴费的增值税、消费税。案例中的公司从事来料加工业务却未到主管税务机关开具来料加工免税证明，来料加工手册核销后也未到主管税务机关核销，来料加工费收入也未办理增值税申报手续。因而，该公司的来料加工费收入不得免征增值税，应当依照规定视同内销征税。

触类旁通

一、来料加工贸易免税证明的开具

（一）企业应提供主表、份数

来料加工贸易免税证明申请表，1 份

（二）企业应提供资料

1. 来料加工进口货物报关单（原件及复印件）；

2. 来料加工登记手册（原件及复印件）；

3. 委托加工合同或工缴费普通发票（委托加工的提供）；

4. 载有来料加工贸易免税证明申请表有关信息的电子数据。

（三）纳税人办理业务的时限要求

开展“来料加工”业务的出口企业，料件进口以后，如果是自行加工的，在进口料件登记入账后即可向主管税务机关退税部门申请办理“来料加工贸易免税证明”；如果是委托其他企业加工的，在进口料件调拨时，向主管税务机关退税部门申请办理“来料加工贸易免税证明”，并将此证明转交受托加工企业，由受托企业凭此证明向其主管税务机关征税部门申报办理工缴费的免税手续。

对出口企业提供资料完整，填写内容准确，各项手续齐全的，税务机关当场开具“来料加工贸易免税证明”。

从事来料加工业务的生产企业，即使无委托加工业务，也必须按规定申请开具来料加工免税证明。对未按规定开具以及虽开具但在货物出口后未在规定期限内办理退（免）税核销的，均应视同内销征税。

二、来料加工免税核销

货物出口后，出口企业应凭来料加工出口货物报关单和海关已核销的来料加工登记手册、收汇凭证向主管出口退税的税务机关办理核销手续。逾期未核销的，主管出口退税的税务机关将会同海关和主管征税的税务机关及时令其补税和加以处罚。具体来说，出口企业在来料加工的货物全部复出口后，应当及时填报来料加工贸易免税证明核销申请表（企业打印），并附以下资料，到退税部门申请办理来料加工贸易核销手续：

1. 海关已核销的“来料加工登记手册”原件（复印件）；

2. 原办理的“来料加工贸易免税证明”复印件；

3. 出口货物报关单（出口退税专用）；

4. 收汇核销单。

对逾期未办理核销手续的生产企业，退税部门将责令其补税。

注意要点

出口企业以来料加工贸易方式免税进口原材料、零部件后，凭海关核签的来料加工进口货物报关单和来料加工登记手册向主管其出口退税的税务机关办理来料加工免税证明，持此证明向主管征税的税务机关申报办理免征加工或委托加工货物及其工缴费的增值税、消费税。

第四节　特殊货物出口退（免）税

107. 出口广告样品不收汇≠能申报退（免）税

常见案例

在某省国税局2006年组织的出口退税检查中，某检查组发现某服饰制造有限公司2005年报关出口未收汇的广告样品出口额2 577 835.27元，该公司属于出口退（免）税时可暂不提供收汇核销单的出口企业，已申报办理免抵退税。检查组要求主管税务机关冲减其已申报办理的免抵退税，并按规定视同内销征税。

政策规定

五、出口企业报关出口的样品、展品，如出口企业最终在境外将其销售并收汇的，准予凭出口样品、展品的出口货物报送单（出口退税联）、出口收汇核销单（出口退税联）以及其他规定的退税凭证办理退税。

执行日期：2000年12月22日

政策依据：《国家税务总局关于出口退税若干问题的通知》（国税发［2000］165号）

分析诊断

出口企业报关出口的样品、展品，如出口企业最终在境外将其销售并收汇的，准予凭出口样品、展品的出口货物报送单（出口退税联）、出口收汇核销单（出口退税联）以及其他规定的退税凭证办理退税。案例中的公司报关出口未收汇的广告样品，按规定不能申报办理免抵退税，而该公司却已经申报办理免抵退税，其做法明显是错误的，应按检查组的要求冲减其已申报办理的免抵退税，并按规定视同内销征税。

触类旁通

一、货样广告品出口时不收汇的处理

对出口企业出口货样广告品不收汇的，有的地方税务机关按照免税办法执行。

笔者认为，出口企业出口货样广告品不收汇的，企业不得申报办理出口退（免）税，也不得按免税办法执行，而应当视同内销征税。

二、小规模纳税人出口样品广告品不收汇

增值税小规模纳税人出口样品广告品收汇的，可依照规定申报办理免征增值税消费税手续；否则不得申报办理免税，而应当视同内销征税。

三、出口样品广告品不收汇但收汇核销

出口企业报关出口样品广告品未收汇但外管局已按不收汇核销办理收汇核销而且已提供收汇核销单，这种情况下出口企业能否申报办理出口退（免）税呢？

很多地方税务机关认为，出口企业出口广告样品虽然不收汇但已收汇核销，只要能够提供收汇核销单出口退税联，税务机关就可以办理出口退（免）税。

笔者认为，出口企业出口广告样品虽然取得出口收汇核销单出口退税联，但未收汇，这不符合国税发［2000］165 号文件关于“出口企业最终在境外将其销售并收汇的，准予凭出口样品、展品的出口货物报送单（出口退税联）、出口收汇核销单（出口退税联）以及其他规定的退税凭证办理退税”的规定，因而不能申报办理出口退（免）税。

四、货样广告品出口时不收汇后来又收汇的处理

如果出口企业出口货样广告品出口时不收汇后来又收汇的，只要在规定期限内可以申报办理出口退（免）税，原先不收汇已视同内销征税的，可按规定予以冲减。

五、实行不收汇核销管理的企业出口货样广告品问题

依照规定，试点企业跨境贸易人民币结算出口货样广告品，货物贸易外汇管理制度改革试点地区企业出口货样广告品，不需要收汇核销。那么，这些实行不收汇核销管理的企业出口货样广告品未收汇，能否申报办理退（免）税呢？

笔者认为，出口货样广告品只要未收汇，就不符合国税发［2000］165 号文件的规定，不能申报办理出口退（免）税。

注意要点

出口企业报关出口的样品、展品，如出口企业最终在境外将其销售并收汇的，准予凭出口样品、展品的出口货物报关单（出口退税专用）、出口收汇核销单（出口退税联）以及其他规定的退税凭证办理退税。

108. 农业生产者出口自产农产品≠不能进行税收筹划

常见案例

某食品有限责任公司于2008年成立，未认定增值税一般纳税人。该公司主要在乡镇租借农民的土地建立蘑菇菌种植基地，收获的蘑菇菌还需经过简单加工成蘑菇菌丝，海关商品码0602901000，征税率13%，出口退税率5%，加工后仍然属于增值税规定的农业产品的范围。2011年种植生产加工的食用菌出口美国，出口销售额450万元人民币。由于该公司办税员不熟悉出口退税政策，事先没有开展税收筹划，直接按照现有模式进行经营活动，因而按照农业生产者出口自产农业产品免征增值税规定申报办理出口免税。

政策规定

第十五条　下列项目免征增值税：

（一）农业生产者销售的自产农产品；

（二）避孕药品和用具；

（三）古旧图书；

（四）直接用于科学研究、科学试验和教学的进口仪器、设备；

（五）外国政府、国际组织无偿援助的进口物资和设备；

（六）由残疾人的组织直接进口供残疾人专用的物品；

（七）销售的自己使用过的物品。

除前款规定外，增值税的免税、减税项目由国务院规定。任何地区、部门均不得规定免税、减税项目。

执行日期：2009年1月1日

政策依据：《中华人民共和国增值税暂行条例》（1993年12月13日中华人民共和国国务院令第134号发布，2008年11月5日国务院第34次常务会议修订通过）

生产企业自营或委托外贸企业代理出口（以下简称“生产企业出口”）自产货物，除另有规定外，增值税一律实行免、抵、退税管理办法。对生产企业出口非自产货物的管理办法另行规定。

本通知所述生产企业，是指独立核算，经主管国税机关认定为增值税一般纳税人，并且具有实际生产能力的企业和企业集团。

增值税小规模纳税人出口自产货物继续实行免征增值税办法。

生产企业出口自产的属于应征消费税的产品，实行免征消费税办法。

执行日期：2002 年 1 月 1 日

政策依据：《财政部 国家税务总局关于进一步推进出口货物实行免抵退税办法的通知》（财税［2002］7 号）

凡具有生产出口产品能力的对外贸易经营者，其出口的货物按照现行生产企业出口货物实行“免抵退”税办法的规定办理出口退（免）税。

对没有生产能力的对外贸易经营者，其出口的货物按现行外贸企业出口退税的规定办理出口退（免）税。

对认定为增值税小规模纳税人的对外贸易经营者出口的货物，按现行小规模纳税人出口货物的规定，免征增值税、消费税。

执行日期：2004 年 7 月 1 日

政策依据：《国家税务总局关于贯彻〈中华人民共和国对外贸易法〉、调整出口退（免）税办法的通知》（国税函［2004］955 号）

分析诊断

农业生产者出口销售自产农业产品，应当免征增值税。但是，如果农业生产者把农业产品种植和加工出口销售两个环节进行分离，那么种植环节免征增值税，加工出口销售环节就能申报办理免抵退税。生产企业退税额将减少企业的生产成本，从而增加企业的利润额。结合上述案例，假设该公司种植成本 300 万元，加工成本 100 万元（其中物料 30 万元，电费 10 万元，人员工资 60 万元），出口销售 450 万元。

第一方案：公司不进行税收筹划。

公司利润 = 450 - 300 - 100 = 50（万元）

第二方案：公司事先进行税收筹划，把种植环节单独设立 A 公司，把加工出口销售环节单独设立 B 公司，B 公司申请认定成为增值税一般纳税人。

A 公司按成本 300 万元开具普通发票给 B 公司。

B 公司进项税额 = 300 × 13% + 30 ÷ （1 + 17%） × 17% + 10 ÷ （1 + 17%） × 17% = 39 + 4.36 + 1.45 = 44.81（万元）

B 公司免抵退税额 = 450 × 5% = 22.5（万元）

B 公司不得免征和抵扣税额 = 450 × （13% − 5%） = 36（万元）

B 公司进项留抵税额 = 44.81 − 36 = 8.81（万元）

B 公司应退税额 = 8.81 万元

B 公司免抵税额 = 13.69 万元

B 公司利润 = 450 − 300 − 100 + 44.81 − 36 = 58.81（万元）

公司总计利润 = A 公司利润 + B 公司利润 = （300 − 300） + 58.81 = 58.81（万元）

由此可见，案例中的公司事先开展税收筹划将比不开展税收筹划多得净利润 8.81 万元，所以应事先开展税收筹划以增加公司净利润。

触类旁通

上述案例如果再把加工环节与出口销售环节进行分离，将使公司获得更大利润。

第三方案：在上述假设的基础上，假设公司出口销售环节成立 C 公司并申请认定成为增值税一般纳税人，B 公司按成本 400 万元含税价开具增值税专用发票销售给 C 公司。

A 公司按成本 300 万元开具普通发票给 B 公司。

B 公司进项税额 = 300 × 13% + 30 ÷ （1 + 17%） × 17% + 10 ÷ （1 + 17%） × 17% = 39 + 4.36 + 1.45 = 44.81（万元）

B 公司销项税额 = 400 ÷ （1 + 13%） × 13% = 46.02（万元）

B 公司应缴增值税额 = 46.02 − 44.81 = 1.21（万元）

B 公司利润 = 400 ÷ （1 + 13%） − 300 − 100 + 44.81 = −1.21（万元）

C 公司进货成本 = 400 ÷ （1 + 13%） = 353.98（万元）

C 公司应退税额 = 400 ÷ （1 + 13%） × 5% = 17.7（万元）

C 公司不能退税的进项税额 = 400 ÷ （1 + 13%） × （13% − 5%） = 28.32（万元）

C 公司净利润 = 450 − 353.98 − 28.32 = 67.7（万元）

公司总计利润 = A 公司利润 + B 公司利润 + C 公司利润 = 0 − 1.21 + 67.7 = 66.49（万元）

由此可见，案例中的公司如果按第三方案筹划，将比第二方案增加利润 66.49 − 58.81 = 7.68（万元），将比第二方案增加出口退税额 = 17.7 − 8.81 = 8.89（万元）。

注意要点

农业生产者出口销售自产农产品，事先可以进行税收筹划。

109. 出口销售自用旧设备≠不能申报退税

常见案例

某公司是具有增值税一般纳税人资格的生产企业，2010 年 11 月初以一般贸易方式出口 2004 年免税进口自用的旧设备，出售额高于残值。当月还以一般贸易方式出口 1998 年国内采购自用的旧设备，出售额高于残值。该公司已经在生产企业出口退税系统中以一般贸易的方式进行了免抵退税申报（征税率 17%，退税率 15%），征退率之差已经作不予抵扣税额处理。该公司收齐单证于 2011 年申报办理免抵退税，主管税务机关 2011 年 1 月 13 日审核申报资料后通知该公司：生产企业出口非自产产品，需要视同内销征税。

政策规定

第五条　增值税一般纳税人和非增值税纳税人出口的自用旧设备，根据以下公式计算其应退税额：

应退税额 = 增值税专用发票所列明的金额（不含税额）×设备折余价值/设备原值×适用退税率

设备折余价值 = 设备原值 - 已提折旧

增值税一般纳税人和非增值税纳税人出口的自用旧设备，须按照有关税收法律法规规定的向主管税务机关备案的折旧年限计算提取折旧，并计算设备折余价值。主管税务机关接到企业出口自用旧设备的退税申报后，须填写“旧设备折旧情况确认表”交由负责企业所得税管理的税务机关核实无误后办理退税。

执行日期：2008 年 1 月 25 日

政策依据：《国家税务总局关于印发〈旧设备出口退（免）税暂行办法〉的通知》（国税发［2008］16 号）

分析诊断

增值税一般纳税人和非增值税纳税人出口的自用旧设备实行免退税办法，而不实行免抵退税办法。增值税一般纳税人和非增值税纳税人出口的自用旧设备，凡购进时未取得增值税专用发票但其他单证齐全的，实行免税不退税的办法。案例中的公司以一般贸易方式出口公司2004年免税进口自用的旧设备和1998年国内采购自用的旧设备，应当按照出口销售自用旧设备的规定申报免退税或免税，而公司却按照生产企业出口货物申报免抵退税，主管税务机关按照生产企业出口非自产货物的规定要求公司视同内销征税。由此可见，案例中的公司和主管税务机关的做法都是错误的。

触类旁通

出口旧设备退（免）税管理

一、适用范围

所称旧设备是指出口企业作为固定资产使用过的设备（以下简称自用旧设备）和出口企业直接购买的旧设备（以下简称外购旧设备）。这里的设备是指《固定资产分类与代码》（GB/T14885－1994）中属于固定资产的设备。如果企业出口自己使用过的工具器具，虽然属于固定资产的范围，但不属于设备的范围，因而不得适用出口旧设备退（免）税的政策。

外商投资项目已办理采购国产设备退税且已超过5年监管期的国产设备，不适用《旧设备出口退（免）税暂行办法》。

出口企业出口未使用过的新设备，不适用《旧设备出口退（免）税暂行办法》。

外商投资企业保税进口使用过的旧机器设备以“退运货物”报关出口，不适用《旧设备出口退（免）税暂行办法》。

二、退（免）税认定

出口企业出口旧设备应按照现行有关规定持下列资料向主管税务机关申请办理退（免）税认定手续。

1. 企业营业执照副本复印件；

2. 企业税务登记证副本复印件；

3. 主管税务机关要求提供的其他资料。

上述所称出口企业包括增值税一般纳税人、小规模纳税人和非增值税纳税人，出口方式包括自营出口或委托出口。

三、出口退（免）办法

（一）增值税一般纳税人和非增值税纳税人出口自用旧设备退（免）税

1. 增值税一般纳税人和非增值税纳税人出口的自用旧设备，根据以下公式计算其应退税额：

应退税额 = 增值税专用发票所列明的金额（不含税额）× 设备折余价值/设备原值 × 适用退税率

设备折余价值 = 设备原值 - 已提折旧

增值税一般纳税人和非增值税纳税人出口的自用旧设备，须按照有关税收法律法规规定的向主管税务机关备案的折旧年限计算提取折旧，并计算设备折余价值。主管税务机关接到企业出口自用旧设备的退税申报后，须填写“旧设备折旧情况确认表”交由负责企业所得税管理的税务机关核实无误后办理退税。

2. 增值税一般纳税人和非增值税纳税人出口自用旧设备后，应填写“出口旧设备退（免）税申报表”，并持下列资料，向其主管税务机关申请退税。

（1）出口货物报关单（出口退税专用）或代理出口货物证明；

（2）购买设备的增值税专用发票；

（3）主管税务机关出具的“旧设备折旧情况确认表”；

（4）主管税务机关要求提供的其他资料。

增值税一般纳税人和非增值税纳税人以一般贸易方式出口旧设备的，除上述资料外，还须提供出口收汇核销单。

3. 增值税一般纳税人和非增值税纳税人出口的自用旧设备，凡购进时未取得增值税专用发票但其他单证齐全的，实行出口环节免税不退税的办法。

例如，出口企业出口进口免税设备，由于不能取得增值税专用发票，因而在其他单证齐全的情况下可以实行免税不退税办法。但是由于提前解除海关监管，出口企业按照《国家税务总局关于进口免税设备解除海关监管补缴进口环节增值税抵扣问题的批复》（国税函［2009］158 号）规定抵扣的进口环节增值税，应当作进项税额转出。

（二）增值税一般纳税人和非增值税纳税人出口外购旧设备

增值税一般纳税人和非增值税纳税人出口的外购旧设备，实行免税不退税的办法。企业出口外购旧设备后，须在规定的出口退（免）税申报期限内填写“出口旧设备退（免）税申报表”，并持出口货物报关单（出口退税专用）、购买设备的普通发票或进口完税凭证及主管税务机关要求提供的其他资料向主管税务机关申报免税。

（三）小规模纳税人出口自用旧设备和外购旧设备

小规模纳税人出口自用旧设备和外购旧设备，实行免税不退税的办法。

（四）扩大增值税抵扣范围企业出口自用旧设备

申报退税的出口企业属于扩大增值税抵扣范围企业的，其自获得扩大增值税抵扣范围资格之日起出口的自用旧设备，主管税务机关应核实该设备所含增值税进项税额未计算抵扣后方可办理退税。如经主管税务机关核实，该设备所含增值税进项税额已计算抵扣，则不得办理退税。

四、出口退（免）税审核办理

（一）审核要求

出口企业出口旧设备后，须在规定的出口退（免）税申报期内，向主管税务机关申报旧设备的出口退（免）税。主管税务机关接到出口企业申报后，须将出口货物报关单同海关电子信息进行核对，对增值税专用发票及认为有必要进行进一步核实的普通发票，通过函调的方式核查其纳税情况。对核查无误的出口旧设备予以退（免）税。

（二）审核后的处理

未在规定期限内申报的出口旧设备，凡企业能提供出口货物报关单（出口退税专用）或代理出口货物证明的，实行免税不退税办法。企业不能提供出口货物报关单（出口退税专用）或代理出口货物证明及其他规定凭证的，按照现行税收政策予以征税。

（三）对骗税的处理

对出口企业骗取出口旧设备退（免）税的，按照骗取出口退（免）税的有关规定进行处罚。

注意要点

增值税一般纳税人和非增值税纳税人出口的自用旧设备实行免退税办法，而不实行免抵退税办法。

110. 生产企业对外修理修配飞机≠不能申报办理出口退（免）税

常见案例

某国际航空发动机维修有限公司系国内第一家专业CFM56系列发动机维修、修理和大修的中外合资企业，也是中国唯一的CFM56发动机原始制造厂的修理厂。其维修的CFM56系列发动机安装于窄体客机如空客319/320/321及波音737－300/400/500/600/700/800等客机上。空客A320系列及波音737系列为代表的窄体客机是目前全球最先进、技术水平最高、使用可靠性最强的客机，也是目前全球民用客机市场份额最大的两款机型。公司自成立以来已经完成了400多台CFM56发动机的大修、修理、改装及排除故障。凭借其高品质的服务成为全球首家CFMI授权的CFM56发动机大修修理站。目前，公司的主要客户已涵盖中国国际航空公司（所有分公司）、山东航空公司、中国东方航空公司（及其分公司）、中国空军、海南航空公司、深圳航空公司等。此外，该公司的客户还包括境外营运商及租赁公司，如菲律宾航空公司、Mandala 航空公司、Morocco Royal 航空公司、Madagascar 航空公司、Sahara 航空公司、国际融资租赁公司、威利斯融资租赁公司等。

该公司2007年对外维修飞机发动机出口额人民币8 197万元，折合1 091万美元，其中使用保税库材料人民币600万元，折合82万美元；扣除保税库材料的出口销售收入为人民币7 597万元，折合1 009万美元，对应的应办理免抵退税额为1 291万元。2008年对外维修飞机发动机出口额人民币6 828万元，折合977万美元，其中使用保税库材料人民币394万元，折合58万美元，扣除保税库材料的出口销售收入为人民币6 434万，折合919万美元，对应的应办理免抵退税金额为1 093万元。2007年和2008年，该公司采用的是挂账处理，未进行免抵退税申报，进项可抵扣部分已在内销中进行了抵扣。

按照财税［2009］54号文的文件精神，主管税务机关2009年将该企业2007年5月至2008年12月的出口业务作为2008年12月外销收入一次性汇总申报，合计出口销售20 471 202.99美元，人民币150 262 273.05元，办理免抵税额19 368 805.29元。

同时，为了确保该业务办理的准确性，主管税务机关对该公司2007年5月至2008年12月的外销收入做了一次追溯计算，即按照出口报关单的日期分别按照单证收齐的方式计算每月的外销收入和应退税额，并将保税库采购原材料按照进口日期分月冲抵应退税额。经过逐一计算核实，该企业应缴纳增值税11 258 150.46元，应退增值税额为7 829 329.75元，免抵额为11 539 475.52元。由此可见，应退增值税额7 829 329.75＋免抵额11 539 475.52＝19 368 805.27（元），与主管税务机关办理的19 368 805.29元一致（0.02元的差距是由于四舍五入造成）；同时，应纳增值税11 258 150.46－应退增值税额为7 829 329.75＝3 428 820.71（元），正好与当时2007年5月至2008年12月该企业实际缴纳的增值税金3 428 820.70元一致（0.01元的差距是由于四舍五入造成）。

政策规定

十六、生产企业承接国外修理修配业务，应修理修配的货物复出境后，向当地主管出口退税的税务机关报送“出口货物退（免）税申报表”，同时提供已用于修理修配的零部件、原材料等的购货增值税专用发票的货物出库单、修理修配发票、修理修配货物复出境报关单、外汇收入凭证。其应退税额按照零部件、原材料等增值税专用发票和货物出库单计算。

执行日期：1994 年 1 月 1 日

政策依据：《国家税务总局关于印发〈出口货物退（免）税管理办法〉的通知》（国税发［1994］31 号）

五、承接对外修理修配业务的企业，申请办理修理修配收入的退（免）税手续时，须提供其与外商签署的修理修配合同及其他规定的凭证，不再提供出口收汇核销单（出口退税专用）。修理修配收入以出口货物报关单（出口退税专用）上注明的加工费和材料费之和为准，退税率按被修理修配货物的出口退税率执行。

执行日期：2004 年 1 月 1 日

政策依据：《财政部 国家税务总局关于出口货物退（免）税若干具体问题的通知》（财税［2004］116 号）

一、生产企业承接对外修理修配业务计算免、抵、退税时，修理修配收入以生产企业开具的出口发票上的实际收入为准。

二、生产企业申报对外修理修配业务免、抵、退税时，除附送出口货物报关单（出口退税专用）、出口收汇核销单、出口发票等凭证外，还须附送生产企业与外方签订的修理修配合同。主管税务机关要认真审核各项凭证，分析核实其相互之间的逻辑关系，严格把关。

三、出口发票不能如实反映实际收入的，企业须按《国家税务总局关于印发〈生产企业出口货物“免、抵、退”税管理、操作规程〉（试行）的通知》（国税发［2002］11 号）文件规定，向主管税务机关申报实际收入。税务机关应对企业出口发票上标明的销售收入与出口合同上签订的销售收入、外汇管理局出具的收汇核销单实际收汇金额及企业出口销售账等进行交叉审核。主管税务机关有权依照《中华人民共和国税收征收管理法》、《中华人民共和国增值税暂行条例》等有关规定核定企业实际销售收入。

四、其他未尽事宜按现行有关规定执行。

执行日期：2005 年 4 月 1 日

政策依据：《国家税务总局关于生产企业对外修理修配业务有关退（免）税问题的批复》（国税函［2005］256 号）

一、企业承接对外修理修配飞机业务，按照《财政部 国家税务总局关于进一步推进出口货物实行免抵退税办法的通知》（财税［2002］7 号）有关规定实行免、抵、退税办法。

二、承接对外修理修配飞机业务的企业，以出口发票上的实际收入为准计算免、抵、退税额。凡使用保税进口料件的，企业须如实申报对外修理修配飞机收入中所耗用的保税进口料件金额，并在计算免、抵、退税额时作相应扣减。

三、承接对外修理修配飞机业务的企业申报免、抵、退税时，须向主管税务机关提供海关签发的以修理物品贸易方式报关出口的出口货物报关单（复印件）、对外修理修配合同、出口发票、维修工作单、外汇收入凭证及主管税务机关规定的其他凭证。

四、出口发票不能如实反映实际收入的，企业须按有关规定向主管税务机关申报实际收入。企业未如实申报实际收入的，主管税务机关应依照《中华人民共和国税收征收管理法》、《中华人民共和国增值税暂行条例》等有关规定核定企业实际销售收入。

五、税务机关要定期检查企业的免、抵、退税申报情况。企业未能及时、准确申报保税进口料件使用情况的，税务机关要依据有关法律法规的规定进行处理。

执行日期：2009年4月21日

政策依据：《财政部 国家税务总局关于调整对外修理修配飞机免抵退税政策的通知》（财税［2009］54号）

一、对承揽国内、国外航空公司飞机维修业务的企业（以下简称“飞机维修企业”）所从事的国外航空公司飞机维修业务，实行免征本环节增值税应纳税额、直接退还相应增值税进项税额的办法。

二、飞机维修企业应分别核算国内、国外飞机维修业务的进项税额；未分别核算或者未准确核算进项税额的，由主管税务机关进行核定。造成多退税款的，予以追回；涉及违法犯罪的，按有关法律法规规定处理。

执行日期：2011年2月15日

政策依据：《国家税务总局关于飞机维修业务增值税处理方式的公告》（国家税务总局公告2011年第5号）

一、纳税人既有增值税即征即退、先征后退项目，也有出口等其他增值税应税项目的，增值税即征即退和先征后退项目不参与出口项目免抵退税计算。纳税人应分别核算增值税即征即退、先征后退项目和出口等其他增值税应税项目，分别申请享受增值税即征即退、先征后退和免抵退税政策。

二、用于增值税即征即退或者先征后退项目的进项税额无法划分的，按照下列公式计算：

无法划分进项税额中用于增值税即征即退或者先征后退项目的部分＝当月无法划分的全部进项税额×当月增值税即征即退或者先征后退项目销售额÷当月全

部销售额、营业额合计

本公告自2012年1月1日起执行。《国家税务总局关于飞机维修业务增值税问题的批复》（国税函［2008］842号）、《国家税务总局关于飞机维修业务增值税处理方式的公告》（2011年第5号）同时废止。

政策依据：《国家税务总局关于纳税人既享受增值税即征即退 先征后退政策又享受免抵退税政策有关问题的公告》（国家税务总局公告2011年第69号）

分析诊断

生产企业对外修理修配飞机业务，在2011年2月15日以前应当按照免抵退税申报办理出口退（免）税，在2011年2月15日以后应当按照免退税申报办理出口退（免）税。上述案例中的公司在2007年5月至2008年12月对外修理修配飞机出口销售20 471 202. 99美元，人民币150 262 273. 05元，未依照规定期限申报办理免抵退税，主管税务机关应当不予办理出口退（免）税，并依照规定视同内销征税。而主管税务机关却作为2008年12月外销收入一次性汇总申报处理，办理免抵税额19 368 805. 29元。这样汇总申报处理，在符合出口退（免）税条件的情况下，该公司少办应退增值税额多办免抵税额为7 829 329. 75元，多缴纳增值税额7 829 329. 75元。由此可见，该公司和主管税务机关的做法都是错误的。

触类旁通

一、生产企业对外维修飞机出口退（免）税

（一）出口退（免）税方法的调整

生产企业对外修理修配飞机业务，在2011年2月15日以前应当按照免抵退税申报办理出口退（免）税，在2011年2月15日以后应当按照免退税申报办理出口退（免）税，即实行免征本环节增值税应纳税额、直接退还相应增值税进项税额的办法。

（二）生产企业兼营增值税即征即退、先征后退项目和出口等其他增值税应税项目

纳税人既有增值税即征即退、先征后退项目，也有出口等其他增值税应税项目的，增值税即征即退和先征后退项目不参与出口项目免抵退税计算。纳税人应分别核算增值税即征即退、先征后退项目和出口等其他增值税应税项目，分别申请享受增值税即征即退、先征后退和免抵退税政策。

用于增值税即征即退或者先征后退项目的进项税额无法划分的，按照下列公式计算：

无法划分进项税额中用于增值税即征即退或者先征后退项目的部分 = 当月无法划分的全部进项税额 × 当月增值税即征即退或者先征后退项目销售额 ÷ 当月全部销售额、营业额合计

二、生产企业对外承接修理修配货物出口退（免）税

根据《国家税务总局关于生产企业对外修理修配业务有关退（免）税问题的批复》（国税函［2005］256号）和《财政部 国家税务总局关于出口货物退（免）税若干具体问题的通知》（财税［2004］116号）的规定，生产企业承接国外修理修配业务，应在修理修配的货物复出境后，向当地主管出口退税的税务机关报送“出口货物退（免）税申报表”。具体管理规定如下：

1. 生产企业承接对外修理修配业务计算免、抵、退税时，修理修配收入以生产企业开具的出口发票上的实际收入为准，退税率按被修理修配货物的出口退税率执行。

2. 生产企业申报对外修理修配业务免、抵、退税时，除附送出口货物报关单（出口退税专用）、出口收汇核销单、出口发票等凭证外，·还须附送生产企业与外方签订的修理修配合同。

3. 出口发票不能如实反映实际收入的，企业须按《国家税务总局关于印发〈生产企业出口货物“免、抵、退”税管理、操作规程〉（试行）的通知》（国税发［2002］11号）文件的规定，向主管税务机关申报实际收入。税务机关应对企业出口发票上标明的销售收入、出口合同上签订的销售收入、外汇管理局出具的收汇核销单实际收汇金额及企业出口销售账等进行交叉审核。主管税务机关有权依照《中华人民共和国税收征收管理法》、《中华人民共和国增值税暂行条例》等有关规定核定企业实际销售收入。

三、对外承接外轮修理修配业务出口退（免）税特殊规定

根据《国家税务总局 海关总署关于对外承接外轮修理修配业务有关退税问题的通知》（国税［1998］87号）规定，从1998年7月1日起，对出口企业对外承接修理修配的外轮，在其修理完毕报关出口时，对该业务中使用国产零部件，原材料按一般贸易另填报关单，海关经审核，按规定签发“出口货物报关单（出口退税联）”，并作一般贸易列入出口贸易统计。在1998年7月1日以前已完工复出口的上述业务，仍按《财政部 国家税务总局关于出口货物税收若干问题的补充通知》（财税字［1997］14号）第十条的规定办理退税，凡不能按照退税管理办法规定提供有关单证原件的，各地主管退税部门一律不得受理出口企业的退税申请。

注意要点

生产企业对外修理修配飞机业务，在2011年2月15日以前应当按照免抵退税办法申报办理出口退（免）税，在2011年2月15日以后应当按照免退税办法申报办理出口退（免）税。

111. 企业在扩大增值税抵扣范围政策以前购进设备投资出境≠企业在扩大增值税抵扣范围政策以后购进设备投资出境

常见案例

某公司是具有增值税一般纳税人资格的生产企业，2010年6月，该公司将2007年在国内采购的一批旧机器（作为股份）出口到国外投资设立合资公司，经与外方协商，该批机器作价500万元，而该批机器原值1 170万元，已计提折旧702万元，购进当时取得增值税专用发票，当时未申报抵扣进项税额。2010年7月，该公司收齐相关单证按照500万元出口销售额申报免抵退税。主管税务机关已审核审批办理免抵退税。

政策规定

六、企业以实物投资出境的设备及零部件（包括实行扩大增值税抵扣范围政策的企业在实行扩大增值税抵扣范围政策以前购进的设备），实行出口退（免）税政策。实行扩大增值税抵扣范围政策的企业以实物投资出境的在实行扩大增值税抵扣范围政策以后购进的设备及零部件，不实行单项退税政策，实行免、抵、退税的政策。

企业以实物投资出境的外购设备及零部件按购进设备及零部件的增值税专用发票计算退（免）税；企业以实物投资出境的自用旧设备，按照下列公式计算退（免）税：

应退税额＝增值税专用发票所列明的金额（不含税额）×设备折余价值/设备原值×适用退税率

设备折余价值＝设备原值－已提折旧

企业以实物投资出境的自用旧设备，须按照《中华人民共和国企业所得税条例》规定的向主管税务机关备案的折旧年限计算提取折旧，并计算设备折余价值。税务机关接到企业出口自用旧设备的退税申报后，须填写“旧设备折旧情况核实表”交由负责企业所得税管理的税务机关核实无误后办理退税。

执行日期：2006 年 7 月 1 日

政策依据：《国家税务总局关于出口货物退（免）税若干问题的通知》（国税发［2006］102 号）

分析诊断

企业在扩大增值税抵扣范围政策以前购进设备投资出境的退（免）税不同于企业在扩大增值税抵扣范围政策以后购进设备投资出境的退（免）税。实行扩大增值税抵扣范围政策的企业以实物投资出境的，在实行扩大增值税抵扣范围政策以后购进的设备及零部件，不实行单项退税政策，实行免、抵、退税政策。实行扩大增值税抵扣范围政策的企业以实物投资出境的，在实行扩大增值税抵扣范围政策以前购进的设备及零部件，实行单项退税政策。上述案例中的公司用于出口投资的设备是在实行扩大增值税抵扣范围政策以前购进的，因而不能实行免抵退税政策，应当实行单项退税政策。而该公司却按照投资额申报免抵退税额，主管税务机关审核审批办理免抵退税。可见，该公司和主管税务机关的做法都是错误的。

触类旁通

一、企业在国内采购并运往境外作为在国外投资准予退（免）税货物的范围

企业在国内采购并运往境外作为在国外投资准予退（免）税货物的范围包括设备及零部件，设备包括新设备也包括旧设备。

当然，企业在国内采购并运往海关特殊监管区用于投资的设备及零部件，应当按照货物出口到海关特殊监管区的政策办理出口退税，而不能按照在国内采购并运往境外作为在国外投资的退税政策办理出口退税。

值得注意的是，这里的设备及零部件都是在国内采购的，那么，生产企业自己生产的设备或者零部件运往境外作为在国外投资，能否申报出口退（免）税呢？

笔者认为，根据《国家税务总局关于生产企业开展对外承包工程业务出口货物退（免）税问题的批复》（国税函［2009］538 号）的规定，属于增值税一般纳税人的生产企业开展对外承包工程业务而出口的货物，凡属于现有税收政策规定的特准退税范围，且按规定在财务上做销售账务处理的，无论是自产货物还是非自产货物，均统一实行免、抵、退税办法；凡属于国家明确规定不予退（免）

税的货物，按现行规定予以征税；不属于上述两类货物范围的，如生活用品等，实行免税办法。按照该文件的精神，具有增值税一般纳税人资格的生产企业自产设备运入境外作为在国外投资的，应当可以按照企业在国内采购并运往境外作为在国外投资的规定办理出口退（免）税。当然，对这个问题尚需国家税务总局明确。

二、在国内采购并运往境外在国外投资货物退（免）税的企业范围

具有增值税一般纳税人资格的生产企业和外贸企业，在国内采购并运往境外在国外投资的货物允许退（免）税。但是，作为增值税小规模企业和非增值税企业在国内采购并运往境外在国外投资货物能否退（免）税呢？

笔者认为，国税发［1994］31号和国税发［2006］102号文件并没有明确规定在国内采购并运往境外在国外投资货物允许退（免）税的企业必须要具备增值税一般纳税人资格，而且实际上非增值税纳税人和小规模企业也可以用实物在境外进行投资。因此，作为增值税小规模企业和非增值税企业在国内采购并运往境外在国外投资的货物应当也能申报退（免）税。

三、企业在国内采购并运往境外作为在国外投资设备及零部件退（免）税的方法

（一）具有增值税一般纳税人资格的生产企业退（免）税

1. 在扩大增值税抵扣范围政策之前购进设备及零部件出口用于境外投资。

企业以实物投资出境的外购设备及零部件按购进设备及零部件的增值税专用发票计算退（免）税。企业以实物投资出境的自用旧设备，按照下列公式计算退（免）税：

应退税额＝增值税专用发票所列明的金额（不含税额）×设备折余价值/设备原值×适用退税率

设备折余价值＝设备原值－已提折旧

企业以实物投资出境的自用旧设备，须按照《中华人民共和国企业所得税条例》规定的向主管税务机关备案的折旧年限计算提取折旧，并计算设备折余价值。税务机关接到企业出口自用旧设备的退税申报后，须填写“旧设备折旧情况核实表”交由负责企业所得税管理的税务机关核实无误后办理退税。

2. 在扩大增值税抵扣范围政策之后购进设备及零部件出口用于境外投资。

实行扩大增值税抵扣范围政策的企业以实物投资出境的，在实行扩大增值税抵扣范围政策以后购进的设备及零部件，不实行单项退税政策，实行免、抵、退税政策。

值得注意的是，生产企业外购设备及零部件出口用于境外投资的，可以直接申报办理免抵退税，不按照生产企业非自产货物出口视同自产产品出口退（免）

税政策执行。

（二）具有增值税一般纳税人资格的外贸企业退（免）税

具有增值税一般纳税人资格的外贸企业在国内采购并运往境外作为在国外投资设备及零部件退（免）税的方法，与具有增值税一般纳税人资格的生产企业在扩大增值税抵扣范围政策之前购进设备及零部件出口用于境外投资的出口退（免）税方法相同。

（三）增值税小规模企业和非增值税企业退（免）税

增值税小规模企业和非增值税企业在国内采购并运往境外作为在国外投资设备及零部件退（免）税的方法，与具有增值税一般纳税人资格的生产企业在扩大增值税抵扣范围政策之前购进设备及零部件出口用于境外投资的出口退（免）税方法相同。

注意要点

企业在扩大增值税抵扣范围政策以前购进设备投资出境的退（免）税不同于企业在扩大增值税抵扣范围政策以后购进设备投资出境的退（免）税。

第五节 视同出口货物特准退（免）税

112. 外商投资企业采购国产设备退税政策取消≠外商投资企业采购已退税设备不监管

常见案例

某市国税局于2009 年 9 月 1 日至2009 年 10 月 28 日对全市外商投资企业采购国产设备退税监管期内的设备进行了检查。全市 40 户有国产设备退税业务的外商投资企业中有 8 户企业采购的退税国产设备已到监管期，其中有 1 户企业在监管期内转让已退税的国产设备，并已办退税金额 20 901.28 元，检查组要求主管税务机关对其补征税款 19 579.34 元。

政策规定

四、已办理退税的国产设备的 5 年监管期，以税务机关开具该国产设备的“收入退还书”上的日期为起始日期开始计算。在监管期内，外商投资企业须将已退税设备有关存放区域、固定资产核算账册凭证编码的资料及设备的数码照片报主管税务机关备查；主管税务机关要定期检查该国产设备的运营情况，如发生政策规定应补税情形的要依法予以补税。

五、其他事项仍按国税发［2006］111号文件规定执行。

执行日期：2008年12月16日

政策依据：《国家税务总局国家发展和改革委员会关于外商投资项目采购国产设备退税有关政策的通知》（国税发［2008］121号）

四、外商投资企业购进的已享受增值税退税政策的国产设备，由主管税务机关负责监管，监管期为5年。在监管期内，如果企业性质变更为内资企业，或者发生转让、赠送等设备所有权转让情形，或者发生出租、再投资等情形的，应当向主管退税机关补缴已退税款，应补税款按以下公式计算：

应补税款=国产设备净值×适用税率

国产设备净值是指企业按照财务会计制度计提折旧后计算的设备净值。

执行日期：2009年1月1日

政策依据：《财政部 国家税务总局关于停止外商投资企业购买国产设备退税政策的通知》（财税［2008］176号）

分析诊断

虽然从2009年1月1日起，国家取消了外商投资企业采购国产设备退税政策，但是这并不等同于外商投资企业采购已退税设备不监管。因而，在监管期内，如果企业性质变更为内资企业，或者发生转让、赠送等设备所有权转让情形，或者发生出租、再投资等情形的，应当向主管退税机关补缴已退税款。上述案例中的企业已办理退税（退税金额20 901.28元）的国产设备在监管期内转让，市国税局检查组要求主管税务机关对其补征税款19579.34元。可见，该企业的做法是错误的，市国税局检查组的做法是正确的。

触类旁通

一、外商投资企业已退税国产设备监管的期限

外商投资企业购进的已享受增值税退税政策的国产设备，由主管税务机关负责监管，监管期为5年，以税务机关开具该国产设备的“收入退还书”上的日期为起始日期开始计算。

外商投资企业已退税国产设备在5年监管期间发生应当补税规定情形的，应

当依照规定补缴已退税款。此外，即使外商投资企业已退税国产设备超过 5 年监管期限发生补税规定情形的，税务机关也不得要求企业补缴税款。

二、外商投资企业已退税国产设备监管期间应当补税的情形

（一）外商投资企业变更为内资企业

根据国税函［2004］1365 号和财税［2008］176 号的规定，外商投资企业因故变更为内资企业，该企业已不符合《国家税务总局关于印发〈外商投资企业采购国产设备退税管理试行办法〉的通知》（国税发［1999］171 号）规定的基本条件。因此，对外商投资企业已办理完毕退税的国产设备，应当按规定补征已退税款并追缴入库。

当然，外商投资企业只是投资主体发生变化，而变更后的企业仍然符合外商投资企业条件的，外接投资企业已退税的国产设备不应当补缴税款。

如果享受采购国产设备退税的企业，被吸收合并后符合外商投资企业条件的，不补缴已退税国产设备的增值税；被吸收合并后不符合外商投资企业条件的，应当依法补税。

（二）产品全部直接出口的允许类外商投资项目采购国产设备退税

根据《国家税务总局关于外商投资企业采购国产设备退税有关问题的批复》（国税函［2006］203 号）规定，参照海关总署 2002 年第 25 号公告对《外商投资产业指导目录》中“产品全部直接出口的允许类投资项目”采购进口设备的相关税收政策规定，为平衡进口产品和国产产品的税负，对鼓励外商投资产业目录第十三类“产品全部直接出口的允许类投资项目”享受采购国产设备退税政策的外商投资企业，按规定在 5 年的监管期内，不能将产品全部直接出口的，其采购国产设备已退税款应全部追回。

（三）已退税的国产设备发生转让、赠送等设备所有权转让情形

按照规定，在监管期限内，外接投资企业已退税的国产设备发生转让、赠送等设备所有权转让情形的，企业应当依照规定向主管退税机关补缴已退增值税款。

值得注意的是，外商投资企业将已经办理退税且在监管期内的国产设备出口，企业按照规定补缴税款后，仍然可以按照出口旧设备的规定办理出口退（免）税。如果外商投资项目已办理采购国产设备退税且已超过 5 年监管期的国产设备，不得按出口旧设备的政策办理出口退（免）税。

（四）已退税的国产设备发生出租、再投资等情形

按照规定，在监管期限内，外接投资企业已退税的国产设备发生出租、再投资等情形的，企业应当依照规定向主管退税机关补缴已退增值税款。

三、外商投资企业补缴已退国产设备增值税款的计算

外商投资企业补缴已退国产设备增值税款的计算公式如下：

应补税款＝增值税专用发票上注明的金额×（设备折余价值÷设备原值）×适用增值税税率

设备折余价值＝设备原值－累计已提折旧

设备原值和已提折旧按企业会计核算数据计算。

注意要点

外商投资企业采购国产设备退税政策取消并不等同于外商投资企业采购已退税设备不监管。

113. 研发机构采购国产设备已退增值税≠税务机关不能依法追缴

常见案例

某公司的研发机构属于《科技开发用品免征进口税收暂行规定》（财政部、海关总署、国家税务总局令第44号）规定的技术开发机构，已经认定为增值税一般纳税人。该研发机构2011年1月购买研发用的设备，取得增值税专用发票并认证，按规定申报办理采购国产设备退税的手续。2012年2月，由于研发工作需要重新购置更先进功能的设备，该研发机构将2011年1月购进的已退税设备销售给其他单位。主管税务机关2012年4月在检查时发现该研发机构已办退税的国产设备不存在，经核实原因后要求其按规定补缴已退的增值税。

政策规定

第十一条　研发机构已退税的国产设备，由主管退税税务机关进行监管，监管期为5年。监管期的起始时间以增值税专用发票开具日期为准。监管期内发生设备所有权转移行为或移作他用等行为的，研发机构必须按以下计算公式，向主管退税税务机关补缴已退税款。

应补税款＝增值税专用发票上注明的金额×（设备折余价值÷设备原值）×适用增值税税率

设备折余价值＝设备原值－累计已提折旧

设备原值和已提折旧按所得税法规定的办法计算。

第十三条　本办法施行期限为2011年1月1日至2015年12月31日。在此期间开具的增值税专用发票的退税管理适用本办法。

政策依据:《国家税务总局关于印发〈研发机构采购国产设备退税管理办法〉的公告》（国家税务总局公告 2011 年第 73 号）

分析诊断

研发机构采购国产设备已退增值税不等同于税务机关不能依法追缴已退增值税。已退税的国产设备在监管期内发生设备所有权转移行为或移作他用等行为的，研发机构必须向主管退税税务机关补缴已退税款。上述案例中的研发机构在 2012 年 2 月将已退税的监管期内国产设备销售给其他单位，未依照规定补缴已退的增值税，其做法是错误的，故主管税务机关检查发现后，依照规定要求研发机构按规定补缴已退的增值税。

触类旁通

研发机构采购国产设备退税的管理

一、能享受采购国产设备退税政策的研发机构的范围

采购国产设备适用退还增值税政策的研发机构范围，按财税［2011］88 号文件相关规定执行，即适用采购国产设备全额退还增值税政策的内资研发机构和外资研发中心包括:

1.《科技开发用品免征进口税收暂行规定》（财政部、海关总署、国家税务总局令第 44 号）规定的科学研究、技术开发机构。

2.《科学研究和教学用品免征进口税收规定》（财政部、海关总署、国家税务总局令第 45 号）规定的科学研究机构和学校。

3. 符合财税［2011］88 号文件第一条规定条件的外资研发中心。

二、采购国产设备适用退还增值税政策的设备清单范围

研发机构采购国产设备适用退还增值税政策的设备清单范围，按财税［2011］88 号文件相关规定执行。科技开发、科学研究和教学设备，是指符合《中华人民共和国增值税暂行条例实施细则》（财政部、国家税务总局令第 50 号）第二十一条“固定资产”的相关规定，为科学研究、教学和科技开发提供必要条件的实验设备、装置和器械（不包括中试设备）。具体包括以下四类:

（一）实验环境方面

1. 教学实验仪器及装置;

2. 教学示教、演示仪器及装置;

3. 超净设备（如换气、灭菌、纯水、净化设备等）;

4. 特殊实验环境设备（如超低温、超高温、高压、低压、强腐蚀设备等）；

5. 特殊电源、光源设备；

6. 清洗循环设备；

7. 恒温设备（如水浴、恒温箱、灭菌仪等）；

8. 小型粉碎、研磨制备设备。

（二）样品制备设备和装置

1. 特种泵类（如分子泵、离子泵、真空泵、蠕动泵、蜗轮泵、干泵等）；

2. 培养设备（如培养箱、发酵罐等）；

3. 微量取样设备（如取样器、精密天平等）；

4. 分离、纯化、浓缩设备（如离心机、层析、色谱、萃取、结晶设备、旋转蒸发器等）；

5. 气体、液体、固体混合设备（如旋涡混合器等）；

6. 制气设备、气体压缩设备；

7. 专用制样设备（如切片机、压片机、镀膜机、减薄仪、抛光机等），实验用注射、挤出、造粒、膜压设备；实验室样品前处理设备。

（三）实验室专用设备

1. 特殊照相和摄影设备（如水下、高空、高温、低温等）；

2. 科研飞机、船舶用关键设备；

3. 特种数据记录设备（如大幅面扫描仪、大幅面绘图仪、磁带机、光盘机等）；

4. 材料科学专用设备（如干胶仪、特种坩埚、陶瓷、图形转换设备、制版用干板、特种等离子体源、离子源、外延炉、扩散炉、溅射仪、离子刻蚀机，材料实验机等），可靠性试验设备，微电子加工设备，通信模拟仿真设备，通信环境试验设备；

5. 小型熔炼设备（如真空、粉末、电渣等），特殊焊接设备；

6. 小型染整、纺丝试验专用设备；

7. 电生理设备。

（四）计算机工作站，中型、大型计算机。

三、退税认定

1. 享受采购国产设备退税的研发机构，应在申请办理退税前持以下资料向主管退税税务机关申请办理采购国产设备的退税认定手续。

（1）企业法人营业执照副本及组织机构代码证（原件及复印件）；

（2）税务登记证副本（原件及复印件）；

（3）退税账户证明；

（4）税务机关要求提供的其他资料。

以前已办理出口退税认定手续的，不再办理采购国产设备的退税认定手续。

2. 研发机构发生解散、破产、撤销以及其他依法应终止采购国产设备退税事项的，应持相关证件、资料向其主管退税税务机关办理注销认定手续。已办理采购国产设备退税认定的研发机构，其认定内容发生变化的，须自有关管理机关批准变更之日起30日内，持相关证件、资料向其主管退税税务机关办理变更认定手续。

四、退税申报

研发机构应自购买国产设备取得的增值税专用发票开具之日起180日内，向其主管退税税务机关报送“研发机构采购国产设备退税申报审核审批表”申请退税，逾期不得申报。申请退税时，附送以下资料：

1. 采购国产设备合同；

2. 增值税专用发票（抵扣联）；

3. 付款凭证；

4. 税务机关要求提供的其他资料。

属于增值税一般纳税人的研发机构购进国产设备取得的增值税专用发票，应在规定的认证期限内办理认证手续。未认证或认证未通过的不得申报退税。

五、退税审核审批

1. 对属于增值税一般纳税人的研发机构的退税申请，主管退税税务机关必须在增值税专用发票稽核信息核对无误的情况下，办理退税。对属于非增值税一般纳税人研发机构的退税申请，主管退税税务机关必须发函调查，在确认增值税专用发票真实、发票所列设备已按照规定申报纳税后，方可办理退税。

2. 采购国产设备的应退税额，按照增值税专用发票上注明的税额确定。凡企业未全额支付所购设备货款的，按照已付款比例和增值税专用发票上注明的税额确定应退税款；未付款部分的相应税款，待企业实际支付货款后再予退税。

3. 研发机构采购国产设备取得的增值税专用发票已申报抵扣的，不得申报退税。已申报退税的增值税专用发票，研发机构不得再申报进项税额抵扣。

六、退税监管

1. 主管退税税务机关应建立研发机构采购国产设备退税情况台账，并根据需要进行实地调查。

2. 研发机构已退税的国产设备，由主管退税税务机关进行监管，监管期为5年。监管期的起始时间以增值税专用发票开具日期为准。监管期内发生设备所有权转移行为或移作他用等行为的，研发机构必须按以下计算公式，向主管退税税务机关补缴已退税款。

应补税款 = 增值税专用发票上注明的金额 ×（设备折余价值 ÷ 设备原值）× 适用增值税税率

设备折余价值 = 设备原值 – 累计已提折旧

设备原值和已提折旧按所得税法规定的办法计算。

3. 研发机构以假冒采购国产设备退税资格、既申报抵扣又申报退税、虚构采购国产设备业务、提供虚假退税申报资料等手段骗取国产设备退税款的，按照有关法律、法规处理。

注意要点

研发机构采购国产设备已退增值税不等同于税务机关不能依法追缴已退增值税。

114. 利用外国政府和国际金融组织贷款采用国际招标方式销售的国内企业中标机电产品≠能申报办理出口退（免）税

常见案例

某公司是具有增值税一般纳税人资格的生产企业，主要生产机电产品。2008年10月该公司利用国际货币基金组织贷款通过国际招标方式投标，招标机构向其下发中标通知书。招标机构所在单位将中标结果通知书和国际评标委员会的审议评标结果通知报当地税务机关，招标机构当地税务机关签发中标证明通知书并直接邮寄该公司所在地税务机关。该公司按中标结果通知书销售中标机电产品后，依照规定申报出口退（免）税，主管税务机关接到出口退（免）税申报资料审核后通知该公司：中标的机电产品属于《外商投资项目不予免税的进口商品目录》，不得申报办理退（免）税。

政策规定

七、利用外国政府贷款和国际金融组织贷款采取国际招标方式，国内企业中标的机电产品或外国企业中标再分包给国内企业供应的机电产品，凡属于《外商投资项目不予免税的进口商品目录》所列商品的，不予退（免）税；其他机电产品按现行有关规定办理退（免）税。

执行日期：2006 年 7 月 1 日

政策依据：《国家税务总局关于出口货物退（免）税若干问题的通知》（国税发［2006］102 号）

分析诊断

利用外国政府贷款和国际金融组织贷款采取国际招标方式，国内企业中标的机电产品或外国企业中标再分包给国内企业供应的机电产品，允许特准退（免）税。但是，国内企业中标的机电产品或外国企业中标再分包给国内企业供应的机电产品，凡属于《外商投资项目不予免税的进口商品目录》所列商品的，不予退（免）税；其他机电产品按现行有关规定办理退（免）税。上述案例中的公司利用外国政府贷款和国际金融组织贷款采取国际招标方式中标的机电产品，属于《外商投资项目不予免税的进口商品目录》所列商品，按照规定不予退（免）税，因而主管税务机关审核通知公司不得申报办理退（免）税。

触类旁通

一、利用国际金融组织或外国政府贷款的范围

根据《国家税务总局关于印发〈出口货物退（免）税管理办法〉的通知》（国税发［1994］31 号）的规定，国际金融组织贷款暂限于国际货币基金组织、世界银行（包括国际复兴开发银行、国际开发协会）、联合国农业发展基金、亚洲开发银行发放的贷款。根据《国家税务总局关于利用日本国际协力银行不附带条件贷款项目中标机电产品退税问题的通知》（国税函［2003］89 号）的规定，对国际协力银行不附带条件贷款（即原日本输出入银行资金协力贷款）视同政府贷款，用该贷款建设的项目，由国内企业中标的机电产品准予退税。

根据《国家税务总局关于明确外国政府贷款范围的通知》（国税函［2009］256 号）的规定，向我国提供外国政府贷款的国家和机构共有 28 个：奥地利、澳大利亚、北欧发展基金、北欧投资银行、比利时、波兰、丹麦、德国、法国、法国开发署、芬兰、韩国、荷兰、加拿大、科威特、卢森堡、挪威、日本、日本协力银行、瑞典、瑞士、沙特、西班牙、以色列、意大利、英国、美国进出口银行、欧佩克国际发展基金。这 28 个国家和机构向我国提供双边优惠贷款，其中包括德国促进贷款、法国开发署贷款和美国进出口银行主权担保贷款。我国政府将上述优惠贷款，一并纳入外国政府贷款范围管理。

由于美国进出口银行主权担保贷款项目管理比较特殊，为便于各地执行，

《国家税务总局关于明确外国政府贷款范围的通知》（国税函［2009］256号）将截至目前已核准的美国进出口银行主权担保贷款项目清单（见表3－2）予以明确。

对超出上述国际金融组织或外国政府贷款的范围的中标项目，一律不得签发中标证明通知书，由国内企业中标的机电产品不得办理退税。

二、中标机电产品出口退（免）税范围

根据《国家税务总局关于出口退税若干问题的通知》（国税发［2000］165号）的规定，《国家税务总局关于利用外国政府贷款采用国际招标方式国内中标的机电产品恢复退税的通知》（国税发［1998］65号）规定准予退税的机电产品，包括机械、电子、运输工具、光学仪器（海关出口商品代码第84～90章）、扩声器（海关出口商品代码9207）、医用升降椅（海关出口商品代码9402）、座具（海关出口商品代码94011－94013）、体育设备（海关出口商品代码95069）、游乐场设备（海关出口商品代码9508）。

表3－2 美国进出口银行主权担保贷款项目清单

制表日期：2009年3月 单位：万美元

序 号	项目名称	贷款国别	金额	项目类别	转贷银行
1	铁道部引进大型养路机械设备	美国	20 000	一	工商银行
2	安徽合肥市第一人民医院蜀山分院	美国	650	二	进出口银行
3	广西柳州市妇幼保健院引进医疗设备	美国	350	二	进出口银行
4	内蒙古医学院附属医院等三家单位引进医疗设备（460＋497＋200）	美国	1 157	二	进出口银行
5	山东省聊城市人民医院引进医疗设备	美国	596	二	进出口银行
6	新疆生产建设兵团引进采棉机	美国	11 000	二	进出口银行
7	北京军区总医院263临床部引进医疗设备	美国	110	三	中国银行

根据《国家税务总局关于出口货物退（免）税若干问题的通知》（国税发［2006］102号）的规定，利用外国政府贷款和国际金融组织贷款采取国际招标方式，国内企业中标的机电产品或外国企业中标再分包给国内企业供应的机电产品，凡属于《外商投资项目不予免税的进口商品目录》所列商品的，不予退（免）税；其他机电产品按现行有关规定办理退（免）税。

三、出口退（免）税程序

根据《国家税务总局关于印发〈出口货物退（免）税若干问题的具体规定〉的通知》（国税发［1999］101号）和《国家税务总局关于做好已取消涉及出口退税行政审批项目的后续管理工作的通知》（国税发［2004］77号）的规定，利用外国政府贷款采用国际招标方式国内企业中标机电产品出口退（免）税具体程序如下：

1.《国家税务总局关于印发〈出口货物退（免）税若干问题的具体规定〉的通知》（国税发［1999］101 号）第一条第一款“凡利用外国政府贷款和国际金融组织贷款建设的项目，招标单位必须在招标前将贷款的性质、规模、项目等经当地国家税务局上报国家税务总局核准后，其中标的机电产品方可办理退税”的规定停止执行，招标单位在招标完毕后，填写中标证明通知书并报其所在地税务机关，税务机关须严格按国家评标委员会的“审议评标结果通知”的内容签发中标证明通知书，并直接寄送给中标企业所在地税务机关。中标机电产品的范围以对外贸易经济合作部制定的《机电进出口商品目录》为准。

2. 中标企业销售中标机电产品，不得开具增值税专用发票，应开具外销发票或普通发票。

3. 中标企业所在地税务机关根据国家税务总局有关政策规定办理退税。

4. 利用外国政府贷款和国际金融组织贷款采取国际招标方式，由外国企业中标再分包给国内企业供应的机电产品，视同国内企业中标予以办理退税。

四、出口退（免）税方法

根据《国家税务总局关于印发〈出口货物退（免）税管理办法〉的通知》（国税发［1994］31 号）和《财政部 国家税务总局关于进一步推进出口货物实行免抵退税办法的通知》（财税［2002］7 号）的规定，生产企业利用国际金融组织或外国政府贷款采用国际招标方式国内企业中标或外国企业中标后分包给国内企业的机电产品，实行免、抵、退税管理办法；外贸企业利用国际金融组织或外国政府贷款采用国际招标方式国内企业中标或外国企业中标后分包给国内企业的机电产品，实行免退税管理办法。

五、出口退（免）税申报

（一）生产企业出口退（免）税申报

1. 应提供主表、份数。

生产企业出口货物免、抵、退税申报汇总表及附表，3 份

生产企业出口货物免、抵、退税申报明细表，2 份

2. 应提供资料。

（1）出口货物退（免）税正式申报电子数据；

（2）招标单位所在地主管税务机关签发的中标证明通知书；

（3）由中国招标公司或其他国内招标组织签发的中标证明（正本）；

（4）中标人与中国招标公司或其他招标组织签订的供货合同（或协议）；

（5）中标人按照标书规定及供货合同向用户发货的发货单；

（6）销售中标机电产品的普通发票或出口发票；

（7）中标机电产品用户招标产品的收货清单；

（8）国外企业中标再分包给国内生产企业供应的机电产品，还应提交与中标人签署的分包合同（或协议）。

3. 办理业务的时限要求。

生产企业应在中标的机电产品报关出口之日起90日内，向所在地主管出口退税的税务机关申报办理出口货物“免、抵、退”税手续。如果其到期之日超过了当月的“免、抵、退”税申报期的，应当在次月“免、抵、退”税申报期内申报“免、抵、退”税。出口企业提出书面合理理由并经地市以上（含地市）税务机关核准后，可在核准的期限内申报办理退（免）税。

（二）外贸企业出口退（免）税申报

1. 应提供主表、份数。

外贸企业出口退税进货明细申报表，2份

外贸企业出口退税出口明细申报表，2份

外贸企业出口退税汇总申报表，2份

2. 应提供资料

（1）出口货物退（免）税正式申报电子数据；

（2）招标单位所在地主管税务机关签发的中标证明通知书；

（3）由中国招标公司或其他国内招标组织签发的中标证明（正本）；

（4）中标人与供货企业签订的收购合同（或协议）；

（5）中标人与中国招标公司或其他招标组织签订的供货合同；

（6）中标货物的购进增值税专用发票（税款抵扣联）；

（7）中标货物若为消费税应税货物，还应提交消费税专用缴款书；

（8）中标人按照标书规定及供货合同向用户发货的发货单；

（9）销售中标机电产品的普通发票或出口发票；

（10）中标机电产品用户招标产品的收货清单；

（11）国外企业中标再分包给国内贸易企业供应的机电产品，还应提交与中标人签署的分包合同（或协议）。

3. 办理业务的时限要求。

对中标机电产品，外贸企业应自购买产品开具增值税专用发票的开票之日起90日内，向主管退税的税务机关申报办理出口货物退（免）税手续。出口企业提出书面合理理由并经地市以上（含地市）税务机关核准后，可在核准的期限内申报办理退（免）税。

六、其他

1. 根据《国家税务总局关于东方锅炉股份有限公司和东方电机股份有限公司

中标机电产品有关退税问题的批复》（国税函［2002］185 号）规定，如果利用的资金属商业信贷，那么采用国际招标方式中标机电产品不符合有关退（免）税的规定，则不得办理退税。

2. 集团公司国际招标国内中标项目，具体操作事项均交由其全资子公司办理，而中标证明通知书上的中标企业为集团公司，与实际操作企业不一致，可否转由东电公司（全资子公司）办理退税的问题，根据《国家税务总局关于东方电气集团公司中标机电产品退税有关问题的批复》（国税函［2002］1008 号）规定，可由集团公司在办理出口退税认定后，凭其与全资子公司签订的代理协议、中标证明通知书等有关凭证，作为受托方申请办理代理出口证明，主管税务机关在核实无误，且不再为集团公司办理退税的基础上，开具代理出口证明，并在代理出口证明中注明“国际招标项目中代理中标，受托方不再办理退税”字样。全资子公司可凭代理出口证明等有关退税凭证，经主管税务机关严格审核无误后办理退（免）税。

3. 对因企业改制造成中标企业与供货单位名称不一致而无法办理退（免）税的问题，根据《国家税务总局关于中国第二重型机械集团公司改制后有关退税问题的批复》（国税函［2004］305 号）的规定，因企业改制的特殊原因使原公司中标的项目由新成立的公司承担，造成中标企业与供货单位名称不一致的，可以新成立的公司为退税主体，凭企业改制的有关批件及按规定办理退（免）税所需的相关单证办理退（免）税手续。

注意要点

利用外国政府贷款和国际金融组织贷款采取国际招标方式，国内企业中标的机电产品或外国企业中标再分包给国内企业供应的机电产品，凡属于《外商投资项目不予免税的进口商品目录》所列商品的，不予退（免）税；其他机电产品按现行有关规定办理退（免）税。

115. 营业税改征增值税试点地区适用增值税零税率应税服务免抵退税管理≠生产企业出口货物免抵退税管理

常见案例

某运输公司是上海市具有“道路运输经营许可证”和“国际汽车运输行车许可证”的陆路国际运输企业，其“道路运输经营许可证”的经营范围包括国际运输，主要将境内货物载运出境，同时将境外货物载运入境。按照《财政部国家税务总局关于在上海市开展交通运输业和部分现代服务业营业税改征增值税试点的通知》（财税［2011］111号）的规定，从2012年1月起运输业务由营业税改征增值税。该公司在2012年1月认定为增值税一般纳税人，其从事的国际运输业务收入实行免抵退税办法。2012年2月该公司将国际运输业务收入全部按照11%的税率计算向主管税务机关申报办理免抵退税。主管税务机关审核发现，该公司国际运输属于联营业务，有支付给上海市以外其他运输企业的价款未予扣除，而是按照收取的全部价款申报办理免抵退税。于是，主管税务机关通知该公司调整免抵退税申报。

政策规定

一、试点地区的单位和个人提供的国际运输服务、向境外单位提供的研发服务和设计服务适用增值税零税率。

（一）国际运输服务，是指：

1. 在境内载运旅客或者货物出境；

2. 在境外载运旅客或者货物入境；

3. 在境外载运旅客或者货物。

（二）试点地区的单位和个人适用增值税零税率，以水路运输方式提供国际运输服务的，应当取得“国际船舶运输经营许可证”；以陆路运输方式提供国际运输服务的，应当取得“道路运输经营许可证”和“国际汽车运输行车许可证”，且“道路运输经营许可证”的经营范围应当包括“国际运输”；以航空运输方式提供国际运输服务的，应当取得“公共航空运输企业经营许可证”且其经营范围应当包括“国际航空客货邮运输业务”。

（三）向境外单位提供的设计服务，不包括对境内不动产提供的设计服务。

二、试点地区的单位和个人提供适用零税率的应税服务，如果属于适用增值税一般计税方法的，实行免抵退税办法，退税率为其按照《交通运输业和部分现代服务业营业税改征增值税试点实施办法》（财税［2011］111号）第十二条第（一）至（三）项规定适用的增值税税率；如果属于适用简易计税方法的，实行免征增值税办法。

三、试点地区的单位和个人提供适用零税率的应税服务，按月向主管退税的税务机关申报办理增值税免抵退税或免税手续。具体管理办法由国家税务总局商财政部另行制定。

执行日期：2012年1月1日

政策依据：《财政部 国家税务总局关于应税服务适用增值税零税率和免税政

策的通知》（财税［2011］131号）

第四条　本办法所称免抵退税办法是指，零税率应税服务提供者提供零税率应税服务，免征增值税，相应的进项税额抵减应纳增值税额（不包括适用增值税即征即退、先征后退政策的应纳增值税额），未抵减完的部分予以退还。具体计算公式如下：

（一）零税率应税服务当期免抵退税额的计算：

当期零税率应税服务免抵退税额 = 当期零税率应税服务免抵退税计税价格 × 外汇人民币牌价 × 零税率应税服务退税率

零税率应税服务免抵退税计税价格为提供零税率应税服务取得的全部价款，扣除支付给非试点纳税人价款后的余额。

（二）当期应退税额和当期免抵税额的计算：

1. 当期期末留抵税额≤当期免抵退税额时，

当期应退税额 = 当期期末留抵税额

当期免抵税额 = 当期免抵退税额 - 当期应退税额

2. 当期期末留抵税额 > 当期免抵退税额时，

当期应退税额 = 当期免抵退税额

当期免抵税额 = 0

"当期期末留抵税额"为当期"增值税纳税申报表"的"期末留抵税额"。

（三）零税率应税服务提供者如同时有货物出口的，可结合现行出口货物免抵退税公式一并计算免抵退税。

执行日期：2012年1月1日

政策依据：《国家税务总局关于发布〈营业税改征增值税试点地区适用增值税零税率应税服务免抵退税管理办法（暂行）〉的公告》（2012年第13号）

分析诊断

营业税改征增值税试点地区（以下简称"营改增地区"）适用零税率应税服务的免抵退税管理不同于生产企业出口货物免抵退税管理。生产企业出口货物是按照出口货物报关出口的离岸价格计算免抵退税额，而营改增地区适用零税率应税服务是按照提供零税率应税服务取得的全部价款扣除支付给非试点纳税人价款后的余额计算免抵退税额。生产企业出口货物计算免抵退税额的退税率是出口货物的退税率，而营改增地区适用零税率应税服务计算免抵退税额的退税率是其在境内提供对应服务的增值税税率。上述案例中的公司属于营改增地区从事国际运输联营业务的企业，其未将从事国际运输支付给非试点纳税人价款从全部价款中扣除，而是按照国际运输业务的全部价款计算办理免抵退税额。可见，该公司做法是错误的，而主管税务机关的做法是正确的。

触类旁通

营改增地区适用零税率应税服务免抵退税管理办法与生产企业出口货物免抵退税管理办法的比较

一、出口货物退（免）税认定管理不同

（一）出口货物退（免）税认定时限不同

生产企业应当自办理对外贸易经营者备案登记或代理出口协议签订之日起30日内到所在地税务机关办理出口货物退（免）税认定手续。

营改增地区零税率应税服务提供者在申报办理零税率应税服务免抵退税前，应向主管税务机关办理出口退（免）税认定。

（二）出口货物退（免）税认定提供的资料不同

1. 生产企业出口货物退（免）税认定应当提供下列资料：

（1）需出示税务登记证（副本）；

（2）需提供的资料：已办理备案登记并加盖备案登记专用章的“对外贸易经营者备案登记表”原件及复印件，没有出口经营资格的生产企业委托出口货物的提供代理出口协议原件及复印件；海关自理报关单位注册登记证明书原件及复印件（无进出口经营资格的生产企业委托出口货物的不需提供）；外商投资企业提供“中华人民共和国外商投资企业批准证书”原件和复印件；特准退（免）税的单位和人员还须提供现行有关出口货物退（免）税规定要求的其他相关凭证。

2. 营改增地区零税率应税服务提供者办理出口退（免）税认定时，应提供以下资料：

（1）银行开户许可证；

（2）从事水路国际运输的应提供“国际船舶运输经营许可证”；从事航空国际运输的应提供“公共航空运输企业经营许可证”，且其经营范围应包括“国际航空客货邮运输业务”；从事陆路国际运输的应提供“道路运输经营许可证”和“国际汽车运输行车许可证”，且“道路运输经营许可证”的经营范围应包括“国际运输”；从事对外提供研发设计服务的应提供“技术出口合同登记证”。

二、适用免抵退税的范围不同

生产企业货物出口到规定的海关特殊监管区（不含一般保税区），适用免抵退税办法。

营改增地区零税率应税服务提供者从境内载运旅客或货物至国内海关特殊监管区域及场所，从国内海关特殊监管区域及场所载运旅客或货物至国内其他地区以及在国内海关特殊监管区域内载运旅客或货物，不属于国际运输服务。

营改增地区零税率应税服务提供者向国内海关特殊监管区域内单位提供研发服务、设计服务不实行免抵退税办法，应按规定征收增值税。

三、免抵退税额的计算依据不同

生产企业出口货物是按照出口货物报关出口的离岸价格计算免抵退税额，出口货物的运保佣等 FOB 价外收取的其他费用不得作为计算依据计算免抵退税额。

营改增地区适用零税率应税服务是按照提供零税率应税服务取得的全部价款扣除支付给非试点纳税人价款后的余额计算免抵退税额，提供应税服务取得的价款和其他价外费用全部作为计算依据计算免抵退税额，支付给非试点地区纳税人的价款应当从全部价款中扣除后的余额作为计算免抵退税额的依据。

四、计算免抵退税额适用的出口退税率不同

生产企业出口货物计算免抵退税额的退税率是出口货物商品编码对应的出口退税率。

营改增地区适用零税率应税服务计算免抵退税额的退税率是其在境内提供对应服务的增值税税率，即国际运输适用 11% 的退税率，研发服务和设计服务适用 6% 的退税率。

五、免抵退税不得免征和抵扣税额计算不同

生产企业出口货物往往由于征退税率存在差异，因而生产企业出口货物征退税率之差部分要计算免抵退税不得免征和抵扣税额。

由于征退税率完全相同，因而营改增地区适用零税率应税服务不存在计算免抵退税不得免征和抵扣税额问题。

六、免抵退税额的计算时间不同

生产企业出口货物必须要在单证信息齐全的条件下，才能计算申报办理免抵退税额。

营改增地区适用零税率应税服务的免抵退税额，由于不需要出口货物报关单和收汇核销单及其相关信息，因而只要申报凭证收齐就能计算申报办理免抵退税额。

七、免抵退税额抵减额计算不同

生产企业出口货物采取进料加工贸易方式使用保税进口料件的，应当分别计算免抵退税额抵减额和免抵退税不得免征和抵扣税额抵减额，在抵减的基础上分别计算免抵退税额和免抵退税不得免征和抵扣税额抵减额。

营改增地区适用零税率应税服务提供者由于不能采取进料加工贸易方式，因而不能计算免抵退税额抵减额。

八、免抵退税申报期限不同

生产企业应当在货物报关出口之日起 90 日内，向退税部门申报办理出口货物退（免）税手续。生产企业出口货物未在报关出口 90 日内提供出口报关单申报办理退（免）税手续的，如果其到期之日超过了当月的免抵退税申报期，税务机关可暂不按视同内销货物予以征税。生产企业有特殊困难不能按期办理出口退（免）税申报的，可在规定的申报期限内，可提出书面合理理由，经地市以上（含地市）税务机关核准后，在核准的期限内申报办理退（免）税。

营改增地区零税率应税服务提供者应于收入之日次月起至次年 4 月 30 日前的各增值税纳税申报期内收齐有关凭证，向主管税务机关如实申报免抵退税。

九、每月免抵退税申报期限不同

生产企业在货物出口并按会计制度的规定在财务上做销售后，先向主管征税机关的征税部门或岗位办理增值税纳税和免、抵税申报，并向主管征税机关的退税部门或岗位办理退税申报。退税申报期为每月 1 日至 15 日（逢节假日顺延）。

营改增地区零税率应税服务提供者在提供零税率应税服务，并在财务做销售收入次月（按季度进行增值税纳税申报的为次季度，下同）的增值税纳税申报期内，向主管税务机关办理增值税纳税和免抵退税相关申报。

十、免抵退税申报资料不同

（一）生产企业向征税机关的退税部门或岗位办理“免、抵、退”税申报时应提供的凭证资料

1. 生产企业出口货物免、抵、退税申报汇总表；

2. 生产企业出口货物免、抵、退税申报明细表；

3. 经征税部门审核签章的当期增值税纳税申报表；

4. 有进料加工业务的还应填报：

（1）生产企业进料加工登记申报表；

（2）生产企业进料加工进口料件申报明细表；

（3）生产企业进料加工海关登记手册核销申请表；

（4）生产企业进料加工贸易免税证明。

5. 装订成册的报表及原始凭证：

（1）生产企业出口货物免、抵、退税申报明细表；

（2）与进料加工业务有关的报表；

（3）加盖海关验讫章的出口货物报关单（出口退税专用）；

（4）经外汇管理部门签章的出口收汇核销单（出口退税专用）或有关部门出具的远期收汇证明；

（5）代理出口货物证明；

（6）企业签章的出口发票；

（7）主管退税部门要求提供的其他资料。

（二）提供国际运输的零税率应税服务提供者办理增值税免抵退税申报时应

提供的凭证资料

1. 免抵退税申报汇总表及其附表；

2. 零税率应税服务（国际运输）免抵退税申报明细表；

3. 当期增值税纳税申报表；

4. 免抵退税正式申报电子数据；

5. 下列原始凭证：

（1）零税率应税服务的载货、载客舱单（或其他能够反映收入原始构成的单据凭证）；

（2）提供零税率应税服务的发票；

（3）主管税务机关要求提供的其他凭证。

上述第（1）、（2）项原始凭证，经主管税务机关批准，可留存零税率应税服务提供者备查。

（三）对外提供研发、设计服务的零税率应税服务提供者办理增值税免抵退税申报时应提供的凭证资料

1. 免抵退税申报汇总表及其附表；

2. 应税服务（研发、设计服务）免抵退税申报明细表；

3. 当期增值税纳税申报表；

4. 免抵退税正式申报电子数据；

5. 下列原始凭证：

（1）与零税率应税服务收入相对应的技术出口合同登记证复印件；

（2）与境外单位签订的研发、设计合同；

（3）提供零税率应税服务的发票；

（4）向境外单位提供研发、设计服务收讫营业款明细清单；

（5）从与签订研发、设计合同的境外单位取得收入的收款凭证；

（6）主管税务机关要求提供的其他凭证。

十一、免抵退税申报流程不同

生产企业出口货物应当先办理免抵退税预申报，主要查询计算免抵退税额的相关信息，办理免抵退税预申报后再办理增值税纳税申报，在此基础上最后办理免抵退税的正式申报。

由于营改征地区适用零税率应税服务计算免抵退税额，不需要出口报关单和出口收汇核销单等相关电子信息，因而也就不需要办理免抵退税预申报，可以同时向主管税务机关办理增值税纳税和免抵退税相关申报。

十二、主管税务机关审核免抵退税程序不同

（一）生产企业出口免抵退税审核

生产企业出口货物免抵退税，主管税务机关应当依照《国家税务总局关于印

发〈出口货物退（免）税管理办法（试行）〉的通知》（国税发［2005］51号）的规定进行审核，具体如下：

1. 人工单证审核。税务机关受理出口商出口货物退（免）税申报后，应在规定的时间内，对申报凭证、资料的合法性、准确性进行审查，并核实申报数据之间的逻辑对应关系。根据出口商申报的出口货物退（免）税凭证、资料的不同情况，税务机关应当重点审核以下内容：

（1）申报出口货物退（免）税的报表种类、内容及印章是否齐全、准确。

（2）申报出口货物退（免）税提供的电子数据和出口货物退（免）税申报表是否一致。

（3）申报出口货物退（免）税的凭证是否有效，与出口货物退（免）税申报表明细内容是否一致等。重点审核的凭证有：

①出口货物报关单（出口退税专用）。出口货物报关单必须是盖有海关验讫章，注明“出口退税专用”字样的原件（另有规定者除外），出口报关单的海关编号、出口商海关代码、出口日期、商品编号、出口数量及离岸价等主要内容应与申报退（免）税的报表一致。

②代理出口证明。代理出口货物证明上的受托方企业名称、出口商品代码、出口数量、离岸价等应与出口货物报关单（出口退税专用）上内容相匹配并与申报退（免）税的报表一致。

③出口收汇核销单（或出口收汇核销清单，下同）。出口收汇核销单的编号、核销金额、出口商名称应当与对应的出口货物报关单上注明的批准文号、离岸价、出口商名称匹配。

2. 计算机审核。在对申报的出口货物退（免）税凭证、资料进行人工审核后，税务机关应当使用出口货物退（免）税电子化管理系统进行计算机审核，将出口商申报出口货物退（免）税提供的电子数据、凭证、资料与国家税务总局及有关部门传递的出口货物报关单、出口收汇核销单、代理出口证明、增值税专用发票、消费税税收（出口货物专用）缴款书等电子信息进行核对。审核、核对重点是：

①出口报关单电子信息。出口报关单的海关编号、出口日期、商品代码、出口数量及离岸价等项目是否与电子信息核对相符。

②代理出口证明电子信息。代理出口证明的编号、商品代码、出口日期、出口离岸价等项目是否与电子信息核对相符。

③出口收汇核销单电子信息。出口收汇核销单号码等项目是否与电子信息核对相符。

④出口退税率文库。出口商申报出口退（免）税的货物是否属于可退税货物，申报的退税率与出口退税率文库中的退税率是否一致。

3. 生产企业出口货物免抵退税，经税务机关审核审批通过，应当依照规定办理免抵退税。

（二）营改增地区适用零税率应税服务免抵退税审核

主管税务机关在接受零税率应税服务提供者免抵退税申报后，应在下列内容人工审核无误后，使用出口退税审核系统进行审核。在审核中如有疑问的，可抽取企业进项增值税发票进行发函调查或核查。

1. 对于提供国际运输的零税率应税服务提供者，主管税务机关可从零税率应税服务提供者申报中抽取若干申报记录审核以下内容：

（1）所申报的国际运输服务是否符合《营业税改征增值税试点地区适用增值税零税率应税服务免抵退税管理办法（暂行）》（2012 年第 13 号）第一条规定；

（2）所抽取申报记录申报应税服务收入是否小于等于该申报记录所对应的载货或载客舱单上记载的国际运输服务收入。

2. 对于提供研发、设计服务的零税率应税服务提供者审核以下内容：

（1）企业所申报的研发、设计服务是否符合《营业税改征增值税试点地区适用增值税零税率应税服务免抵退税管理办法（暂行）》（2012 年第 13 号）第一条规定；

（2）研发、设计合同签订的对方是否为境外单位；

（3）应税服务收入的支付方是否为与之签订研发、设计合同的境外单位；

（4）申报应税服务收入是否小于等于从与之签订研发、设计合同的境外单位的取得的收款金额。

3. 对零税率应税服务提供者按《营业税改征增值税试点地区适用增值税零税率应税服务免抵退税管理办法（暂行）》（2012 年第 13 号）第七条规定提供的凭证资料齐全的，主管税务机关在经过出口退税审核系统审核通过后，办理退税，退税资金由中央金库统一支付。

十三、新发生业务免抵退税的管理不同

（一）生产企业新发生出口业务免抵退税的管理

新发生出口业务的生产企业是指自发生首笔出口业务之日起未满 12 个月的生产企业。

根据国税发［2003］139 号的规定，注册开业时间在一年以上的新发生出口业务的企业（小型出口企业除外），经地市税务机关核实确有生产能力并无偷税行为及走私、逃套汇等违法行为的，可实行统一的按月计算办理免、抵、退税的办法。

根据国税发［2003］139 号的规定，新成立的内外销销售额之和超过 500 万元（含）人民币，且外销销售额占其全部销售额的比率超过 50%（含）的生产企业，如在自成立之日起 12 个月内不办理退税确有困难的，在从严掌握的基础上，经省、自治区、直辖市国家税务局批准，可实行统一的按月计算办理免、抵、退税的办法。

根据财税［2002］7号的规定，除上述两种情形以外的其他新发生出口业务的企业发生的应退税额，退税审核期为12个月。根据国税发［2006］102号的规定，自2006年7月1日（以出口货物报关单上的出口日期为准）起，退税审核期为12个月的新发生出口业务的生产企业，在审核期间出口的货物，应按统一的按月计算免、抵、退税的办法分别计算免抵税额和应退税额。税务机关对审核无误的免抵税额可按现行规定办理调库手续，对审核无误的应退税额暂不办理退库；可在退税审核期满后的当月对上述各月审核无误的应退税额一次性退给企业。

（二）营改增地区新发生零税率应税服务的免抵退税

新发生零税率应税服务的零税率应税服务提供者（以下简称“新零税率应税服务提供者”），自发生首笔零税率应税服务之日（国际运输企业以提单载明的日期为准，对外提供研发、设计服务企业以收款凭证载明日期的月份为准）起6个月内提供的零税率应税服务，按月分别计算免抵税额和应退税额。税务机关对6个月内各月审核无误的应退税额在当月暂不办理退库，在第7个月将各月累计审核无误的应退税额一次性办理退库。自第7个月起，新零税率应税服务提供者提供的零税率应税服务，实行按月申报办理免抵退税。

新零税率应税服务提供者，是指在营业税改征增值税试点以前未发生过《营业税改征增值税试点地区适用增值税零税率应税服务免抵退税管理办法（暂行）》（2012年第13号）第一条所列的零税率应税服务的零税率应税服务提供者。零税率应税服务提供者在办理出口退（免）税认定时，应向主管税务机关提供证明在营业税改征增值税试点以前发生过零税率应税服务的资料，不能提供的，主管税务机关认定为新零税率应税服务提供者。

注意要点

营业税改征增值税试点地区适用增值税零税率应税服务免抵退税管理不同于生产企业出口货物免抵退税管理。

参考书目

1. 周朝勇编著：《出口企业退（免）税账务处理与操作实务》，人民邮电出版社，2010 年第 1 版。

2. 周朝勇编著：《出口企业退（免）税办税与维权实务》，人民邮电出版社，2010 年第 1 版。

3. 张久慧编著：《出口货物退（免）税政策详解与操作实务》，大连出版社，2009 年第 2 版。

4. 王文清主编：《最新出口货物退（免）税政策解析与操作实务大全》，中信出版社，2009 年第 1 版。

5. 中国出口退税咨询网编著：《生产企业免抵退税从入门到精通》，中国海关出版社，2010 年第 1 版。

6. 徐玉树著：《生产企业免抵退税实务—经验、技巧分享》，中国海关出版社，2011 年第 1 版。

7. 编写组编：《纳税安全服务手册》，中国税务出版社，2010 年第 1 版。

8. 国家税务总局教材编写组编：《出口退（免）税实务》，中国财政经济出版社，2012 年第 1 版。

9. 庄粉荣著：《纳税筹划实战精选百例》，机械工业出版社，2012 年第 4 版。

10. 庄粉荣著：《纳税筹划大败局》，机械工业出版社，2010 年第 1 版。

书目介绍

乐 贸 系 列

外贸操作实务子系列

书名	作者	定价	书号	出版时间
1. 外贸实务疑难解惑 220 例	张浩清	38.00 元	978-7-80165-853-1	2012 年 1 月第 1 版
2. 外贸高手客户成交技巧	毅 冰	35.00 元	978-7-80165-841-8	2012 年 1 月第 1 版
3. 外贸纠纷处理实务——案例与技巧	熊志坚	35.00 元	978-7-80165-789-3	2011 年 1 月第 1 版
4. 报检七日通	徐荣才 朱瑾瑜	22.00 元	978-7-80165-715-2	2010 年 8 月第 1 版
5. 实用外贸技巧助你轻松拿订单	王陶(波锅涅)	25.00 元	978-7-80165-724-4	2010 年 4 月第 1 版
6. 外贸业务经理人手册(第 2 版)	陈文培	39.00 元	978-7-80165-671-1	2010 年 1 月第 1 版
7. 外贸会计实务精要	疏 影	28.00 元	978-7-80165-633-9	2009 年 5 月第 1 版
8. 外贸实用工具手册	本书编委会	32.00 元	978-7-80165-558-5	2009 年 1 月第 1 版
9. 外贸实务经验分享 33 例	沱沱网中文站	28.00 元	978-7-80165-560-8	2009 年 1 月第 1 版
10. 外贸实务案例精华 80 篇	刘德标 吴珊红	29.80 元	978-7-80165-561-5	2009 年 1 月第 1 版
11. 快乐外贸七讲	朱芷萱	22.00 元	978-7-80165-373-4	2009 年 1 月第 1 版
12. 危机生存——十位经理人谈金融危机下的经营之道	本书编委会	22.00 元	978-7-80165-586-8	2009 年 1 月第 1 版
13. 外贸七日通(最新修订版)	黄海涛(深海鱿鱼)	22.00 元	978-7-80165-397-0	2008 年 8 月第 3 版
14. 金牌外贸业务员找客户——17 种方法·案例·评析	陈念祥 张思羽	35.00 元	978-7-80165-543-1	2008 年 8 月第 2 版
15. 出口营销实战(最新修订版)	黄泰山	38.00 元	978-7-80165-306-2	2008 年 5 月第 2 版
16. 出口营销策略(《出口营销实战》升级版)	黄泰山 冯斌	35.00 元	978-7-80165-459-5	2008 年 5 月第 1 版
17. 进口实务操作指南——步骤·实例·经验技巧	中国进口网	55.00 元	978-7-80165-493-9	2008 年 5 月第 1 版

出口风险管理子系列

书名	作者	定价	书号	出版时间
1. 轻松应对出口法律风险	韩宝庆	39.80 元	978-7-80165-822-7	2011 年 9 月第 1 版
2. 出口风险管理实务(第二版)	冯 斌	48.00 元	978-7-80165-725-1	2010 年 4 月第 2 版
3. 50 种出口风险防范	王新华 陈丹凤	35.00 元	978-7-80165-647-6	2009 年 8 月第 1 版

书名	作者	定价	书号	出版时间
外贸单证操作子系列				
1. 跟单信用证一本通	何源	35.00元	978-7-80165-849-4	2012年1月第1版
2. 信用证审单有问有答280例	李一平　徐珺	37.00元	978-7-80165-761-9	2010年8月第1版
3. 外贸单证经理的成长日记	曹顺祥	38.00元	978-7-80165-716-9	2010年3月第1版
4. 外贸单证解惑280例	龚玉和　齐朝阳	38.00元	978-7-80165-638-4	2009年7月第1版
5. 信用证6小时教程	黄海涛（深海鱿鱼）	25.00元	978-7-80165-624-7	2009年4月第2版
6. 跟单高手教你做跟单	汪　德	32.00元	978-7-80165-623-0	2009年4月第1版
7. 外贸单证处理技巧（第3版）	屈　韬	42.00元	978-7-80165-516-5	2008年5月第1版
8. 进出口单证实务案例评析	袁永友　柏望生	33.00元	978-7-80165-371-8	2006年8月第1版
福步外贸高手子系列				
1. 小小开发信　订单滚滚来——外贸开发信写作技巧及实用案例分析	薄如骢	26.00元	978-7-80165-551-6	2008年8月第1版
2. 外贸技巧与邮件实战	刘　云	28.00元	978-7-80165-536-3	2008年7月第1版
国际物流操作子系列				
1. 货代高手教你做货代——优秀货代笔记	何银星	25.00元	978-7-80165-696-4	2010年1月第1版
2. 国际物流操作风险防范——技巧·案例分析	孙家庆	32.00元	978-7-80165-577-6	2009年4月第1版
3. 集装箱运输与海关监管	赵　宏	23.00元	978-7-80165-559-2	2009年1月第1版
通关实务子系列				
1. 外贸企业轻松应对海关估价	熊　斌　赖　芸　王卫宁	35.00元	978-7-80165-895-1	2012年9月第1版
2. 报关实务一本通（第2版）	苏州工业园区海关	35.00元	978-7-80165-889-0	2012年8月第2版
3. 如何通过原产地证尽享关税优惠	南京出入境检验检疫局	50.00元	978-7-80165-614-8	2009年4月第3版
4. 海关进出口商品归类基础与训练	温朝柱	36.00元	978-7-80165-496-0	2009年1月第1版
5. 最新报关单填制实用辅导	盛新阳　彭飞	38.00元	978-7-80165-497-7	2008年10月第1版
6. 最新商品归类技巧	赵　宏	38.00元	978-7-80165-520-2	2008年9月第1版

书名	作者	定价	书号	出版时间
彻底搞懂子系列				
1. 彻底搞懂信用证(第二版)	王腾　曹红波	35.00元	978-7-80165-840-1	2011年11月第2版
2. 彻底搞懂中国自由贸易区优惠	刘德标　祖月	34.00元	978-7-80165-762-6	2010年8月第1版
3. 彻底搞懂贸易术语	陈　岩	33.00元	978-7-80165-719-0	2010年2月第1版
4. 彻底搞懂海运航线	唐丽敏	25.00元	978-7-80165-644-5	2009年7月第1版
5. 彻底搞懂提单	张敏　赵通	29.80元	978-7-80165-602-5	2009年6月第1版
6. 彻底搞懂关税	孙金彦	29.00元	978-7-80165-618-6	2009年6月第1版
外贸英语实战子系列				
1. 十天搞定外贸函电	毅　冰	38.00元	978-7-80165-898-2	2012年10月第1版
2. 外贸高手的口语秘籍	李　凤	35.00元	978-7-80165-838-8	2012年2月第1版
3. 外贸英语函电实战	梁金水	25.00元	978-7-80165-705-3	2010年1月第1版
4. 外贸英语口语一本通	刘新法	29.00元	978-7-80165-537-0	2008年8月第1版
5. 英汉物流词汇精析——结合实务操作	应海新	68.00元	978-7-80165-517-2	2008年5月第1版
外贸谈判子系列				
1. 外贸英语谈判实战	王慧　吴旻　张海军　蒋晓杰　仲颖	32.00元	978-7-80165-767-1	2010年9月第1版
2. 外贸谈判策略与技巧	赵立民	26.00元	978-7-80165-645-2	2009年7月第1版
国际商务往来子系列				
国际商务礼仪大讲堂	李嘉珊	26.00元	978-7-80165-640-7	2009年12月第1版
贸易展会子系列				
外贸参展全攻略——如何有效参加B2B贸易商展(第二版)	钟景松	33.00元	978-7-80165-779-4	2010年10月第2版
区域市场开发子系列				
中东市场开发实战	刘军　沈一强	28.00元	978-7-80165-650-6	2009年9月第1版
国际结算子系列				
1. 国际结算函电实务	周红军　阎之大	40.00元	978-7-80165-732-9	2010年5月第1版
2. 出口商如何保障安全收汇——L/C、D/P、D/A、O/A精讲	庄乐梅	85.00元	978-7-80165-491-5	2008年5月第1版

书名	作者	定价	书号	出版时间
国际贸易金融工具子系列				
1. 出口信用保险——操作流程与案例	中国出口信用保险公司	35.00 元	978-7-80165-522-6	2008 年 5 月第 1 版
2. 福费廷	周红军	26.00 元	978-7-80165-451-9	2008 年 1 月第 1 版
加工贸易操作子系列				
1. 加工贸易达人速成——操作案例与技巧	陈秋霞	28.00 元	978-7-80165-891-3	2012 年 7 月第 1 版
2. 加工贸易实务操作与技巧	熊　斌	35.00 元	978-7-80165-809-8	2011 年 4 月第 1 版
3. 加工贸易企业关务作业统筹	熊　斌	29.80 元	978-7-80165-423-6	2009 年 3 月第 1 版
乐税子系列				
1. 生产企业出口退(免)税常见错误解析 115 例	周朝勇	49.80 元	978-7-80165-901-9	2013 年 1 月第 1 版
2. 外汇核销指南	陈文培等	22.00 元	978-7-80165-824-1	2011 年 8 月第 1 版
3. 外贸企业出口退税操作手册	中国出口退税咨询网	42.00 元	978-7-80165-818-0	2011 年 5 月第 1 版
4. 生产企业免抵退税实务——经验、技巧分享	徐玉树	35.00 元	978-7-80165-780-0	2011 年 1 月第 1 版
5. 生产企业免抵退税从入门到精通	中国出口退税咨询网	98.00 元	978-7-80165-695-7	2010 年 1 月第 1 版
6. 出口涉税会计实务精要(《外贸会计实务精要》第 2 版)	龙博客工作室	32.00 元	978-7-80165-660-5	2009 年 9 月第 2 版
专业报告子系列				
1. 国际工程风险管理	张　燎	1980.00 元	978-7-80165-708-4	2010 年 1 月第 1 版
2. 涉外型企业海关事务风险管理报告	《涉外型企业海关事务风险管理报告》研究小组	1980.00 元	978-7-80165-666-7	2009 年 10 月第 1 版
外贸企业管理子系列				
小企业做大外贸的四项修炼	胡伟锋	26.00 元	978-7-80165-673-5	2010 年 1 月第 1 版
国际贸易金融子系列				
1. 国际贸易金融服务全程通(第二版)	郭党怀　张丽君　张贝	43.00 元	978-7-80165-864-7	2012 年 1 月第 2 版

书名	作者	定价	书号	出版时间
2. 国际结算与贸易融资实务	李华根	42.00 元	978-7-80165-847-0	2011 年 12 月第 1 版

“实用型”报关与国际货运专业教材

1. 进出口商品归类实务(2012 修订版)	林　青	45.00 元	978-7-80165-902-6	2013 年 1 月第 2 版
2. 现代关税实务(第 2 版)	李　齐	35.00 元	978-7-80165-862-3	2012 年 1 月第 2 版
3. 国际贸易单证实务(第 2 版)	丁行政	45.00 元	978-7-80165-855-5	2012 年 1 月第 2 版
4. 报关实务(第 3 版)	杨鹏强	45.00 元	978-7-80165-825-8	2011 年 9 月第 3 版
5. 海关概论(第 2 版)	王意家	36.00 元	978-7-80165-805-0	2011 年 4 月第 2 版
6. 电子口岸实务	杨鹏强　林青	30.00 元	978-7-80165-771-8	2010 年 9 月第 1 版
7. 国际集装箱班轮运输实务	林益松　郑海棠	43.00 元	978-7-80165-770-1	2010 年 9 月第 1 版
8. 报检实务	孔德民	30.50 元	978-7-80165-717-6	2010 年 5 月第 1 版
9. 国际货运代理操作实务	杨鹏强	45.00 元	978-7-80165-709-1	2010 年 1 月第 1 版
10. 航空货运代理实务	杨鹏强	37.00 元	978-7-80165-707-7	2010 年 1 月第 1 版
11. 进出口商品归类实务——实训题参考答案	林　青	12.00 元	978-7-80165-692-6	2009 年 12 月第 1 版

待出:

供应链管理实务

“精讲型”国际贸易核心课程教材

1. 报关实务精讲	孔德民	48.00 元	978-7-80165-886-9	2012 年 6 月第 1 版
2. 国际电子商务实务精讲	冯晓宁	45.00 元	978-7-80165-874-6	2012 年 5 月第 1 版
3. 国际贸易实务精讲(第 5 版)	田运银	45.00 元	978-7-80165-863-0	2012 年 2 月第 5 版
4. 国际贸易单证精讲(第 3 版)	田运银	45.00 元	978-7-80165-852-4	2012 年 1 月第 3 版
5. 国际商务谈判实务精讲	王　慧　唐力忻	26.00 元	978-7-80165-826-5	2011 年 9 月第 1 版
6. 国际贸易操作实训精讲	田运银　胡少甫　史　理　朱东红	49.80 元	978-7-80165-823-4	2011 年 8 月第 1 版
7. 国际会展实务精讲	王重和	38.00 元	978-7-80165-807-4	2011 年 5 月第 1 版
8. 国际贸易实务疑难解答	田运银	20.00 元	978-7-80165-718-3	2010 年 9 月第 1 版
9. 集装箱运输系统与操作实务精讲	田聿新　杨永志　汤　玮	38.00 元	978-7-80165-642-1	2009 年 7 月第 1 版

书名	作者	定价	书号	出版时间
10. 国际货运代理实务精讲	杨占林	39.00 元	978-7-80165-636-0	2009 年 6 月第 1 版
11. 海关法教程(第 2 版)	刘达芳	40.00 元	978-7-80165-605-6	2009 年 3 月第 2 版

待出:

1. 国际贸易规则与惯例实务精讲
2. 国际营销实务精讲
3. 国际结算实务精讲
4. 外贸业务员英语实务精讲
5. 国际投资实务精讲
6. 国际技术贸易实务精讲

电子商务大讲堂·外贸培训专用

1. 外贸操作实务	本书编委会	30.00 元	978-7-80165-621-6	2009 年 5 月第 1 版
2. 网上外贸——如何高效获取订单	本书编委会	30.00 元	978-7-80165-620-9	2009 年 5 月第 1 版
3. 出口营销指南	本书编委会	30.00 元	978-7-80165-619-3	2009 年 5 月第 1 版
4. 外贸实战与技巧	本书编委会	30.00 元	978-7-80165-622-3	2009 年 5 月第 1 版

中小企业财会实务操作系列丛书

1. 小企业会计疑难解惑 300 例	刘华　刘方周	39.80 元	978-7-80165-845-6	2012 年 1 月第 1 版
2. 做顶尖成本会计应知应会 150 问	张　胜	38.00 元	978-7-80165-819-7	2011 年 8 月第 1 版
3. 会计实务操作一本通	吴虹雁	35.00 元	978-7-80165-751-0	2010 年 8 月第 1 版